U0453109

国家社会科学基金项目"黔中屯堡'族一会'型汉人乡村社会研究"（15BSH098）

瑞羽
一个边汉社会的组织、仪式与认同

石峰 著

中国特色政治文明建设研究丛书

中国社会科学出版社

图书在版编目(CIP)数据

瑞羽：一个边汉社会的组织、仪式与认同/石峰著. —北京：中国社会科学出版社，2021.10

(中国特色政治文明建设研究丛书)
ISBN 978-7-5203-9027-9

Ⅰ.①瑞… Ⅱ.①石… Ⅲ.①汉族—民族社会学—研究—贵州 Ⅳ.①K281.1

中国版本图书馆 CIP 数据核字(2021)第 176182 号

出版人	赵剑英
责任编辑	田 文
特约编辑	刘殿利
责任校对	姜晓茹
责任印制	王 超

出　　版	中国社会科学出版社
社　　址	北京鼓楼西大街甲 158 号
邮　　编	100720
网　　址	http://www.csspw.cn
发 行 部	010-84083685
门 市 部	010-84029450
经　　销	新华书店及其他书店

印　　刷	北京君升印刷有限公司
装　　订	廊坊市广阳区广增装订厂
版　　次	2021 年 10 月第 1 版
印　　次	2021 年 10 月第 1 次印刷

开　　本	880×1230　1/32
印　　张	14.375
字　　数	347 千字
定　　价	88.00 元

凡购买中国社会科学出版社图书，如有质量问题请与本社营销中心联系调换
电话：010-84083683
版权所有　侵权必究

在这里值得特别注意的事实，就是要明了在贵州中部所以形成的汉族地方集团，成为了凤头鸡由来的起因。那些变成了土著的屯兵的子孙，也就是今日凤头鸡部落。妇女的头饰，前发高束，如同凤凰头。这依然保留着明代初期江南地方妇女的头饰特点。

　　　　　　——鸟居龙藏《从人类学看中国西南》

瑞羽，谓凤也。

　　　　　　　　　　——清·厉荃《事物异名录》

目　录

导　论 …………………………………………（1）
  一　边汉社会 ……………………………………（2）
  二　头发、凤凰与身份 …………………………（6）
  三　黔中屯堡文化的宏观形象 …………………（10）
  四　"族—会"型汉人乡村社会 ………………（19）
  五　本书的架构 …………………………………（30）

第一章　文化的组织（一）：封闭的宗族 ……（35）
  一　文化的组织 …………………………………（35）
  二　继嗣群 ………………………………………（42）
  三　汉人亲属研究 ………………………………（50）
  四　杂姓村 ………………………………………（54）
  五　纸上祠堂 ……………………………………（69）
  六　并置的关系与组织 …………………………（77）
  七　小结 …………………………………………（103）

第二章　文化的组织（二）：跨界的会社 ……（105）
  一　文献回顾 ……………………………………（105）
  二　祭祀组织"汪公会" …………………………（114）

三　从联盟到裂变：反思祭祀圈和信仰圈理论……（137）
　　四　性别组织"佛头会"……………………………（144）
　　五　年龄组织"老协会"……………………………（155）
　　六　互助组织"炸会"………………………………（165）
　　七　小结………………………………………………（174）

第三章　墓碑、扶箕与祖先身份………………………（176）
　　一　扶箕…………………………………………………（177）
　　二　道德教诲……………………………………………（198）
　　三　强的"以言行事"…………………………………（204）
　　四　个体主义抑或集体主义？…………………………（217）
　　五　作为仪式语言的箕仙诗……………………………（220）
　　六　小结…………………………………………………（224）

第四章　神圣性共餐与混合的食物……………………（226）
　　一　共餐…………………………………………………（227）
　　二　命名与位置…………………………………………（231）
　　三　起源…………………………………………………（237）
　　四　社会抹平机制………………………………………（240）
　　五　包含与排斥…………………………………………（251）
　　六　作为集体的隐喻……………………………………（257）
　　七　小结…………………………………………………（260）

第五章　仪式竞争的感官表达
　　　　——兼对田野工作的反思…………………（263）
　　一　文化与气味…………………………………………（263）
　　二　鸡屎、假想的气味与仪式竞争……………………（271）

三　从"参与观察"到"参与多感知"
　　——基于感官人类学的田野工作反思 …………（287）
四　小结 ……………………………………………（303）

第六章　物、祖先及其社会意蕴 ……………………（304）
一　秘传的技艺 ……………………………………（305）
二　"带子老祖"鲍大千 …………………………（309）
三　扩大的祖先 ……………………………………（316）
四　小结 ……………………………………………（323）

第七章　物质性与虚空性 ……………………………（325）
一　神灵的物质性 …………………………………（327）
二　神灵的虚空性 …………………………………（329）
三　田野验证 ………………………………………（332）
四　小结 ……………………………………………（345）

第八章　祭品的"经权"逻辑 ………………………（349）
一　献给祖先的猪：白转黑 ………………………（352）
二　面团与泥团 ……………………………………（358）
三　经与权：反经学的经学 ………………………（361）
四　经学能解释汉人社会吗？ ……………………（365）
五　小结 ……………………………………………（371）

第九章　灌溉与地方支配模式
　　——鲍屯与关中之比较 …………………………（375）
一　从"精英一元论"到"精英多元论"：简要
　　回顾 …………………………………………（376）

二　关中"渠绅"：暴力、强人与象征资本 …………（379）
　三　鲍屯"汪公会"：无灌溉纠纷、轮值与集体
　　　权威 ………………………………………………（387）
　四　小结 ………………………………………………（393）

结　论 ……………………………………………………（396）

参考文献 …………………………………………………（429）

后　记 ……………………………………………………（453）

导　　论

  2005年，笔者完成北方汉人社会的调研后，回到了在黔省供职的高校。回来后的学术规划便定位在所在的省份，一是为了做在地研究，二是考虑到田野调查的方便。在对省城附近的一个著名古镇（一个多民族社区）作了两年的调研后，便决定转向黔中屯堡汉人乡村社会。因为有前期的北方汉人社会研究的经验，在屯堡汉人乡村社会的研究准备作一个南北不同区域的比较（但在后来的研究过程中，发现不仅要比较南北，而且必须得将东南和华南纳入比较的视野）。笔者在北方的研究主要以"水利社会"作为切入点，于是打算在黔中山区寻找一个与北方平原不同的"水利社会"类型。经过查找资料，发现在屯堡乡村有一处古水利工程留存至今，这个村落便是鲍屯。鲍屯满足了我的两个预期条件，一是汉人村落，二是水利工程仍在正常运转。笔者在朋友的介绍下进入了鲍屯，并在一位退休村干部家住了下来。经过三年的时间调查，发表了系列研究成果。鲍屯"水利社会"研究完成后，笔者又萌生了调研整个鲍屯社会文化的想法，而不仅仅局限在"水利社会"，或者说将"水利社会"纳入鲍屯村落整个社会结构中来考察，"水利社会"仅是其中一个局部。于是在国家社科基金的资助下，笔者又花了几年的时间反复进入鲍屯这个田野点作全方位的考察。在这次的研究计划中，鲍屯的社会组织、仪式与认同成为研究的焦点。作为较为典型的屯堡村落，鲍屯位于滇黔交通要道沿线。这条交通要道显然是明朝为了保障滇黔边疆地区稳定，派遣大军驻防于此而形成的。黔中屯堡人所在地在黔省山区是少见的坝子区域，自然条件和生态环境相较于黔省其他区域明显具有优势地位。作为移民至此的汉人群体，屯堡乡民与其他非汉民族杂居相处，至今已有六百多年的时间。对于边疆少数民族地区的汉人，民国时期人类学家和民族学家多有关注。近年来也有相关学者注意到这个特殊的群体及其社会。下面我们以讨论这个处于边疆少数民族地区的汉人群体开始本研究。

一 边汉社会

人类学汉人社会研究肇始于 20 世纪三四十年代。彼时，游学海外的中国人类学家紧跟国际学术前沿，开创了"本土人类学"的先河，代表作有：费孝通的《江村经济》（1939；中译本 1986 年）、杨懋春的《一个中国村庄：山东台头》（1945；中译本 2012 年）、林耀华的《金翼》（1947；中译本 1989 年）和许烺光的《祖荫下》（1949；中译本 2001 年）等。这几部关于"汉人社会"的经典民族志享誉海内外。故此，潘守永将这段辉煌的学术鼎盛期视为中国人类学的"古典时代"。①

其实，以上几位人类学家在出国留学前已有出色的预备性研究。如林耀华于 1935 年完成了他在燕京大学的硕士学

---

① 潘守永：《重返中国人类学的"古典时代"——重访台头》，《中央民族大学学报》2000 年第 2 期。

位论文《义序的宗族研究》。该研究对福建义序的宗族组织进行了详尽的深描,并成为后来弗里德曼关于中国宗族研究的主要资料来源。

此时期,汉人社会研究以"组织"与"关系"为主要关切点。其中,"组织"主要指宗族/家族组织。在已有研究的基础上,集大成者无疑是英国人类学家弗里德曼(M. Freedman)。他的两本代表作《中国东南的宗族组织》(1958)与《中国宗族与社会:福建与广东》(1966),对过往的宗族研究进行了提炼和总结,并从理论上提升了汉人宗族研究的高度。

为了与非洲宗族模式进行比较,弗里德曼提出了东南宗族得以全面发展的"边陲论"。他认为正是在这个远离中央集权中心的社会,宗族组织才得以发展壮大。在他看来,在边陲状态的总体政治环境下,经济领域的水利合作和稻作生计,共同促成了中国东南宗族组织的发达。尽管此带有推测性的论点招致了巴博德、科大卫等人的反驳,但仍能给我们一个重要启示,即人类学汉人社会研究起始于非中心地带,这个地带既是物理空间意义上的,也是政治格局意义上的。

在弗里德曼的设想中,东南沿海的边陲地带在帝国时期主要意味着远离中央皇权,因而发展出以宗族为组织的自治单位。在这个空间内,他并没有过多强调非汉民族的存在,以及汉人与他们的矛盾,反而强调的是汉人同一宗族内部或不同宗族之间的冲突,如为争夺资源而发生的宗族械斗。[①]

关于民国以来的人类学汉人社会研究,以上学者当然

---

① [英]弗里德曼:《中国东南的宗族组织》,刘晓春译,上海人民出版社2000年版,第132—140页。

是其中的代表。但另有学者也注意到了其他边缘地区的汉人社会。如许烺光的《祖荫下》就是描写西南边疆云南大理的优秀民族志。许氏将其研究对象视为汉文化的典型。1943年，陶云逵发表《论边地汉人及其与边疆建设的关系》①，首次提出"边地汉人"这个学术概念，他认为这些人在生活方式上，既保存了中原文化的若干特质，"又采纳了边胞文化若干方式"，"多少受着双重文化的陶镕"，"事实上成为人类学上所谓的 Marginal Man"。②

近年来，探讨边疆少数民族地区的汉人社会逐渐成为一个热点。举其要者，有王川《民国时期"康西"边缘的"汉人社会"》③、何广平《民国时期川西北羌地汉人与羌地经济》④及《羌地汉人社会历史研究述评》⑤、汪洪亮《民国时期川西北羌地汉人的文化生活与精神世界》⑥、张咏《认同与发展：一个边疆汉人移民社区的文化研究》⑦、葛荣玲《祖说与族说：边陲汉人亚群体集团的身份界说与认同形塑》⑧、王

---

① 陶云逵：《论边地汉人及其与边疆建设之关系》，《边政公论》1943年第1、2期。
② 汪洪亮、何广平：《民国时期川西北羌地汉人的经济生活》，《中国边疆史地研究》2017年第3期。
③ 王川：《民国时期"康西"边缘的"汉人社会"》，《西南民族大学学报》2011年第1期。
④ 何广平：《民国时期川西北羌地汉人与羌地经济》，《中华文化论坛》2014年第3期。
⑤ 何广平：《羌地汉人社会历史研究述评》，《乐山师范学院学报》2014年第7期。
⑥ 汪洪亮：《民国时期川西北羌地汉人的文化生活与精神世界》，《西南民族大学学报》2017年第2期。
⑦ 张咏：《认同与发展：一个边疆汉人移民社区的文化研究》，博士学位论文，中央民族大学，2004年。
⑧ 葛荣玲：《祖说与族说：边陲汉人亚群体集团的身份界说与认同形塑》，《中央民族大学学报》2014年第4期。

田《近代藏彝走廊东缘的汉人社会与市镇发育——以川边薛城为中心的讨论》[1]、黄达远《清代新疆北部汉人移民社区的民间信仰考察》[2]、蓝美华《汉人在边疆》[3]、周泓《晚近新疆汉人社会的生成——以迪化为中心》[4]、覃琮《边疆"汉人社会"视域中"合成文化"生成的人类学解读——以广西宾阳为个案》[5]，等等。

在诸多研究中，有的以具体的地名或所在地的族名对这类汉人社会进行命名，如"新疆汉人""羌地汉人"等，有的则以"边地汉人""边疆汉人""边缘汉人""边陲汉人""边区汉人"等命名。另有名之为"被少数民族包围的汉人"[6]。作为学术概念，需要简洁明了，且具有概括力。因此，笔者将这类人群及其社会统一命名为"边汉社会"，意为从中心地区通过移民方式进入到非中心地区，且与该地非汉民族杂居共处的汉人及其社会。

"边汉社会"这个总体性和统摄性概念的提出，将有助于我们将非中心地带汉人群体研究提升到一个高度加以认识。同时，也可将过去对该群体的零散性研究系统化和正规化。若能如此，必将发扬光大费孝通、林耀华、弗里德曼等知识先导所开创的学术事业，进而扩展和深化对中国主体民族的认识和理解。

---

[1] 王田：《近代藏彝走廊东缘的汉人社会与市镇发育——以川边薛城为中心的讨论》，《贵州民族研究》2013年第1期。
[2] 黄达远：《清代新疆北部汉人移民社区的民间信仰考察》，《宗教学研究》2009年第2期。
[3] 蓝美华：《汉人在边疆》，台北：政大出版社2014年版。
[4] 周泓：《晚近新疆汉人社会的生成——以迪化为中心》，《学术月刊》2014年第5期。
[5] 覃琮：《边疆"汉人社会"视域中"合成文化"生成的人类学解读——以广西宾阳为个案》，《广西师范大学学报》2011年第1期。
[6] 与庄孔韶先生的个人交流。

二 头发、凤凰与身份

黔中屯堡人进入人类学家的视野，必然要提及日人鸟居龙藏在中国西南地区的游历和考察。20世纪初，鸟居龙藏用了7个半月的时间到中国西南进行实地调查。其中，有3个月的时间花费在往返的路上。真正在黔、滇、川三省调研的时间只有四个半月，而在贵州的调查时间就有整整40天。① 鸟居龙藏在黔期间，对非汉各民族进行了详细的调查和研究，特别是对苗族进行了专题调研，并出版了专著《苗族调查报告》。② 但在贵州的考察过程中，鸟居龙藏遇到了当时被称为"凤头鸡""凤头苗"的屯堡人。

1902年10月31日，天气已转冷，大雾弥漫。鸟居龙藏停留在今平坝地区。他在迷雾中看到了零星的汉族村落和苗族村落。他穿过浓雾到了饭笼塘（今天龙镇）。当时此地大概有五六十户人家，主要是汉族，部分苗族杂居其中。鸟居龙藏对此地区的汉族作了特别的记录。在考察报告中，他这样写道：

> 一路上，都作了各种项目的反复调查，特别值得着重记录的，是这一带有一种称叫凤头鸡的部落民。当地的汉族以及苗族都称其为：Feng dou ji。据说，这个名称起源于这一带妇女所挽的发髻：前发高束，形似凤凰的头状，于是就称该部落民为凤头鸡。……

---

① 黄才贵：《影印在老照片上的文化：鸟居龙藏博士的贵州人类学研究》，贵州民族出版社2000年版，第311页。

② ［日］鸟居龙藏：《苗族调查报告》，国立编译馆译，贵州大学出版社2009年版。

我在饭笼塘作风俗调查,一边摆上照相机摄影,一边与他们交谈,他们说都是凤头鸡,不属于苗族。从体型上看,他们多少有些混血关系,但占的比率极少,仍旧较多地保留着汉族的血统。……
……

在这里值得特别注意的事实,就是要明了在贵州中部所以形成的汉族地方集团,成为了凤头鸡由来的起因。那些变成了土著的屯兵的子孙,也就是今日凤头鸡部落。妇女的头饰,前发高束,如同凤凰头。这依然保留着明代初期江南地方妇女的头饰特点。而且,还将江南地方的耕作方式引进到贵州,继续保留着祖先的遗风。五百年以后,至今在她们的面貌上依然保留着明初江南妇女的头饰发型,真是不可思议。①

凤头鸡的称呼,鸟居龙藏并不是第一个发现者。在他之前,贵州地方志对此已有相关记载。如道光《安平县志》卷五载:"屯堡即明洪武时之屯军,妇女青衣红袖,戴假角(原注:以银或铜作细练系簪上,绕髻一周,以簪绾之,名曰假角,一名凤头笄)。"道光《黔南职方记略》卷一载:"民之种类,于苗民之外,有屯田子、里民子,又有凤头鸡,凡此诸种,实皆汉民。"光绪《百苗图咏·凤头鸡》卷五载:"原籍凤阳府人,从明付友德征黔流寓于此。男子衣服与汉人同,女子燕尾梳于额前,状如鸡冠,

---

① [日]鸟居龙藏:《从人类学看中国西南》,转引自黄才贵《影印在老照片上的文化:鸟居龙藏博士的贵州人类学研究》,贵州民族出版社 2000 年版,第 322—326 页。

故名。"等等。① 凤头鸡在文献中有多种称呼,如凤头笄、凤头髻、凤阳妆、凤头苗、凤凰头等。有人认为凤头鸡是凤头笄、凤头髻的同音转写,但鸟居龙藏认为鸡即是凤凰,他说:"将凤凰头相似的一种鸟的意思,附会地称为凤头鸡之名。"② 无论如何,早期的地方志与鸟居龙藏皆将以凤头鸡为名的黔中屯堡人认为明代汉人的后裔。值得注意的是,此时期屯堡人的民族身份并不是以服饰作为象征标识,而是以妇女的头饰特征作为识别其身份的符号。但到了当前,屯堡人的身份标识却演变为妇女的服饰了(下一节和第六章会涉及对屯堡妇女服饰的讨论)。

人类学对头发象征意义的兴趣由来已久。最出色的研究当然是奥贝塞克雷(G. Obeyesekere)的《玛杜莎的头发:论个体象征与宗教体验》(*Medusa's Hair: An Essay on Personal Symbols and Religious Experience*)。③ 为了回应利奇关于"魔发"(magical hair)的观点,奥贝塞克雷通过南亚苦行僧复杂的发型论证了个人和文化符号之间的传统区分是不充分和幼稚的。他的详细个案研究表明,符号的个人心理维度与其公众、文化认可的角色之间,总是存在着相互作用。受到奥贝塞克雷及相关研究的启发,1998 年,希尔特贝特尔(Alf Hiltebeitel)和米勒(Barbara d. Miller)主编了一部专论亚洲地区头发的文集《头发:亚洲文化中的力与意义》

---

① 黄才贵:《影印在老照片上的文化:鸟居龙藏博士的贵州人类学研究》,贵州民族出版社 2000 年版,第 330—331 页。
② [日]鸟居龙藏:《从人类学看中国西南》,转引自黄才贵《影印在老照片上的文化:鸟居龙藏博士的贵州人类学研究》,贵州民族出版社 2000 年版,第 322—326 页。
③ G. Obeyesekere, *Medusa's Hair: An Essay on Personal Symbols and Religious Experience*, University of Chicago Press, 1981.

(*Hair: Its Power and Meaning in Asian Cultures*)。① 各篇论文讨论了南亚和东亚头发的社会文化意义，个别论文还涉及了体毛。总体来看，文集主要关涉头发（以及身体）的政治学。社会性身体既是封闭的也是流动的。头发规范与政治围绕文明、文化、种族、阶级、性别、时间和空间而被界定。头发成为边界维持与突破的关键符号。在这些领域中充满了"头发的争论"。正如编者所言："这些争论的言辞似乎让头发在边界相交的地方变得不同寻常，为重新想象不同类型的权力提供了可能性，从僧侣的自律到女神的 *sakti*，从边境的监管到只有理发师才知道的东西。"②

地方志记载与鸟居龙藏观察到的屯堡妇女的发型，不知为何现在已消失。目前看到的妇女发型是在头后部挽成圆形的发髻，头顶变得很平整。人类学家通常认为，举行成年礼或婚礼后，社会对头发的管理和约束，其实是社会控制的隐喻表达。屯堡妇女被约束的发型，同样如此。成年以后，如果头发散乱，通常与野蛮、不文明相联系。如华琛（J. Watson）对 20 世纪 60 年代流落到香港的大陆人披头散发现象的研究，他发现当地人将这些人视为未受社会控制的"鬼"。③ 当然，不同民族因文化差异，其发型也千差万别。历史时期，屯堡妇女的发型之所以引起关注，原因即是与周边其他民族的发型迥然有别。发型成为民族边界的象征也是

---

① Alf Hiltebeiteland Barbara d. Miller, *Hair: Its Power and Meaning in Asian Cultures*, State University of New York Press, 1998.

② Alf Hiltebeiteland Barbara d. Miller, *Hair: Its Power and Meaning in Asian Cultures*, State University of New York Press, 1998, p. 9.

③ J. Watson, *Living Ghosts: Long-Hairs Destitutes in Colonial Hong Kong*, in Alf Hiltebeiteland Barbara d. Miller, ed. *Hair: Its Power and Meaning in Asian Cultures*, State University of New York Press, 1998.

一个普遍的文化现象。如清初满族统治者为了政治目的，强行推行"剃发易服"政策，通过改变汉族男子的传统发型以达到归顺清王朝的目的。在这个语境下，发型成了满族与汉族相区别的符号，进而与族性政治相关联。相对而言，以妇女的发型作为民族边界的符号稍为常见一些。如，古代朝鲜妇女高耸的发型形象多见于各种绘画与图片之中，而男子的发型形象则隐而不现。古代朝鲜将这些妇女的发型形象作为本民族的表征。① 当然，屯堡妇女并非以自己状如凤头的发型来表明自己的民族身份，而是在多民族杂居地区，其独特的发型给外人留下深刻影响，他们再通过历史的考证，认为这种发型保留了江南汉族妇女的特点，因而据此推断这个民族就是汉人，而非当地的其他民族。从此来看，这个认知是客位而非主位的视角。知识精英早期在对黔中屯堡人身份进行识别的过程中，妇女的头发、想象的动物凤凰，成了其中的主体符号。

三　黔中屯堡文化的宏观形象

古代王朝在"天下观"的指导下，以"旋涡"和"辐射"为机制，不断拓展王朝版图，进而形成了今天多民族共生共存的"中国"。在这个"王化"过程中，大批内地汉人或主动或被动地进入边疆非汉地区。在早期"夷多汉少"情形下，民族身份转化表现为"以夷化汉"；明清以降，边疆地区则呈现为在人口数量上以汉人为主体的多民族共在杂处

---

① S. Nelson, *Bound Hair and Confucianism in Korea*, in Alf Hiltebeiteland Barbara d. Miller, ed. *Hair: Its Power and Meaning in Asian Cultures*, State University of New York Press, 1998.

的格局。①

历史上进入边疆地区的汉人群体，其聚落形态，或零星地与其他非汉人杂居，或单独形成大规模连片的居住区域，如黔中屯堡汉人聚落。特别是后者，在非汉文化衬托下，其独特的文化景观给人留下了深刻印象。

黔中屯堡汉人具有如下几个基本特征：一是与周边非汉民族相比，具有鲜明的汉文化色彩；二是高度认同自己的汉人身份和地域身份，并有历史可考。他们的身份认同一直如此，与少数民族转化为汉人的人群不可同日而语；三是居住聚落表现为连片集中大规模居住，但也不排除零星分散居住的汉人及其社会；四是与典型汉文化相比，既有重叠和共性，又形成了自己的地域特色，等等。

屯堡文化丰富多彩，其文化特色可用几个"关键符号"加以表述。也即是说，通过数量极少的"关键符号"即可凸显屯堡文化的特色。这些"关键符号"的选择从客位的视角通常很容易辨识并给观看者留下深刻的印象。当外来者进入

---

① 杜薇教授曾对历史时期黔地的汉人移民定居地缘及定居方式作了细密的考证。她认为，贵州这片土地是长期为中央王朝控制的薄弱地带，无论是早年设置羁縻州郡，还是最后定型为土司制度，绝大多数情况下中原王朝对这里都只能实行代辖。因而，由政治原因而造成的大规模移民，在历史上一直没有构成贵州历史的主流。从表面上看，每一个朝代都有或多或少的内地汉族迁往贵州定居，但直到清初彻底"改土归流"前，贵州境内的汉族人数一直少于少数民族人数，史志所称的贵州"夷多汉少"正是针对这一现象而言。但随着原土司领地上新定居的汉族移民越来越多，交通沿线和中心城镇的汉族居民开始超过了当地的少数民族人数。这致使9世纪以前移居贵州的汉族移民的最终结果大致不出两种情况：其一是中原战乱时，中央政权无力支持，已经定居的汉移民往往离开贵州，返回中原；其二，不能返回中原者则被当地的少数民族同化。进入明代后，由于卫所州县已在贵州正式建立，以当时的合法渠道迁往贵州的汉族居民，在以后的历史中，较少发生同化于少数民族的情况，他们的后裔在汉文典籍中的记载也就十分清晰可考。见杜薇《百苗图汇考》，贵州民族出版社2002年版，第69—74页。

屯堡社区之时，不论是研究者还是游客，无不被这几个具有鲜明特色的"关键符号"所打动。

最直观的第一印象无疑是屯堡人的服饰，特别是女装。屯堡妇女对传统服装的坚守与男子服装的无差别化，可以这样解读——社区或民族与外界大社会的关系，既不是孤立的，也不是完全被兼容的。与外界社会的交往无时不在发生，这体现了村庄或民族"开"的一面，也象征性地表现为男子无差别化的服装。虽有传统服装，但与外界服装大同小异。在交往过程中，内外边界也还在维持，这体现了村庄或民族"闭"的一面。交往的同时，时刻没忘记表达自我，妇女服饰正是这种表达的机制。在汉人社会中，男子多主外，女子多主内，借此社会性别关系，男子服装隐喻了与外界的交往，女子服装则隐喻了内部自我。但这并不意味着在日常生活中女性被禁锢在群体内部空间，她们的社会交往圈也突破了社区边界。其对传统服饰的坚守，主要是一个象征表达。而外界对屯堡人的认知与识别，女装是一个至关重要的显性符号。毫不夸张地说，如果屯堡人放弃传统女装，其作为一个被少数民族包围的地方汉人群体的身份认同必将弱化。

其次，便是驱邪仪式"跳神"。汉人的驱邪仪式因地域差异而有所不同，如东南、华南地区的"打醮"，黔东北的"驱傩"，等等。"跳神"为自称，他称即广为人知的"地戏"。作为自称的"跳神"，无疑是中国传统"灵性宇宙观"（或西方汉学家所说的"关联性宇宙观"）的体现，"神、鬼、祖先"是其基本内容。仪式的基本程式为：开箱、开财门、设朝、表演、扫场。所演曲目改编自帝国时期的章回小说《封神演义》《四马投唐》和《五虎平南》等。其中面具是实现人神身份转换的主要道具，所谓"摘下壳子是人，戴上壳子是神"。在"跳神"语境中，剧中人物已失去人的身份，而是具有超越性的神灵。他们作为历史人物，之所以被奉为神灵，与符合儒家"忠"的政治道德观有莫大的关系。作为国家"正祀"，中国民间神灵"由凡入圣"的转换机制通常如此。

"跳神"仪式在宇宙观层面的象征主义，同样具有维持社会边界的意义。因为作为被驱逐对象的鬼邪，象征着外来负面力量对边界的侵入和破坏，进而影响家庭或社区的平安。因此，无论在家庭层面还是社区层面的"跳神"，其行为都在象征性地对边界进行重新确定。在社会学意义上，"跳神"在村庄间的巡回表演，强化了亲属或拟制亲属的社会纽带。据调查，村庄间请"跳神"主要讲亲戚关系。屯堡俗语："不是跳神，是跳亲"，生动说明了"跳神"的社会联结作用。比如有报道人说："去年我们去周官（跳神）就是因为我有一个伙契（结拜兄弟）在周官。……。外村来请地戏队主要是看有没有渊源关系，不依他戏跳得好坏。"[1]

人类学家布洛克（M. Bloch）对马达加斯加梅里那人（Merina）的割礼进行历史的考察后，发现割礼的社会功能随着政治和社会场景的变动而变动，但其内在的象征意义却恒久稳定。[2] 布洛克的结论解释不了屯堡驱邪仪式从"跳神"到"地戏"的转换。知识精英将"跳神"改称为"地戏"，实际上是一个现代性的重塑过程，也即"去魅"的过程。同时，也是一个传统"灵性宇宙观"向现代"理性宇宙观"转换的过程。其功能从屯堡人日常生活中的神圣仪式转换为艺术化的舞台表演和旅游商品。作为表演艺术和旅游商

---

[1] 孙兆霞等：《屯堡乡民社会》，社会科学文献出版社2005年版，第387页。

[2] M. Bloch, *From Blessing to Violence: History and Ideology in the Circumcision Ritual of the Merina*, Cambridge University Press, 1986.

品的"地戏"已失去原有的"灵性"意涵,虽然其中的各类符号仍然留存,但其传统象征意义已然淡化,仅是一堆空洞的符号。在诸多社会功能中,从"跳神"到"地戏",其娱乐和观赏功能被放大和凸显,这也是仪式被抽象化的过程,即抽离屯堡人的日常生活脉络,转而被放置在一个虚空的舞台之上。在"灵性宇宙观"之下,开箱、开财门、设朝、表演、扫场的仪式程式严格且缺一不可,并伴有烧香、烧纸、放鞭炮等附加仪式,以营造一个神圣空间和气氛。而在"理性宇宙观"之下,仅为表演而表演,其他程式则无关紧要。

尽管"跳神"已改称为"地戏",其社会功能和象征意义也发生了变化,但并未失却作为屯堡文化的"关键符号"之一的身份。特别是地方政府进行对外文化宣传和作为旅游节目表演时,"地戏"以及面具展示更是凸显着屯堡人身份的核心标识。

再次,当然是"抬汪公"仪式了。汪公据说为隋末唐初徽州人汪华,于乱世保境安民,乡人念其功德建庙祭祀,汪公崇拜遂成为徽州一带的地方神。屯堡乡村如五官屯、吉昌屯、鲍屯、狗场屯等皆建有汪公庙,并举行年度祭祀和游神活动。

据乡民传说,清末民初发生过一场因"抬汪公"而起的导致村庄分裂的"十八场风波"(该事件如此重要,在不同的章节中会反复提及)。早年,鲍屯与邻村鸡场屯(现名吉昌)、狗场屯在每年的正月十八日轮流抬一个汪公塑像。现坐落于马场的老猪场(又称为"十八场")过去是三村的共有产业,也是三村公祭汪公的场所。后因发生矛盾,导致三村集体斗殴,继而抢夺宗教财产。鲍屯抢得汪公塑像,鸡场屯抢得旗锣轿伞,狗场屯则抢得大铁炮。从此,三村在宗教活动上的联盟正式决裂。目前,"抬汪公"仪式的时间分别为狗场屯正月十六日，鲍屯正月十七日，鸡场屯正月十八日。

以鲍屯汪公庙为例，汪公神像为一古代官员形象，脸部颜色为红色。关于中国男神脸部的颜色，主要有红和黑两种色彩。对此有两种解释，一是古典戏剧人物脸部红色象征"忠义"与"正直"，如红脸关公。二是桑高仁（P. Stevan Sangren）在中国台湾发现，神像黑色脸部意味着香客众多，脸部经年累月被香蜡纸烛熏成黑色，因此，庙宇在制作神像时为了表明神的"灵验"，故意将神像脸部涂成黑色。

汪公庙内，主神无疑是汪公，但配神却是在神谱等级中地位远高于汪公的观音和关公。诸神共处一庙，通常的解释为这正是中国民间宗教与制度性宗教的相异之处，即制度性宗教有明确的宗教类型意识，祭拜神灵时具有排他性，而民间宗教则混而拜之。对于观音和关公的高阶地位，首先，从横向来看，它们是一个全国性的神灵，而汪公仅是一个地方性区域性的神灵。其次，从纵向来看，如关公是镇一级的神灵。鲍屯所从属的大西桥镇就有一座关公庙，每年六月六关帝会期间，大西桥镇所辖村庄的香客皆来此祭拜关公，祭祀圈及其神力所至覆盖全镇，而汪公的祭祀圈仅局限在一村之内。

如何解释汪公庙诸神杂处及其等级秩序的颠倒？以此来作为民间宗教与制度性宗教的区别当然具有解释力，但也还有其他解释。笔者认为，汪公庙诸神的配置，可解释为庙宇建造者和管理者通过高阶的关公和观音作为汪公的配神，目的是让关公和观音为汪公"站台"①，以获取更强大的神力，

---

① "站台"的新意，据网络解释，其出处来自中国台湾选举词语。在中国台湾，"总统"候选人会举行各类造势活动，知名人士到场为候选人助威，称为"站台"。但是这一词语很快就突破了"选举"的范围，而泛化成为一般的助威、打气、宣传、造势等含义，但通常需要当事人亲临现场公开亮相进行支持。

提升其灵验度，进而吸引更广泛的香客，更进而提升本村汪公庙的神圣地位以及村庄的荣誉感。为了吸引香客，庙宇特别是同类庙宇间通常存在激烈的竞争。除了将神灵脸部涂成黑色外，桑高仁在中国台湾还发现大大小小妈祖庙之间的一个重要的竞争机制便是宣称本庙"历史悠久"，因而本庙的妈祖更具灵力和正当性。① 笔者发现屯堡乡村汪公庙之间的竞争则采取了借助高阶神灵到场造势的机制。在"十八场风波"中，鲍屯最为自豪的是他们抢到了汪公塑像，其他两村抢到的则是无关紧要的旗锣轿伞和大铁炮。尽管现在鲍屯"抬汪公"的时间晚于狗场屯，但他们仍然对两村不以为然。吉昌屯因过去名鸡场屯，因而被讥讽他们的汪公塑像带有鸡屎味（第五章对此有详细的讨论）。通过三村汪公庙的竞争，可看出鲍屯汪公庙以正统自居。

屯堡乡村的文化符号当然不止这三个。但这三个"关键符号"足以说明屯堡乡村文化的一般概貌。如埃文斯－普理查德所说："对于那些想要了解努尔人行为的人来说，最好的建议便是去看他们的牛。"② 再如代表日本文化的符号也不胜枚举，如相扑、富士山、扇子等，但大贯惠美子（Emiko Ohnuki-Tierney）仅选择了其中的稻米、樱花和猴子作为"关键符号"。③

屯堡乡村与典型汉文化相比，既有重叠和共性，又形成了自己的地域特色，其中最具差异性的表现便是历史上屯堡

---

① ［美］桑高仁：《汉人的社会逻辑》，丁仁杰译，台北："中研院"民族学研究所，2012年，第123—152页。
② ［英］埃文斯－普理查德：《努尔人》，褚建芳、阎书昌、赵旭东译，华夏出版社2002年版。
③ ［美］大贯惠美子：《作为自我的稻米》，石峰译，浙江大学出版社2015年版；《神风特攻队、樱花与民族主义》，石峰译，商务印书馆2016年版；*The Monkey as Mirror*, Princeton：Princeton University Press, 1989.

妇女不缠足。对此，历史文献多有记载，如清刘祖宪《道光安平县志》卷五《风土志》："屯堡，即明洪武时之屯军。妇女青衣红袖，戴假角。女子未婚者，以红带绕头上。已嫁者，改用白带。男子衣服，与汉人同。男子善贸易，女不缠脚，一切耕耘，多以妇女为之。……一名里民子。衣尚青，妇人以银索盘头，与屯堡人无甚差异。妇女不缠足，男子娴贸易，耕作多妇人为之。"民国《平坝县志》："而凡住居屯堡者，工作农业，妇女皆不缠足，从事耕耘。厥后即不住居屯堡，如其妇女不缠足，从事耕耘者，皆以屯堡人呼之，则屯堡人之意味又不专就住居论矣。"等。

人类学家葛希芝（H. Gates）以政治经济学的理论分析了中国古代女子"缠足"与"劳作"的关系。她认为，中国最有价值的家庭及商业农作物以及手工艺品的生产，如养蚕及抽丝、茶叶采集及加工、鸦片采集、刺绣、棉布及麻布的纺织等，依赖的是年幼女孩的劳作。在这些生产活动中，家庭纺织的棉布，或称土布，最能有力地证明女子劳作对20世纪的中国的重要性。在六或七岁时，中国女孩经由缠足被强制赋予一个女性的形象。唯有通过缠足，才能确保她们能够被明媒正娶地嫁入一户好人家，而不是沦落为妾、丫鬟或是妓女。缠足也表示她们唯一能做的工作就是家务事或照顾孩子，她们小巧的双足使她们不能胜任任何需要强壮双腿的工作如田地里的劳作。缠足就是一个将女孩带入一个新的纪律要求的接纳仪式。欧洲在使孩子适应社会时的要求则比较不那么苛刻。[①]

葛希芝以缠足与否作为古代女子进行室内室外劳作的区

---

① Hill Gates，中国与西北欧的女性工作，in Chuang Ying-chang, Theo Engelen, and Arthur Wolf, eds., *Beyond The Hajnal Hypothesis*, Amsterdam: Aksant, 2005.

分标准，但她忽视了其他的维度。高彦颐对18世纪缠足鼎盛期的考察，发现缠足存在阶层与民族之别。她引用学者赵翼的观察："今俗裹足已遍天下，而两广之民，惟省会效之，乡村则不裹。滇黔之猓苗獞夷亦然。""苏州城中女子以足小为贵，而城外乡妇皆赤脚种田，尚不缠裹。"①

从历史文献记载来看，屯堡妇女不缠足显然与要进行田间劳作有关。历史上屯堡乡村男女性别分工何故如此，以上所引史料并未说明。笔者推测极有可能与明代卫所制度有关。明代军事屯田以屯为基本单位，一屯有若干军人或军户。军户有一名"正军"，以及辅佐正军的"军余"。正军和军余均可携带家室。也即是说，在男子忙于军事之时，屯田耕种之事，可能更多落在女性身上。或者说，耕种之事并非如一般情况下是男子之专业，在战争非常时期，屯堡乡村形成了男女皆事耕种的特殊情形。为了不影响田间劳作，女子便形成了不缠足的文化习惯。由于没有相关史料作为支撑，此论点仅是推论。

如同清代赵翼所观察的那样，屯堡乡村妇女缠足与否也受到阶层差异的影响。据田野调查，历史上安顺城东门外的屯堡地区，妇女"大脚大袖"，而西门外的屯堡地区，妇女则"小脚小袖"。西门外的当地人说，历史上他们的地位、官阶要高于东门的屯堡人，因此，他们的女子通常不用下田劳作，故为小脚。②

政治经济学认为，中国古代汉人妇女缠足与否是区别室内室外劳作的符号，这显然是一个"客位"观点。笔者以屯堡妇女经验为个案，提出了一个"主位"的解释。历史地理解缠足文化，其不仅与劳作相关，而且是身份地位的象征，因为

---

① ［美］高彦颐：《缠足："金莲崇拜"盛极而衰的演变》，苗延威译，江苏人民出版社2009年版，第166页。
② 安顺学院张定贵教授提供了相关田野调查资料，谨表谢意！

缠足是古代女子借助身体来表达儒家文化下的理想"女性气质"。尽管小女孩会在缠足时遭受巨大的肉体痛苦,如葛希芝说:"我对好几百个缠足妇女的访谈,显示了女孩必须通过身体上的痛苦改变,才能被规训成适合结婚的女人。"① 缠足造成的痛苦甚至遭到女孩们不同程度的反抗,"每天一到地里,我们会解掉又臭又长的裹脚布。当我们回到家时,会遭家长一顿打,然后再次给我们绑上裹脚布。"② 但是缠足与否的结构性等级不平等和荣誉感仍然是文化的主流。历史上,屯堡不缠足的妇女被歧视性地称呼为"大脚妹"。为了回应这个污名,她们传说是模仿明朝朱元璋的大脚马皇后。显然这是当地人的"主位"解释。其历史的真实性已不重要,重要的是通过这个说辞使一个卑微的身体属性获得了至尊的地位,从而在文化上翻转了自己的边缘从属身份。"攀附—模仿"是身份认同的普遍原则,具体到屯堡个案则是通过"攀附—模仿"原则从而达到不缠足的屯堡妇女与马皇后的"肉身同构"。这当然是文化的想象,但并不意味着毫无意义。在屯堡人不缠足文化区,当问及为何不缠足时,她们通常会以"肉身同构论"来作答,包括男人,而不是理性的"劳作论"。

四 "族—会"型汉人乡村社会③

人类学家通常以"组织"与"关系"作为观察汉人乡村

---

① Hill Gates, *China's Moto*, Ithaca: Cornell University Press, 1986, p. 178.
② Hill Gates, *China's Moto*, Ithaca: Cornell University Press, 1986, p. 197.
③ 匿名评审人认为笔者是将整个屯堡乡村都定性为"族—会"型乡村,这个判断显然误解了笔者的本意。本研究的田野点在鲍屯,换言之,仅有杂姓村鲍屯为"族—会"型乡村。对于其他屯堡村落笔者无力作大规模的田野调查,因此它们是否属于"族—会"型乡村的范畴值得进一步考察。鲍屯作为"族—会"型乡村,是以之作为一种方法,而不是将之作为整个屯堡乡村社会的缩影。

社会的社会结构与社会联结机制。①两者的包含关系具有不对等性,前者可以包含后者,而后者却包含不了前者。从存在论来看,"关系"具有普遍性,而"组织"则无,有如人类学家王崧兴的名言:"有关系,无组织"。早期人类学家主要探讨的是组织化的宗族,或实体性宗族。近来的研究发现,宗族也可表现为一种"关系",或礼仪性宗族。持宗族是一种"关系"论点的学者常常以此来攻击前者,认为他们没有考虑到宗族的另类表现形式。这样的对话并不在一个平台上,因为前者论述的出发点是与无政府组织的非洲进行两相观照,目的是发现汉人社会的运转逻辑。政府是一个强大的组织,那么对应的当然也应是一组织,而不是松散的社会"关系"。换言之,早期人类学家如弗里德曼等,他们讨论的对象一定得是"组织",而不是"关系"。

汉人民间组织以宗族和"会"最为常见,但两者具有空间地域分布的差异。比如在东南沿海汉人乡村社会,宗族组织占据主导地位。具有如此特征的乡村社会,林耀华名之为"宗族乡村",比如他研究的村庄义序便是一典型的宗族乡村:"义序是一个乡村,因为全体人民共同聚居在一个地域上。义序是一个宗族,因为全体人民都从一个祖宗传衍下来。前者为地域团体,后者为血缘团体,义序兼具二者,就是一个宗族乡村。"② 弗里德曼也下过同样的断语:"在福建和广东两省,宗族和村落明显地重叠在一起,以致许多村落只有单个宗族,继嗣和地方社区的重叠在这个国家的其他地区也已经发现,特别在中部省份,但在中国的东南地区,这

---

① 比如,第一代人类学家费孝通谈"关系"(差序格局),林耀华谈"组织"(宗族组织)。

② 林耀华:《义序的宗族研究》,生活·读书·新知三联书店2000年版,第1页。

种情况似乎最为明显。"①

在宗族乡村,宗族组织牵引着地方社会的运转,但"会"并非不存在,只是不重要。在福建义序,林耀华将"会"置于宗族之下作为宗族组织的形式之一,其他形式还有:祠堂、庙宇、联甲。在他看来,祠堂、庙宇和联甲"已足使族人的行动,有所依赖,族人的信仰有所寄托,所以这团体可以命为整乡整族生活的中心。"而"会"或"社"仅是无关紧要的"个人或小团体的生活"②。这些"会"或"社"包括:加会(金融组织)、把社(宗教组织)、诗社(文人组织)、拳社(武人组织)。弗里德曼认为各种"会"是一种"自愿组织",他说:"这些群集(会或众)或者可能行使与正规的宗族体系无关的特别任务,或者在这些人当中进行调适,他们的伙伴具有相对自由的选择。换言之,这样或那样的志愿组织可能出现在村落的生活之中。"③ 他特别强调了汉人居住的大城镇和海外华人地区"会"的盛行。他虽然看到了自愿组织"会"整体上在汉人社会之中的重要性,但还是发现东南地区"会"的弱小——"很显然,自愿组织可能被认为有如此重要的结构性地位,中国东南地区地方宗族的状况并非如此,但是,我们必须谨慎地认识到,因为宗族社区为亲属和地位行为的规则所限定,从而显得稳定,自愿组织不可能以相当的规模出现。"④ 弗里德曼的例子

---

① [英]弗里德曼:《中国东南的宗族组织》,刘晓春译,上海人民出版社2000年版,第1页。
② 林耀华:《义序的宗族研究》,生活·读书·新知三联书店2000年版,第35—36页。
③ [英]弗里德曼:《中国东南的宗族组织》,刘晓春译,上海人民出版社2000年版,第117页。
④ [英]弗里德曼:《中国东南的宗族组织》,刘晓春译,上海人民出版社2000年版,第117—118页。

来自葛学溥（D. Kulp）所研究的广东凤凰村。在该村有六种不同的自愿组织：互助会、老人会、糖业会、水利会、拳会和八音会。①

林耀华和弗里德曼对"会"的认识有些微异同之处。相同点：（一）都认为"会"在宗族乡村不重要；（二）都认为"会"是自由或自愿组织；（三）都认为"会"的成员是同一族人；（四）都认为"会"被宗族包含。不同点：林耀华认为"会"行使的是宗族的功能，而弗里德曼则认为"会"行使的是与正规的宗族体系无关的特别任务。

而在宗族组织不发达的地区，如华北和西北，"会"却显示出强大的力量。郑起东对1949年以前的华北农村社会结构做了较详细的研究，认为"在华北地区，由于战乱以及大规模的人口迁徙，以及农村家庭的小型化，造成了宗族的分散。因此，宗族组织已不是农村社会组织的主要形式，取代宗族组织的是各种各样的自治组织、自卫组织、互助组织、文化组织和宗教组织。这些组织既相对独立，又互相包容。自治组织是各种农村社会组织的基本内核，如青苗会，对内作为自治组织，甚至代行行政组织的职能；对外则演变为自卫组织（如联庄会或红枪会）。"② 甘博（S. Gamble）也具有相同的观点，他说"会"（associations）是华北乡村的主要组织形式。这些"会"从类型上来说主要有三大类，一是一般性的会（general associations），这种类型的"会"关心村庄的所有利益，如"青苗会"（Green Crop Associations）和后来的"义会"（Public Associations）；二是特殊的会

---

① ［英］弗里德曼：《中国东南的宗族组织》，刘晓春译，上海人民出版社2000年版，第118页。
② 郑起东：《转型期的华北农村社会》，上海书店出版社2004年版，第100页。

(Specific Associations），这些"会"是独立的群体，有自己的领头人、财政、计划和为某种服务而被组织起来，如为纯粹的宗教目的、看青、水利或谷仓的维修等；三是混合性的会（Compound Associations），这种会由许多半独立的组织所组成，而半独立的组织一般是建立在边界或氏族（clan）的基础上的。有许多事务是这些半独立的组织所处理不了的，所以它们要联合起来。[1]

在西北关中水利社会中，存在"官渠"和"民渠"两大水利系统。就主导性的组织力量而言，前者是政府组织在牵引其运转，主要体现在水利建设和管理诸方面。而后者承担起组织作用的是地缘性的联合组织"水利协会"。另外，庙宇组织和"社火"也卷入到水利社会之中。[2]

北方地区组织化的宗族弱化已是学界的共识。在山西，张俊峰发现："与东南、徽州等南方地区的宗族相比，白巷李氏没有族产或者说族产极少，也没有像样的祠堂，他们仅有的祠堂也是通过购买没落族人的房产后改造而成的，难得见到类似于东南地区那样耗资巨大，恢宏庄严的祠堂建筑。这里的宗族并不具有慈善、救济和教育的功能，或者说这些功能并非李氏宗族存在的主要目的，它也不是那种族产庞大、族规严密的实体性组织。对于李氏族人而言，宗族存在的标志，一个是族谱和世系，另一个是祖宗的坟地。"[3] 由此判断，山西宗族仅是松散的礼仪性宗族。

---

[1] S. Gamble, *North China Villages*: *Social*, *Political*, *and Economic Activities before* 1933, Berkeley & Los Angeles: University of California Press, 1963, pp. 32 – 44.

[2] 石峰：《非宗族乡村》，中国社会科学出版社2009年版。

[3] 张俊峰：《北方宗族的世系创修与合族历程——基于山西阳城白巷李氏的考察》，《南京社会科学》2017年第4期。

贺雪峰的田野调查显示，关中的亲属关系是弱小的"户族"。他说："所谓户族，关中农民又称'门子''父族'，其实就是宗族下面的'房'。不过，户族与'房'也有很大的差异，即'房'严格强调亲疏远近，一个'房'可能会有数百户甚至更多，而户族的范围，大致在10户到20户之间，如果过大，也就会再分为更多户族，而不可能达到数百户的规模。在宗族中，'房'是隐藏在宗族之内的，外来者很难发现'房'与'房'的差异，而在户族中，同姓同宗却不重要，同宗意识很弱，户族本身凸现出来，成为农民在村庄中最为重要的行动单位，外来者也很容易发现户族的存在。理解户族，对于理解关中农村，也许具有基础性的意义。"① 在山东，杜靖发现作为"关系"而非"组织"的五服—姻亲结构是乡村社会的主导亲属制度和实践。他的研究对象闵村，虽有闵氏宗族，但"在村落内部真正运作的主要实体却是'五服—姻亲'"②。

位于黔中屯堡乡村的鲍屯，宗族和"会"同时存在。鲍屯现有人口约2000余人，其中90%为鲍姓族人，其他杂姓有汪、吴、潘、徐、陈等，是一个一姓独大的杂姓村。据《鲍氏宗谱》记载，在明代"调北征南"背景下，始祖鲍福宝带兵入黔，随同而来的还有汪、吕二姓，驻扎在现居地。鲍、汪、吕三家是姻亲，后来，鲍姓人口激增，而汪、吕二姓因种种原因人口锐减，鲍姓逐渐成了村庄的支配力量。该村最早名为"杨柳湾"，后名"永安屯"，至清因鲍姓人口增多，于是外人改称为"鲍屯"。从人类学对"宗族组织"的界定来看，历史上鲍氏确实是个组织化的宗族，而非礼仪

---

① 贺雪峰：《关中农村调查随笔》，《天涯》2006年第4期。
② 杜靖：《九族与乡土》，知识产权出版社2012年版。

性宗族，因为其具备了组织化宗族的四个基本条件，即共祖、祠堂、公产和族谱。鲍氏始祖为鲍福宝，下分"仁、义、礼、智、信"五房，现已传至二十一世。族人除了集中在鲍屯外，部分还分离出去组建了另一个自然村带子街，另有部分族人散居在各地。当今清明是祭祖最重要的日子。村民们说祭祖时间一般会持续半月左右，原因是要按照祖先的不同世系来祭祀。清明前一天祭拜的是"腰带始祖"鲍大千，清明当天全体族人祭拜始祖鲍福宝，第二天按房祭祖，第三天按支祭祖，第四天以后则按小家祭祖。始祖坟地位于村子后山上，因风水极佳和面积的限制，族人曾规定六世以后的祖先就不准再葬于此地。因此，这块祖坟地仅有前七世祖的坟茔，其他祖坟则散布各处。清明祭始祖无疑是村里和族人的一次盛会，据说2011年为了招待各地赶来的族人，曾摆了200多桌宴席，按一桌8人计，有1600多人。当今鲍氏宗族的组织化特征主要表现在清明祭祀始祖时，而其他时间则表现为系谱性或礼仪性宗族。

有意思的是，村庄的自愿组织"会"也特别发达。目前存在的"会"有"老人会""佛头会"和"钱会"，历史上曾经有"五会"（即"汪公会"），其中"汪公会"最为引人瞩目并延续至今。

在鲍屯，宗族和"会"不能相互替代。在东南地区，犹如林耀华所言，"会"只是宗族组织的形式之一，且行使的是宗族的功能，会员为一族之人。而在华北和西北，"会"则包揽了村庄的全体事务。从人口构成的比例来说，作为一姓独大的杂姓村，鲍族之事百分之九十是村庄之事，村庄百分之九十是鲍族之事。在某种程度上，鲍族等于鲍屯。鲍族虽然占据了村庄百分之九十的社会空间，但并非全体占有。因此，在某种程度上，鲍族又不等于鲍屯。一姓独大的杂姓村内部的这种张力，需要汉人社会最基本的两个组织形式宗族和"会"来舒解。当涉及族内事务时，宗族自行处置，而当涉及包括鲍姓和其他杂姓的全村事务时，则由"会"任之。在这里，宗族和"会"在形式和内容上既重叠又分离。

鲍屯有两类主要的宗教活动，一是祭祖，二是祭汪公。祭祖是族内之事，而祭汪公则是全村之事。村庄的空间布局以中轴线为中心规划建设。在中轴线上从北至南布置的是鲍氏祖坟、汪公殿、关圣殿和鲍氏祠堂，这是一条物理线路，更是一条宗教神圣线路。其中汪公殿、关圣殿和鲍氏祠堂占据了上街的绝大部分空间。在2000年左右三大殿被拆除，而是目前恢复的仅有汪公殿。鲍氏祠堂的建筑材料被用于修建村口小青山上的太平寺。据老人回忆，1949年后禁止祭祖，但祠堂并没有被拆除，而是与另外两殿被改作生产用房。目前在祠堂处修建了村级小学。由此空间布局来看，汪公在村庄享有至尊地位。虽有关圣殿，但没有专门祭拜关公的"会"，说明关公虽是高阶神灵，但在鲍屯并非重要之神，犹如现在在汪公庙里只是配神。

"汪公会"历史上又名"五会"，即汪家会、江家会、吕家会、上街会、中街会（后两会为鲍氏）。五大会囊括了鲍屯全村的姓氏和街区。清末民初"十八场"风波以后，三村联合"抬汪公"破裂。改革开放后，"抬汪公"仪式恢复，举行仪式的时间分别为狗场屯正月十六日，鲍屯正月十七日，鸡场屯正月十八日。鲍屯"抬汪公"的组织形式和组织者有一个历史的变迁。据老人回忆，1949年前由五大会轮值，20世纪50年代至改革开放前中止，改革开放初期由村委会组织，90年代以后由村里"迎春会"组织，2006年至今由全村九个生产队（即现在的"村民组"，但村民仍称为生产队）每年以三个生产队为一组轮值。1949年前，"抬汪公"的费用出自专门的祭祀田,据老人回忆,祭祀田主要种植鸦片,现在则由全体村民集资,每家按人丁每人10元,意味着全村每人都是会员。由此观之,"汪公会"并非如林耀华和弗里德曼所说的完全是一个自愿组织,一是历史上有专门的祭祀田,犹如宗族的族田,专用于公共事业,祭祀田惠及全村全体村民;二是现在虽然集资针对的是全体村民,理论上是自愿,但实际上带有义务性、强制性和神圣性,如同面对集资时村民所说:"在神灵面前要守信用"。三村联合行动时,汪公最后被抬到三村的仪式中心大西桥的关公庙。分裂后,鲍屯把汪公像从汪公庙中抬出,绕全村边界一周,终点是南边与他村交界的回龙观。此地是一小平坝,一是便于活动的展开,二是此地还是一关口,过去建有把关土地庙。汪公被抬到此地,具有象征性地抵挡外来威胁的作用。

从性别来看,祭祖和祭汪公皆为男性之事。祭祖自不待言,祭汪公虽有女性参与,但非仪式之主体,一如村民所说:"她们出力,但不操心。"女性的宗教活动也有自己的组织,即"佛头会"。据村民说,"佛头会"实际是"汪公会"这个大系统的次级组织,但成员主体是全村所有姓氏的成年女性。"佛头会"内部再分为两个亚组织,即上街"佛头会"和下街"佛头会"。除"汪公会"外,村里其他的"会口"皆由"佛头会"组织和参与。

根据现在的观察,宗族组织和"汪公会"的主体职能主要是祭祖和祭汪公。但据老人讲述,历史上曾经已有延伸。在族田合法化的时代,族田的收益主要用于(一)水利设施维修,购买石料,雇佣石匠;(二)修桥补路,维修三大殿和祠堂;(三)抚恤鲍姓孤寡老人;(四)救助失火户;(五)族人治病,助学等。其中,第一、二项职能惠及全村全体村民,第三、四、五项则局限在族内。无独有偶,"汪公会"也突破本职延伸到了水利场域。现在已发现两块与水利相关的石碑。一块为 2006 年在附近黄家庄发现的残缺的"驿马坝井石碑",碑文为:"因一时无知……泉水退缩,亢旱禾苗,见之不忍……自知情愧,愿……后不敢侵犯,倘后有……如有放水……勿谓言之……",立碑时间为"大明庚午年"。另一块是水仓附近发现的清咸丰年间所立的关于水利河道的禁碑。后者的落款即"五会",也即是说,"汪公会"主持了禁约的制定。

桑高仁基于中国台湾经验发现,宗族和"会"具有共同之处,即要形成一个实体的组织,就必须拥有"公产",就宗族而言就是族田或集资,就"会"而言就是祭祀田或集资。如无公产,便不能组织化。[①] 此观点同样能解释鲍氏宗族和"汪公会"。从另一组织原则来看,鲍氏宗族通过追溯一个共同的祖先,以纵向系谱的方式将族人联结起来,而"汪公会"虽有祭祀对象,但成员与神灵无系谱关系,而是以神灵为中心通过横向关系将成员联结起来。就成员的广度而言,鲍氏宗族仅限于族人,"汪公会"则涵盖了所有姓氏以及男女两个性别。

通过跨地域的比较,我们发现汉人乡村社会具有区域性差异。在东南沿海的福建和广东,其社会特征是宗族组织为主导,"会"相对弱小的"宗族乡村"。在北方,其社会特征是"会"为主导,宗族(主要表现为系谱性宗族)相对弱小的"非宗族乡村"。在黔中屯堡乡村鲍屯,则是系谱性宗族和组织化宗族与会社共同存在,最后会社整合整个村落的"族—会型乡村"。

[①] P. S. Sangren, "Traditional Chinese Corporations: Beyond Kinship", *Journal of Asian Studies*, Vol. 43, No. 3, 1984.

早期人类学家基于东南地区的经验所得出的汉人社会文化图景，是否就能充分说明汉人的一般特征？学界以此为基点，经过区域性的扩大研究，已然发现汉人社会文化在具备普遍性和共享性的前提下仍然呈现出地域性的差异。对地域性差异的探索依然在路上，继续扩大研究必将深化和细化对汉人社会文化的多样性认识。

黔中屯堡乡村社会作为"边汉社会"的一种类型，其内部也呈现出不同的亚类型，同样值得进一步深究。但与其他"边汉社会"相较，其文化身份具有强烈的自我意识。显然这与他们历史以来的聚落形态是连片聚居有莫大关系。周边虽杂处非汉民族，但从宏观上看，文化交融并不对等，也即文化的输出大于文化的吸收。比如，鲍屯的邻村黄家庄是苗族村寨，历史上村民是鲍屯的佃户，据老人回忆，历史以来，每当鲍屯祭祖和"抬汪公"之时，黄家庄村民就会前来帮忙和跳芦笙，但黄家庄举行苗族节庆或仪式时，鲍屯村民并不前往参与。我观察到的几次鲍屯祭祖和"抬汪公"，并没见到黄家庄苗族村民的身影，说明黄家庄苗族村民也是偶尔为之，苗族文化并非祭祖和"抬汪公"不可或缺的组成部分。

而在汉人非连片聚居区，汉与非汉文化则呈现交融状态。例如，在广西宾阳，在汉族移民到边疆地区形成"汉人社会"的过程中，不是区域内简单"汉化"的结果，而是在长期历史进程中不断地与其他民族包括各地方汉族移民接触、互动，形成了一种既非完全由移民地所带来的文化，也非土著民族的文化，最终呈现的是"合成文化"的文化样态。[1] 又如，在黔东南三门塘，明代刘氏指挥使调任铜鼓卫

---

[1] 覃琮：《边疆"汉人社会"视域中"合成文化"生成的人类学解读——以广西宾阳为个案》，《广西师范大学学报》2011年第1期。

后，其子孙随着世系的延续而逐渐增加，除袭职的极少数人外，屯种与参加科举考试，成为多数人的职业选择。因土地资源有限，部分后裔不得不将进入周边少数民族村落作为生计选择之一。刘氏指挥使后裔迁居三门塘，致使卫所武官后裔融入少数民族地区而致身份发生变迁，但他们亦无时不在寻找机会凸显作为汉人的文化传统，不管是公益事业中的碑刻书写，还是筑建宗祠与编修族谱，均为这种文化传统的显现。[1]

以人类学社区研究法，把边疆地区的汉人群体作为自足的民族实体，将之置放在"汉人乡村社会"这个总体框架下进行多视角的探讨仍是一个值得深入探讨的问题。边疆研究离不开对"边汉社会"的关注，少数民族研究的单一视角，无助于我们对边疆进行全面深刻的理解。

五　本书的架构

第一章从"文化的组织"角度讨论鲍屯主要的社会组织之一宗族（继嗣群）。鲍屯因是一个杂姓村，现有大小并存的宗族，本章以鲍氏宗族作为代表来讨论。首先讨论汉人杂姓村的学术意义。其次特别讨论了"纸上祠堂"，这在今日鲍氏祠堂尚未重建的情形之下，尤其具有特定的意义，这也是过去人类学甚少涉及的一个主题。最后讨论作为关系与组织并置的鲍氏宗族，这与过去人类学家将两种类型的宗族分离开来的做法大不一样。宗族将外姓排斥在外的一般原则，导致了宗族的封闭性，这个属性使杂姓村各个宗族之间产生

---

[1] 吴才茂：《明代卫所制度与贵州地域社会形成研究》，博士学位论文，西南大学，2017年。

了不同程度的张力。

第二章同样从"文化的组织"角度讨论鲍屯的另一种社会组织即会社。鲍屯的会社组织目前较为活跃的主要有信仰组织"汪公会"、性别组织"佛头会"、年龄组织"老协会"和互助组织"炸会"。这几种类型的会社皆是跨界（跨姓氏、跨性别和跨年龄）的组织。其跨界性和包容性与封闭的宗族形成对比，在村落的层面将全体村民团结起来，使杂姓村并没有因宗族之间的张力产生分裂，这与弗里德曼对杂姓村的判断并不一致。鲍屯村民围绕宗族和会社两类社会组织的社会生活实践丰富多彩，以下章节具体讨论这些实践的不同侧面和细部。

第三章讨论鲍氏族谱记载的历史上发生的扶箕问祖仪式活动。这为我们提供了一个难得的详细的历史民族志资料，使本研究具有了历史的深度。在乩文中，充满了儒家的道德教诲，这也是高层精英文化向基层民众普及教化的一种表现和路径。论证了扶箕问祖仪式属于芮马丁所说的强的"以言行事"，同时该仪式显示出明显的集体主义取向，其中乩文中出现的箕仙诗除了具有文学价值外，更重要的是必须将之视为一种仪式语言，因而具有神圣性和强大的神奇力量。该案例展示了汉人祖先崇拜的文化多样性。

第四章讨论鲍屯的饮食文化，特别是在祭祖和抬汪公仪式中的神圣性共餐，其共餐的食物是一种"混合食物"。讨论主要和华琛在华南乡村研究的"食盆"的比较中展开。对两种食物类型的主要异同点作了较为详细的比较，同时对鲍屯祭祀混合食物的诸面向也作了讨论。首先考察了鲍屯祭祀混合食物的名称。尽管现在村民将这种食物称为"一锅香"，但与安顺的另一种被称为"一锅香"的菜肴并不是同一种类。关于鲍屯祭祀混合食物的起源，没有相关文献和口述资料以资利用，但本研究作了一个推论，即可能与早期中国祭祀食物"和羹"有关。鲍屯祭祀混合食物与华南食盆最突出的相同之处便是其也是一种社会抹平机制，以及皆是一种"无餐桌礼仪"的共餐。鲍屯祭祀混合食物也具有共餐的一般特性，即通过包含性和排斥性来界定和维持社会边界。不过，在鲍屯的两类祭祀混合食物共餐中，鲍氏祭祖共餐偏向排斥性，而抬汪公共餐偏向包含性。最后，鲍屯祭祀混合食物的共餐与亲属和社区共餐具有许多异同之处，其中混合的食物和无餐桌礼仪这两个特征使之成为更大集体范围的隐喻。

第五章讨论鲍屯与其他两个村落抬汪公的仪式竞争问题，并基于此扩展讨论了田野工作法。在鲍屯、吉昌屯和狗场屯之间竞争抬汪公仪式的正统性时，鲍屯村民使用了感官特别是嗅觉作为贬低对方的手段。但这种嗅觉体验并非真实的气味，而是假想的鸡屎味。这样的嗅觉体验同样达到了社会歧视的效果。鸡场屯改名为吉昌屯说明了"去污名化"的努力。另外，经过比较研究，过往的相关研究多注意人体气味的社会意义，但本案例显示动物的气味也具有强大的社会效果。在进行感官人类学研究时，传统的以视觉为中心的"参与观察"法显露出了其局限性，因此，新的调动了各种感官的"参与多感知"田野工作法应运而生。该方法包含了两种情形：一是直接感知；二是间接感知。

第六章讨论鲍屯的物质文化与异姓祖先崇拜问题。鲍屯妇女服饰关键构件丝头系腰在社区的社会生活中具有多重意义，其编织技艺由鲍氏十一世祖鲍大千留传下来，因此鲍大千被编织者尊称为"带子老祖"。从祖先与财产、整合与裂变、祖先与神灵三个方面分别讨论了"带子老祖"鲍大千的独特性和学术价值。同时也为人类学"物"的研究提供了一个跨文化比较的个案。

第七章讨论鲍屯抬汪公与祖先崇拜以及民间信仰中的物质性与虚空性问题。以中国台湾人类学家林玮嫔的宗教物质性研究为基点,以大贯惠美子的"零"能指理论作为反思物质性研究的依据,认为只有将物质性和虚空性同时作为观察的视角,才能探究汉人民间宗教的全貌。在此基础上,作了适当的延伸性讨论。最后,认为必须强化人类社会生活中虚空性的研究。物质性并不能完整理解生活世界,因为许多生活意义是通过虚空性来表达的,物质性和虚空性在日常生活中并不能完全分离,两者相互缠绕,对其研究不可偏废。虽然两者同等重要,但在物质性研究已相当成熟的情形之下,作为薄弱环节的虚空性研究无疑是今后值得特别关注的一个重要方向。

第八章以本土儒家"经权"思想对鲍屯祭祖仪式中作为祭品的猪和"素碗"进行了解释,认为当代汉人社会研究中存在的经学解释的争论,其实是"小经学"与"权"之间的争论,而从"大经学"来看,经学可以有效解释汉人社会。基于这个观点,对"经权"思想与"实践"及"意识模型"作了比较,凸显了"经权"思想的解释有效性。

第九章讨论鲍屯的"水利社会"问题,与北方关中"水利社会"进行了比较。循着中国"精英多元论"的思路,以中国南北两个"水利社区"为例,从人类学的角度探讨了"水利社区"的地方精英支配模式。关中"水利社区"暴力频仍,因而产生了"强人"型地方精英,其身体的象征主义尤为重要;鲍屯"水利社区"因无灌溉纠纷,没有产生个体精英,既有的宗教组织"汪公会"承担了灌溉管理职责,因而体现为集体权威,轮值制度是权力运转的基本机制。以此为基础,本书还反思了既往"地方支配模式"研究的不足,认为权威地位的维持中，轮值制度也是一个重要策略；在某一个区域，不同类型的精英可能同时存在。

结论部分首先回顾和总结了宗族和会社在杂姓村鲍屯各自的社会意义和价值，再次强调了宗族的封闭性和会社的跨界性，宗族的封闭性导致杂姓村中宗族之间的张力，而会社的跨界性却将不同姓氏的成员整合起来，这也意味着将整个村落整合起来了。故此，杂姓村并没有如弗里德曼所预期的那样产生分裂和瓦解。会社的强大整合力量在超村落的更大社会空间层面更加被凸显出来。宗族虽然也通过联宗的方式在超村落空间与外界社会发生关联，但不同宗族的族人仍然认同自己的宗族身份，因此联宗是一个认同感不强的组织方式。鲍屯乃至整个黔中屯堡乡村是"边汉社会"的一种类型。民国学者对边地汉人已开始有所关注，他们对这类人群有两个基本的观感：一是"枢纽人"的正面形象；二是"限界群"的负面形象。边地汉人的负面形象，如果扩大时间和空间范围，他们的负面形象至少还有其他两种，一是清代台湾被防范的边地汉人，二是从边疆非汉民族的视角所认识的侵占他们资源的边地汉人。不过，从总体上和长时段来看，中原王朝或国家对边地的经营和开拓，其主旋律仍是"大一统"的政治和文化理念，边地汉人也主要是"枢纽人"的积极形象。对于这样一个过程，史家称之为"王化"或"内地化"的过程。经过历代王朝和近代国家的不断反思，切合民族利益的各项政策日渐成熟，边疆非汉民族的国家认同也日渐强化。

第一章　文化的组织（一）：封闭的宗族

本章及下一章集中讨论鲍屯的两种民间组织形式。正如前文所言，鲍屯是一个一姓独大的杂姓村，其中鲍氏族人占了全村人口的90%以上。因此，本章我们只讨论超越家庭组织的涵盖全村鲍氏族人的继嗣群体鲍氏宗族，其他小姓继嗣群体则暂时不在讨论范围内，但这并不意味着这些小姓继嗣群体就不重要，笔者只是认为由于鲍氏宗族在村中较为强大，故而具有学理上的代表性。人类学对父系继嗣群体的研究由来已久，人类学家对其基本原理大体上已达成一般性的共识。具体到汉人社会的父系继嗣群体也同样如此。不过，本研究将"文化的组织"这个概念引入对鲍屯两种社会组织的讨论，可能对理解汉人的社会组织会有一定的助益。

一　文化的组织

关于不同文化中的人群是如何组织起来的问题，一直是人类学家讨论的核心议题。有的以议题之一讨论之，有的则以专题形式讨论之。如早期人类学家里弗斯（W. H. Rivers）在《社会的组织》一书中通过跨文化的比较发现了社会组织的多种形态，他认为主要有亲族、兄弟会、秘密结社、职业

"社会"、阶级和政权等。① 里弗斯的研究对象是传统的部落社会,对于人类学如何介入现代社会的组织研究,其中以苏珊·怀特(Susan Wright)主编的论文集《组织人类学》(Anthropology of organizations)为代表。该书主要讨论人类学对第三世界和西方的政府、非政府(志愿)和私营部门的组织研究。编者强调的是文化概念在组织研究中的重要性。编者苏珊·怀特指出,在组织研究中,"文化概念"有四种使用方式。第一,它指的是管理公司的问题,这些公司的生产流程或服务网点分布在全球各地,每个网点都位于不同的"民族文化"当中。第二,当管理层试图将不同民族的人整合到一个工厂的劳动力队伍中时,就会使用这种方法。第三,它可以意味着一个劳动力非正式的概念、态度和价值观。第四,公司文化可以指正式的组织价值观和做法,强加的管理作为黏合剂,使劳动力团结在一起,使其能够具有快速变化和全球竞争的反应能力。② 该文集集中在土著管理、性别和组织变革,以及当事人的授权之上,这些问题也是该文集的三大部分。在该文集中,编者回顾了人类学组织研究的学术史。19世纪20年代是第一个阶段,这一阶段与"科学管理"紧密相关,主要探讨以管理者为中心或自上而下如何正确处理组织内的生产系统问题。生产过程被严格划分为不同的任务,对每项任务的细节进行了调查,如果工作的物理条件是正确的,那么相应的人类行为和表现将自动随从。这个阶段的一个结论是,心理因素比物理条件在实现产出变化方面更重要。19世纪五六十年代为第二个阶段,为了进一步探索士气与监督之间的联系,并为培训管理者提供材料,

---

① 参见[英]里弗斯《社会的组织》,胡贻穀译,商务印书馆1940年版。
② Susan Wright, *Anthropology of Organizations*, London: Routledge, 1994, p. 2.

研究者展开了一项大规模的访谈计划。19世纪90年代为第三个阶段，人类学家直接进行观察研究。其目的是把车间当作一个小社会来对待，了解工人的非正式组织的功能及其与工作的正式组织的关系。这项研究的结果是用拉德克里夫-布朗的社会系统思想进行分析的，也就是说，人们的实际互动形成了一个系统的整体。研究发现，工人产出的变化和差异被解释为个体工人在非正式社会组织中的地位。社会组织的所有要素都在一个连贯的非正式系统中发挥作用。在第三世界社会，人类学家关心的是证明一个社会体系是由共同的逻辑思想构成的，即使这些思想的前提与西方中产阶级观察家有所不同。在20世纪50年代和60年代人类学家进行的一系列研究中，研究车间的实地工作方法发展成为完全参与观察法。同样重要的是，这不仅是民族志描述的方法，也是一种详细分析社会状况的方法，有助于对社会组织进行更广泛的理解和理论化。该文集所主张的研究组织中的文化在此时期开始作为一个组织研究的核心主题。其中，有学者从象征主义来看待组织，提出"作为文化的组织"的概念（其他两个隐喻分别是"作为机器的组织"和"作为有机体的组织"）。这个思想的内涵是，一个组织的文化有时被认为是一系列属性或共同的价值观，这些属性或共同的价值观把相互依赖的群体粘合成一个统一和一致的静态状态。这个概念的一个变体是把一个公司想象成有一种文化，而劳动力有另一种文化或亚文化。基于这个观点，有学者反对将文化视为单一的、有固定属性的有限单位的看法，进而主张把组织看作是文化，而不是组织的文化。[1]

---

[1] Susan Wright, *Anthropology of Organizations*, London: Routledge, 1994, pp. 5–20.

关于"文化的组织"概念，庄孔韶及其团队也有深入的研究。对于文化在组织研究中的关键作用，庄孔韶等人评论道："在被引入组织研究之后，文化概念激发了不同的研究旨趣和侧重点，基本上可归结为两种视角，即文化作为变量和文化作为根隐喻。文化作为独立变量或属性的视角进入组织研究，催生了组织文化研究；将文化作为根隐喻的观点，提供了认识和改造组织的新角度，并且进入应用领域，取得了实际效果。"① 显然，作者对"组织文化"和"文化的组织"作了区分。前者意为在组织中文化是一种变量，进而组织文化研究超过了组织结构与功能，成为组织研究的热点。组织文化研究"引发了组织文化是自在的还是可以被人为设计规划的讨论，同时也催生了关于企业文化测量以及企业文化的诊断和评估的研究"②。后者意为在组织中文化是一种根隐喻，即《组织人类学》一书中提及的"作为机器的组织""作为有机体的组织"和"作为文化的组织"。其中，"作为文化的组织"这一隐喻与人类学组织研究的文化视角相契合，为人类学家从文化概念研究组织提供了重要参考。值得进一步阐述的是，"组织文化"和"文化的组织"的关键区别在于前者探讨的是某个组织中的文化现象，其将不同民族中的组织视为同质抽象的一个系统，似乎组织之间没有任何区别，而有所区别的是不同组织内部的文化。而对后者的探讨则是认为不同民族中的组织本身就是具有差异的系统，本身就是一种文化现象，基于文化差异性的原则，这些组织也是具有差异性的系统。这是"文化的组织"概念的核心要义。

---

① 庄孔韶、方静文：《作为文化的组织：人类学组织研究反思》，《思想战线》2012年第4期。
② 庄孔韶、方静文：《作为文化的组织：人类学组织研究反思》，《思想战线》2012年第4期。

庄孔韶及其团队在公共卫生领域进行人类学的应用研究过程中，发现了不同民族组织原则的文化塑造作用。在汉人社会中，组织原则和类型以家族宗族为主体，而且如庄孔韶所言："家庭关系往外扩展，把家庭或家族生活中发展出来的人际关系模式推广到更为广阔的社会关系中，用以类比和处理各种复杂的社会关系，就是所谓的类家族主义。"① 因此，在研究实践和田野调查中，他们发现汉人这种类家族主义或泛家族主义首先在家族企业的组织过程中得到体现。张华志对云南西镇家族企业的考察发现，血缘、姻亲等亲属关系成为家族企业内聚的重要基础，企业俨然成了第二家庭。同样，当外企进入中国市场后，会受到中国文化的影响，这同样也是一种文化适应，这些外企逐渐被家族化了。最典型的例子便是美国安利公司在中国的拓展模式发生了"被中国家族形态化"的历程，常常是直接借用中国家族关系角色，或呈现拟似与类比中国家族模式。对此，团队成员有这样的观察："中国的安利团队是一个比较松散的组织，比起传统企业中的规章制度对企业运作的影响，安利团队中领导人的风格对于团队的组织、运行的影响显然更为直接；上线的经验、风格对下线的影响也是非常明显的。在这些庞大的安利团队中，我们看到的不是正式组织运行的规则，而更多的是'拟似家族组织'运行的规则。"② 庄孔韶及其团队在中国的性工作者组织中也发现了类同的家族主义结合方式。在这样的边缘人群中，女性之间通常以"姐妹"相称，"一位湖南籍的汉族妇女租下了整个旅馆，再转租给其他八位小姐，一

---

① 庄孔韶、方静文：《从组织文化到作为文化的组织——一支人类学研究团队的学理线索》，《浙江大学学报》2012年第5期。
② 庄孔韶、方静文：《从组织文化到作为文化的组织——一支人类学研究团队的学理线索》，《浙江大学学报》2012年第5期。

起集中起来做生意。这位湖南籍的妇女因此被称为大姐,而大姐的另外两位湖南同乡则分别被称为二姐和三姐。三位不仅互称姐妹,而且在日常生活中也像姐妹一样相互关照。"① 这些小姐与熟悉的男性客人之间建立了类似夫妻关系的家庭组织,如"同样是在这个场所,很多小姐都有一个同居男友,同吃同住,过着类似于夫妻的生活。如'大姐'就有多位关系较好的熟客,她称呼这些熟客为'老公',并且给'老公'分了等级,如'80%老公'等,而她和这位'80%老公'的情谊也的确超出了性交易的范畴。"② 汉人性工作者的组织原则所表现出来的类家族主义特色在汉文化圈内无疑是一种普遍现象,具有鲜明的汉文化特征。汉人家族主义尤其具备向外扩展的强大力量,因为汉人社会是一个"社会家庭化"的社会,故此,庄孔韶指出:"我们所见的众多的色情业人员组成特点,可以看到汉人社会的老板和小姐们总是依照中国式的'类家族/类家长制'的形态组织人员——这种类家族主义的传统组合方式深深打上了汉文化和一些亚洲农业民族的文化烙印,老板/小姐和小姐之间都习惯以类似大家族的文化模式生活。"③ 与之相较,在团队成员调查的性工作者人群中,非汉民族的组织原则呈现出另一类特征。比如,团队成员调查的 S 族女性性工作者代际之间缺少依赖性,以及存在"姐妹组合"现象。该民族的文化特征是集体平均主义生活方式及子女长大后即和父母分居,因此造成代

---

① 庄孔韶、方静文:《从组织文化到作为文化的组织——一支人类学研究团队的学理线索》,《浙江大学学报》2012 年第 5 期。
② 庄孔韶、方静文:《从组织文化到作为文化的组织——一支人类学研究团队的学理线索》,《浙江大学学报》2012 年第 5 期。
③ 庄孔韶、赵世玲:《性服务者流动的跨国比较研究与防病干预实践》,《中国农业大学学报》2009 年第 1 期。

际之间缺少依赖性，因此，S民族没有汉人社会强烈的赚钱和回报父母祖先的观念。总体而言，S族的组织原则与汉人之间的区别，一是"在红灯区，S族小姐与汉族不同，她们的'姐妹组合'（三三两两结伴惯习）是建立在该民族青少年民俗组合风习基础上的。她们的家庭成员代际之间影响弱，而同辈姐妹关系（含对应的青少年男性同侪团体）有较强的关系影响，属于不同民族（和汉族相比）有所区别的文化实践过程。"① 二是"其社会文化心理具有根源于民族纵向历史传统的特点，以及平等、平均、重情义等性格特征。具体到性产业，还有着与汉族有着明显相异的价值观和组织方式。"② 此外，性产业中非汉民族除了S族的组织特点与汉人相异之外，团队成员还关注到了另一个非汉民族K族，其表现出的组织方式和原则也具有本民族的文化特色。在广西某市，性交易中男客的组织方式明显受到当地传统习俗的影响。当地民族文化最显目之处是人们通过男女对歌来进行社会交往。在对歌时节，男女青年或聚合于山冈旷野，或集于村边，彼此唱山歌为乐，其歌类多男女相谑之词。除唱情歌之外，有时也会有性方面的行为。根据研究者的观察："从这一习俗的组织形式来看，人们往往三五一方，四六成群，各自拉起队伍对唱。……一般来说，因为在这一节期可能会出现纠纷甚至是械斗的情况，所以同族、同村以及居住邻近的人们往往会结伴成群，便于相互照应。"③ K族传统对歌习

---

① 庄孔韶、方静文：《从组织文化到作为文化的组织——一支人类学研究团队的学理线索》，《浙江大学学报》2012年第5期。
② 李飞、庄孔韶：《"作为文化的组织"的人类学研究实践——中国三个地区女性性服务者群体特征之比较及艾滋病/性病预防干预建议》，《广西民族大学学报》2010年第2期。
③ 宋雷鸣、汪宁：《"作为文化的组织"的人类学研究实践——Y市低价格女性性工作者和老年男客的组织文化解读》，《思想战线》2012年第4期。

俗中包含的性内容以及结群方式延续到了当代性交易中的男客行为，因此，"从内容上来说，该交游习俗主要表现为男女之间的谈情说爱，因此其中难免会涉及性的色彩及行为。目前，当地能够对唱山歌的几乎都是50岁以上的老年人，而本研究的主要对象群体就是老年人。在内容上，传统的交游习俗和找女性性工作者都具有谈情说爱的内容。在形式上，参加传统交游活动时，人们喜欢'三五一方，四六成群'，也与当地男客们喜欢结伴而行的情况相似。调查发现，男客们常结伴来性交易场所，并出现排队等候的情况。"[①]

庄孔韶及其团队在人类学的应用研究中所发现的三个民族不同的组织方式和原则生动地阐释了何谓"文化的组织"。总体而言，汉人的组织方式和原则是"类家族主义"，S族的组织方式和原则是"年龄群体的姐妹组合"，K族的组织方式和原则是"三五一方，四六成群"。三个民族不同的组织方式和原则被深深地打上了本民族传统文化的烙印，他们的民族文化在当代急速变迁的社会具有强大的韧性，并没有随着社会变迁而发生文化的丢失。传统文化在新的语境中继续潜移默化地影响着人们方方面面的生活。正如上文所言，"文化的组织"意味着组织也是一种文化的体现，显然这与带有理性主义色彩的组织学的观点并不一致。无疑，汉人的父系继嗣群宗族也是一种"文化的组织"，下面我们简要梳理一下人类学对继嗣群的一般性研究。

二 继嗣群

众所周知，人类学对亲属制度的研究主要包括继嗣群

[①] 宋雷鸣、汪宁：《"作为文化的组织"的人类学研究实践——Y市低价格女性性工作者和老年男客的组织文化解读》，《思想战线》2012年第4期。

（descent group）和婚姻联盟（marriage alliance）两大主题。鉴于本研究主要讨论的是鲍屯的宗族组织，所以在文献回顾时，我们仅仅关注继嗣群的研究脉络。① 关于继嗣群的研究一直是人类学讨论的经典主题，相关文献汗牛充栋，国际不同代际的杰出的人类学家皆为之贡献了自己的智慧和心血。这方面的研究也是人类学对整个知识界的独特贡献。继嗣群研究发展至今，总结性的研究文献已有相当的数量，不同的学者以自己的方式对前人的研究成果作了归纳和反思。他们的总结和梳理虽然各有风格，但也存在共同之处。故此，我们以法国人类学家杜蒙（Louis Dumont）的总结性研究作为主要参考文献，借此一窥人类学继嗣群研究的大体框架和脉络，并以之作为本研究的一般性国际学术背景。

杜蒙将继嗣群研究分为两个阶段，即以埃文斯-普理查德的努尔人研究作为分界点。首先他回顾了在进行努尔人研究之前的人类学家的观点。他讨论的第一个人类学家便是上文提及的里弗斯。而相关的议题是分辨继嗣（descent）这个概念的含义。关于继嗣，英文是 descent，而法文是 filiation，但从语言起源来看，后者晚于前者，descent 甚至有词源意义上的"附属关系"，即"以儿子的身份合并"，但法语缺乏这个含义。Filiation 这个词语在人类学界一直都没有被广泛使用。而 descent 这个词语在英国人类学界具有长远的历史，虽然主要被拉德克利夫-布朗及其后继者所使用，但源头可追溯到里弗斯。不过里弗斯试图限制这个词语的适用范围。他认为在单边继承（alongside inheritance）、居住（resi-

---

① 匿名评审人认为学术脉络的梳理过于冗长。笔者的考虑是，其一，文献梳理是学术著述最基本的要求，其二，如果对相关论题熟悉的读者可以忽略此部分论述，如果对此论题不熟悉的读者，则可以为之提供一个研究背景，以了解相关论题的来龙去脉。以下各章涉及文献梳理部分同样如此。

dence)、继替或传递（succession or the transmission）这几个制度中，只有第一个才能被称为 descent，即群体成员资格的传递。杜蒙认为里弗斯的理论有两点值得注意，一是 descent 意味着在一个社会群体中成员资格的自动传递，二是在外婚制的氏族中就是这样，外婚制保证了不同群体的区别，并符合传递的单系性（父系或母系）。① 但是，许多概念如图腾、禁忌等词汇已扩展到其他方面，与原初含义相去甚远。descent 就是这样，更何况里弗斯自己并没有完全排除使用这个词来形容那些彼此之间没有严格界限的群体，这些群体并不是实行外婚制的氏族。杜蒙认为要将 descent 译为法语较为困难，因为要强行翻译，只能译为 filiation，但是该词只有"群体成员传递"的单一含义，而无"单系"的含义。因此，杜蒙建议还是保留 descent 这个词汇。② 其后，拉德克利夫－布朗在论母舅的文章中详细讨论了里弗斯意义上的继嗣问题。他认为该词意味着或者是父系或者是母系。在父系中，孩子归属于父亲的群体。另外，他讨论父系与母系继替的文章，尤其具有经典意义，因为他使用继替（succession）代替了继嗣（descent），该词比 descent 的含义更广泛，包含了各种权利的传递。杜蒙的结论是，对拉德克利夫－布朗来说，无论如何，在 1950 年，继嗣问题首先关系到权利和义务的传承。而且这方面在很大程度上，不是绝对的，与里弗斯的单系继嗣群体成员传承相符，无论这个群体存在于何处。不过，福特斯（Meyer Fortes）认为拉德克利夫－布朗将权利和责任引入继嗣概念，从而使之成为了一个法律概念。

---

① Louis Dumont, *An Introduction to Two Theories of Social Anthropology: Descent Groups and Marriage Alliance*, New York: Berghahn Books, 2006, p. 30.

② Louis Dumont, *An Introduction to Two Theories of Social Anthropology: Descent Groups and Marriage Alliance*, New York: Berghahn Books, 2006, p. 31.

这一提法是在研究政治制度时提出的，当然有倾向性。但是，在其对财产权的坚持中，它至少表达了布朗继任者中一种强大的（如果不是主导性的）趋势。而且非常清楚的是，群体成员不仅服从于群体的经济现实，而且首先服从于个人权利和义务的界定和传递。①

讨论完里弗斯与拉德克利夫－布朗的继嗣理论后，杜蒙转向了埃文斯－普理查德的努尔人研究。埃文斯－普理查德的努尔人研究开创了英国人类学将政治制度与单系继嗣群体相结合的先例。其与拉德克利夫－布朗的理论既有断裂也有连续性。一方面，埃文斯－普理查德相当依赖拉德克利夫－布朗的"社会结构"思想，另一方面，他用一种严格意义上的精确的"结构"概念取代了拉德克利夫－布朗的模糊概念。在埃文斯－普理查德的理论中"相对性"（relativity）是一个关键概念。他在描述努尔人时，使用该词说明努尔人作为一个地方群体的特点，即他们与其他群体相区别的结构相对性（structural relativity）。这个所谓的结构相对性指的就是结构性的对立。显然，在杜蒙看来，在埃文斯－普理查德的理论中，其对"结构"的使用已不再是拉德克利夫－布朗意义上的"社会结构"概念，而是该词真正意义上的含义，即作为一个对立系统的结构。② 这个对立结构意为在一个裂变系统中的元素具有相对性，其在政治系统、宗族系统和年龄组系统中也如此。例如，在一个群体系统中，包含了群体A、群体B、群体C等，其下面再包含A1、A2、A3、B1、B2、B3等，如此次级系统继续包含下去。埃文斯－普理查德对亲属系统、

---

① Louis Dumont, *An Introduction to Two Theories of Social Anthropology: Descent Groups and Marriage Alliance*, New York: Berghahn Books, 2006, p. 33.

② Louis Dumont, *An Introduction to Two Theories of Social Anthropology: Descent Groups and Marriage Alliance*, New York: Berghahn Books, 2006, p. 36.

宗族系统和政治系统进行了区别。亲属系统、宗族系统的区别以戚属（cognatic）或者血亲（consanguineal）和群体之间不同的父系亲属为标准。而政治系统与生态紧密相关，努尔人的部落被命名并生活在一个特定的领土上，尽管在雨季和旱季营地的相应区域之间可能经常存在空间不连续性，这些营地集中了或多或少的永久性水源。这些部落既没有特别的政治机构，也没有持久的政治权威。努尔人没有国家，仅仅是一种"亲属状态"（state of kinship）。可以肯定地说，这种相对次序的原理是双重的：一方面，它包括部落领土划分的裂变或结构特征，同时把它们聚集在一起，又把它们彼此分开，在它们之间维持短暂的"结构区分"；另一方面，它由宗族和氏族组成，这些宗族和氏族提供了这些领土单位的"概念框架"。在专门讨论宗族问题时，埃文斯－普理查德对宗族裂变和政治裂变之间的关系做了相当精确的描述：宗族裂变与领土裂变相匹配；宗族结构扭曲成政治结构的形式。不过，对于埃文斯－普理查德对努尔人宗族制度与政治制度之间关系进行的研究，杜蒙这样评价道："我们可以说裂变是为了指定一种特殊的结构，这种结构与自然的实体相对立。值得注意的是，这并不是英国人类学最持久的方面，尽管它更加珍贵，但这是他自己的贡献，而不是他与同时代人分享的东西。"[1]

埃文斯－普理查德之后，杜蒙接下来开始讨论福特斯。福特斯是英国人类学剑桥学派的代表人物，是"互补继嗣关系"（complementary filiation）概念的发明者。他在一篇回顾性论文《单系继嗣群的结构》（*The Structure of Unilineal Descent Groups*）中，总结了英国人类学对继嗣群研究的学术

---

[1] Louis Dumont, *An Introduction to Two Theories of Social Anthropology: Descent Groups and Marriage Alliance*, New York: Berghahn Books, 2006, p. 49.

史。福特斯思想的第一个显著特点是，在各制度的相互依存中寻求优先顺序。这涉及卷入文化和社会组织的各种因素分配相对权重的顺序问题，或者再次在诸如地方组织、亲属关系、集体个人（合作群体）、政府和仪式制度等分析层次之间寻求一种假设的等级制度。杜蒙总结了他的几点核心思想：一是单系继嗣不是一个亲属事实，而是一个政治—法律概念；二是这个概念比亲属概念重要，因为它包含了两个领域，而亲属仅涉及一个；三是总体的社会制度最后指向政治—法律领域，也即合作群体，其被理解为道德人。① 如果将福特斯与埃文斯－普理查德进行比较，就会发现单系继嗣群体和亲属制度的相对位置有一个巨大变化。随之而来的是单系继嗣群本身的概念发生了显著的转变，他们的基本统一性得到了证实，他们的外婚制特征变得模糊不清，值得注意的是，以前的重点是分支裂变，现在是"合作"，这是因为要理解为群体本身的统一。至于外婚制，在1953年的文章中几乎没有提到，在一篇最引人注目的文章中，这个词似乎只被提到过一次。在福特斯的理论中，宗族结构与社会中的主要生产资料——土地、牲畜甚至工匠垄断——所有权之间的一般联系得到强调。尽管福特斯的观点与埃文斯－普理查德有显著的差异，但杜蒙认为他的真正贡献是提出了"互补继嗣关系"的概念。福特斯的观点是，互补继嗣关系是产生宗族裂变的主要机制，并且它允许根据非合作方面的继嗣关系的详细程度进行个性化程度的划分。简言之，跟父亲和母亲相关的继嗣关系中的一个，繁殖并追溯到祖先，作为单系继嗣群或宗族的基础。值得注意的是，这样的继嗣线具有法

---

① Louis Dumont, *An Introduction to Two Theories of Social Anthropology: Descent Groups and Marriage Alliance*, New York: Berghahn Books, 2006, p.51.

律和政治性质,而不是一种亲属关系。就此而言,杜蒙指出:"我们必须认识到,并非所有的东西都是通过它来传递的,如一个单系继嗣群的成员资格并不能用尽所有的关系,甚至不能用尽一个人或一个兄弟姐妹群体的法律地位。"[1] 他把剩下的一切都包含进了"互补继嗣关系"这个概念里。人们也许会按照字面上的说法,将其理解为"互补性"。事实上,它是相反的,这个概念是一个工具,借此,对亲属和家庭的整个分析——以前被埃文斯-普理查德分开的领域——将从属于单系继嗣群。无论是父系还是母系,单系继嗣的确定都要求在另一个世系中有一个互补的关联,通过这个关联,亲属关系和家庭的整体性被简化为一个属性的实质性传递的世系问题,无论是完全的(单系继嗣)还是剩余的(互补继嗣关系)。杜蒙为此评论道:"由于'互补继嗣关系',整个领域被认为是由组成道德人的群体所支配,这个群体的组织包括某些相关的因素,可能相当于剩余的继嗣。……。福特斯完善了 filiation 和 descent 的定义,并提供了一个完整的阐述,只是其复杂性使我们无法在这里概括。让我们简单地指出,descent 的定义不涉及相应的群体,而是以一种非常普遍的方式,尽管他似乎进一步暗示,descent 在任何有这样的群体的地方都是有效的,而这些群体从定义上来说是'合作的',即使它们没有任何实质的东西。"[2]

　　杜蒙最后提及的人类学家是福特斯的弟子杰克·古迪(Jack Goody)。古迪赋予继嗣关系一个比里弗斯或利奇更广泛的含义,继嗣关系是指有资格成为亲属群体的成员,不排

---

[1] Louis Dumont, *An Introduction to Two Theories of Social Anthropology: Descent Groups and Marriage Alliance*, New York: Berghahn Books, 2006, p. 53.

[2] Louis Dumont, *An Introduction to Two Theories of Social Anthropology: Descent Groups and Marriage Alliance*, New York: Berghahn Books, 2006, pp. 54 – 55.

除个人选择的情况。但是,他在实践中却将其限制在单系标准的情况下,因为他的定义通常是双系继嗣的意思。所以,事实上,他考虑的只是单系继嗣群。杜蒙对此质疑道:"然后问题就变成了,承认基于单系继嗣的群体。其中,古迪给予那些'合作'的优先权,我们可以说,那些构成道德人的优先权,但我们将看到,这种解释在这里远远不够。"[1] 古迪反对拉德克利夫-布朗保留的三个标准中的两个,既不赞成群体定期召集成员举行仪式,也不赞成由酋长或委员会代表整个群体行事的事实。为了避免混淆,具有这些特点的群体被其称为"聚集或召集群体"和"金字塔群体","合作"的称号保留给那些对物质实体享有权利或在其中继承财产的人。杜蒙对此评论道:"我已经强调了这个特别武断的说法:一个群体有一个首领,定期聚集在一起庆祝一个仪式,这是它的财产,不是一个道德的人,因而缺乏一个组成机构的统一性;但它足以使一个没有共同的财产的群体,个人财产在其中被继承,它被认为是有一个集体的统一性。"[2] 对于古迪等人类学家对继嗣群中财产或物品传递的强调,杜蒙显然有不同的看法,他说:"我们已经达到了物化的顶峰:该群体本身就存在,独立于它与其他群体的关系;它的区别和分散性不再取决于与外界联系的明确定义,事实上,它不是完全真实的,除非在它内部传递有形物质的现实。我们这里有一个相当于黑格尔主义的个体,为了真实,他必须反映在他的私有财产中:'合作群体'根本上是一个集体性个体。重要的是,这个集体性个体,现代心理和部落社会之间的一个简

---

[1] Louis Dumont, *An Introduction to Two Theories of Social Anthropology: Descent Groups and Marriage Alliance*, New York: Berghahn Books, 2006, pp. 55–56.

[2] Louis Dumont, *An Introduction to Two Theories of Social Anthropology: Descent Groups and Marriage Alliance*, New York: Berghahn Books, 2006, p. 56.

单的中介，被放置在一个用于分析这些社会的概念等级的顶端：为了理解不同的社会，没有必要超越我们自己的概念。简而言之，科学研究被现代偏见的理性化所取代。"①

国际人类学界对继嗣群的研究当然不限于上面提及的人物，杜蒙在关于这个问题导论性的梳理中仅仅涉及了其中几个代表性的人类学家。不过，这几个代表性人物的相关研究，已足以让我们明了继嗣群研究的关键争论。这些具有争论性的议题主要集中在继嗣概念如何定义、继嗣中物质财产等权利的传递、象征符号在其中的作用等方面。而国际人类学界对继嗣群的研究所涉及的议题，同样也影响到了汉人宗族的研究。下面我们转向此问题。

三　汉人亲属研究

人类学对汉人亲属研究的大体脉络，笔者曾经作过简要的梳理。基本内容如下：弗里德曼对中国东南和华南地区宗族组织基于二手文献进行的研究，可以被看作是一个开端，尽管在他之前已有如林耀华和葛学溥等人类学家对该主题作了先驱性的探讨。弗氏的研究之所以得到高度评价，是因为他把中国东南和华南的经验与国际学术动态作了勾连。当时国际人类学界对亲属制度组织原则的争论各执一端，有人主张"继嗣"，有人主张"联姻"。"继嗣"理论来源于非洲社会的研究，弗氏力图以中国的经验支持该理论的普适性，并把宗族组织原则看作为中国"总体的社会制度"。对于东南和华南地区的宗族过程，他认为是非对称的裂变过程，原因是其由两种领导类型和

---

① Louis Dumont, *An Introduction to Two Theories of Social Anthropology: Descent Groups and Marriage Alliance*, New York: Berghahn Books, 2006, p. 58.

财产类型构成——社会—经济型领导、仪式型领导和私有财产、共同的祖产。在弗氏看来，东南和华南地区的宗族组织并不是只有一种类型，而是存在多样性，具体来说存在弱小的A类型和强大的Z类型，以及中间的过度形态M类型。总之，弗氏的宗族模式对人类学汉人社会研究产生了深远影响，以至学术史把由他开启的研究称为"宗族范式"。

弗氏基于二手文献的研究尽管闪耀着理论的光芒，但仍然需要得到田野调查的检验。中国台湾和香港随后成了实验地。在这段田野验证期间，第一阶段仍然受"宗族范式"的支配。在研究者看来，如果宗族结构弱小，这是社会现实的原因，而不是弗氏的模式出了问题。因此，弗氏的理论与社会现实之间不相契合，就被看作是"宗族萎缩"。为了应对这样的不契合，他们用经验材料来修正弗氏的模式。第二阶段开始反思弗氏的理论范式。首先，批评的声音来自女性主义。研究者重新评估了妇女在中国家庭，乃至整个亲属制度中的角色和地位，代表性的观点是卢惠馨（M. Wolf）提出的"子宫家庭"概念。第二个反思性的观点是武雅士（A. Wolf）关于婚姻与家庭模式的讨论。他从两个方面挑战了宗族范式，在弗氏看来，已婚妇女是作为成人通过婚姻嫁入丈夫家庭的，居住方式是"从父居"。而童养媳的案例则说明了妇女可以在孩童时期通过收养，并被未来的婆婆抚养从而进入丈夫的家庭。而入赘婚则显示，已婚男子往往是跟妻子的父母居住在一起，因此，属于"从母居"的居住方式。华若碧（R. Watson）则以香港新界的经验，从马克思主义人类学出发，讨论了阶级与亲属的关系。她认为对亲属的研究需要在财产关系、社会不平等以及社会变迁这个脉络下进行，其意义在于挑战了弗氏关于宗族是一个"准自然"裂变过程的观点，宗族实际上是历史的产物。

华若碧对于历史取向的研究开启了人类学家与历史学家的合作。人类学家华琛与历史学家伊佩霞（P. Ebrey）合编的论文集探讨了历史上宗族组织的历史背景、术语和概念等问题。科大卫（D. Faure）通过历史资料区分了拥有地方居住权的宗族和拥有财产的宗族。他还认为宗族与国家不可分离，中国的宗族不是"无国家"的宗族。

在不断的质疑声中，弗氏的"宗族范式"日渐式微。桑高仁作了总体上的清理。他认为如"神明会"这样的非亲属合作团体，在形式和功能上与宗族组织非常相似，但其组织原则并不是建立在"继嗣"和"继承"基础上的。因此，把立基于亲属（宗族）的组织原则看作中国社会结构的核心是不恰当的。桑氏的视野已"超越了亲属"，扩展了人类学汉人社会研究的领域。

改革开放后，人类学家的注意力逐渐移向了大陆。这个时期的汉人社会研究，不论在方法论，还是研究取向、田野点上都呈现多样化的特征。"社会文化变迁"主题逐渐替代了过往对"传统中国"的关注。总体说来，出现了三个值得特别注意的新动向。

一是横向的关系与互惠。宗族研究强调纵向的继嗣关系，而强调横向交换关系的联姻理论在后弗里德曼时期被逐渐唤醒。这个新的学术苗头与新的政治经济也有莫大的关系，因为市场经济更强调"交换"而不是"生产"。人类学家把注意力转移到关注中国人的送礼、社会网络及相关的社会行为方面。这个研究取向从"团体"过渡到了"网络"。

任柯安（A. Kipnis）通过对山东乡村社会送礼实践的调研，揭示了中国社会"关系""人情"与"报"的本土概念。中国人以"关系"作为标准，把人群分为与自己有"关系"和"无关系"的两大类型。有建立在亲属基础上的"关系"，另一些则不然；有的是自然的，有的是需要培植的；有的是工具性的，有的则是道德性的。同时期，阎云翔在黑龙江乡村社会的调研，同样揭示了礼物交换、互惠与社会网络在中国社会中的作用。他特别讨论了在新的政治经济背景下，"关系"网络与"人情"伦理的扩展形式。对"关系"实践的研究表明，中国人的社会交往是流动和策略性的，这与宗族研究过分强调群体的封闭性形成鲜明的对比。这个观察同样适用于宗族发达的东南地区。古学斌在广东乡村的调研说明了该地区虽然宗族势力相当发达，但"关系"网络在日常生活中日渐突出，"关系"网络突破了父系纽带的限制。

对中国南北方"关系"实践的研究，显示了用家庭、婚姻等亲属框架解释中国人社会行为的局限性。因此，需要一个更具包容性的概念来说明与解释人的行为。国际人类学界新近出现的 relatedness 概念具有一定的解释力。汉人"关系"网络的研究可以与此相互呼应。

二是依恋、欲望、社会性别与实践。石瑞（C. Stafford）关于"分离"与"团圆"的研究，涉及了汉人社会更一般的社会文化问题。通过长期的田野调查，他发现"分离"与"团圆"的主题在中国是一个普遍现象。经过比较，他认为汉人的"分离限制"比其他地方更强烈。"分离"与"团圆"之间似乎存在着不可避免的张力，但汉人通过"养"与"往来"的机制在一定程度上化解了这个困境。

桑高仁对一些神话传说的研究，进一步讨论了文化、亲属、欲望与主体性的问题。在父系制度下，哪吒作为儿子却要与家庭"分离"，妙善作为女儿却要与家庭"团圆"。他认为在汉人社会中，独立与依赖是两个平等的欲求。

受到布迪厄关于"正式的亲属"与"实践的亲属"以及女性主义的启发和鼓励，朱爱岚（E. Judd）在山东的调研特别考察了改革开放时期妇女的社会角色问题。在她看来,以男性为中心的亲属研究并不能完全理解汉人的亲属关系。她发现已婚妇女与子女的关系、已婚妇女与娘家的关系在亲属实践中起到了特别重要的作用。

三是社会变迁与政治经济。阎云翔讨论了家庭关系、私人生活和社会变迁这些新出现的社会现象。过去支配汉人家庭研究的"合作组织"模式忽略了家庭诸多情趣性的生活。而一个家庭如果失去了这些色彩鲜艳的生活方式将是不可想象的。阎云翔认为当下中国家庭的私人生活正在经历一个重要的历史性转换。水平式的"夫妇关系"逐渐战胜了垂直式的"父子关系"。阎云翔的研究表明,在社会变迁过程中,夫妇、个体和情感逐渐上升到家庭生活的中心地位。所有这些新的社会现象挑战了古典人类学汉人亲属研究"合作群体"的陈旧观点。[①]

这段学术简史从整体上梳理了人类学的汉人亲属研究,包含了继嗣与联姻两大主题。但本章仅仅讨论汉人的继嗣群问题,故而联姻并不在以下讨论的范围之内。尽管联姻、个体欲望、情感等新兴议题逐渐进入学界的视野,但作为合作团体的组织仍然存在进一步探讨的空间和余地。

四 杂姓村

从以上汉人亲属研究的脉络来看,最新的研究虽然已转向了非宗族的领域,但在宗族这个论域中仍有一些细节问题值得继续探讨下去,特别是与本案例相关的问题。汉人的宗

---

① 石峰:《西方人类学汉人社会研究的基本脉络与新动向》,《中国社会科学报》2009年7月16日第7版。

族研究必定会涉及村落姓氏的构成问题，一般说来，基于姓氏构成而形成的村落可以大体分为单姓村和杂姓村。而鲍屯就是一个一姓独大的杂姓村。早期人类学家对东南和华南地区汉人乡村的研究，多注意其中的单姓村，当然这与单姓村在东南和华南地区乡村占主流有关。不过东南和华南地区乡村的杂姓村也同样存在，下文再讨论该区域的杂姓村问题。首先，让我们了解一下早期人类学家对东南和华南地区乡村单姓村的代表性研究的一般情况。

林耀华研究的福建义序黄村便是一个典型的单姓村。林耀华在解释为何要将黄村作为研究标本时，这样写道："1934年春，1月31日作者再离平校。至于择义序为研究的标本，原因有三：（一）作者闽人，生长于闽地，闽俗习惯，早已娴熟，行动不致与习俗冲突，言语又不会发生龃龉。（二）义序为一纯粹黄姓一系的宗族乡村，异姓杂居者寥若晨星，可代表宗族乡村一个模式。（三）义序人文繁盛，虽近城市，不失乡村特性。且距作者家居不远，气息相通，调查方便。"① 其中第二个原因便讲明了义序是一个以黄姓为主的单姓村。这与他的一个重要概念"宗族乡村"紧密相关。他在书中多次提到"宗族乡村"这个概念的内涵，比如："宗族乡村乃是乡村的一种。宗族为家庭的延展，同一祖先传衍而来的子孙，称为宗族；村为自然结合的地缘团体，乡乃集村而成的政治团体，今乡村二字连用，乃采取自然地缘团体的意义，即社区的观念。"② 又如："义序是一个乡村，因为全体人民共同聚居在一个地域上。义序是一个宗族，因为全体人

---

① 林耀华：《义序的宗族研究·导言》，生活·读书·新知三联书店2000年版。
② 林耀华：《义序的宗族研究·导言》，生活·读书·新知三联书店2000年版。

民都从一个祖宗传衍下来。前者为地域团体,后者为血缘团体。义序兼并前后二者,就是一个宗族乡村。"① 从林耀华的解释来看,所谓"宗族乡村"指的是由在一个村落内居住的单一姓氏而形成宗族的乡村,由此可知杂姓村并不能被称为"宗族乡村"。不过林耀华也承认"宗族乡村"只是乡村的一种,意味着汉人乡村还有其他形式的村落存在,毫无疑问,这样的村落就是杂姓村。关于杂姓村的分布,林耀华从地域的视角出发,认为东南和华南地区杂姓村不多,主要分布在华北地区,如他所说:"其实,聚族而居多在华南,华北则多异姓杂居。"② 因为没有相关具体的统计资料,我们并不知道在东南和华南地区,单姓村和杂姓村所占的比例各是多少。因此,林耀华仅仅是估计在该地区聚族而居的单姓村占绝大多数,言外之意,杂姓村也存在,但因为杂姓村比例不大,所以将单姓村作为该地区乡村社会的典型。这也意味着他忽视了杂姓村的独特意义,下文我们再详细讨论该问题。

其时黄村的姓氏分布,根据林耀华的统计,主要有黄、林、陈、刘、张、王、郑、杨、郭、庄10个姓氏,虽然表面上看是多姓氏,但各姓组成的家数却相当不平衡。其中黄姓的家数有1907家,而其他姓氏的家数分别仅有12、6、3、3、2、2、1、1、1家。因此,"义序人口,几全为黄氏宗族族人。……,可以看出杂姓家庭之住居义序者,为数甚少,不超过2%"③。黄村仅占2%的杂姓家庭在村落的社会生活中几乎可以忽略不计。难怪林耀华要将黄村看作是一个"宗

---

① 林耀华:《义序的宗族研究》,生活·读书·新知三联书店2000年版,第1页。
② 林耀华:《义序的宗族研究·导言》,生活·读书·新知三联书店2000年版。
③ 林耀华:《义序的宗族研究》,生活·读书·新知三联书店2000年版,第8页。

族乡村"。作为整合全族的机构和符号,黄氏建有三个祠堂,一个宗祠,两个支祠。宗祠中最重要的部分是正厅中的神龛。龛内阶层约有 20 层,每层列祖宗牌位 27 位。两个支祠,一为四房支祠,一为新厝祠。宗祠与支祠之间具有不平等的关系,如林耀华所言:"支祠建筑设备,与宗祠相仿,惟范围稍小。我们应注意之一点,就是支祠乃是各房私有,非全族公物,所以它们有它们的特殊点。"① 宗祠与支祠就如同族与房的关系,换言之,它们分别是族与房的物化形式。尽管房是族的分支,但从财产角度来说,房具有独立性,就如支祠作为一种财产并非全族共有。

祠堂作为族人祭祖和议事之地,当然具有重要的地位。但在其中运转的宗族组织似乎才是人们关注的焦点。同宗同族之人如何组织化,这是一个颇有争议的问题。通常学界公认的有两个不同的观点,一是认为将族人凝聚起来只靠有文字记录的谱系就足够了,二是认为仅有族谱还不够,还得有共同的财产方能将族人凝聚起来。关于这个问题,林耀华早期的观点显然被忽视了,即他认为有关宗族的理念就足以使宗族组织化。他说道:"从形质上说起来,祠堂是宗族乡村的'集合表象',族人目标的辏合点。实际上站在祠堂背后的,却是那些祖宗所遗留下来的族规家训与未成文的观念、意见和态度,而这些观念、意见、态度、道德等,可以在族房长与其他乡老的行为言语动作中保留下来。……有了祠堂之后,成文的庙规成立,族房长也就组织化,所以就有祠堂会的产生。"② 祠堂会的主要职能有四项,即宗祠祭祀、迎神

---

① 林耀华:《义序的宗族研究》,生活·读书·新知三联书店 2000 年版,第 29 页。

② 林耀华:《义序的宗族研究》,生活·读书·新知三联书店 2000 年版,第 30 页。

赛会、族政设施和族外交涉。支祠是宗祠的缩小,各有房长和支长主持相关活动。没有支祠的房分,必定有墓地、祖产和祭田。他们的"集体表象"是墓地而不是祠堂。总体来看,林耀华认为黄氏族人凝聚起来和组织化的符号主要是观念、祠堂和墓地,而后来人类学家关心和强调的族产和系谱并不是至关重要的因素。除了祠堂之外,黄村还有许多祭神的庙宇,这些庙宇如同祠堂,同样是黄氏族人的集体表象。林耀华对此说道:"崇拜仪式为有组织的,其组织法则以祠堂为依据,这么一来,庙宇也成为宗族固结(Clan Solidarity)的机关了。"[①]显然,黄村的祭祖与祭神之间是重叠关系。关于黄村与鲍屯祭祖与祭神关系的差异下文再详细讨论。

弗里德曼在其论述福建和广东宗族的经典著作中,基于其他学者,如魏特夫、胡先缙、高延、奥尔加·兰、葛学溥、林耀华、西门等人的先期研究成果,同样得出了福建和广东汉人乡村以单姓村居多的结论。他说道:"几乎在中国的每一个地方,几个紧密相连的村落构成乡村社会的基本单位。……。但是,在福建和广东两省,宗族和村落明显地重叠在一起,以致许多村落只有单个宗族,继嗣与地方社区的重叠在这个国家的其他地区也已经发现,特别在中部的省份,但在中国的东南地区,这种情况似乎最为明显。"[②]

福建和广东两省的宗族和村落重叠无疑是一个突出的社会现象。但是,这样的重叠性乡村社会是否就能代表中国乡村社会的一般性特点呢?显然,如果不细致地考察另一种非重叠的乡村社会类型,就不能全面深刻理解中国乡村社会的

[①] 林耀华:《义序的宗族研究》,生活·读书·新知三联书店2000年版,第32页。

[②] [英]弗里德曼:《中国东南的宗族组织》,刘晓春译,上海人民出版社2000年版,第1页。

全貌。下面我们接着讨论杂姓村的研究。关于杂姓村的意义，林耀华有一个基本的判断，他说："华南乡村社会的丰富，远在华北之上。考其原因，经济条件，传统思想，莫不有与焉。"[1] 这段引文的上一句是他说杂姓村主要集中在华北地区。华北地区的杂姓村究竟呈现出什么样的面貌，我们以兰林友的研究为例进行讨论。

兰林友调研的华北4个村落分别是河北的侯家营、寺北柴，山东的后夏寨、冷水沟。从调查获得的数据来看，4个村落皆为杂姓村，具体数字如下：侯家营，2009年统计，全村共有312户，有侯、刘、王、陈、齐、郭、耿、叶、葛、张10个姓氏，其中侯姓户数占55.77%，其他姓氏共占余下的户数，显然，侯姓在人口上占了全村的一半多[2]；寺北柴，1999年统计，全村有四大姓，分别是郝、徐、刘、赵，其中郝姓有151户，占42.42%，其他姓氏共占余下的户数[3]；后夏寨，2001年统计，全村有273户，有吴、马、王、李、张、孟、徐、魏、刘、赵、田11姓，其中马和王姓的户数分别都占32.2%，其次是李姓占11%，其他姓氏共占余下的户数[4]；冷水沟，20世纪40年代统计，全村387户，李姓188户、杨姓48户、谢姓40户、张姓18户、任姓17户、程姓15户、王姓13户、杜姓11户。[5] 从华北4个村落的姓

---

[1] 林耀华：《义序的宗族研究》，生活·读书·新知三联书店2000年版，第1页。

[2] 兰林友：《莲花落：华北满铁调查村落的人类学再研究》，社会科学文献出版社2012年版，第44页。

[3] 兰林友：《莲花落：华北满铁调查村落的人类学再研究》，社会科学文献出版社2012年版，第73—74页。

[4] 兰林友：《莲花落：华北满铁调查村落的人类学再研究》，社会科学文献出版社2012年版，第79页。

[5] 兰林友：《莲花落：华北满铁调查村落的人类学再研究》，社会科学文献出版社2012年版，第142页。

氏构成来看，其一，每个村落都有多姓氏居住；其二，与福建黄村黄姓户数占全村98%相较，华北4个村落占比最大的姓氏仅仅占到50%左右。因此，将这些村落命名为杂姓村是非常恰当的。

兰林友对华北4个杂姓村的再研究，其基本结论有两点：一是在华北"同姓不同宗"是一个普遍现象；二是同宗不一定结成政治联盟。正如他所言："华北满铁调查村落的人类学再研究表明，同姓不同宗是一个普遍现象。更重要的是进一步认识到同一宗族内部的认同差异。……。与同姓不同宗相应，在村落政治中呈现出同姓同宗不同盟的事实和特点，并没有遵循血缘的原则，而是根据政治经济利益站队。"①

早期人类学家对东南和华南地区汉人社会的研究主要集中关注单姓村，并从中得出一个宗族的一般模式。但这并不意味着在该地区杂姓村就不存在。在中国台湾，许多人类学家就发现该地区并不都是单姓村，如巴博德（Pasternak）的相关研究。中国台湾的经验显示，地缘纽带可能比继嗣纽带更重要。在华南，情形同样如此，正如陈奕麟所说："在香港，大规模的单姓村似乎是一个统计规范，社会科学家也试图解释多姓村的存在作为宗族模式的变体。"② 华南杂姓村的研究以朱迪丝·施特劳赫（Judith Strauch）为主要代表。

弗里德曼对单姓村与杂姓村的关系同样也有一个基本的判断，他说："在经济条件有利的地方，宗族往往排斥作为邻居的其他姓氏，外来者可能在宗族领地上站稳脚跟，从而可能形成多宗族聚落，这样的异民族体可能存在很长时间，然后一个

---

① 兰林友：《莲花落：华北满铁调查村落的人类学再研究》，社会科学文献出版社2012年版，第33页。
② Allen Chun, "The Lineage-Village Complex in Southeastern China", *Current Anthropology*, Vol. 37, No. 3, June 1996.

宗族，不管是新近形成的还是长期建立的，占据上风，再次出现单宗族聚落。"① 这个判断意味着杂姓村在各姓氏之间一定会发生严重的冲突，最终导致强大的宗族独占村落领地，其他小姓脱离村落外出，进而再次形成单姓村。施特劳赫通过香港新界一个杂姓村凤园村的个案研究，对弗里德曼认为杂姓村一定会发生严重冲突的观点提出了相异的看法。

凤园村主要有黎、叶、薛、麦、魏、莫6姓。施特劳赫讨论了作为亲属团体和土地持有单位的不同宗族，阐述了村庄内部潜在的分裂和对立路线。她认为，这些对立很大程度上在社区的组织中得到调和，而这个组织同样是一个合作土地拥有单位，其团结经常通过仪式得到强化。施特劳赫对农历新年祭祀周期元素的描述展示了曾经被承认的对立是如何被解决的，村民不是以各自单独的宗族为单位，而是以一个有凝聚力的社区来庆祝新年。最后，施特劳赫总结了中国香港和台湾传统社会的两个特征，以及父系和宗族组织在这个问题上所扮演的角色，这两个特征更符合乡村的情况，而不是大部分学术文献中普遍存在的从精英宗族角度出发的观点。② 弗里德曼认为单姓村与杂姓村两种类型村落的曲折演进过程，在凤园村并没有表现出来。凤园村各姓氏之间在日常生活中当然也有冲突，但最后通过涵括全村的仪式，各大姓氏之间得到了整合。凤园村所表现出来的社会事实同样可以说明鲍屯的情形。

根据2020年初对一位村干部的访谈可知，目前鲍屯还没

---

① M. Freedman, *Chinese Lineage and Society: Fukien and Kwangtung*, London: Athlone, 1966, pp. 12–13.

② Judith Strauch, "Community and kinship in Southeastern China: The View from the Multilineage Villages of Hong Kong", *The Journal of Asian Studies*, 1983, Vol. 43, No. 1, pp. 21–50.

有进行详细的人口统计，但据他比较精确的估计，鲍屯现有640户，总人口2300人，其中鲍姓占93%左右，第二大姓氏为汪姓，有20户，第三大姓为江姓，有12户，其他杂姓各自有1—2户。鲍屯的姓氏人口构成处于福建黄村和华北4村之间，即人口最大姓氏所占比例不及黄村的黄姓所占98%的比例，但又超过华北4村人口最大姓氏所占50%的比例，故而我们可将鲍屯界定为一个杂姓村，或曰一姓独大的杂姓村。

根据方志记载，最早入黔定居鲍屯的有吕、江、汪、许、鲍5姓。现仅鲍、汪、江3姓仍居鲍屯，其他姓氏都已外迁。鲍姓始祖鲍福宝于洪武二年定居鲍屯。鲍姓从第七代起开始修订家谱，以后又多次进行修补，有完整的《鲍氏家乘》。鲍氏字辈为，（一）仁义房支：怀顶芳茂，钟灵毓秀，家乃繁昌，定喜增秀；（二）礼房支：盛景奇英，吉安荣徵，熙和善庆，万古同春；（三）智房支：汝泗渊源，继述相传，清洁如意，美利双全；（四）信房支：开聚贤章，光浑纪纲，丰享富足，长享平康。从第32代起合用的字辈：重本绵先泽，笃伦贻后昆，高堂仰澜桂，慈孝著声称。汪姓始祖汪洪宝于洪武二年入黔定居鲍屯，是鲍福宝的妹夫。汪姓字辈为：有运世道芳，文启守正良，克俭西朝用，时可定家邦。江姓始祖江舍宝于洪武二年入黔定居鲍屯。江姓字辈为：正占天九学春兴宏朝永盛同文仲。潘姓移居鲍屯仅五代。潘姓字辈为：正忠多希光，福寿广繁昌，元启先发胜，祖宗带红星。[①] 从上面鲍屯各姓氏的信息来看，鲍姓显然是一个大宗族，因为内部出现了房支的裂变，依次为"仁、义、礼、智、信"五大房支，其中早期"仁、义"二房支共用字辈，

[①] 大西桥镇志编撰委员会：《大西桥镇志》，贵州人民出版社2006年版，第340页。

其他房支皆有自己的字辈，到了第32代起五大房支再次共用字辈，而其他姓氏则尚未出现房支裂变倾向，至少从字辈来看是这样。

如果运用弗里德曼构建的宗族类型A和Z来观察，那么鲍屯的鲍氏宗族无疑属于Z类型，而其他杂姓则属于A类型。关于A类型，弗里德曼说："宗族类型A的宗族成员比较少，大约只有二三百号人。除了一两位小店主和一些手艺人之外，宗族成员都是耕种小块土地的农民，其中有些自己完全占有土地，有些则是向外面的地主承租土地。他们的收入水平普遍低下。除了开基祖墓地所在的一小块土地之外，他们没有公共财产。人口增长产生的资源压力使他们无法婚配、没有后代，或者为了做工、做小生意不得不向外移民、入赘到一个陌生的村落，或者当兵和为匪。为了使自己免受其他宗族的攻击和侮辱，调解与国家之间的关系，他们将自己置于强大宗族的控制之下；因为这种保护，他们必须以服务和纳税为代价。除了家庭的祖先崇拜以及在宗族开基祖坟墓前举行的年度仪式之外，没有其他的祖先崇拜仪式。没有族谱的记载，个人仅仅根据他们的代际置于系统之中，而且他们属于一个或者其他房，他们的源头从开基祖的儿子开始算起。房与家户之间没有谱系的单位，不存在联系亲密的家户形成经济和仪式合作之群体的趋势。这些单位中辈分最高、年龄最长者担任房长和族长的职务，并没有公认的其他正式领导者。纠纷由房长和族长处理，但当他们不能解决的时候，对自己进行保护的社区中的绅士便试图就此达成一个解决的办法。"[1] 而关于Z类型，弗里德曼的说法则是："宗

---

[1] ［英］弗里德曼：《中国东南的宗族组织》，刘晓春译，上海人民出版社2000年版，第168页。

族类型Z大约有两三千人口，在他们当中有退休的官员、官宦的家庭、待职的绅士。也有一些富商、一定比例的小商人和手艺人，以及大量的农民，他们当中大部分耕种以宗族或者宗族的许多裂变单位为名义掌管的土地。宗族成员的大部分是贫穷的，但是作为一个整体，宗族在土地、祠堂以及其他诸如碾米厂之类的财产是共同的。人们往往待在社区内部，因此，即使他们为了求官或者为了经商而背井离乡、抛妻别子，他们会寄钱回家，当他们年迈的时候则返回家乡。祠堂具有等级，但没有系统化；也即是说，有些房在祠堂方面其裂变现象比其他房更严重，而一个房的其他支以同样的方式比其他支裂变得更严重。这种非系统化与宗族中具有高级地位和财富的成员的不平等分配相契合。在这一系统中，族谱是重要的部分，连接着宗族与其他宗族的关系，这种关系能带来荣誉和有用的联合，而且显示了拥有财产的裂变单位的成员。在祠堂定期举行的祖先崇拜仪式表达了某一裂变群体的存在，与此同时，通过祖先灵牌的分离和祭祀者的区分，强调了社区中的地位差异。与类型A一样，族长是推举出来的，但是他们的位置处于绅士的阴影之下，这些绅士得到富商的赞助，对宗族事务进行集中管理。"①

以上较为完整地引述了弗里德曼对宗族类型A和Z的界定与论述，目的是将鲍屯的大小宗族与之进行比较。弗里德曼对宗族类型A和Z的界定，无疑是一个理想类型，与现实中的宗族类型并不完全一一对应。对此，弗里德曼也作了进一步的说明："我已经讨论了宗族的A和Z模式。两者都不是对一种我已经能够考察的类型中所有宗族的平均的陈述。

---

① ［英］弗里德曼：《中国东南的宗族组织》，刘晓春译，上海人民出版社2000年版，第168—169页。

假如我们能够研究极端的个案，我们应该发现它们更多的是我想象的特点之概括。"① 通过比较，我们发现鲍屯的大小宗族与 A 和 Z 类型所包含的指标既有相同之处也有相异之处。就 A 类型来说，鲍屯的各个非鲍姓人口比较少，不到一千人。各个非鲍姓都没有祠堂。从目前掌握的资料来看，鲍屯自古而今仅有鲍氏建有自己的祠堂，因此通常以家里的神龛和坟墓祭祖为主。但有一点相异之处是，鲍屯各个非鲍姓没有产生房支裂变，正如上文所揭示的情况。其他方面由于资料的缺失，无法进行比较，但情况可能依然是有同有异。就 Z 类型来说，鲍氏人口已达到两千人以上，并有房支裂变。历史上有宗族的公共土地和财产，有完整和连续的族谱。据说，族人之中也出现过官员。但仅有代表整个宗族的一个祠堂，各房支没有自己的单独祠堂。为了化解理想类型和现实的不一致，将多种可能性皆纳入他的理论框架中，弗里德曼又提出了中间过渡状态 M 类型，他说道："假如我构建一种折中的模式 M，它是模式 A 和模式 Z 的过渡模式，我们实际上可能更接近于普遍的历史事实。"② 依此标准，根据鲍屯大小宗族的实际情形，我们可以将之定位在过渡模式 M，但又是接近于分别处于两极的 A 和 Z 的模式 M。

鲍屯作为一个大小宗族并存的杂姓村，宗族及其成员之间当然存在一定的冲突和纠葛。不过这些日常生活中的冲突和纠葛并没有导致村落最终的破裂。即使是宗族内部也会存在一些不和谐的琐事。在某种程度上说，只要有人群的地方就会产生各种大大小小的冲突。比如，当我访谈非鲍氏村民

---

① ［英］弗里德曼：《中国东南的宗族组织》，刘晓春译，上海人民出版社 2000 年版，第 169 页。

② ［英］弗里德曼：《中国东南的宗族组织》，刘晓春译，上海人民出版社 2000 年版，第 169 页。

时，他们常常说一位对村落各方面较为熟悉的鲍氏老人所说的话并不那么准确，还说他的某些讲述夸大了鲍氏在村里的作用。关于村名，不同姓氏之间也有争论，鲍氏因为人口最多，因而将村名称为鲍家屯，但其他姓氏认为不能称为鲍家屯，而应叫鲍屯，如果叫鲍家屯就把其他姓氏排斥在外了。鲍氏却反复强调鲍家屯和鲍屯没有区别，后者不过是前者的简称。如一位在北京某国家级单位工作的鲍氏族人在2018年春节期间写了一封信解释自己不能回家的原因，祭祖委员会将这封信抄录在一张红纸上，并张贴在祭祖现场。其信内容如下：

鲍家屯的全体村民和宗亲们新年好！

现在，我身体已不如以前了，一直想去鲍家屯看望你们，去不成了。所以，我和鲍家屯的缘分如胶似漆，浓浓的乡情，怎么也解不开。

整整十年，我把我的心和精力都交给了鲍家屯。

我探索研究和解决了不少鲍家屯的问题，例如，鲍福宝确实是洪武二年入黔的，又如鲍家屯的名称应该是鲍家屯，鲍屯只是简称，还有鲍家屯的入口在南面，不是在北面，我们发现了鲍家屯的特殊布局，发现了水口园林、门口塘，特别是活石墙。这些不少在其他地方都没有见到过，是十分珍贵的。

这十年中不少著名专家来鲍家屯考察。同时鲍家屯还获得了不少荣誉国宝单位，国家级名村、传统村落，特别是联合国教科文组织奖，都是很珍贵的。

那十年，我身体还好，可以多次亲自来村里考察。

想起这些，心里十分高兴。

祝鲍家屯的全体村民和宗亲们新年快乐！身体健

康！心想事成！

此致敬礼！

鲍××

2018年1月3日

这封信涉及村名、村落布局、各种荣誉等内容，祭祖委员会将之张贴在祭祖现场，无疑是想通过这位在北京工作的族人的权威性来证实鲍屯只不过是鲍家屯的简称，此外别无他意。从字面上来看，鲍家屯和鲍屯确实没有什么实质性的区别，但在非鲍氏村民看来，称为鲍屯就淡化了鲍氏的唯一性，以及诸如此类的带有宗族之间抗衡的不满表达。尽管在日常生活中，宗族及其成员之间常常发生这样那样的不和谐行为，但村落整体上被更高层面的仪式统合起来了。这一点与施特劳赫研究的华南凤园村有极大的相似性。她发现凤园村的仪式统合力量主要是春节期间的各种民俗活动。在凤园村，许多仪式局限于家庭和宗族内部，但某些仪式是全村不分姓氏共同参与的。这些全体村民参与的仪式主要涉及村落社区及其成员的精神保护和福祉。社区之外的人并不参加村里的仪式，并以此作为外人的标志。村内每年的祭祀工作轮流执行，由四个小组组成，每个小组大约十户人家，大致按照村里的住户排列组成。1978年涉及全村的仪式由十户人家主持，其中麦姓三户人家，薛姓三户人家，叶姓四户人家。大年初一，当各个宗族在自己的祠堂拜祖以后，到了初七和十六日就接着举行卷入全体村民的系列仪式。首先搭建一个临时的凉棚，主要由当年负责仪式的家户来执行。然后村民敲锣打鼓，放着鞭炮，将地方神请来安坐在凉棚内。各家的代表前来烧香，敬献祭品，每天两次，直到正月十六日将凉棚烧掉。这段时间，村里的男人非正式地聚集在这个地方，谈论各种神圣与世俗的事务。在凉棚内举行的第一个仪式是"点灯",以庆祝前一年各家各户新生的儿子。在"点灯"仪式过程中,主家通常会举办两次宴会,一次招待本族之人,一次招待全体村民。通过这些仪式行为,凤园村呈现出既分裂又团结的社会事实。在凉棚内举行的其他仪式也同样如此。正如施特劳赫所说:"作为一个完整的系列,仪式承认内部的亲属分裂,但同时承认在共同的家乡隐含的统一性。"[1]

杂姓村这种既分裂又团结的社会事实,在鲍屯同样有体现,只不过表现的方式不同而已。鲍屯最重要的仪式行为是祭祖和祭汪公。祭祖最隆重的无疑是大姓鲍氏宗族每年清明举行的墓祭。其他小姓当然也有自己的祭祖仪式,但其隆重性无法与鲍氏相提并论。因此,我们仅仅以鲍氏祭祖来说明相关问题。各个大小宗族的祭祖仪式无疑体现了鲍屯内部宗族之间的分裂,但是涵括全体村民的祭汪公仪式却将整个村落统合起来。特别是祭祖与祭汪公后的神圣性共餐更是彰显了村落内宗族之间的排斥与包含全体村民的品质。在这里,值得进一步讨论的是,在单姓村除了祭祖之外,同样也有祭神仪式。在单姓村和杂姓村,祭祖与祭神有何异同是一个有趣的问题。这个问题以及"汪公会"的整合作用在下一章再作详细的探讨。弗里德曼认为,杂姓村最终一定会演变为单姓村,因为来自强大宗族的压力,弱小的宗族可能会逃离村落。但鲍屯的例子显示,迄今为止,许多早期一同入黔定居鲍屯的非鲍姓一直还生活在村里,尽管他们的人口和宗族规模没有得到发展,但他们并没有离开村落前往他处。相反,

---

[1] Judith Strauch, "Community and kinship in Southeastern China: The View from the Multilineage Villages of Hong Kong", *The Journal of Asian Studies*, 1983, Vol. 43, No. 1, pp. 21 – 50.

个别小的姓氏反而流入鲍屯，比如上文提及的移居鲍屯的潘姓仅有五代。在田野调查过程中，笔者从未听说村落内部出现过宗族械斗，而在华南地区历史上宗族械斗多有记载。即使在单姓村居多的华南地区，杂姓村也有存在，当然有其存在的理由和机制。因此，早期人类学家发展出来的单姓村模式并不能完整解释汉人社会的实际情形。本研究所关注的杂姓村鲍屯的案例，再一次证明了这个观点。

鲍氏族人清明节祭祀始祖

五 纸上祠堂

讨论汉人的宗族问题，一定会涉及祭祖的建筑空间祠堂。通常认为汉人的已故祖先有三个去处，即家里的神龛、坟墓和祠堂。但三个神圣之地并不会同时存在，其中的变化以祠堂为最，也即是说，神龛和坟墓一般家庭、家族和宗族都会设置，但祠堂的设置由宗族的富裕程度和人口规模而定。富裕和规模庞大的宗族才有条件设置祠堂，反之则无力建立这样的祭祖空间。故而，祠堂既是一个祭祖之地，同时也是宗族荣耀的象征。祠堂的多重意义，前人多有论述和强调，如林耀华认为："宗族一个最大的特征，就是全族人所供奉的祠堂。祠堂的建立，原是为祭祀，崇拜祖宗，感恩保本，然时过境迁，祠堂的功能，不复仅限于宗教方面，其他功能也渐渐附着产生。祠堂化作族人交际的场合，变为族老政治的舞台；公众意见由此产生，乡规族训由此养成，族人无不以祠堂的教义信条奉为圭臬。简言之，祠堂是宗族中宗教的、社会的、政治和经济的中心，也就说整族整乡的'集合表象'。"[1] 弗里德曼在谈及汉人的祖先崇拜时说道："假如经济资源充足，就有可能在以祠堂为中心的房支及其扩大的家庭之间产生中间的裂变。家户和扩大的家庭成员以家庭建筑物的一部分作为神龛，祭祀他们的祖先。宗族较高等级的裂变群体需要特殊的祠堂祭祀祖先。"[2]

祠堂的重要性自不待言，所以当笔者第一次进入鲍屯调研时，便向村民打听鲍氏宗族是否有祠堂。得到的回答当然是肯定的，但鲍氏祠堂已成为历史。村庄的空间布局是以中轴线为中心来规划的。在中轴线上布置的是鲍氏祖坟、汪公殿、关圣殿和鲍氏祠堂。这是一条物理线路，更是一条神圣线性空间。其中汪公殿、关圣殿和鲍氏祠堂占据了街上的绝大部分空间。2000年左右三大殿被拆除，目前恢复的仅有汪公殿。鲍氏祠堂的建筑材料被用于修建村口小青山上的太平寺。据老人回忆，1949年后禁止祭祖，但祠堂并没有拆除，

---

[1] 林耀华：《义序的宗族研究》，生活·读书·新知三联书店2000年版，第28页。

[2] ［英］弗里德曼：《中国东南的宗族组织》，刘晓春译，上海人民出版社2000年版，第104页。

与另外两殿被改作生产用房。目前在原鲍氏祠堂处修建了村级小学。关于这条神圣线性空间，笔者会在其他章节反复提及。鲍氏宗族虽然出现了房支裂变，但各房支并没有单独建立自己的支祠，故而整个宗族仅有一个总的祠堂。其他杂姓因为规模较小，也没有自己的祠堂。历史上鲍氏族人如何在祠堂祭祖，以及祠堂的多重价值和祠堂的形制，由于资料的缺失，我们已不得而知。鲍氏宗族历史上曾经存在过祠堂，除了老人的口述资料可证明外，另有一个文献资料也可证明之，那就是1852年鲍氏族人在扶箕问祖中的几次扶箕仪式曾在祠堂举行，如"十二月初四日谢神，在祠堂降""壬子年八月二十三日在祠堂中降"等。关于1852年鲍氏族人扶箕问祖之事，对之详细的讨论可见后面的章节。

在随后的调查过程中，笔者有幸翻阅了《鲍氏宗谱》，当时给我留下深刻印象的是，宗谱的扉页绘了一幅祠堂示意图。从图画来看，整个祠堂是传统建筑风格形制，画者的视角为俯视，祠堂的正前面是一照壁，上书"鲍氏宗祠"四个字，祠堂的大门被照壁遮住，两边分别是两个小门。进入祠堂后，中间是一个庭院，庭院的左右两侧是厢房，正对面有一石阶，上去后就是一个房间，里面有一小方桌，桌子上立着一个高大的牌位，上面书写有字，但模糊不清，房间两侧有对联，字迹同样模糊不清，房间的上部两侧悬挂有灯笼，最顶部有一牌匾，同样书有"鲍氏宗祠"四个字。整个图画没有其他文字说明，其基本情况大致如此。这类绘制在纸上的祠堂，高轶旸将之命名为"纸上祠堂"。[①] 此图创作的时间不详，也不知是作者对现实生活中的祠堂的忠实绘制，抑

[①] 高轶旸：《纸上祠堂：祖先祭祀的民间传统》，《文汇报》2017年12月22日第W16版。

或是带有想象的成分。如与宋代《朱子家礼》所规定的祠堂形制进行比较，两者大同小异。《家礼》曰：

> 祠堂之制，三间，外为中门，中门外为两阶，皆三级。东曰阼阶，西曰西阶，阶下随地广狭以屋覆之，令可容家众叙立。又为遗书衣物祭器库及神厨于其东缭。以周垣绕为外门，常加扃闭。若家贫地狭则止为一间，不立厨库，而东西壁下置立两，柜西藏遗书衣物，东藏祭器亦可。正寝谓前堂也，地狭则于厅事之东亦可。凡祠堂所在之宅，宗子世守之不得分析。凡屋之制，不问何向背。但以前为南后为北，左为东右为西。后皆放此。祠堂之内，以近北一架为四龛，每龛内置一桌，大宗及继高祖之小宗，则高祖居西，曾祖次之，祖次之，父次之；继曾祖之小宗，则不敢祭高祖，而虚其西龛一；继祖之小宗，则不敢祭曾祖，而虚其西龛二；继祢之小宗，则不敢祭祖，而虚其西龛三。若大宗世数未满，则亦虚其西龛如小宗之制。神主皆藏于椟中，置于桌上，南向，龛外各垂小帘，帘外设香桌于堂中，置香炉，香合于其上，两阶之间又设香桌，亦如之。非嫡长子则不敢祭其父。若与嫡长同居，则死而后其子孙为立祠堂于私室，且随所继世数为龛，俟其出而异居乃备其制若生，而异居则预于其地立斋以居，如祠堂之制，死则因以为祠堂。①

中国古代相关的礼仪规定在各个朝代多有变化。到了明清时期，宗族制度在民间已大为流行，祠堂也随之在民间普及开

---

① （南宋）朱熹：《朱子家礼》，王燕均、王光照点校，上海古籍出版社2002年版，第875—876页。

来。据研究，明清时期的祠堂多为三进两院式，整个祠堂的建筑结构，可分为基本的建筑元素和辅助的建筑元素两大类。三进两院式祠堂中轴线上的布局一般为：大门—中堂—寝堂，大门与中堂之间是天井花园，中堂与寝堂之间也是天井花园。天井庭院中有廊庑、亭台、楼阁，以及各种花卉草木。有的祠堂前面还有牌坊和照壁。大门、中堂和寝堂就是祠堂的三个基本建筑元素。辅助性建筑元素有：塾、厢房或走廊、衬祠、拜亭、牌坊、照壁、戏台。① 从《鲍氏宗谱》所绘制的祠堂来看，并不是三进两院式，而是一进一院式，也没有牌坊和戏台，附属建筑元素最突出的是照壁。王鹤鸣等人对中国祠堂的通论性研究，是参考了各地不同风格的祠堂，然后综合得出的一个结论。换言之，他们总结出来的祠堂特征，具体到某地人家的祠堂并不都完全具备这些特征。《鲍氏宗谱》所绘制的鲍氏祠堂也同样如此，其具有自己的地方风格，具备祠堂的某些共同特征，但也缺失了某些特征。

在谱牒上绘制祠堂，其源头似乎与高轶旸所探讨的纸上祠堂有一定的亲缘关系。他对这类祠堂的描述如下：

> 明清时期，祭祖是相当普遍的礼制实践，许多世家大族设有祠堂。然而对于不设祠堂的宗族而言，供奉纸上祠堂就成为了一种常见形式。据《肥乡县志》记载，"士大夫不尽立祠堂，奉神主于寝室，民间多画祖宗昭穆图供奉"；另据《凤城县志》，"汉人供宗谱，宽可三四尺……按次开写先人名氏，男女夭亡者悉列入"。由于纸上祠堂难以保存，现今存世者多制作于清代，早期源流演变已难以详细考证。从分布范围来看，主要集中

---

① 王鹤鸣、王澄：《中国祠堂通论》，上海古籍出版社2013年版，第251—255页。

在山东、山西、河南、河北等地。各地尺寸大小不等，规格较大者高可达两米有余。纸上祠堂的造型设计，从以下典型案例中可以窥见一斑。

豫北滑县的祖宗轴由下至上依次绘有祠堂山门、庭院以及拜殿。祠堂呈白墙灰瓦，山门上涂黑漆，为三间式。正门下设台基，配有相向而望的石狮一对，其屋脊上雕脊兽，屋檐下挂蝙蝠，寓意吉祥。门洞上方为庭院，其中绘有数量可观的牌位，上书祖先名讳。牌位区分左右排列整齐，向内侧倾斜呈镜像对称。庭院靠近偏门处画有松树两棵，另有鹿鹤各一对，牌位、松树、鹿和鹤皆沿祠堂中轴线呈对称分布。最靠内部的拜殿建筑物为重檐悬山式，正面可见四根黑漆立柱，屋脊上雕有繁复的脊兽，檐枋饰有彩绘，装饰华丽。

另一种典型的纸上祠堂形式是山东潍坊的家堂。画面主要部分仍然为白墙灰瓦的祠堂，祠堂山门上悬"先祠"匾额，其后为称作"追远堂"的中厅，内设牌位、香案。中厅旁开两扇小门，由此得以进入二进天井，至于拜殿前。拜殿内有男女祖先二人，正面朝向观者，两位祖先中间的牌位上写着"始祖之位"，其后的山水屏风依稀可见。图中宗族后世子孙姿态各异，有骑于马上者，也有拱手作揖者，多三两成群彼此呼应，朝向祠堂门聚拢。后世子孙环绕祠堂门的排列，以及所有人恭敬的姿态皆有助于凸显图中祠堂建筑物的庄重感。[①]

显然，高轶旸所描述的纸上祠堂与《鲍氏宗谱》所绘制的鲍氏祠堂有同也有异，相同之处是祠堂的建筑都有呈现，相

---

① 高轶旸：《纸上祠堂：祖先祭祀的民间传统》，《文汇报》2017年12月22日第W16版。

异之处是鲍氏祠堂图没有绘制族人祭祖的场景和人物。另外，从高轶旸文章中提供的图片来看，都是彩色绘制，而鲍氏纸上祠堂却是黑白绘制。总体上来说，高轶旸研究的纸上祠堂是独立的一幅祠堂图，而谱牒上绘制的祠堂图则是依附于谱牒的图画，而非自成一体的作品。故而，"纸上祠堂"的内涵和界定应该包含独立的祠堂图和谱牒上绘制的祠堂图两种类型。

纸上祠堂似乎可追溯到历史上祭祖之"影堂"。据考证，周代祭祖时设置"尸"，即安排一位代死者受祭之人。尸一般由孙辈担任，祭男用男尸，祭女则用女尸，但女尸必定是异姓，所以由孙媳妇为之。后来，开始逐渐用"神主"代替尸，即制作一块木牌，上写被祭者的姓名和身份。再后来，又改用祖先的画像（即"影"）受祭。① 宋代司马光在住宅内设有悬挂祖先遗像的影堂，因此，影堂是作为家庙的替代设施而建造的。此外，比司马光较早的范仲淹也建有影堂。但是，至少在汉代，影堂就已存在。② 绘制祖先人像的"影"，到了明清时期被称为"祖容像"。特别是在徽州地区，祖容像较为盛行。在明清时期的徽州，"每逢农历腊二十四即小年，各家各户都挂上祖容像，迎祖过年，到了正月初一早晨一家人穿戴整齐，按照辈分及长幼次序面对祖容像向祖宗拜年，然后才能用餐，吃长寿面"③。虽然都是通过画

---

① 杨志刚：《中国礼仪制度研究》，华东师范大学出版社2001年版，第339页。

② [日]吾妻重二：《朱熹〈家礼〉实证研究》，吴震译，华东师范大学出版社2012年版，第122—125页。

③ 丁琴：《徽州祖容像的文化内涵与艺术特征》，《宿州学院学报》2017年第10期。通过知网检索，研究祖容像的论文仅有3篇，除了丁琴的论文外，尚有陈林《明清时期徽州祖容像产生的背景及其艺术特色》（《装饰》2004年第7期）、郭军《明清以来的祖容像面貌》（《艺海》2009年第3期）。不过，三篇论文皆是从艺术学的角度探讨祖容像。

像来呈现神圣之物，但"影"绘制的是祖先的人物像，而纸上祠堂绘制的却是祠堂。此外，在纸上绘制祠堂，还有另一种情形，即是在某些礼仪指导书籍中，为了指导人们如何建造祠堂，也绘制了祠堂的示意图。这样一些绘制了祠堂示意图的礼仪书籍，比如有《文公家礼通考》《性理大全本〈家礼〉》《家礼辑览》等。① 极有可能的是，纸上祠堂是呈现祖先人物像的"影"的变体。

就两种类型的纸上祠堂和"影"或祖容像而言，除了谱牒中绘制的祠堂外，其他几种图像都在固定的日期有家人或族人对之进行祭拜。通常的方式是将祠堂画像和"影"或祖容像悬挂起来，然后子孙对之进行祭拜，如"当纸上祠堂于除夕或中元节被悬挂展开时，祖先能够通过牌位中自己的名字找到相应位置并依附其上，以左昭右穆的方式与参与祭祀的子孙归属于同一序列之中。当参与祭祀者站立在纸上祠堂前，面对排列有序的祖先时，便得以将自身纳入宗族谱系之中，明确自身在其中的位置。"② 宋代祭拜"影"也如此，司马光曰："影堂门无事常闭。每旦，子孙诣影堂前唱喏，出外归亦然。出外再宿以上，归则入影堂，每位各再拜。"③ 笔者在鲍屯调查期间，也见过类似于祖容像的卷轴，但不是将祖先的容貌画出来，而是写上祖先的亲属称谓。卷轴最顶端为"上党堂"三个字，下面一栏，中间是"始祖考妣"四个字，右边是"二、三、四、五、七世祖考妣"，左边是

---

① ［日］吾妻重二：《朱熹〈家礼〉实证研究》，吴震译，华东师范大学出版社2012年版，第140—144页。

② 高铁旸：《纸上祠堂：祖先祭祀的民间传统》，《文汇报》2017年12月22日第W16版。

③ ［日］吾妻重二：《朱熹〈家礼〉实证研究》，吴震译，华东师范大学出版社2012年版，第125页。

"六、七、八世祖考妣"。再下一栏，中间竖写"历代祖先考妣远近宗亲之神位"，右边是："九、十、十一、十二、十七、十八，外祖考妣、舅考、岳考"，左边是"十三、十四、十五、十六"。最后一栏，右边是"姻亲公、婿、岳伯考妣"，左边是"姑考妣、幺姑妣、大姨妣、姨考妣、胞弟、胞妹"。最右边是一竖写的对联"考妣虽登极乐境，儿孙难忘勤劳恩。"虽然卷轴上写的是"历代祖先考妣远近宗亲之神位"，但实际上姻亲的死者也在上面，也即是说，该卷轴涉及了宗亲和姻亲两边的故人。报道人说，祭祀卷轴上的故人主要是在七月十五的中元节（鬼节），当天把卷轴挂在堂屋的墙壁上，卷轴下方设一香案，摆放各种祭品进行祭祀。节后再将卷轴取下收藏起来。

《鲍氏宗谱》所绘制的鲍氏祠堂显然并不是子孙实际祭拜的对象。在祠堂图画的后面一页从上到下分别是两张照片，一是题名为"贵州鲍氏发祥地（鲍家屯鸟瞰图）"，一是题名为"贵州鲍氏祖茔"。这三幅图从视觉上共同构成了汉人"慎终追远"的祖先崇拜理念。换言之，宗谱上的祠堂图仅仅反映了一种象征性的祖先崇拜，而不是具体的一种仪式行为。作为一种纸上祠堂，其意义正在于此。

反映在纸上的祖先崇拜，不论是何种形式，其作用仅仅只有祖先崇拜的意义，而没有现实的物质性的祠堂所延伸出来的职能，如林耀华所总结的"祠堂是宗族中宗教的、社会的、政治的和经济的中心"。《鲍氏宗谱》所绘制的纸上祠堂除了宗教意义，其他皆无。

六　并置的关系与组织

对汉人宗族的研究，陈其南的学术思想值得特别关注。

尽管他的观点是早些时候提出的,但并没有随着时间的流逝而过时,仍有进一步讨论的价值。简言之,针对弗里德曼的研究,陈其南认为组织化的宗族并非汉人社会的常态,系谱性的宗族才是一种基础性的普遍状态。其观点之要义如下:

> 在汉人家族制度中,房和家民族体是纯粹根据系谱关系来定义的,至于这些单位具有什么的功能则不一定。有些家族或房只是同属一宗祧系统的概念认同而已,有些则拥有共同财产,有些形成同居或聚居的民族,有些是从属于一个财产共有家族团体的次级单位。换句话说,有些房或家族的组织较严密,有些则否。在一个包括数代以至数十代的扩展家族中,有些世代的房单位在该家族组织中成为较为突出的团体。大部分的房团体则只存在于系谱上的概念认同而已,于实际社会生活中已失去团体组织的重要性,但这不表示这些房已不存在,一旦有功能性的因素引进来,它们会立刻形成组织化的团体。[1]

王崧兴在陈其南的基础上进一步延伸,将其理论表述为"有关系,无组织"的社会。他说道:

> 简而言之,汉人的家族制显示出来的"家族"群体形成过程是基于很清楚的系谱关系,而有形的组织体则因随不同的情景形成范围不同的群体。换句话说,组织

---

[1] 陈其南:《房与传统中国家族制度——兼论西方人类学的中国家族研究》,《汉学研究》1985年第3卷第1期。

体并不一定跟某一类特定关系基础完全相叠合。通常的情形是关系伸展范围大于组织体，即组织体往往只是选择关系网络面的某一范围形成某一特定的功能性群体。"差序格局"所指的波纹似的人际关系，或者"家"范围因时因地可伸缩自如，可以说归因于此一结构特性也。总而言之，对以上所述的社会结合的现象笔者称之为"有关系，无组织"的社会。①

王崧兴的"有关系，无组织"理论，结合了陈其南的"系谱性家族"和费孝通的"差序格局"两种理论资源，认为汉人社会的基本常态是"有关系，无组织"的社会。在他的理论中，"关系"等同于"系谱性家族"和"差序格局"，而"组织"等同于功能性的宗族。这里有两个理论问题值得进一步探讨，一是系谱性宗族是否一定会因外界原因而发展成组织化的宗族？二是如果能发展成组织化的宗族，系谱性宗族和组织化的宗族是否一定是一种时间序列的关系，有无其他可能性？

关于系谱性宗族因外界原因是否一定会发展成组织化的宗族问题，陈其南持肯定的态度，比如上面关于他的引文所说："但这不表示这些房已不存在，一旦有功能性的因素引进来，它们会立刻形成组织化的团体。"王崧兴也附和他的观点："至于其他占绝大多数的普罗大众，虽然无有形的功能性宗族团体，但其系谱模式的宗族并非不存在。有朝一日，只要有任何契机发生，比如争水源或坟地纠纷，系谱性的宗族即可形成一有形的功能团体，传统中国社会的分类械

---

① 王崧兴：《汉人的家族制——试论"有关系，无组织"的社会》，载《第二届国际汉学会议论文集》（民俗与文化组），台北："中研院"1986年版。

斗常可见到这种现象。"① 系谱性宗族与组织化宗族之间的关系，无非两种可能，一是前者转化为后者，二是前者不会转化为后者。我们先来讨论后一种情形。各种资料显示，在社区的社会运转过程中，系谱性的宗族并不一定会发展为组织化的宗族，其作用可能会被其他社会组织所替代。王崧兴的观点与他的经验性研究并不一致，他对龟山岛渔村社会的研究显示并非这样的情况。② 根据王崧兴的观察，龟山岛的宗

---

① 王崧兴：《汉人的家族制——试论"有关系，无组织"的社会》，载《第二届国际汉学会议论文集》（民俗与文化组），台北："中研院"1986年版。

② 王崧兴对岛屿的研究，其最初目的可能是与从事农业生产的陆地汉人进行比较。但岛屿研究还可有另一线索。我曾经这样写道，1900年前后的欧洲，弥漫着一股自我否定的岛屿情结。人们对孤悬在茫茫大海之中的岛屿及其土著之民心向往。作家、艺术家，当然还有人类学家此时期留下了大量不朽的关于岛屿的经典作品。马氏《西太平洋上的航海者》据说受波兰同乡康拉德《黑暗之心》（1899）的影响。1899年，马氏15岁。康氏描述的航海故事深深吸引着年轻的小马。他曾立志说："里弗斯是人类学的哈格德，我要做康拉德。"马氏到达英伦后，立即就去拜访了康氏。在特罗布里恩群岛两年的漫长日子里，马氏随身携带着康氏的小说，并在日记中经常使用康氏的语汇。康氏小说描述了西方文明道德沦落的局限，以及在殖民主义下非洲黑人的苦难。马氏同样通过罗布里恩群岛民族的文化批评西方"原始经济人"的概念，认为西方人是一群自私自利毫无道德感之人。那时，一批艺术家如画家高更对岛屿抱持同样的态度。1883年，青年时曾做过船员的高更离开欧洲前往南太平洋上波利尼西亚人居住的塔希提岛，目的是寻找"人的本真"。他与土著打成一片，并娶土著女子为妻（人类学家也有娶当地女子为妻的习惯）。通过画笔，他描绘土著人的神话仪式，同时写出《诺亚·诺亚》一书，记述了自己的神奇之旅。他试图在遥远的异乡寻找那种未受西方文明腐蚀的"原始和纯真"。这种以"原始"为美好的理想状态当然来自卢梭"高贵的野蛮人"思想。而之所以选择岛屿作为理想之地，无疑是因为当时西方人认为这些孤岛远离欧洲现代文明，保留着纯真的"本土文化"。学界多以殖民主义需要来解释这种岛屿情结，也许其中浪漫主义色彩更加浓厚。岛屿情结的终结者是沃尔夫及其大作《欧洲与无历史之民族》。何故？因为沃尔夫主要研究的是大陆"农民社会"，为了证明自己研究领域的正当性，他不得不否定岛屿研究之前提假设，即认为岛屿文化是未受外来影响的"原生态"。《欧洲与无历史之民族》一书不厌其烦地证明，其实这些所谓的"孤岛"早就跟欧洲有联系。学界通常认为人类学转向"农民社会"，是因岛屿民族已被研究殆尽，此言似乎有些不妥。

族在社会生活中并不重要,但岛上居民在观念中仍然存在宗族的意识形态,因此是一个典型的"有关系,无组织"的社会。对此,他这样描述道:

> 在谈到汉人社会时,宗族制度一向是占很重要的篇幅。但在龟山岛,宗族制度则不甚重要。该岛既无祠堂,也无族田、族谱等。更没有族长权威的存在。这并不表示居民之间无宗亲关系。事实上,由于居民迁来该岛之时日不久,宗亲间的系谱关系还能清清楚楚记得。……。作为汉民族一员之龟山岛居民,当然知道宗亲之间理应如何如何,而举种种理由来说明为何在该岛宗族制度无法加以实行。……其根本原因,作者认为主要有二:一是岛内婚盛,另一是无土地之类的恒产。[①]

从这段引文来看,龟山岛渔村社会的宗族只是一个系谱性的宗族,而非一个组织化的宗族,这表现在无祠堂、无族田和族谱等外显符号上。如果按照上面提及的陈其南和王崧兴的观点来推理,当遇到外在的契机时,系谱性的宗族就会转化为组织化的宗族,但是,龟山岛的宗族并没有发生这样的转化。正如王崧兴所说,龟山岛居民的婚姻圈主要局限在岛内,因而该岛姻亲关系特别发达。在岛上的社会经济生活中,亲戚关系压倒了宗族关系,这主要表现在岛内的核心组织渔团上面。按照王崧兴的话来说:"岛上的社会、经济、宗教生活,则以渔业生产团体之船队为其活动单位。船队可以说就是该岛的最主要的社会群体。它的构成,考虑资金、亲戚和地缘关系、能力等因

---

① 王崧兴:《龟山岛——汉人渔村社会之研究》,台北:"中研院"民族学研究所,1967年,第67页。

素。依地缘关系之将全社二分为'靠山'和'龟尾'两个地缘群体，则成为船队间之合作基础。"① 由此看来，在龟山岛的组织化活动中，根本未见宗族的身影，资金、地缘、亲戚和个人能力是其中的关键因素。龟山岛的案例显示，系谱性的宗族在村落的社会经济活动中并未转化为组织化的宗族，反而其他非宗族性因素所构成的社会组织发挥了牵引社区运转的作用。这样的宗族样态才是真正意义上的"有关系，无组织"之社会。

西北关中地区的宗族同样是系谱性宗族，其也没有发展为组织化宗族，因此在水利建设与管理中，宗族没有发挥作用，非宗族的其他社会组织在引导"水利社会"的运转。笔者将这样的组织关系表述为"组织参与的置换逻辑"，其含义为：

> 在某一个空间场域，从理论上说各种社会力量，包括国家和自愿性、非自愿性的民间组织，都有可能在场而发挥作用。但因情景的限定，这些力量可能并不会都到齐，另一种可能是在全体在场或部分在场的情况下，这些力量因情景性而有强弱主次之别。于是，在牵引社会运转的时候，各种组织会因力量的大小，而参与到不同的事务之中；同样，当某种组织不在场时，会给其他组织留下生长的余地，从而填补遗留的空间，以满足社会的需要。这个分析可以概括为"组织参与的置换逻辑"。其价值在于能说明复杂多样的社会结构和社会运转的时空性差异。②

---

① 王崧兴：《龟山岛——汉人渔村社会之研究》，台北："中研院"民族学研究所，1967年，第95页。
② 石峰：《组织参与的置换逻辑——关中"水利社会"的组织形态》，载庄孔韶等著《"离别"东南——一个汉人社会的人类学分解与组合研究》，中国社会科学出版社2019年版。

第一章　文化的组织（一）：封闭的宗族

王崧兴的"有关系，无组织"观点只能解释存在系谱性宗族的汉人社会。如果按照上面提及的陈其南与王崧兴的观点来看，当遭遇外界的契机时，系谱性的宗族除了不能转化为组织化的宗族之外，也有可能实现这样的转化，如林耀华和弗里德曼等人类学家研究的东南与华南的情形。那么在这样的情形之下，"有关系，无组织"的观点便显露出了其解释的局限性。陈其南与王崧兴认为，系谱性宗族遭遇外界的契机时就会发生转化，这无疑是在说，先有系谱性宗族，然后再有组织化的宗族，两者的关系是一种时间序列上的关系，这样的情况当然也存在，但鲍屯的案例显示，鲍氏宗族既是一种系谱性宗族，同时也是一种组织化的宗族，两者不是历时性的关系，而是一种共时性的关系。

所谓系谱性宗族与组织化宗族的共时性关系，是指同一个宗族在一个时间周期内，一个时间段表现为系谱性宗族，一个时间段表现为组织化宗族。如果以年为周期，那么不同形态的宗族在一年之内都会表现出来。下一年同样如此，周而复始，循环往复。具体到鲍氏宗族而言，就目前的情况来看，每年清明全族祭祖之时，鲍氏宗族为此被组织起来，在始祖墓地举行盛大的祭祖仪式，此时此刻，鲍氏宗族就表现为组织化的宗族。而在其他时间，鲍氏宗族则呈现为一种散漫状态，但宗亲意识仍然根深蒂固，宗亲关系无处不在，甚至姻亲关系在社会生活中也有所凸显。因此，在这个时间段，鲍氏宗族表现为系谱性的宗族，人际关系特别是宗亲关系成为社会生活的主流。这样一种社会状态，也即关系与组织的并置，如果借用王崧兴的表达方式，那就是"有关系，有组织"之社会了。

鲍氏作为系谱性的宗族在日常生活中主要表现在婚丧嫁娶、修建房屋、生产劳动等方面。宗亲中不论谁家有什么重要的事，其他家都会前去祝贺与帮忙、送礼物等表达宗亲关系的礼仪行为。在这些社会交往中，人们当然被卷入宗亲的人际关系网中，其波及的范围基本遵循"差序格局"的原则，在其中内圈和外圈具有明确的分界线。处于内圈的宗亲关系主要表现在一些至关重要的场合，如在婚丧嫁娶中，首先请族中老人出面，然后才是姻亲、邻里、朋友等社会关系。家里发生矛盾纠纷，通常也是请族中老人出面调解。日常交往中所体现的宗亲关系无处不在，相关的研究已有不少。这些交往模式在汉人社会中具有共同之处，在这里不再赘述。我们可以通过《鲍氏宗谱》中收录的一则族规体会鲍氏的宗亲意识及其优先性。族规如下：

一是谱系图由一世至五世为一行，所以明五服之亲。转行由五世至九世为一行，所以明九族之义。本欧文忠公之法也，世传表也遵欧公之例。

一凡历代碑铭、传记著有忠孝节义者，敬于本支之内，节录之可以表实德而励后人。

一凡谱内书名、书字、书官职、书配、书籯室、书生卒日期、书葬地名碑字，悉本六朝体例。

一凡不幸无子立继者，必书入继二字以明之。其出继者，必书出继二字以明之。如有亲支者，以亲支承继。如无，以远支承继。

一族中有迁寓异地者，于始迁之人名下注明其地，以俟后日归宗，便于稽考。

一族内有娶同姓为妻及渎伦者，不准入谱。

一妇人以节为重，一与之齐，终身不改，倘不能守节，改适他氏者，明书改适他氏，以黜之。近有无耻之徒，夫殁后另适他人为妇，名为出典，不准入谱。

一族中节妇有无子者，以亲支承继。如亲支等或品行不端，行为不正，以及成丁者，应由节妇择贤择爱之权，另选远支承继。亲支人等，绝不准阻挠，违者以议罚。

一祠中设一会议所，公举族长一二人，经理一人，文牍数人，收支一人，议员数人，稽查数人，每月初一、十五开会议一次。凡族中有发生不合理的事件及违背法律，并妨害风水及坟茔等项，应由族长、议员议决惩戒。

一祠堂及凫子，每年家族商酌，应当培补修理，不得自甘放弃，有碍先祖遗所。祠中各件，切宜保存，以免遗误。

一祖宗虽远，祭祀不可不诚，众子孙等宜竭诚沐浴，衣冠整齐，听候礼仪。为首人者，预先买备猪羊三牲酒礼，每香案前陈设荤素席各一桌。陈设礼生案，沐浴堂，歌诗案，笙箫鼓乐堂，拜跪位。主祭一人，助祭二人。各项陈设齐全，以免违误，不致临时来手。

一每年春秋二祭在春分、秋分前三日，为首人者，先请族中老成谨慎的读书人，预备清洁水，请合堂神主拭清洁，然后照谱系，一面唱名安位，庶几左昭右穆，不致紊乱不整矣。

一族中有不幸无子者，以亲支承继，如亲支碍难择者，以择远支承继。夫承继宗祧之理，原为血统关系，故我前辈先祖，正名定分，饬纪敦伦，早已垂为禁戒。近以族大支繁，兼之人心不古，妄以女接异姓作螟蛉子，而乱同宗条规。如有违背，凭家族长处理，并将接义子之家房屋田地归祠，节伊转归原姓，革除不备拜扫坟茔，以昭儆戒，并将先祖所志禁碑文录列于后：

饬纪敦伦，合族永远规例

盖闻五伦教于《尚书》，三坟垂之典礼，纲纪伦常，自古迄今，莫能外也。况我鲍氏籍肇南京，祖父以来世崇礼教矩，得于今弁帽视乎？故欲重伦，不先杜弊，则伦终灭。族长惶恐，急列条陈，始有禁戒。愿我族人，无别老幼，须谨守，庶几自天佑之吉无不利。如有违者，是灭弃天伦，送官究治。

一禁接外螟蛉，一禁兄亡弟亡招兄嫂弟妇。

光绪二年三月吉日

此则族规反复强调的是宗族的道德荣誉、继嗣原则和血统的纯洁性。就道德荣誉而言，主要体现在"历代碑铭、传记著有忠孝节义者，敬于本支之内，节录之可以表实德而励后人"条目；就继嗣原则而言，主要体现在"凡不幸无子立继者，必书入继二字以明之。其出继者，必书出继二字以明之。如有亲支者，以亲支承继。如无，以远支承继""族中有不幸无子者，以亲支承继，如亲支碍难择者，以择远支承继。夫承继宗祧之理，原为血统关系，故我前辈先祖，正名定分，饬纪敦伦，早已垂为禁戒。近以族大支繁，兼之人心不古，妄以女接异姓作螟蛉子，而乱同宗条规。如有违背，凭家族长处理，并将接义子之家房屋田地归祠，节伊转归原姓，革除不备拜扫坟茔，以昭儆戒"条目，以及最后的禁碑文。其他围绕修谱、祭祖和宗族管理的条目皆与这些原则相关。

特别是最后的禁碑文值得进一步讨论。该碑立于鲍氏祖坟的坎脚下，但目前已字迹漫漶不可识，仅有螟蛉子三字依稀可辨。刚到鲍屯时，就有村民对笔者说这里有块碑，当时因为无法识别碑文，于是就碑文的内容请教了几个老人，他们解释了碑文以后，就议论碑文的规定太严格，几乎无法遵守。不过他们主要谈论的是不能收继外姓，没有涉及娶兄嫂弟妇的事。娶兄嫂弟妇主要关乎乱伦问题。禁止收养外姓作为继子，在条件允许的情况下，当然没有问题，但如果条件不具备，这条规定就难以遵守。不过，也作了适当的让步和变通，如"族中节妇有无子者，以亲支承继。如亲支等或品行不端，行为不正，以及成丁者，应由节妇择贤择爱之权，另选远支承继。亲支人等，绝不准阻挠，违者以议罚"和"族中有不幸无子者，以亲支承继，如亲支碍难择者，以择远支承继。"但这个变通也仅仅是局限在远支，也即是说，仍然只是在鲍氏范围内选择继子。华琛在研究华南地区的宗族收养问题时，指出在族内收养，原因是"宗族各分支都是拥有财产的集团，很自然分支成员希望在自己的宗族内收养，这样可以限制外人对他们财富的侵占。养父每次从族内另一分支（或别的宗族）中收养一个后继者，就意味着为始祖留下的财富里增加了一个分享利益的人"①。显然，鲍氏族规没有提及财产继承问题，主要还是强调血统的纯洁性。不过，虽然族规未提及财产的继承，但继嗣群的继嗣内容当然包含了财产的传递，故而鲍氏族规规定收养的范围只能局限在近支和远支，也有财产不外传的含义在里面。即使在宗族组织如此强大的华南地区，收养外姓也不是不存在，华琛也观察到了这一面，他说："对于那些在更近的父系亲属里找不到养子的养父来说，这些争斗让宗族内部的收养危险性增大了。在这种社会环境里，收养较为可靠的可能性就是跳过本族圈子，到贫穷的外族人那里去挑选继承人。"②原则规定与现实实践并不

---

① ［美］华琛：《族人与外人：一个中国宗族的收养》，秦兆雄译，《广西民族学院学报》2004 年第 1 期。
② ［美］华琛：《族人与外人：一个中国宗族的收养》，秦兆雄译，《广西民族学院学报》2004 年第 1 期。

总是严丝合缝，所以鲍屯老人在议论禁碑内容时，对其规定之严格颇多微词。招赘婚作为无子收养制度的一种变体在鲍屯同样存在。一户非鲍氏人家只有一个女儿，招赘了一个上门女婿，他们婚后有一儿一女，两个子女皆从母姓，但到了第三代，也即儿子的女儿改从了父姓。这种制度在中国其他地方也存在，通常被称为"三代还宗"。换言之，上门女婿作为外姓跟从妻子居住，他仅仅为妻方家传宗接代一代人。因此，从继嗣角度而言，最后妻方家仍然在第三代以后断了香火，继嗣的作用无实质意义，主要目的还是为妻方家父母养老。当然妻方家的财产传递给了上门女婿及其妻子组成的家庭。

总之，从这则光绪年间所立的族规来看，无论是修谱、收养、祭祖等等规定，皆是为了服务宗族系谱线的清晰性和正统性，以及人伦秩序的规范。在日常生活中，这些规定当然不可能完全落实，但不会偏离基本原则太远。鲍氏宗族对系谱性的强调由此可见一斑。就目前的情形而言，这些规定仍然对鲍氏族人影响甚巨，如《鲍氏宗谱》于2007年进行了第六次续谱，将新生的后代子孙加入到系谱之中，鲍氏系谱至今未断。在这个时段，鲍氏宗族仅仅体现为族人内部以及族人与外人之间的一种"关系"，其存在的意义，犹如王崧兴所言："'有关系，无组织'的社会虽然缺乏的是有形的组织体与团体生活，但在关系网络水面下交织成的错综复杂的人际网眼，建立了人与人之间的信义、人情等信赖关系。这也就是'有关系，无组织'的社会活力所在。"[①]

系谱规定了继嗣群的范围，如果系谱混乱或断裂，那么

---

① 王崧兴：《汉人的家族制——试论"有关系，无组织"的社会》，载《第二届国际汉学会议论文集》（民俗与文化组），台北："中研院"1986年版。

该继嗣群就会崩溃和瓦解。具体到个体，自己在系谱中的位置也是自我的身份认同和归属。宗族界定的社会关系，通常弥漫在日常生活之中，散漫而无定型。如果宗族作为一个有形的实体呈现在我们面前，必然要在盛大的仪式场合或某项世俗行为中才能被观察到，而在这样的场合出现的宗族，必定是被动员起来的有组织的宗族，将之组织起来的目的是从事某一项事业，就如今的鲍氏宗族而言，就是在清明节祭祀始祖。

陈其南在论及系谱性宗族与组织化宗族的区别时，说道："中国社会的确存在一个独立自主的亲属体系，这个体系所建构的原则以不同的形式展现于实际的功能性社会生活形态中，而成为汉人亲属团体的基本构成因素；至于诸如同居、共食、共财、经济生活的安排，以及祖先祭祀和祖产的建立等，则为功能性的辅助因素。"[①] 从这段话中，我们可以看出祭祖特别是祭祀始祖，是系谱性宗族转化为组织化宗族的要素之一。当然除了陈其南列举的因素之外，其他还有比如王崧兴提到的争夺水源或坟地纠纷等。这些各种的外在契机促成了系谱性宗族转化为组织化宗族。当今的鲍氏宗族表现为组织化宗族主要展现在祭祀始祖的时刻和场合。《鲍氏宗谱》这样描述入黔始祖鲍福宝：

  鲍氏籍贯，宫音尚党郡，原籍南京直隶省徽州府歙县新安卫棠越村滚袖乡大和舍人氏，于大明洪武二年调戍贵州都司普定卫军余。始祖福宝来守此土，素裕堪舆，观风问俗，于黔中得一邑焉，询其名，则曰杨柳湾。筲箕凹其

[①] 陈其南：《房与传统中国家族制度——兼论西方人类学的中国家族研究》，《汉学研究》1985 年第 3 卷第 1 期。

所，由来者旧矣。览其形，则地极壮丽，脉甚丰饶，狮象把门，螺星塞水，文丰玉案，森森然排列。人之杰者，地也灵。于是乎得其所哉。越我清太祖膺命四方来王，因而改卫设县，置堡安屯。故先取名永安屯，厥后螽斯振振，瓜瓞绵绵，宗族子孙群相聚集，又更地名曰鲍家屯焉。今虽世远族繁，迁徙者不可胜记，则即此一脉之流传已可卜百世而不易矣。盖根之深者叶必茂；源之远者流自长。是非我始祖，积德累功，当年竭经营之志，何以后人支分派。

时在道光十年岁在庚寅伦月下旬裔孙成贤希圣手著

这段谱文包含了鲍氏籍贯、始祖鲍福宝入黔缘由、鲍屯的地名演变等内容，基本上涵括了鲍氏宗族的早期历史。近年来对谱牒的研究表明，谱牒上记载的宗族历史并不是那么可靠，许多历史叙事皆有夸大附会的成分。因无旁证，我们无法判断这段谱文的真实性。但宗族历史叙事的真假并不妨碍其社会意义的表达，也即是说，这段谱文即使含有虚构的成分，但具有"文化的真实性"，因为鲍氏族人的后裔对此深信不疑。也许，从"客位"视角来看，其真实性值得质疑，但从"主位"视角来看，鲍氏族人却将之视为真实的历史。在田野访谈中，当问及鲍氏的早期历史时，他们的回答皆以这段谱文作为标准。更重要的是，现实中他们祭祀的始祖就是鲍福宝。上文提到，鲍氏的祖坟位于村落的后山上，其中始祖墓坐落在村落的中轴线上。就目前的观察来看，在诸多祖坟中，始祖墓的规模最为庞大和华丽。2018年清明节鲍氏祭祖期间，给我印象最深刻的是始祖墓，原因是前几年我见到的始祖墓没有这么华丽，显然鲍氏后人对之进行了重新装修。

鲍氏始祖鲍福宝之墓

我们以2018年鲍氏宗族清明祭始祖为例来说明组织化宗族的表现形式。首先是鲍氏祖坟地被组织化，其意为祖坟地的环境空间被各种符号充斥着，这些符号在非祭祖时间缺失。从整体上看，其空间结构为，在正对着始祖墓的坡坎前面悬挂着一幅彩色横幅，上书"千人祭祖，缅怀先人"，坡上右边是一排小吃摊和烹饪共餐食物的炉灶，左边是各种展板，中间就是鲍福宝坟墓。小吃摊和炉灶当然是为前来祭祖的族人服务的。左边的展板内容从左至右分别为"大明屯堡第一屯鲍家屯"，主要是以图片的形式介绍鲍屯的简况；"贤德文化与齐文化研讨会在山东召开"，作者鲍卫平，主要介绍鲍屯鲍氏族人参会的情况；"民生特派宣传栏"，主要介绍鲍屯的民生项目；"济南历史会晤，鲍氏文化传承"，作者鲍卫平，同样介绍鲍屯鲍氏族人参会的情况；"中华鲍氏族史研究总会召开第三次理事会扩大会",作者鲍锋,主要介绍鲍屯鲍氏族人参会情况;"古二十四孝图",主要以画像和文字介绍二十四孝的内容。中间始祖墓周围插满了旗帜,主要是书写有"鲍"字的红色长方形旗帜。左边立有一幅鲍福宝身穿战袍的画像,右边文字为"奉旨征战入黔始祖振威将军鲍公福宝像";右边的展板上贴满了各种跟祭祖有关的文字,如"训族格言警句大集锦""给远道而来的家门之慰问信""鲍氏家书""感谢鲍大厨师""2018年清明祭始迁祖考祝文""2018年清明祭始迁祖妣祝文"等。

值得一提的是,鲍氏族人并没有将自己的社会关系网络局限在黔中地区,为了扩大自己的视野,他们与外在的大世界联系起来,这个联系机制便是加入全国性的鲍氏宗亲会及其开展的各项活动。比如,在祭祖期间,他们宣布成立中华鲍氏族史研究总会贵州分会,并颁布了相关章程和筹备组人员名单。筹备组的名单如下:

关于成立中华鲍氏族史研究总会贵州分会的报告

各位远道而来的老幼族亲,大家好!

我谨代表中华鲍氏族史研究总会贵州分会筹备组向远道而来的始迁祖福宝公的所有众裔孙致以节日的问候,向前来参加我族祭祖的亲朋好友、各宣传媒体的到来表示衷心欢迎和感谢。

经过大半年的努力,先组成了分会筹备组,组成名单公布于后。我中华鲍氏族史研究总会,已走过了十八个年头,十八年来,经京华十老及第二届族史研究会领导集体的共同努力,《鲍氏文苑》已成功举办第十九期,且规模越办越大,已成为全国鲍氏宗亲文化的纽带,也是我们中华鲍氏的家书。全国族史研究会已成功召开了

第一章 文化的组织（一）：封闭的宗族

十八届，每届都取得了圆满的成功。为了响应中华鲍氏族史研究总会的号召和要求，并便宜挖掘和整理优秀的传统文化和启迪后人尊祖敬宗、孝悌传家的优秀家风，决定成立中华鲍氏族史研究总会贵州分会，以便贵州各地宗亲及时了解总会的各项精神和动态。

……

是之，为继承先祖之懿德，弘扬宗族文化，增进宗族联谊团结，谨向所有始祖之众裔孙发出倡议：

1. 筹备组定于2018年7月18日召开扩大筹备会议，并成立贵州分会。

2. 选举产生中华鲍氏族史研究总会贵州分会会长、常务副会长、副会长、秘书长、常务秘书长、理事。

3. 希望今天前来参加祭祖的各地族亲回去后据实传达并宣传筹备组的倡议和通知。

4. 筹备组经协商，各地参会人员的安排，各枝各小家，无论远近，50—100人的派1—2人参加，100人以上派2—3人参加。今天没有来祭祖的村寨，我们另行通知。

5. 凡各枝、各处派来参会的人都要道德品行好，身体健康，热爱家族事业，有奉献精神和顾全大局意识的人才能推荐来参会。

6. 分会成立后并进行审议通过本会章程。

7. 凡是热爱家族事业的族亲，本人申请要求参加分会的，经筹备组讨论后，欢迎参加。

8. 活动经费来源，由分会所有成员每年定期缴纳会费，多少由分会讨论决定。

各位族亲现就筹备组人员名单公布如下：

鲍家屯：鲍××（7队）、鲍××、鲍××、鲍×、鲍××、鲍××、鲍××、鲍××（8队）、鲍××、鲍××、鲍××、鲍××（1队）、鲍××、鲍××、鲍××、鲍××（3队）、鲍××（7队）

小寨：鲍××、鲍××、鲍××、鲍××、鲍××

西陇：鲍××、鲍××、鲍××、鲍××、鲍××、鲍××、鲍××

平坝：鲍××、鲍××、鲍××

带子街：鲍××、鲍××、鲍××

朵戛：鲍××、鲍××、鲍××、鲍××

杨武：鲍××、鲍××、鲍××

猴场：鲍××、鲍××、鲍××

马场：鲍××、鲍××

核桃寨：鲍××、鲍××、鲍××

平坝农家田：鲍××、鲍××、鲍××

周官屯：鲍××

马鞍山：鲍××、鲍××、鲍××

河桥：鲍××

狗场屯：鲍××

竹林寨：鲍××

章家庄：鲍××

六枝黑塘寨：鲍××

茂柏：鲍××

顾问：鲍××、鲍××、鲍××、鲍××、鲍××

贵阳：鲍××、鲍××

2018年清明

其次是鲍氏族人的组织化。为此，鲍氏宗族成立了一个类似委员会的组织，祭祖现场张贴了一个组织的人员名单，

其人员组成如下:

2018年鲍氏清明祭祖头人名单

组　　长：鲍东洪（七队）

副组长：鲍鹏（八队）、鲍安健（六队）

成　　员：鲍安安（六队）、鲍鹏程（一队）、鲍德彦（一队）、鲍云顺（六队）

　　　　　鲍安全（九队）、鲍吉新（六队）、鲍文林（三队）、鲍宇（一队）

　　　　　鲍金华（三队）、鲍金文（五队）

小　　寨：鲍龙妹、鲍安平、鲍伯中

上带子街：鲍春华、鲍东德

下带子街：鲍吉祥、鲍吉友

西　　陇：鲍已志、鲍老五

小果园：鲍明龙

鲊塘河：鲍吉坤、鲍吉福

这个祭祖头人名单并不是一个永久的固定组织，每年清明祭祖组织的组成人员都有变化。如2014年组织清明祭祖的人员就与2018年的人员不同，其人员如下：

2014年清明祭祖当头人员

组　　长：鲍安恒（六队）

副组长：鲍二安（九队）、鲍小华

成　　员：鲍友平、鲍凤平、鲍新祥、鲍普查（七队）、鲍小亮（一队）、鲍海红（四队）

　　　　　鲍真红（三队）

小　　寨：鲍文顺、鲍奋金

上带子街：鲍华妹、鲍百红
下带子街：鲍金强
西　　陇：鲍连友、鲍成妹
鲊塘河：鲍祥妹、鲍群妹
马　　场：鲍文督

　　祭祖完毕后，组织自动解散。另外，根据访谈可知，组织中的人员并不以年龄和辈分为标准进行遴选的，主要以自愿和能力作为标准。因此，我们可以看到上面名单中有一些年轻人。祭祖委员会的人选，通常在祭祖完毕的当天晚上，在吃完晚饭后由当年祭祖委员会商议，选举出下一年的当头人员，被选中的人员不能推辞，次日将人选写在红纸上张贴公示。从组织的结构、职能等方面来看，当前的祭祖组织与历史上的宗族组织有所区别。从上文引用的鲍氏族规可以看出这一点。族规其中一条曰"祠中设一会议所，公举族长一二人，经理一人，文牍数人，收支一人，议员数人，稽查数人，每月初一、十五开会议一次。凡族中有发生不合理的事件及违背法律，并妨害风水及坟茔等项，应由族长、议员议决惩戒"。该条目规定了鲍氏宗族组织的构成原则和职能。通常历史上族长的推举资格以年龄和辈分为标准，当然威望和能力也是不可或缺的条件。这个历史上的"祠堂会"的职能是多方面的，虽然族规中只提到处理族中的纠纷，但类似于祭祖这样的大事当然也是由"祠堂会"来操办。历史上的祭祖以及其他族内活动开支无疑是出自族产，这一点相关学科在讨论宗族问题时都必然要提及。弗里德曼认为，组织化的宗族最关键的前提条件是拥有共同的财产。历史上宗族的共同财产通常由各房支捐献的田地组成，而捐献的田地同时也成为宗族组织成员的凭证。族内的各种公共事务以及组织成员的各种福利皆从族产中开支。关于鲍氏宗族历史上的族产情况，没有相关的文献记载作为证据，但通过对鲍氏老人的访谈，我们多少可以了解其大概。如上文所言，当笔者问及这个问题时，一位通晓鲍氏历史的老人指出，过去鲍家有133块公田，每年可收租33石6斗2升，接近1万斤。其主要有五个用途，一是维护水利设施，涉及材料和石匠的开支，二是修桥补路以及鲍氏祠堂（包括祭祖费用）和三大殿的维修，三是资助鲍氏孤寡老人的生活，四是如谁家失火，可从中借贷，但需还款，五是资助看病和读书。从这段访谈资料来看，鲍氏族产的用途范围包括了全村和鲍氏宗族内部。当今鲍氏族人祭祖当然没有固定族产作为费用来源，其来自族人临时性所捐献的钱物。如2018年族人捐献的钱物主要有：祖坟前的展板上张贴的"清明祭祖献礼名单"排在最前面的鲍吉平捐献大肥猪一头，子孙鸡一只。大肥猪和子孙鸡都是作为祭品使用，祭祖完毕后，再作为族人共餐的食物。其他族人的名单和捐献的钱物名称依次排列其下。捐献的钱物内容除了鲍吉平捐献的大肥猪外，主要包括各种名目的公鸡（子孙鸡、状元鸡、发财鸡等）、香蜡纸烛鞭炮和现金。其中现金最高为6800元，最少为100元。这些临时捐献的钱物与传统族产的区别在于，后者的用途更为广泛，而前者主要用于祭祖。但从本质上而言，两者并没有性质上的差异。从社会学的意义而言，其共同之处就是通过财物的形式来表达宗族成员的共同身份认同。当然其实用价值自不待言，所捐献的猪和鸡以及香蜡纸烛鞭炮作为祭品和共餐的食物，而现金可以购买其他祭祖用品。另外，祭祀完毕后的共餐需要购买餐票。餐票的社会排斥意义见后面的章节。早上十点左右祭祖仪式正式开始。整个仪式包含三个部分，一是向始祖敬献祭品，二是向始祖考妣诵读祝文，三是族人共餐。

鲍氏族人向祖先献祭公鸡

向始祖敬献祭品时,始祖坟前左右两边分别站着一个礼生,他们负责唱礼。由于唱礼时使用的是假声,几乎听不清楚所唱的内容。仪式中使用假声目的是将之与世俗声音区别开来,以凸显其神圣性。仪式完毕后,笔者前往一个礼生家请教唱礼的内容,他拿出一个本子,上面记录的唱礼内容如下:

左案
执事者各执其事,金止,鼓止,乐止,炮止。助祭者已站盥洗所，静中，梳带。助祭者已就位，助祭者已跪，俯伏。举初献乐，奏初献之曲。主祭具，助祭者也跪。初敬香，初献帛，初爵敬，初献猪首敬，初献翰音敬，初献鲜鱼敬，初献馔敬，初献果品敬，初食敬。叩首，俯伏，曲止。助祭者也就位，助祭者也跪，俯伏，举亚献乐，奏曲三章。主祭者具，助祭者也跪，亚香敬，亚帛敬，亚爵敬，亚献猪首敬，亚献翰音敬，亚献鲜鱼敬，亚献馔敬，亚献果品敬，亚食敬。叩首，俯伏，诗止。助祭者也就位，助祭者也跪，俯伏，举三献乐。主祭者具，助祭者也跪，三香敬，三帛敬，三爵敬，三献猪首敬，三献翰音敬，三献鲜鱼敬，三献馔敬，三献果品敬，三食敬。叩首，俯伏，祝止。主祭者具，下跪，再揖，转面。助祭者也跪，俯伏，举撤馔乐，歌撤馔之曲，司香帛者捧香帛向燎所焚化。叩首，三叩首，主祭者平身，礼毕，放炮。

右案

听行鼓敬礼，班齐，鸣金，起鼓，奏乐，举炮至诣盥洗所，沐手，整冠。主祭者往下就位，主祭者跪，叩首，行初献礼，乐止，曲止。助祭者也复位，主祭者跪，初上香，初献帛，初敬爵，初献猪首，初献翰音，初献鲜鱼，初献馔，初献果品，初敬食。叩首，三叩首，歌曲四章。主祭者具，主祭者跪，叩首，行亚献礼，乐止，曲止。助祭者也复位，主祭者跪，亚上香，亚献帛，亚敬爵，亚献猪首，亚献翰音，亚献鲜鱼，亚献馔，亚献果品，亚献食。叩首，六叩首，歌诗。主祭者具，主祭者跪，叩首，行三献礼。乐止，赞止。助祭者也复位，主祭者跪。三上香，三献帛，三敬爵，三献猪首，三献翰音，三献鲜鱼。叩首，九叩首，读祝，赐酒，奠酒，受福祚。助祭者也跪，一揖，二揖，三揖。主祭者跪，叩首，行撤馔礼，乐止，曲止。读祝文者捧祝文，各行三揖。叩首，再叩首，助祭者也平身，撤班。

值得指出的是，唱礼的文本与实际的唱礼行为有所不同，整体上看，实际的唱礼行为被简化了。具体而言，无奏乐，无礼服，其他皆有。读祝文的老人作为房支的代表与始祖墓前的房支代表族人一起行跪礼，当主祭者唱到读祝文时，他便起身大声诵读。祝文被写在红纸上，张贴在祭祖现场。内容如下：

时维，岁次戊戌年，农历狗年二月十六日，公元2018年4月5日，星期四。始迁祖鲍公福宝的众裔孙的代表四千余人，谨以香、烛、冥纸财宝、酿酒、荤馔、糖食果品，荤素席各一桌，整饭，敬茶，致祭于始迁祖墓前，
索本溯源，共表我族同心同德之意。
慎终追远，咸申我族诚敬诚毕之心。
配子对联七副，礼赞始迁祖生前贡献事迹。
1. 旱能灌，洪能排，大专家，誉为黔中都江堰，美名震于城乡。
屯垦兴，国防固，公务员，礼赞屯田模范也，勋业著于朝廷。
2. 大河东去，浪淘尽千古英雄，问楼外青山，山外蓝天白云，何处是屯堡文化珍贵历史遗迹。
鲍屯春回，党帮扶一方美景，看河边绿树，河边金稻黄花，此间有古老生态，独特文明原型。

3. 赤手挽银河，水利专家，名垂宇宙。

青山埋忠魂，屯田功臣，誉满神州。

4. 征南英雄，爱国政治家，调北征南，浴血奋战，江山一统，立下功勋，诰封震威将军。

能工巧匠，实干经济家，兴修水利，艰苦创业，造福万代，丰盈粮仓，实现长治久安。

这段祝文文白相间，显然不那么典雅，对联也不是很工整，而且老人诵读祝文时也没有使用假声。由此观之，当前鲍氏祭祖的仪式并不完全符合古义。尽管如此，祭祖慎终追远、整合族人的意义和作用并没有因此而有所弱化。此外，那位充当礼生的老人说祭汪公时也采用这套仪式程序和内容。祭祖仪式的最后环节是族人共餐，在后面的章节中会将这个问题作为专题来讨论，兹不赘述。

当今鲍氏族人在清明祭祖时所表现出来的宗族形态无疑就是组织化的宗族。全体族人（包括外省和外地族人的代表）在此时此刻被组织起来聚集在鲍氏祖坟地，举行盛大的祭祖仪式，参与人数每年都达到2000余人，这与平时族人散漫的状态形成鲜明的对比。如果以年度为单位，一年之中，鲍氏系谱性宗族与组织化宗族形成了一种结构性的对立，即清明祭祖的神圣时间与其他时间的对立，系谱性宗族与组织化宗族的对立，关系与组织的对立。结构性的双方进一步形成一个整体，即鲍氏宗族作为一个系统同时包含了系谱性宗族与组织化宗族，而不是非此即彼的互不关联的两个系统。故此，当今的鲍氏宗族既非林耀华和弗里德曼所探讨的组织化宗族，也非陈其南和王崧兴所强调的系谱性宗族，而是集两种类型为一体，仅仅在时间维度上表现出差异性，但这种差异性被更大的系统所包含，从而形成一个不可分离的整体。

另一个值得讨论的问题是,系谱性宗族与组织化宗族是否对等。王崧兴在谈及此问题时说道:"因世代较远而在形成一有形的功能性团体时被排斥出去的父系继嗣成员,虽然暂时不被包括在同一社会群体内,但其父系关系绝没有被否定。而在其他的情境下,亦有可能据此一系谱关系形成另一具有不同功能的团体。极端的例子可举'宗亲会',其成员甚至可以包括一些拟似性血缘关系的成员在内。""汉人的家族制显示出来的'家族'群体形成过程是基于很清楚的系谱关系,而有形的组织体则随不同的情境形成范围不同的群体。换句话说,组织体并不一定跟某一类特定关系基础相叠合。通常的情形是关系伸展范围大于组织体,即组织体往往只是选择关系网络面的某一范围形成某一特定的功能性团体。"① 王崧兴这两段话的含义并不相同,第一段话指的是功能性宗族(组织化宗族)的范围大于系谱性宗族,即在实践中会吸纳一些在系谱上无法证明的拟似性血缘关系成员,组织成为"宗亲会",也即另一种说法"联宗"或"姓氏人群"。第二段话指的是"关系"要大于功能性宗族(组织化宗族)的范围,在这里王崧兴已超出宗族的范围谈论这个问题了,他把"差序格局"概念引入,意为"关系"不局限在宗族范围内,实质上即广义的社会关系。王崧兴谈及的这两点,在现实社会中当然存在,也是一个基本的社会事实。因此,在王崧兴看来,系谱性宗族和组织化宗族是不对等的。但从当今鲍氏宗族的情形来看,两者却是对等的关系。特别是在祭祖的场合,系谱性宗族立马就被动员起来形成组

---

① 王崧兴:《汉人的家族制——试论"有关系,无组织"的社会》,载《第二届国际汉学会议论文集》(民俗与文化组),台北:"中研院"1986年版。

织化的宗族，不可能允许没有系谱关系的其他鲍姓参与进来，而没有系谱关系的其他鲍姓也不会参与进来。对于王崧兴谈到的"宗亲会"，或"联宗"和"姓氏人群"，人类学界通常认为其不是宗族（lineage），而是氏族（clan），即拥有一个共同的不可证明的很遥远的祖先的群体。鲍屯鲍氏宗族的祖先及其后裔在系谱上是可识别的，因此，他们是一个宗族，而非一个氏族。在鲍屯，当今鲍氏的系谱性宗族和组织化宗族是相互重叠的。至于王崧兴谈及的第二点，如果将"差序格局"概念引入，鲍氏同样如此，但如果我们将社会关系无限扩大，而不是局限在宗族内部谈论这个问题，那就不是在讨论系谱性宗族和组织化宗族了。

七　小结

与民国时期人类学家讨论的东南、华南的单姓村不同，鲍屯是一个一姓独大的杂姓村。当然，汉人的杂姓村不局限在西南黔中地区，华北的杂姓村也具有代表性，华南的杂姓村虽然不占主要地位，但也存在。前人对华北与华南杂姓村的研究，具有一定的开拓性意义，但他们的研究并没有探讨宗族与会社之间的关系。在作为杂姓村的鲍屯，大小宗族共存，本章以最大的宗族鲍族为主要讨论对象。首先，作为宗族凝聚力象征的祠堂，其物化形式在历史上曾经存在过，因历史原因物化的祠堂被毁坏后，在当下未能重建。但我们在鲍氏族谱中发现了祠堂的图像形式，为此，专门讨论了"纸上祠堂"这个人类学家在过往未曾注意的现象。经过研究发现，"纸上祠堂"也具有凝聚族人的作用。过往的人类学家对汉人宗族的认识有两个分歧点，一是认为系谱性宗族重要，二是认为组织化宗族重要。但今日鲍氏宗族既非完全的系谱性宗族，也非完全的组织化宗族，而是两种类型集为一体，即既是系谱性宗族，也是组织化宗族。鲍氏宗族的这种现实表现，终结了非此即彼的二元论式认识。杂姓村的宗族之间无疑存在彼此的对立，这样的对立来自于宗族团体的一个基本的结群原则，即不允许外姓进入本宗族，这是基于血统世系、继承传递等因素的考虑，这个原则使得宗族的对外交往是自我封闭的。这个封闭性恰恰与下一章讨论的会社的开放性与跨界性形成对比。

第二章 文化的组织（二）：跨界的会社

尽管亲属组织一直是人类学的研究主题，也是一个经典论题，甚至是人类学的学科标识，但具体到汉人乡村社会而言，亲属组织并不能涵盖乡村社会的全貌。换言之，汉人乡村社会研究不等于亲属组织研究，亲属组织仅是其中一个面相。在广大的乡村社会，除亲属组织之外，尚有其他非亲属组织在社会生活中发挥着不可或缺的作用。因此，非亲属组织也是一种"文化的组织"。这样一些非亲属组织在中国通常被称为"会"或"社"，本章就专题讨论鲍屯的"会"。

一 文献回顾

从跨文化的比较视野来看，早期的人类学家在研究部落社会时就已发现了非亲属组织的存在。正如前文揭示的，里弗斯在《社会的组织》一书中分别考察了亲族组织、兄弟会、秘密结社、职业组织、阶级组织等组织形式。里弗斯认为部落社会总体上大体存在六类社会团体，他说："第一，蛮族社会有一种社会团体的方式——家族可说是一个最显著的例子——它不但能决定每个儿童在社会制度中的地位，同时也能决定和'家族'概念有关的种种亲密的关系。……第二，著者所要述及的第二种社会团体是政治性的。在我们的团体中，为了社会作用的区别极其周密，所以这一个团体的种类，就极其繁复了。……第三类的社会团体是和社会的经济方面有关的。著者称这类团体为职业的团体。在蛮族社会中，这一类团体的性质，同政治团体一样，它们对于社会工作的划分很不注意，以致在本书所要研究的若干社会中，那种社会团体的存在与否，使我们不容易确定。第四类社会团体是和宗教发生关系的。如果按照性质的重要性，把上述社会团体在蛮族社会中的地位排个先后次序，著者情愿把宗教团体排在第二位。……第五类社会团体是和教育有关的。……但在低级的社会中，教育组织就简单得多，因为在那种社会中，完全从事教育的社会团体是没有的。第六类社会团体便是所谓俱乐部了。在那些团体中，人们往往为一个共同的目标而团结。……在蛮族社会中，有一种会社的组织是特别的重要，但是那种会社的宗旨和动作，却是一般群众所不明了的，这种会社就是所谓的'秘密会社'了。"①

在里弗斯划分的六类社会团体中，亲属组织当然在其中占有突出的地位，为此，他将家族组织列为首位。而其他社会组织，他将之与家族组织分别开来，单独列为不同的类别。后来的人类学家将亲属组织视为部落社会的总体性社会事实，即认为亲属关系弥漫在社会生活的各个方面。这种"唯亲属主义"的观点受到了再后来的人类学家的批评和反思。如库伯（A. Kuper）在《原始社会的发明》一

---

① ［英］里弗斯：《社会的组织》，胡贻毂译，商务印书馆1940年版，第4—6页。

书中指出，人类学家所建构的"原始社会"图景有几点：一是原始社会的秩序基于亲属关系；二是他们的亲属组织基于继嗣群；三是这些继嗣群皆是外婚制，通过婚姻交换建立联系；四是如同灭绝的物种，这些原始制度以化石的方式被保留下来，特别是保留在仪式和亲属称谓中；五是随着私有财产的发展，继嗣群逐渐衰落，地域性国家开始出现，标志着古代社会向现代社会的转变。[1] 但是，库伯认为这个关于"原始社会"的图景只不过是一个幻象，"正统的现代观点认为，从来没有'原始社会'这样的东西。当然，现在没有这样的东西可以重建。甚至没有一种合理的方法可以说明什么是'原始社会'"[2]。他进一步说道："即使一些非常古老的社会秩序可以重建，也不能一概而论。如果把进化论应用到社会历史中去是有用的，那么它必须关注变化，适应各种各样的局部环境，从而关注多样化。"[3] 库伯从总体上反思了部落社会的刻板印象，指出"血缘"和"地缘"纽带并非如进化论者所说的那样，两者不是一个进化关系。实际情形如晁天义所言："地缘与血缘因素完全可能同时在一个社会中发挥作用，而不必非得排成前后单线序列。罗维发现，许多野蛮社会中并不像摩尔根、梅因断言的只有血缘组织，相反，地域组织普遍存在并以多种形式发挥影响力。一方面，军事会社、宗教集团、年龄级群、性别群体、秘密团体等往往与血缘组织并

---

[1] A. Kuper, *The Invention of Primitive Society*, London and New York: Routledge, 1988, pp. 6–7.

[2] A. Kuper, *The Invention of Primitive Society*, London and New York: Routledge, 1988, p. 7.

[3] A. Kuper, *The Invention of Primitive Society*, London and New York: Routledge, 1988, p. 7.

存，几乎每一个社会成员都不能例外。……英国人类学家埃德蒙·利奇发现，缅甸地区的克钦人和掸人正好对应于摩尔根在社会组织（血缘组织）与政治组织（地域组织）之间所做的区分。掸人居住于河谷，在灌溉农田中种植水稻；克钦人则居住于山区，主要以刀耕火种的游耕方式种植稻谷。有趣的是，掸人和克钦人各自通过强调特定理念的不同方面，来表达他们的政治秩序观。例如，克钦系统和掸族系统都不认为地缘群体和血缘群体的观念可以截然分开，但克钦人表明身份时首先报出自己的世系群，而掸人则首先报上自己的出生地。对'世系群'的强调，应当反映了血缘组织对于社会生活的较大影响；而对'出生地'的标榜，则表明地域因素在其社会生活中占据重要位置。"[①] 大量的民族志材料皆证明了即使在所谓的"原始社会"之中，亲属关系也不能囊括所有的人际关系和社会组织形式。

作为"复杂社会"的农民社会，其组织方式更是呈现多元化的样态。农民社会的亲属组织虽然也是人类学研究的重点，但许多人类学家同样强调了其他非亲属组织的社会结合作用。沃尔夫（Eric R. Wolf）在讨论乡村社会时，除了对家庭及其继承方式进行详细的探讨外，还对其他社会结合途径进行了专题讨论。在他看来，判别农民社会的结合方式有三个标准：一是结合的程度。共享多项利益的称多线结合，共享单项利益的则称单线结合。二是结合的人数。两个人或两群人的结合是二元的，许多人或许多人群的结合是多元的。三是社会地位。乡民与乡民的结合是水平的，乡民与外界上

---

① 晁天义：《古典进化论与"地域组织标志说"的终结》，《清华大学学报》（哲学社会科学版）2017年第5期。

流人的结合是垂直的。① 根据这个标准，沃尔夫将农民社会的结合方式划分为二元水平、二元垂直、多元垂直和多元水平四种单线和多线关系类型。其中第四种单线多元水平关系可以产生持久的结合，这种典型的结合方式便是"社团"（或"会"，association）。他为此专门列举了中国的例子，"社团出现于许多社会，包括各种类型的乡民社会。因此，我们在中国乡村发现互助会、父母会、制糖团体、水利会、青苗会，在中古欧洲发现互助会、信用保险社团。"② 除了上述四种单线结合之外，还有四种多线结合，其对应的典型的结合方式分别是共子关系、封闭式法人社区、保护者—随从者关系和继嗣群。③

中国的汉人社会当然属于高度分层的复杂的农民社会，作为非亲属组织的"会"在各地的汉人乡村社会中发挥着引领基层社会的作用。即使在东南和华南宗族乡村，"会"也同样存在。在中国，"会"具有长远的历史，历史学家对此曾做过详细的考察。其中，陈宝良的《中国古代的社与会》一书尤具参考价值。作者首先对社与会进行了释义与源流考察。在他看来，"从语源学的角度来看，社早于会，社与会尚有一定的区别。但在中国古代，每当民间社日举行春祈秋报之时，时常会举行一些迎神赛会的仪式，此时，社与会自可并称，随之就有了'社会'这样的称呼"④。因此，社与会的含义基本一致，只是在具体的语境中用词不同而已。具体而言，社在中

---

① ［美］沃尔夫：《乡民社会》，张恭启译，台北：巨流图书公司1983年版，第104—105页。

② ［美］沃尔夫：《乡民社会》，张恭启译，台北：巨流图书公司1983年版，第106—108页。

③ ［美］沃尔夫：《乡民社会》，张恭启译，台北：巨流图书公司1983年版，第109—113页。

④ 陈宝良：《中国的社与会》，浙江人民出版社1996年版，第1页。

国古代具有五种含义：一是土地神；二是古代乡村基层行政地理单位；三是民间在社日举行的各种迎神赛会；四是信仰相同、志趣相投者结合的团体；五是行业性团体。① 作者认为，"会"作为一种团体至迟在北魏初年即已出现。而社作为一种社神崇拜和祭祀组织，自先秦出现以后，秦汉两朝，仍有遗存。到了隋唐五代，"社"与"邑"逐渐合流。入宋以后，不仅"社"与"邑"继续合流，而且还出现了"并社为会"的现象。到了明清时期，结社与结会仍然活跃，特别是清代的民间社团，在过去的邑、社、会等名称之外，还出现了"约""缘"等名称。②

中国古代"会"的形式多样，陈宝良将其类型分为政治型、经济型、军事型和文化生活型四种。政治型主要指传统官僚政治的朋党团体，以士绅阶层的同年、同乡、师生关系纽带为基础，较直接的社团表现为同年会、同乡会等形式。经济型主要包括合会、善会、行会和会馆等商业团体。合会源于民间的互助习俗及以丧葬互助为目的的丧葬邑社，随后才发展为以民间金融为主导的合会与义助会。善会是所有以行善为目的的社团的总称，包括同善会、一命浮图会、惜字社、恤嫠会等形式，后发展为一种经济互助组织。行会和会馆除了商业互助之外，尚有同乡组织之作用。军事型社团源于民间的尚武习俗，组织表现形式主要有弓箭社、马社、义甲、牛社与义勇大社等。另外，还包括保甲、民团与商团等乡村军事组织。文化生活型社团最为广泛，名目也最繁多，主要包括文人的结社、讲学会、怡老会、宗教结社、庙会、风俗会社等形式。陈宝良认为，以上四种类型组织形式的边

---

① 陈宝良：《中国的社与会》，浙江人民出版社1996年版，第1—5页。
② 陈宝良：《中国的社与会》，浙江人民出版社1996年版，第6—13页。

界较为模糊，许多组织具有多职能的特征，不乏交叉重叠之处。中国古代各种"会"的多样性和复杂性构成了中国社会史研究的核心内容和对象。①

更重要的是，作者除了对"会"的历史演进过程及相关问题进行考证之外，还共时性地讨论了"会"的组织结构。作者发现，作为一种严格的组织，"会"被组织起来，首先得有一个组织者，在历史上这些组织者有各种称呼，如盟主、社长、会首、司会、社头、社禄、香头、纠首、位头、福头、包头等。其次，为了从事和展开组织活动，需要有固定的会期，当然，不同的"会"有自己的安排，并无整齐划一的时间点。再次，各种"会"皆有自己的规约以及经费来源的规定。历史上"会"的规约也有不同的称呼，如会约、约法、盟词、课程、规条、章程、科条、条例等。经费来源通常有三种情况，一是成员捐助，二是共同分担，三是由成员中某富裕之人一人承担。最后，作者讨论了会社成员的联结纽带。这些纽带主要有：异姓兄弟结拜、血缘关系、姻缘关系、师生关系和地缘关系。②

陈宝良的研究，让我们知道了会社的历史至少可上溯到秦汉时期，会社一直是上层精英阶层和基层乡村社会的主要组织方式，我们因此而明了，在亲属组织之外，还存在着更广阔的社会空间，其组织结构和联结纽带至今并无多大变化。陈宝良从整体上宏观考察了会社的历史过程，而从微观上通过实地调查作出杰出研究的无疑是美国社会学人类学家甘博的《华北乡村》一书。前文已引用了该书的主要观点，这里值得再次引用。在甘博看来，"会"（associations）是华

---

① 陈宝良：《中国的社与会》，浙江人民出版社1996年版，第13—19页。
② 陈宝良：《中国的社与会》，浙江人民出版社1996年版，第434—446页。

北乡村的主要组织形式。这些"会"从类型上来说主要有三大类,一是一般性的会(general associations),这种类型的"会"关心村庄的所有利益,如"青苗会"(Green Crop Associations)和后来的"义会"(Public Associations);二是特殊的会(Specific Associations),这些"会"是独立的群体,有自己的领头人、财政、计划和为某种服务而被组织起来,如为纯粹的宗教目的、看青、水利或谷仓的维修等;三是混合性的会(Compound Associations),这种会由许多半独立的组织所组成,而半独立的组织一般是建立在边界或氏族(clan)基础上的。有许多事务是这些半独立的组织所处理不了的,所以它们要联合在一起。村民们把高一级的群体叫"大会",低一级的叫"小会"。另外,他还从会的规模上也进行了类分,一是"大会"(Large Associations),"大会"有三种类型,第一种是事实上存在,但没有名称,第二种是有明确的组织,但没有明确的名称,第三种是在名称中有宗教含义,如"青龙社"(Green Dragon)和"龙洞社"(Dragon Cave);二是"小会"(Small Associations),小会的种类比如有氏族、边界和宗教性的。[1] 甘博重点研究了华北地区主要也是最重要的社会组织"看青会"。[2]

郑起东在讨论历史时期华北乡村的社会组织时,特别强调了青苗会在乡村社会的多重价值和作用。"看青会"又名青苗会、义坡会(或公看义坡会)、守望社等。"青苗会"一词最早出现在清嘉庆年间,19世纪后半期开始遍布华北各乡村。"青苗会"虽为自治组织,却为官府所承认。

---

[1] Sidney D. Gamble, *North China Villages: Social, Political, and Economic Activities before* 1933, Berkeley: University of California Press, 1963, pp. 32–44.

[2] Sidney D. Gamble, *North China Villages: Social, Political, and Economic Activities before* 1933, Berkeley: University of California Press, 1963, pp. 68–103.

第二章 文化的组织（二）：跨界的会社

日本学人旗田巍曾对青苗会的起源、发展及性质作过详细探讨。他认为，青苗会的发展经历了四个阶段：第一，没有必要看青的时代。在生活安定的时期，村中没有盗窃之人，所以便没有看青的必要；第二，农家各自看青的时代；第三，光棍土棍私人看青的时代；第四，村民协同看青时代。①

青苗会在发展过程中，逐渐从单一的组织转换为一个多极组织，涉及了村庄的各种事务。凡在本村种地的人一般都是其会员，甚至外村在本村种地的人都要加入。所有的公共费用也是由种地的人负担，按地亩平均分摊。当然，村庄的公共活动不只是看青，宗教生活在村里也是一项重要的活动。这种活动的组织力量，有的与青苗会合并，由青苗会兼管。有的虽另立组织，但仍属青苗会的一部分。此外，村里修筑道路、建筑桥梁、疏通沟渠、设置堤坝，以及修庙塑像、筑垒村围、栽种树木、设立义冢等公共事务，都要借助青苗会的组织力量。民国以后，青苗会的作用日渐扩大，在河北清河，青苗会的任务不仅有看青，凡政治、教育、经济及宗教等，无一不受其支配；黄土北店的乡村组织，以青苗会为最基本，学校、村公所、保卫团，均在青苗会的卵翼之下。私塾时代，学生家长拿学费；改为学校后，即由青苗会承办，从地亩钱内征收，学校既由青苗会承办，所有董事亦由会首之中派出。保卫团的每班班长均为青苗会的会首。②

以上文献的回顾，指出非亲属组织无论在部落社会，抑

---

① 郑起东：《转型期的华北农村社会》，上海书店出版社2004年版，第102—103页。

② 郑起东：《转型期的华北农村社会》，上海书店出版社2004年版，第105—107页。

或在农民社会，皆在社会中发挥着巨大的引领作用。在某些方面，其重要性已超越亲属组织，只不过因为历史的偶然性，亲属组织成了人类学的研究重心。但是，综观相关研究，不难发现，对会社的研究仅仅局限在会社本身，这样的研究取向也是一个观察的角度。相反，本研究的最终目的不是为了会社而谈会社，而是将之置放在村落内部，与亲属组织并置在一起，观察两种不同类型的社会组织在村落中各自的社会位置和意义，以及两种组织在村落中的关系。将两种组织并置在一起观察一个村落无疑会发现汉人社会在地方的多样性呈现，同时也能说明人类学的乡村社会研究不等于亲属组织的研究。

二 祭祀组织"汪公会"

规模庞大的鲍氏宗族在社会生活中既是一个系谱性宗族，同时也是一个组织化的宗族。在某种程度上说，鲍屯的事务既是鲍氏族人的事务，同时又不完全是鲍氏族人的事务。正如上文所言，鲍家屯的称呼招致了其他姓氏村民的不满，因为这个称呼显然将非鲍氏村民排斥在外了。为了化解这个社会性矛盾，无疑需要一个跨姓氏的组织将全体村民整合起来，而鲍屯的宗教组织"汪公会"正好发挥了这个整合作用。当然，在鲍屯还有其他跨姓氏的组织，同样发挥了这个作用。不过，"汪公会"在诸组织中是最突出，也是最大的跨姓氏组织，所以我们首先来讨论"汪公会"。

汪公并不是黔中地区的土著神，而是随着移民而来的一个外省神灵。史学家万明通过考证发现，黔中屯堡乡村所祭祀的汪公实则来源于徽州的汪公信仰。汪公本名汪华，

"汪华于隋末战乱中起而保护本土，镇定地方，保乡卫民十余年，唐朝建立以后，作为拥兵群雄之一而降唐，被命为歙州总管，仍行保乡卫民的作用。因此，汪公对家乡及周边地区的保境安民是历史的事实，他受到家乡地区人们爱戴也实有其事，而他为唐朝所重，除封为越国公外，贞观二年（公元628年）唐太宗命他参掌禁军，征辽时特任为九宫留守。他于贞观二十二年（公元648年）死于长安，唐永徽二年（公元651年）归葬歙州，史称'郡人请祠于刺史宅西偏'，当地兴建起汪王庙，祠祭始于此。"① 汪公在徽州的成神过程中，一直受到朝廷的敕封，如"宋封汪华为昭忠广仁武神英圣王，至元朝，顺帝封为昭忠广仁武烈英显王；进入明朝，洪武四年封越国汪王之神。"② 这一现象尤似妈祖从一个地方神灵逐渐国家化的过程，被国家征用，成为一个国家化身的符号。③

在人口迁徙过程中，移民者通常会把家乡的文化符号如神灵，一并带往迁徙地，汪公同样如此。明朝徽州汪氏家族将汪公带进黔中地区，入黔汪氏始祖汪灿随着明初征南大军来到今天贵州，他当时是普定卫的一个百户，"入黔的汪氏家族属于汪俊第二子汪处方的一支。谱载汪俊五传至汪晏，其子汪言迁徙到休宁，汪言长子一支世居休宁。被入黔汪氏家族奉为始祖的汪灿，就是出于这一支系，他

---

① 万明：《明代徽州汪公入黔考——兼论贵州屯堡移民社会的建构》，《中国史研究》2005年第1期。

② 万明：《明代徽州汪公入黔考——兼论贵州屯堡移民社会的建构》，《中国史研究》2005年第1期。

③ James L. Watson, "Standardizng the Gods: The Promotion of T'i en-hou ('Empress of Heaven') along the South China Coast, 960–1960", in David Johnson: *Popular Culture in Late Imperial China*, Berkeley: University of California Press, 1985, pp. 292–324.

是汪华第八子汪俊第二子处方的嫡传后裔。"① 万明最后认为："考察汪公信仰入黔，之所以能够成功地移植，主要有三方面因素：一是自汪氏家族传入，与汪氏家族在地方上取得身份地位，中举、中进士为官，成为地方上望族的过程同步；二是有国家颁发的榜文，属国家正祀，所以在移居地很快就合法建立起了祠庙，汪公于是为屯堡来自各地的军民所认同，向屯堡地方保护神成功转化，并与国家推行教化的过程重合；三是与屯堡地区复杂的社会人文环境，周边是少数民族，民间需要保护神，即与民间信仰的实用性有密切联系。"②

蒋立松同样持屯堡汪公信仰是来自徽州的观点。他说："到了明清以来，对于汪华的信仰在徽州的民间十分兴盛，不仅汪华本人，他的传说中的九个儿子也得到了广泛的祭祀。祭祀汪华的祠庙，或曰汪王庙，或曰汪公庙，或曰忠烈庙，有不同的名称。"③ 不过，蒋立松并没有提及徽州的汪公信仰是如何被何人带到黔中地区来的问题，在徽州与黔中之间缺少一个衔接环节。当然，作者的主要目的是与黔中屯堡人是来自北方民族的观点进行对话。所以，他最后得出结论说："屯堡人的主体来源是明初的江南移民，而非北方民族。他们在移民到贵州的同时将自己本土的汪公信仰、五显信仰整体性地移植到贵州的屯堡人区域。我们完全可以从屯堡人的民间信仰当中找到屯堡文化与明代江南文化的对应关系。

---

① 万明：《明代徽州汪公入黔考——兼论贵州屯堡移民社会的建构》，《中国史研究》2005年第1期。

② 万明：《明代徽州汪公入黔考——兼论贵州屯堡移民社会的建构》，《中国史研究》2005年第1期。

③ 蒋立松：《从汪公等民间信仰看屯堡人的主体来源》，《贵州民族研究》2004年第1期。

第二章 文化的组织（二）：跨界的会社

屯堡人之所以十分固着于他们的文化，是由于在复杂的族际关系中，这些共同的文化是屯堡人用以建构自己群体认同的最有效的工具。"① 万明和蒋立松关于黔中屯堡汪公信仰来自徽州的观点具有代表性，其他相关的研究文献不再一一列举。②

历史上，黔中屯堡乡村汪公庙较为普遍。据载，早在明朝，安顺青龙山就开始建庙祭祀汪公了，万明对此有过生动的描述：

> 安顺青龙山汪氏祠堂，也称汪公庙，坐落于安顺老城南端青龙山顶。据汪氏旧族谱载，该祠堂是由汪灿创建。他置下安顺青龙山周边大片土地，有地契载入汪氏老谱，惜于明末与谱一起毁于兵燹。经过筹措，汪公庙于洪武二十六年正月初八午时破土奠基，历时

---

① 蒋立松：《从汪公等民间信仰看屯堡人的主体来源》，《贵州民族研究》2004年第1期。
② 这些相关文献主要有：沈福馨《"汪公"、"五显"崇拜及安顺地戏的两大流派——兼论西路地戏和西部傩坛戏的关系》，《贵州民族学院学报》1992年第2期；汪文学《"汪公"考辨补》，《西南民族学院学报》1994年第3期；张原《黔中屯堡村寨的抬舆仪式与社会统合》，《西南民族大学学报》2009年第9期；陈斌《"抬汪公"活动与屯堡社区稳定性思考》，《安顺学院学报》2009年第6期；何小英《安顺屯堡村寨"抬汪公"的传统哲学寓意探究》，《湖北社会科学》2012年第6期；史利平《安顺屯堡社会组织的教育价值研究》，博士学位论文，西南大学，2012年；张定贵《祖地之神、乡民之祀——从"汪公"信仰观屯堡人的族群认同及文化逻辑》，《族群迁徙与文化认同》（人类学高级论坛2011卷），2011年；吴斌、李建军《在众神的目光下：浅论屯堡地区的宗教信仰》，《贵州民族学院学报》2011年第4期；曹婕、梁胜初《非宗族传统资源的现代利用——以安顺市鲍屯村为例》，《安顺学院学报》2011年第4期；彭瑛、张白平《神灵·祖先·土地：一个屯堡村落的信仰秩序》，《贵州民族研究》2011年第3期；汪青梅、刘铁梁《集体仪式传承和变迁的多重动力——当代黔中屯堡地区"抬汪公"活动的田野考察》，《西南民族大学学报》2011年第3期，等等。

年余告竣，二十八年正月二十八日，举行了汪华等汪氏先贤塑像开光迎坐仪式。青龙山汪氏祠堂占地约1500平方米，建筑由围墙、前殿、后殿及左右厢房组成。正殿五间，坐东朝西，分为左中右三堂，中堂供奉汪公为主，其次是天瑶、铁佛二公及汪华九子或前或后、左右侍立。汪氏历代祖先灵位设于左右堂中。后殿供汪华五房夫人及汪氏历代祖妣儒人太君外，设观音菩萨等神供奉于内。左右厢房作僧尼、僧佣及远路香客住宿和厨房之用。一年一度的正月十八汪公圣诞之日，汪氏族人汇聚于此，由五房宗支轮年执事，举行祀典。"恭抬华公圣像迎游四门，满城百姓虔诚礼拜。焰火弥漫，炮竹轰然，其盛况颇具壮观。"……清末记载中汪公庙"各屯等寨皆有"。①

从这段描述来看，汪氏来到黔中以后，在安顺所建的汪公庙开始仅是一个祭祖的祠堂，后来才演变为地方民众不同姓氏皆可祭拜的地方。而一姓一氏所祭祀的祖先要演变为百姓百氏祭拜的神灵，其中一个转换条件就是该祭拜对象必须有流传在世的保佑地方安宁的神异的灵验传说。而在屯堡乡村就流传有这样的关于汪公的传说。对于这些灵验传说，万明和蒋立松皆有记载，但二人的记载并不一样。万明搜集的传说为：

神是靠显示神灵让世人信奉的，在贵州也有汪公显灵的传说，可以部分解释汪公在贵州屯堡的移植成功。

---

① 万明：《明代徽州汪公入黔考——兼论贵州屯堡移民社会的建构》，《中国史研究》2005年第1期。

据说汪公在明朝征南之战中曾大显神灵。洪武十四年（公元1381年）傅友德率师征南，兵至贵州山羊岩，敌负隅顽抗，大军不能进，"公以忠魂显灵，大获全胜，以是顺利进军，克复云贵。明太祖以公忠贞为国，殁世不忘，又追封公为显灵大帝。"①

而蒋立松搜集的传说则为：

> 屯堡人关于汪公的传说中多注有感激之情，汪公成了屯堡人的保护神。普遍的传说是汪公曾救屯堡人于水火。鲍家屯的传说中有这样的故事：清咸同年间，鲍家屯鲍姓合族曾背负汪公神像避战乱于寨旁大箐，及乱兵将至之时而汪公显灵，保全了鲍姓合族。②

在屯堡地区可能还存在其他关于汪公的灵验传说，但万明和蒋立松所搜集的资料具有一定的典型性。第一条传说涉及的时间较早，在传说中汪公显灵护佑的已不是一家一姓，而是明朝的整个征南大业；第二条传说中汪公显灵护佑的对象不是汪氏族人，而是鲍氏族人。这两则传说皆显示出汪公已从单个姓氏的祖先转换为跨姓氏祭拜的地方神灵了。目前，屯堡乡村祭拜汪公的村寨仅有鲍屯、吉昌屯和狗场屯，三村皆建有汪公庙，"抬汪公"的日期分别是正月十七、十八和十九。三村汪公庙的规模大小，以吉昌屯为最，鲍屯次之，狗场屯最简陋。

---

① 万明：《明代徽州汪公入黔考——兼论贵州屯堡移民社会的建构》，《中国史研究》2005年第1期。
② 蒋立松：《从汪公等民间信仰看屯堡人的主体来源》，《贵州民族研究》2004年第1期。

鲍屯目前恢复的庙宇有三个，一是汪公庙，二是小青山上的太平寺，三是回龙关的土地庙。据说，太平寺的建筑材料来自已拆毁的鲍氏祠堂。如今太平寺也是鲍屯村民举行集体活动的场所，而回龙关的土地庙只是作为个体的村民的祭祀场所。在太平寺举行的集体活动以妇女为主体的"佛头会"和鲍家拳为主，但不排除其他村民。比如，2012年"六月六"期间，这是鲍屯的"会口"日期之一，届时"佛头会"们就组织起来祭祀相关神灵，举行共餐。活动开始前几日，在村口的墙上贴了一张布告如下：

> 尊敬的全村男女老幼村民们：
> 　一年一度的"六月六"禾苗节即将到来。我们为庆祝这个"禾苗节"日，祝贺今年的五谷大丰收，现经研究决定：六月六日这天下午，在小青山太平寺内组织敬神和聚餐活动，以示庆祝，希仰我村男女老幼积极参加。
> 　聚餐金额每人收取13元，碗筷自带。自下通知之日起，愿参加者，把钱交给住大门楼口的鲍××同志收缴办理。
> 　特此通知
> 　注：钱收自初五止，初六日交者不予接待。
>
> 　　　　　　　　　　鲍屯村老协会暨鲍家拳馆
> 　　　　　　　　　　2012年农历五月二十一日

据村中老人回忆，过去"六月六"这天，妇女会背着5岁以下的小孩到村旁的柏树下敬神和喂小孩饭。现在柏树被

第二章 文化的组织（二）：跨界的会社

位于回龙关的土地庙

雷击，但树干还在。① 此外，村民还去太平寺"打平伙"（共餐），主要成员是"佛头会"。笔者问为什么村口的布告落款有老协会，老人说可能是因为老协会去帮"佛头会"的

---

① 人类学家已注意到，文化作为一种象征体系，其意义主要来自自然的物种。人类社会在与自然环境的互动过程中，常常将自然过程概念化，并对之进行分类。许多人类学家为此特别关注了动物、地景以及被驯化的作物。但对作为自然物种的树木却少有论及。不过在一部专门讨论树木的象征主义的文集中，人类学家们对这个较为新颖的论题作了跨文化的解读。正如编者所言："我认为树木作为一种象征揭示了两个基本的属性，即生命力与自我再生能力。最后，是树木的生物学特性，正是这些特性使树木能够成为生命重生和死亡否认的文化表征。"见 Laura Rival, *The Social Life of Trees*, Oxford：Berg, 1998。在六月六这一天，鲍屯妇女背着幼儿在柏树下敬神和喂食，无疑是希望象征生命力的柏树保佑幼儿健康成长，使幼儿如同柏树一样具有顽强的生命力。鲍屯村民也把六月六看作是禾苗节，希望庄稼茁壮成长。对于这个节日所涉及的柏树、幼儿、禾苗等，生命力是其中共同的象征意义。

忙。鲍家拳是最近几年才被村里发掘出来的一个民间技艺，目的是彰显屯堡人军人的尚武，但笔者发现，鲍家拳并没有多大的展示空间，他们的活动地点主要设在太平寺内。

鲍屯汪公庙位于现村小学前面，村小学的位置是历史上鲍氏祠堂的所在地。庙门前是一个较大的院子，平时村民可在院子里晒谷子等作物，抬汪公期间正好为活动提供了一个场地。庙内仅有一个房间，正中安放的是端坐的汪公像，右边是关公像，房间的墙壁上贴满了布告和捐款人的名单，以及一幅观音像和政治人物的像。整个庙宇分为两层，楼上主要存放举行仪式时所使用的各种法器。平时通常庙门紧闭，只有在有人来烧香还愿或各种"会口"时期才开门。笔者首次去参观时，报道人花了很长时间才找到保管钥匙的"佛头会"的一个成员。

对于抬汪公的仪式活动，屯堡人通常以组织名称来指代，比如"汪公会""十八会""五会"等，只要说这几个名称，人们一般就知道是举行抬汪公的仪式。目前，吉昌屯称之为"十八会"，因为农历正月十八是汪公的生日，历史上抬汪公都是在这一天举行。改革开放后，由于三村恢复抬汪公的时间有早有迟，吉昌屯首先恢复，故将日期定在了十八日，三村存在竞争，于是第二个恢复的鲍屯就定在十七日，狗场屯最晚就定在十九日。鲍屯的一位老人回忆说，鲍屯抬汪公的组织者前后有一个变化，1949年之前由"五会"组织，20世纪50年代后中断，改革开放初期由村委会组织，90年代以迎春会的名义组织，2006年至今由队（村民组）组织，比较详细的资料是"五会"和村民组。所谓"五会"来自过去鲍屯街区的划分，目前鲍屯有八条街，分别是吕家院、中街院、汪家院、小门楼、大院坝、江角园、园门上和黄土园，而历史上仅有五条街，分别是汪家会、江家会、吕

鲍屯汪公庙

家会、上街会和下街会，鲍屯的各姓氏分别居住在村里不同街区，这些街区以姓氏命名，其中鲍氏主要居住在上街和下街，在抬汪公时，分别由不同的姓氏来组织，因此五大街区就被称为"五会"。从"五会"的结构来看，其包含了整个鲍屯的姓氏和地界，而不是某一个姓氏独占组织权。鲍屯村民目前仍然将村民组称为"生产队"，鲍屯作为一个行政村包含了十个村民组（队），基本上与街区重叠，带子街村和鲊塘河村是另两个自然村落，但鲍氏族人多居住在这两个村里。鲊塘河村在排序上是第十队，不参与抬汪公的组织工作。剩下的九个队，一般每次抬汪公时由三个队组成"汪公会"，那么就有三个组织委员会，每年就由三个委员会轮值。最大的队有300多人，一般是200多人，最小的队有180人左右。关于委员会的人选，"汪公会"与鲍氏祭祖的不同之处是，鲍氏没有将族人细分为不同的固定的次级单位，而是在族人中随机遴选委员会的成员；相同之处是，每年仪式完毕，吃完晚饭后，马上就遴选出下一年的组成人员，次日，将名单写在红纸上，张贴公示。当年哪三个队负责组织抬汪公就负责汪公庙一年的烧香敬香事宜，一天早晚各一次。当然，最重要的是经费的来源。抬汪公的经费主要有三个来源，一是全村每家按人丁多少收取人头费，二是前来还愿的香客的捐助，三是富裕之人的捐助。鲍氏祭祖并不收取人头费，这一点是两者最大的区别。另外，后面的章节会专题讨论鲍氏祭祖和抬汪公后的共餐问题，其中鲍氏共餐需要购买餐票，而抬汪公则不需要。这里有两个制度值得作进一步的讨论，一是轮值制度，二是经费制度。这两个制度在鲍氏祭祖和抬汪公中都存在，在此一并讨论。

其一，关于轮值制度，人类学家多有涉及。庄孔韶在论及福建汉人家族时，提出了"中国式准—组合家族"模式，其中包含了三种家族形式，一是轮值家族，二是反哺家族，三是联邦家族。[1] 所谓轮值家族，即："如组合家族类别之外，尚有中国各地颇为流行的老年父母在诸子家轮流吃或住的轮值家族。"[2] 中国台湾学者通常称之为

---

[1] 庄孔韶：《银翅》，生活·读书·新知三联书店2000年版，第330页。
[2] 庄孔韶：《银翅》，生活·读书·新知三联书店2000年版，第324页。

第二章 文化的组织（二）：跨界的会社

"轮伙头"。① 在家族范围内，除了诸子轮流赡养老人外，祭田也是由各房轮流耕种。根据庄孔韶的考证，汉人轮值家族早在汉代就有富裕之家实行了，目的是"维护未分大家族关系整合十分耗费精力的缘由"②。福建轮值家族的具体情形是，"轮吃住者因伙食与儿辈结合，轮值儿辈多不单付口粮给父母，只付零用款。就玉田风俗而言，轮值周期不严格的家族兄弟多和睦，兄弟间重孝的均衡，不允许不孝的思想状态出现。反之，值日严格，物质第一，精神第二，父母轮值时尚有推诿现象"③。汉人的轮值制度，在庄孔韶看来，与儒家的平均主义思想大有关联，包括其他两种准—组合家族皆与此有关，他说："反哺、轮值和联邦家族在吃住、耕种、财产、信仰和民族关系上的变通做法，并没有排除传统家族主义的基本原则，如男系传代继嗣，和睦孝道和均等分享（分担）乃至现代意义上的族姓认同与扩大家业。"④

轮值制度不局限在家族范围内，在民间宗教组织中同样存在。桑高仁对此作了较为详细的探讨。他在讨论中国台湾宗教仪式时，总结出两类整合方式，一是基于等级的纵向整合，二是基于横向的水平整合，而轮值制度正是水平整合的具体体现和操作方式。在举行"拜拜"仪式时，作为基本组织单位的姓氏群体和邻里，以及仪式主持人炉主的选举，皆实行轮值制度。他认为，水平整合的轮值制一般发生在不存在等级制的女神祭拜中，如妈祖。在他的田野点，村落层次

---

① 谢继昌：《轮伙头制度初探》，《"中央研究院"民族学研究所集刊》1986年第59期。
② 庄孔韶：《银翅》，生活·读书·新知三联书店2000年版，第324页。
③ 庄孔韶：《银翅》，生活·读书·新知三联书店2000年版，第331页。
④ 庄孔韶：《银翅》，生活·读书·新知三联书店2000年版，第334页。

的庙宇基本都有妈祖庙，或作为主神，或作为配神，或作为客神。在祭祀之日，妈祖像在市镇所包括的不同村落之间巡回轮流展示，以供不同村落的村民祭拜。① 他最后得出结论说："连续的轮值制在汉人被等级组织起来的社会制度中恰当地表达了平等主义和互惠价值。在同一层次的地界崇拜中，除了合作之外，轮值制本质上以平等主义的方式在户主之间分配作为炉主的权威。甚至更一般地说，轮值制巧妙地解决了地位平等之人的管理责任问题。在宗族、合伙以及其他自愿组织中，同样的技术被广泛用于安排轮值负责人。即使在家庭经济层次中，儿媳妇轮流为大家庭做饭，兄弟们自己轮流在他们持有股份的各个合作组织的董事会中代表他们的家庭。"②

庄孔韶和桑高仁分别探讨了家族和会社中的轮值制度，两者的观点基本相似，但不同的是，庄孔韶追溯了轮值制的思想根源，认为儒家的平均主义影响了汉人的家族生活和关系。养老轮值制所体现的平均主义，来自继承家产的平均主义，父母留下的财产在诸子中均等分配，相应的逻辑便是在奉养父母时也得实行均等的责任和义务。他说道："应指出，轮值家族继续保持了中国家族文化的主要原则，如赡养与孝道、慈爱与养育、宗祧与房分。以往解决宗族内团结问题的一个原则是公平或均等。……小至宗族之下的家族中兄弟各房的土地财产继承亦恪守均平分割原则。"③ 而且，汉人平均主义导致的养老轮值制传入了奉行非平均主义的少数民族地

---

① P. S. Sangren, *History and Magical Power in a Chinese Community*, Palo Alto: Standford University Press, 1987, pp. 93 – 100.

② P. S. Sangren, *History and Magical Power in a Chinese Community*, Palo Alto: Standford University Press, 1987, p. 101.

③ 庄孔韶：《银翅》，生活·读书·新知三联书店2000年版，第324页。

区,如传统实行幼子继承制的蒙古族,"因此对一些行幼子继承、长子继承制的少数民族地方习俗冲击很大。于是部分少数民族的部分地区已出现比例不一的准—组合家族形式。说明平均主义和家族主义精神作为一种汉文化的传统在当代有了新的传播。"①

桑高仁没有追溯轮值制的思想根源,但他从另一个方向讨论了轮值制的延伸意义。学界通常认为儒家及其影响下的汉人社会是一个等级社会,也即是说,儒家主张和提倡等级制。当然这个观察和判断也没有多大问题,但是儒家及汉人社会是否具有平等主义精神和表现多被人忽视了。桑氏认为在中国台湾汉人社会中,特别是在仪式场域,空间地域关系体现了垂直的等级制,但体现在时间结构上的平行轮值制,却是一种平等主义的行为。他这样说道:"如果我对时间结构在横切组织等级线中的潜在作用的看法是正确的,那么一个重要的暗示就是,中国文化可能没有想象中的那么专制。即使正式的宗教肖像学似乎强化了专制等级制度,交叉互动结构的存在也不应被忽视。"② 人类学家从民间发掘汉人社会隐含的平等主义倾向,桑氏不是唯一之人。华琛通过华南的"食盆"习俗同样发现了其中蕴含的平等主义,鲍屯的神圣性共餐所食用的混合食物也如此。对此,后面的章节有专题讨论。

鲍氏祭祖和抬汪公组织者虽然都实行轮值制,但实际操作并不一样。前者的轮值制并不以房为单位,而是在鲍屯行政村所包含的自然村里的鲍氏族人中遴选能人,这些人选每年祭祖时都会更替。后者以三个村民组为单位实行轮值,在

---

① 庄孔韶:《银翅》,生活·读书·新知三联书店 2000 年版,第 336 页。
② P. S. Sangren, *History and Magical Power in a Chinese Community*, Palo Alto: Standford University Press, 1987, p. 101.

这里村民组类似于宗族中的房分,每个村民组内部自己再去遴选组织人员。第十村民组鲊塘河村虽然不参加轮值,即不作为组织者,但也是参与者,并没有被抬汪公活动排除在外。这样在村一级的轮值制当然体现了庄孔韶和桑高仁所说的平均主义和平等主义,但是我们不要忘了轮值制的整合意义,鲍氏祭祖的轮值制在水平上整合了鲍氏族人,抬汪公的轮值制在水平上整合了全体村民。同时,两者都在垂直的空间上被整合进更大的社会。

农民社会并非如部落社会一般是一个封闭的社会,农民居住的村落与外在的大世界紧密相关。芮德菲尔德为此将农民社区称为"不完全的社会",他说:"由于总得与他们居住的社区之外的人们以及组织或机构保持着联系,所以一个由从事耕种的农民们组成的社区终归是一个'不完整的实体'。"① 鲍氏族人主要是通过加入外省甚至全国性的鲍氏宗亲会来与外界世界联结起来,通过这种途径以扩大自己的社会关系网络。前一章我们在描述鲍氏祭祖时,

---

① [美]罗伯特·芮德菲尔德:《农民社会与文化》,王莹译,中国社会科学出版社2013年版,第54—55页。关于农民社会开放与封闭的问题,另有一些学者认为,在前现代时期,趋向于封闭,而在现代化过程中,则趋向于开放。但施坚雅(G. W. Skinner)通过对明清时期中国社会的研究,发现在现代化之前,中国农民社会特别是乡村一级,却是随着朝代的更替在开放与封闭之间摇摆。为此,他说道:"我的论点是这样的,随着朝代的推移,乡村社区外部的发展导致了政治机会的限制,然后是经济机会的限制,最后是地方性的混乱。作为回应,当地社区开始封闭。并按照一个特定的顺序:先是规范性封闭,然后是经济封闭,最后可以称为强制性封闭。然后,随着下一个王朝的建立,外部发展被逆转。首先是恢复了和平与秩序;然后是商业复兴,重建了经济机会的结构;最后,随着错综复杂的官僚制度和随之而来的科举制度达到最佳工作秩序,于是重建了政治机会的结构。作为回应,当地社区再次开放,首先放松了封闭的强制性,然后是经济方面,最后是规范方面。"见 G. W. Skinner, "Chinese Peasants and the Closed Community: An Open and Shut Case", *Comparative Studies in Society and History*, 1971, Vol. 13, No. 3。

介绍了祖坟地的周边布置了许多展板，其中就有族人参加鲍氏宗亲会在济南召开的"中华鲍氏族史研究总会第三次理事会扩大会议"的内容。另外，中华鲍氏族史研究总会在贵州成立了分会，分会设在鲍屯，关于分会成立的宗旨、组成人员及规章制度，前一章引用的一个文件作了详细的说明。抬汪公仪式则与其所属的市镇大西桥镇垂直联系起来。大西桥镇的仪式中心是关帝庙，今天仍保留。本研究反复提及的"十八场风波"，反映的是历史上鲍屯、吉昌屯和狗场屯联合抬汪公，最后聚集地点便是大西桥镇的关帝庙，而三村分裂的地点也是在此处。三村抬汪公分裂后，关帝庙就不再是抬汪公的仪式中心了。不过，据说"六月六"之日，大西桥镇所辖的村民会聚集在关帝庙过会。2017年7月28日"六月六"之日，照理说人们会聚集在关帝庙过会。但早上十点左右笔者达到关帝庙时，却空无一人。遇见两个从远方来的老者，他们说从家步行到此花了两个小时。还说上个月六月六之日，关帝庙相当热闹，不知下午有没有人来。原来今年的农历六月是闰月，因此有两个六月六日，大西桥镇所辖的村民上个月已来此过完会了。到了下午，仍然没见到大量的香客。笔者拍了关帝庙功德碑上捐资人的名单，此地属中所村管辖，但碑文落款是大西桥的老人会。文献和访谈资料都没有证据证明鲍氏族人历史上加入过全国性的鲍氏宗亲组织，这个组织活动主要发生在当下。而抬汪公与高一级的市镇发生关联，却是一个历史事件，当下反而与市镇产生了隔离。不管是鲍屯，还是另两个村落，抬汪公只是一个村落层次上的仪式活动了。显然，在垂直的空间上，鲍氏族人加入中华鲍氏族史研究总会，成立贵州分会，抑或是抬汪公聚集在市镇的仪式中心，皆具有空间等级的意涵。这与横向的轮值制所反映的平等主义形成结构性的对立。

其二，关于经费制度，在这里主要不是讨论其经济意义，而是讨论其社会意义。我们得提及桑高仁的另一项相关研究。桑氏在探讨汉人的组织化宗族和各种会社时发现，两种组织形式皆有一个共同点。弗里德曼认为系谱性的宗族要被组织起来，其中一个关键之处是要拥有共同的财产。这个共同的财产通常有两个来源，一是祖先留下来的遗产，这个遗产再分成两个部分，一是不可分割的祖产，二是在诸子中平均分配的遗产。不可分割的祖产一般就成为宗族的共同财产。但是，还有一种情形是，随着时代变迁，当祖先遗留下来的共同财产不可能建立时，系谱性的宗族要转换为组织化的宗族，通过宗族成员捐献钱物来作为共同财产。这些财产具有两方面的意义，一是经济意义，主要用于各种开销，二是社会意义，主要是作为组织成员的"入会费"，也即是说，只有交纳了钱物，才是这个组织的一名正式成员。桑氏考察了中国台湾汉人的组织化宗族"祭祀公业"和非亲属的宗教组织"神明会"，发现两者皆具有这个财产制度。本地人认为两者具有明显的区别性，即前者祭祀的是祖先，而后者祭祀的是神灵，但他们没有发现两者的共同之处。陈其南在区分系谱性宗族和组织化宗族时，强调了宗族的成立主要标准是看大家是否来自同一个祖先，所以系谱关系特别重要。但是，桑氏在考察"祭祀公业"时发现，有族人并不愿意捐助财产以成为其中的一员。因此，桑氏认为在组织化宗族中，系谱关系并不重要。对此，他说道："在以不可分割财产为基础组建组织化宗族的过程中，可证明的父系血统通常既是成员资格的必要条件，也是充分条件。不过，我听说过一个案子，三个兄弟同意留出一部分遗产作为宗族财产，但第四个兄弟坚持继承全部他那部分份额，拒绝加入组织化的宗族。在这种情况下，可证明的宗族血缘关系只是一个必要条件，但不足以成为组织化宗族的成员资格。"[1] 桑氏观察到的还有极端的案例，即在组织化宗族中，父系继嗣关系甚至是否拥有共同的姓氏都不重要了，重要的是要成为一个成员看是否在其中拥有股份，他说："这些证据进一步表明，以持股为基础的汉人宗族成员资格，无论是否仅限于那些血统上有共同祖先或拥有共同姓氏的人，都更类似于拥有合伙团体的股票，而不是仅仅通过宗族血缘关系获得的归属地位或权利。"[2] 不过，中国台湾的"祭祀公业"在吸纳成员时，主要是通过购买其中的股份，鲍屯的例子至少表面上不是购买股份，而是捐献或出资（收人头费）。同样，中国台湾的"神明会"也是通过购买其中的股份，以换取成员资格。从组织原则来看，组织化宗族的"祭祀公业"和非亲属的"神明会"最基本的共同之处就是通过购买股份来获得成员资格。在此基础上，桑氏进一步指出，两者在叫法上便是通常皆冠上"会"的名称。系谱性的宗族被组织起来后，一般被称为"宗族会""宗亲会"或"祠堂会"。比如，林耀华在义序发现，"祠堂会的职责甚宽，没有限制，可以说无论族内外什么事宜都得担负。"[3] 换言之，宗族向组织化方向发展，也即是向"会"的方向发展。故此，桑氏说道："更重要的是，在这一论点中，神灵崇拜和组织化宗族之间的组织相似性支持了我的论点，即两者都是以'会'的整个范围来

---

[1] P. S. Sangren, "Traditional Chinese Corporations: Beyond Kinship", *Journal of Asian Studies*, Vol. 43, No. 3, 1984.

[2] P. S. Sangren, "Traditional Chinese Corporations: Beyond Kinship", *Journal of Asian Studies*, Vol. 43, No. 3, 1984.

[3] 林耀华：《义序的宗族研究》，生活·读书·新知三联书店2000年版，第31页。

理解的。"① 他反复强调两者的相似性："从运作规范和组织特征上看，组织化宗族与神明会的相似性要比差异性显著得多。两者都是有意识地形成的，通过集中资源购买捐赠以加强群体团结和实现特定的宗教或世俗目的。"②

目前组织化的鲍氏宗族和"汪公会"基本上符合桑高仁的判断，即皆通过捐献钱物来获得组织的成员资格。但有一点可能与桑氏的观察有所不同，他说宗族成员可以拒绝捐献财产以进入组织化的宗族。鲍氏族人也不是每年祭祖时，所有族人皆捐献钱物。当笔者问到这个问题时，报道人回答说，有的村民因在外打工或有其他事务，不能每年都按时回来参加祭祖，如果他们都居住在村里，一般都会参加。显然，在这种情况下，鲍氏族人不参加祭祖并非有意为之。抬汪公时同样也会发生此种情况。走在鲍屯的公共空间和神圣空间，给笔者留下最深刻印象的是，这些空间的墙上贴满了写在红纸上的各种通知和告示，旧的通知和告示被新的通知和告示层层覆盖。这些通知和告示大体分为两类，一是村委会或各种民间会社的事务性通知，二是各种民间活动捐献钱物的名单公示。为鲍氏宗族活动捐献钱物者主要限于鲍氏族人，而为祭神活动捐献钱物者则包括了全体村民。这些捐献钱物名单的公示，一方面是使财务开支透明化，另一方面也是公布捐献者的成员资格，并借此获得社会的承认。

讨论完两种制度后，我们再次回到抬汪公现场。其实正月十六日就开始为翌日正式抬汪公做准备了。此日的主要仪式是为汪公沐浴、换袍。2013年正月十六日下午，笔者达到

---

① P. S. Sangren, "Traditional Chinese Corporations: Beyond Kinship", *Journal of Asian Studies*, Vol. 43, No. 3, 1984.

② P. S. Sangren, "Traditional Chinese Corporations: Beyond Kinship", *Journal of Asian Studies*, Vol. 43, No. 3, 1984.

鲍屯，然后马上就去了关键报道人家。他正在写对联，说早上已为汪公沐浴、换袍了。一般由四五个老人负责这件事，这些老人有严格的选择标准，年龄要60岁以上，身体健康，儿孙满堂，人品高尚。为汪公换袍前，这些老人要沐浴更衣，用艾草洗手洗澡，然后在一盆清水里放一块烧红的煤炭，老人们依次从上面跨过，当地称之为"打蜡坛"。老人们沐浴更衣和"打蜡坛"，不用多说皆是一种净化仪式。为汪公沐浴换袍同样也是净化仪式。此日，人神皆弃旧迎新。汪公新的大红袍多为前来还愿的香客捐献，旧袍的处理主要利用其红色部分，一般用来制作彩旗，给小孩挂红，为前来帮忙的人制作绶带，非红色部分则烧掉。下午组委会的人去每家贴"门安"，也即是贴对联，对联颜色有黄红绿等。晚上，笔者参加了一、二、三队（村民组）组成的组委会和帮忙的人的晚餐，食用的是混合的食物，备有米酒，碗筷都是一次性的，人数大概有六七百人，都是一、二、三队的村民。混合食物放在一张大圆桌上面，大家很随意，没有相互敬酒，地点在村小学操场上。

　　鲍屯村民在汪公生日这一天为汪公沐浴换袍，在耶律亚德看来，乃是回归宇宙原型的仪式性行为。在周期性的神圣时间，人们举行诸种仪式行为，目的是否定世俗的历史遗迹，从而反复回到伟大的神圣的原初时刻，他说："仪式及重要的世俗行事所以能获得意义，乃因它们小心翼翼，重复诸神、英雄或祖先们在创始之际所设定的行为。"[①] 从世界范围来看，各民族设定的年、元旦、神诞日等皆为神圣性时间，其意义在于："时间按分成独立的单位'年'时，我们

---

① ［法］耶律亚德：《宇宙与历史：永恒回归的神话》，杨儒宾译，台北：联经出版社2000年版，第4页。

见到的不仅是某一时段的停止以及另一时段的新始,也见到过去一年与过去时间的泯除。这就是仪式净化的意义:个人与整个社群的错误与罪过被烧净、废除,其规模不仅是'净化'。再生,顾名思义也是新生。这种一年一度驱除罪恶、疾病与恶魔的仪式,基本上是要复原——即使是暂时复原——神话的、原始的时间,纯粹的时间,宇宙开辟的'刹那'时间。每一新年都是时间之源的再开始,也是宇宙开辟之重返。"① 为汪公沐浴换袍以及为之举行仪式的老人们的系列净化仪式,无疑也是一种新生仪式,一种再造宇宙观的神圣秩序行为,同时也是因过去一年灵力的消退,借此更新和加强汪公的灵力。至于神灵的更新仪式,各地存在一定差异。比如,中国台湾地区的妈祖信仰就存在母庙(根庙)与子庙(分庙)的等级关系,当一个庙宇的主神被广大民众信奉时,各地的信徒就会前来分香,割取香火,到其地去奉祀。在年度进香活动中,子庙会前往母庙祭拜主神,主要目的是:"进香的仪式性作用也是在增加要去进香之神祇的灵力,藉着往母庙刈火,参访道友,或者姐妹相会来增加灵力。"② 妈祖分庙前往母庙进香更新灵力与汪公通过换袍更新灵力,显然是神灵更新的两个基本形式,一个借助更强大的外力来更新,一个则是自我更新。汪公的自我更新原因在于其没有自己的母庙,鲍屯的汪公庙不是通过割火分香建立的,而是在三村共同抬汪公分裂后建立的。虽然历史上汪氏族人将汪公信仰带到黔中,在安顺青龙山建立黔中第一座汪公庙,进而扩展至屯堡乡村各村寨,但没有史料证明其他汪公庙是从青龙山汪公庙分香出去的,而且青龙山汪公庙现在

---

① [法]耶律亚德:《宇宙与历史:永恒回归的神话》,杨儒宾译,台北:联经出版社2000年版,第50页。

② 林美容:《妈祖信仰与汉人社会》,黑龙江人民出版社2003年版,第34页。

已不复存在。历史而今，黔中的汪公庙与安徽的汪公庙也没有任何联系，两地汪公祭祀组织没有互动往来。目前三村的汪公庙各自成为一个独立的系统和信仰单元，虽然三村抬汪公仪式存在竞争，但总体上说，三村的汪公是平等而非等级的关系。所以，在每年神诞之日，三村汪公皆是自我更新，无需借助外力来实现这个神圣的目的。

翌日，即正月十七日，是鲍屯抬汪公的正式日期。十时左右，汪公被抬出庙外至大街上，开始正式的祭祀。据村民回忆，2018年祭祀汪公时，供奉了两头猪，每头重量都达500斤以上，祭品主要是油碗和素碗，基本上与祭祖时的祭品一致。两个礼生主持祭祀仪式，前一章在讨论鲍氏祭祖时，也涉及了礼生主持祭祖仪式，其基本仪轨与祭祀汪公没有多大差别，当时笔者抄完祭文后，那位老人说祭汪公同样如此。祭文在前一章已抄录，此不赘述。祭祀完毕后，就开始抬着汪公巡游，汪公到达谁家门口，那家就会安置供桌敬献祭品，同时也得到汪公的祝福。2013年的抬汪公的彩车队伍中，汪公像并不排在最前面，最前面的彩车上悬挂的是一位政治领导人的画像，依次是蛇年大吉画像、航空母舰模型、现代农业模型、汪公像，最后是白蛇传模型。

巡游又称为巡境，是汉人祭神的主要方式之一，通常是对神灵管辖地界的象征性强调，也即是通过神灵巡游的方式来划分社区的边界。从汪公的大红袍来看，显然其是一个官僚的象征，是一个管辖一方的地界神。一般神灵巡游的路线社区四方皆要到达，但鲍屯汪公巡游的路线却并非如此。鲍屯的边界通常以四方的关口作为标志，历史上这几个关口皆建有土地庙，称为把关土地庙。其他章节对这些土地庙作了详细的描述，在此值得再重复一下。据老人回忆，历史上村庄周围的土地庙有位于东北挑水河的土地庙、西北回龙关的把关土地庙、东面青龙寺的把关土地庙、西面小山的把关土地庙、村口的寨门土地庙以及中部偏西竹子园的秧苗土地庙。目前重建的土地庙仅有位于村子西北回龙关的把关土地庙。从土地庙的分布来看，除了保护秧苗的土地庙外，其余土地庙皆建在关隘之处，目的是象征性地抵抗外来的有害力量，保卫村庄的安宁。鲍屯的主要街道为南北向，分为上街和下街，大街的两边则是大小不一的巷道，汪公庙位于上街。其他地方已讲到，鲍屯有一条中轴线，主要的神圣建筑皆分布在这条中轴线上，而这条中轴线基本上与这条大街叠合。汪公巡游之时，就自北向南走过上街和下街，出村门，然后沿着通往南边西陇村的一条较为宽敞的田间道路，走到与西陇村交界的回龙关停下，这里就是目前汪公巡游的终点站。"十八场风波"之后，鲍屯抬汪公的路线有一个变化，最早是抬到抬神地（青杠坡）和牛树坡（今天化肥厂）。鲍屯历史上的几个土地庙，目前恢复重建的仅有一座，那就是位于回龙关的把关土地庙。假设历史上几个把关土地庙皆恢复重建，那么汪公的巡游路线可能就会有所改变。把回龙关作为巡游的终点，并不意味着鲍屯的边界就仅有这一处，因为这里是当前鲍屯唯一的土地庙，故而就以此作为村落边界的象征。巡游完毕，接着便是人神共餐。晚上7时左右，在小学操场举行歌舞表演，据说是村里一位商人从外面请来的民间歌舞团。观众当然不局限于鲍屯村民，周边村民也前来观看。

值得一提的是，鲍屯行政村周边的屯堡人村寨并没有参与抬汪公仪式，最多只是作为看热闹的旁观者。但其附近有一个苗寨名为黄家庄，据说有些年头苗寨村民会穿着苗装，在汪公的巡游队伍里吹笙跳舞。黄家庄位于水仓坝附近，从鲍屯步行大概十分钟左右，村子不大，大概有四五十户。村民说，以前汉人来时，大户都逃往越南了，留下的都是老弱病残。还说他们没有文化，汉人有文化。笔者问是什么文化，他们说就是看风水。对自己有哪些老祖宗也不知道，也没有祖坟。他们说自己是花苗，节日不多。附近山顶有一块场地，过去是跳花的地方，但现在不跳了。汉人来后，他们就为汉人种田，成为鲍屯的佃户。过去附近的田坝都是祖先用附近的大石头砌成的。祖先还会武功，汉人有什么事都要请他们的祖先去帮忙。在驿子坝有一个结拜亭，苗族为汉人种田，关系好后就在此结拜为兄弟。他们内部说苗话，小孩也会，外面嫁进来的媳妇，一年左右就学会了。黄家庄苗族所讲述的这些故事，多少反映了该地的历史。据说，有时鲍氏祭祖他们也会去唱歌跳舞，以示祝贺。不过，他们参与鲍屯的仪式活动并非年年如此，可能仅是偶尔为之，因为在几次田野调查期间，笔者并没有见到他们的身影。当然，黄家庄苗族加入汪公巡游的队伍，其角色处于参与者与旁观者之间，既不是完全的参与者，也不是完全的旁观者。从鲍屯村民为汪公巡游队伍所安排的象征符号来看，国家政治领导人画像和代表国家力量的航母模型，无一不是将国家形象植入到民间仪式活动之中，仪式的主角汪公像反而退其次。因此，他们邀请黄家庄苗族前来参加仪式活动，同样也遵循了国家至上的逻辑，即通过民间仪式活动来表达民族团结的国家话语。

三　从联盟到裂变：反思祭祀圈和信仰圈理论[①]

"十八场风波"作为屯堡地方历史的重要事件，至今一直

[①] 王青梅对此曾作过思考，惜其未展开论述。见汪青梅、刘铁梁《集体仪式传承和变迁的多重动力——当代黔中屯堡地区"抬汪公"活动的田野考察》，《西南民族大学学报》2011年第3期。

留存在村民的记忆之中。当笔者访问鲍屯、吉昌屯和狗场屯的相关老人时,他们无一例外皆提到了此事,而且三村所属的大西桥镇的镇志中也对之作了收录。但凡研究汪公文化的著述,一般都会论及该事件对当今屯堡乡村社会的影响。本研究概莫能外,原因是当笔者就汪公的话题讨教当地村民时,他们首先提到的就是这次事件。故此,在本研究的几个章节中皆会提及该事件。当然,在不同的章节中其呈现的意义是不同的,比如在讨论仪式竞争的感官表达一章,就比较详细地讨论了该事件的原委,以及被前人忽视的其中所蕴含的感官文化的价值。本章对该事件的一个面向再作一次探讨。

面对中国台湾汉人社会多样繁复的地域性民间宗教组织,日本学者冈田谦提出"祭祀圈"概念作为解释的理论工具。但是,当中国台湾学者在应用该理论时,却发现其蕴含了较大的修正空间。其中,林美容在其基础上发展出了"信仰圈"理论。所谓"祭祀圈"是指:"基本上,祭祀圈指涉一定的地域范围,以及这个范围内所有居民义务性的共同祭祀组织与祭祀活动。"[1] 在这个基本定义之下,林美容对其含涉的细节也作了详细的分辨和规定,她说:"祭祀圈本质上是一种地方组织,表现出汉人以神明信仰来结合与组织地方人群的方式。其组织的人群或是村庄的人群,或是同姓聚落区内的人群,或是同一水利灌溉系统的人群,或是同祖籍的人群;不过,也有可能是结合不同姓氏的人群,或是结合不同祖籍的人群。不论祭祀圈结合的是哪一种人群,其范围都有一定的清楚的界限,界限之内的居民有义务参与共同的祭祀。……祭祀圈是一种地方性的民间宗教组织,居民因居住关系有义务参与地方性的共同祭祀,其祭祀对象涵盖天地神

---

[1] 林美容:《妈祖信仰与汉人社会》,黑龙江人民出版社2003年版,第3页。

鬼等多种神灵，但有一个主祭神；祭祀圈有一定的范围，依其范围大小，有部落性、村落性、超村落性与全镇性等不同层次，它与汉人的庄组织与村庄联盟有密不可分的关系。"① 从林美容对祭祀圈的定义与规定来看，它有几个关键要素，一是主祭神，二是居住在同一地域内的人群，包括她提到的六种不同类型的人群，三是共同的有边界的地域，包括她提到的四种不同类型的地域范围。

但当林美容在考察中国台湾的妈祖信仰时，发现祭祀圈理论所指涉的内涵太过于狭窄，不能解释妈祖信仰的广阔性，于是便提出了"信仰圈"理论。所谓"信仰圈"是指："以某一神明或（和）其分身之信仰为中心，其信徒所形成的志愿性宗教组织，信徒的分布有一定的范围，通常必须超越地方社区的范围，才有信仰圈可言。"② 对于祭祀圈与信仰圈的区别，林美容认为有四点：一是信仰圈以一神信仰为中心，祭祀圈则祭祀多神；二是信仰圈的成员资格是志愿性的，祭祀圈的成员资格则为义务性强迫性的；三是信仰圈是区域性的，祭祀圈是地方性的；四是信仰圈的活动是非节日性的，祭祀圈的活动是节日性的。③

我们以林美容对两种宗教组织的定义及规定为尺度，来衡量汪公信仰的内涵，探讨其究竟属于何种组织。首先，信仰圈是以一神信仰为中心，祭祀圈则祭祀多神。林美容的表达有一个悖论之处，即她在定义祭祀圈时有这样一句话——"其祭祀对象涵盖天地神鬼等多种神灵，但有一个主祭

---

① 林美容：《妈祖信仰与汉人社会》，黑龙江人民出版社2003年版，第5—7页。
② 林美容：《妈祖信仰与汉人社会》，黑龙江人民出版社2003年版，第7页。
③ 林美容：《妈祖信仰与汉人社会》，黑龙江人民出版社2003年版，第9—11页。

神"——但在制定区分两者的尺度时,却说信仰圈是以一神信仰为中心,祭祀圈则祭祀多神。在汪公信仰中,除了祭祀汪公外,没有其他的神灵被祭祀。因此,我们在这里无法判断抬汪公是属于祭祀圈还是属于信仰圈。其次,信仰圈的成员资格是志愿性的,祭祀圈的成员资格则为义务性强迫性的。她对志愿性和义务性的解释是:"信仰圈的成员是基于对主神的信仰,由志愿为其祭祀出钱出力者所组成,而祭祀圈则是基于同庄共居,或是所属村庄加入某一庙宇有份,故所有庄民都必须共同参与其祭祀组织与祭祀活动。"① 她在其他地方具体阐述了义务性的含义,即"平时的祭祀费用大部分以收丁钱的方式取得,即在域内按男丁人数,或丁口数,或按人数,或按户平均收费。此外通常由地方居民共同捐献、筹措"②。由此观之,抬汪公当属祭祀圈,因为前面我们已提到抬汪公的费用来源主要是按每家人口数来收费,另外就是富裕人家和香客的捐献。再次,信仰圈是区域性的,祭祀圈是地方性的。她同样对区域性和地方性作了说明,"本文以乡镇为地方性与区域性的分界,范围大于乡镇的才有信仰圈可言。不过地方性与区域性的差别,不仅在于范围大小而已,而且地方性的公众祭祀具有排他性,非地方社区居民不能参加,而区域性的民间宗教组织却有包容性,其主神之庙宇所在的地方以外的信徒,都可以加入,此亦为祭祀圈与信仰圈的重大差别。"③ 如果按这个尺度来看,抬汪公的范围

---

① 林美容:《妈祖信仰与汉人社会》,黑龙江人民出版社2003年版,第9—10页。

② 林美容:《妈祖信仰与汉人社会》,黑龙江人民出版社2003年版,第7页。

③ 林美容:《妈祖信仰与汉人社会》,黑龙江人民出版社2003年版,第11页。

第二章 文化的组织（二）：跨界的会社

当然没有超出其所在的大西桥镇，应该属于祭祀圈的范畴；她说祭祀圈具有排他性，也没有多大问题，从抬汪公的轮值制来看，就是鲍屯行政村所在的九个队（村民组）轮流组织年度仪式。但有趣的是，作为鲍屯行政村的第十队鲊塘河村却不在组织者之列，尽管他们也参加仪式活动；而非汉族的苗寨黄家庄在抬汪公仪式活动中既是参与者，也是旁观者，处于被包容与被排斥的中间角色。最后，信仰圈的活动是非节日性的，祭祀圈的活动是节日性的。就此而言，抬汪公无疑属于祭祀圈的范畴，因为每年仅在汪公神诞日才举行抬汪公仪式，尽管三村目前所选择的日期有所差别。抬汪公虽然在某些方面与林美容描述的尺度有所不符，但总体而言仍可将之归类到祭祀圈的范畴。

林美容在研究妈祖信仰时，发现信仰圈不是无中生有，而是从祭祀圈发展而来的。两者的关系，她认为是从属与包含的关系，她说道："我们可以想见信仰圈内可以涵盖许多层次大小不同的祭祀圈，祭祀圈则不能涵盖任一信仰圈。一个祭祀圈可以发展为信仰圈，但并非所有的祭祀圈都可发展为信仰圈。祭祀圈与信仰圈之间有发展的序列关系。"[①] 从这段话来看，祭祀圈位于信仰圈的次属层次，信仰圈在等级序列上高于祭祀圈，且包含祭祀圈，祭祀圈可以发展为更高级别的信仰圈，反之则否。

就汪公信仰而言，至少到目前为止，其在更高层次上没有更大的信仰圈组织，原因是鲍屯等三个村落的汪公庙并非分香而成。林美容考察的是妈祖庙，所以她会提出信仰圈与祭祀圈之间的等级与包含关系。而祭祀圈能够发展

[①] 林美容：《妈祖信仰与汉人社会》，黑龙江人民出版社2003年版，第13页。

为信仰圈这个命题，更是一个值得深入讨论的问题。首先，历史而今，作为祭祀圈的汪公信仰并没有发展成为一个更大的信仰圈，其次，如果按照林美容的尺度来衡量，尽管汪公信仰不是一个完全的祭祀圈，但我们姑且将之作为祭祀圈，其没有发展壮大，反而在历史过程中逆行缩小。林美容断定某些小范围的祭祀圈会成长为大范围的信仰圈，其成长的逻辑就是从小变大。汪公信仰虽然没有从小的祭祀圈发展为大的信仰圈，但其内部却发生过易变，但这个变化不是从小变为大，而是从大变为小。显然，这与林美容从妈祖信仰中发现的变化逻辑不一致。历史上，三村联合抬汪公，虽然具体的起始时间和原因不知其详，但联合祭祀这件事是可以肯定的。① 地方文献中对村落之间联合祭祀汪公有明确的记载：

> 安顺普定正月十七日五官屯迎汪公至浪风桥，十八夜放烟火架。狗场屯、鸡场屯共迎汪公，亦于十七日备执事旗帜，鼓吹喧阗，迎至杉木林，观者如堵。汪公庙二场屯中皆有，如本年自狗场屯迎至鸡场屯庙中供奉，次年自鸡场屯迎至狗场屯庙中。祈祷多应。②

---

① 匿名评审人对三村为何联合抬汪公提出了一个值得进一步思考的意见，其认为："历史时期的狗场、鸡场、鲍屯何以能够形成联盟，它与普定、平坝、安庄等三卫屯田在该片区域中的存在形态及早期状态下的基层社会组织形式是否有关？孙兆霞等整理的吉昌契约文书中有关'汪公会'的资料是否在一定程度上可以释读这个问题（尽管孙氏等人的释读同样值得商榷）？"谨表谢意！笔者也曾思考过从历史的维度考察鲍屯的相关问题，但由于史料的缺乏和稀少，无法对之作详细的历时性探讨。不过在有的章节，已有零星的历史追溯。特别是在第三章，鲍氏族人扶箕问祖完全是通过史料来讨论该仪式涉及的诸多问题。

② （清）常恩修，邹汉勋、吴寅邦纂：《安顺府志·祭礼》，咸丰元年刻本，卷十五。

从这段记载来看，至迟在清朝咸丰年间，联合抬汪公的村庄仅有狗场屯和鸡场屯，当时鲍屯尚未在其中，它应该是后来才加入到联合抬汪公仪式活动中去的，最终形成三村共同抬汪公的格局。在三村同抬汪公的阶段，汪公像仅有一座，上面的记载显示，在农历正月十八日祭祀完毕后，唯一的汪公像轮流供奉在狗场屯和鸡场屯的庙宇中，后来可能增加了鲍屯的庙宇。十八日这一天，三村将汪公抬到所属的大西桥镇，在今天关帝庙附近一处名为"十八场"的地方联合举行仪式活动。故而，这是在乡镇一级举行的超村落的仪式活动。但在某年，三村正在举行抬汪公仪式时，据说是战乱突然扰乱了当时的活动，人们惊慌失措，导致三村争夺仪式物品。该事件被后人称为"十八场风波"，并成为抬汪公历史的转折点。自此，三村联合抬汪公走向分裂，形成了今天三村各自在自己的村内于不同的时间点抬汪公的局面，大西桥镇也不再是抬汪公的聚集点了。这段历史表明，汪公信仰不但没有壮大，突破乡镇的地域范围，形成更大区域范围的信仰圈，反而从超村落的乡镇降低为村落一级的祭祀行为。这样的逆行演变史，与林美容总结出的从小到大的发展历程大异其趣。

林美容指出："不论祭祀圈或信仰圈，都是代表汉人以神明信仰来结合人群的方式，也就是藉宗教的形式来形成地缘性的社会组织。"[①] 同为移民社会，中国台湾汉人社会具有独特的区域性，黔中屯堡汉人社会同样如此。两者在神灵祭祀组织与仪式上的差异显而易见。中国台湾汉人社会以妈祖为中心，形成了祭祀圈与信仰圈共存的格局；而

---

① 林美容：《妈祖信仰与汉人社会》，黑龙江人民出版社2003年版，第21页。

黔中屯堡汉人社会以汪公为中心，并没有出现更具包含力的信仰圈，仅有以村落为单位小范围的类似祭祀圈的存在。在这个祭祀圈范围内部，缺乏扩大自己信仰范围的冲动，因历史原因，其范围反而萎缩，至少在汪公信仰场域，至今以村落为单位是黔中屯堡汉人社会的基本状态。屯堡乡村社会尚未出现一个更具整合力量的社会文化机制，将不同的村落联结起来，进而形成一个跨村落、超村落的社会组织。

四　性别组织"佛头会"

"佛头会"是鲍屯的另一个民间宗教组织，但其组织者和成员皆为女性。① 据此而言，这也是一个性别群体。本研究讨论的宗族组织和几个会社组织，不同程度上皆有将性别作为入会的标准。按照父系宗族的组织原则，母方亲属无疑是被排除在外的，因此在父系宗族中，男性是其主体。在汪公会中组织者基本上是男性，女性在其中只是辅助者，按当地人的话来说，"女性在其中出力不操心"。仅有这三个组织存在严格的性别区隔，而在"老人会"和"炸会"中，则无性别的选择，男女两性皆可入会。

在一次访谈中，我的关键报道人说，佛头会其实是汪公会的下属组织。汪公会是一个大的系统，其中包含了佛

---

① 关于中国民间妇女结群的人数和规模，通常是两人以上大规模的结群方式。但费雪若（Sara L. Friedman）在福建惠安发现，当地妇女受缓落夫家习俗的影响，妻子与丈夫离多聚少，因而常常两人结成亲密的同性纽带"对伴"。这种亲密关系在改革开放前被批评为是封建落后的习俗，异姓夫妻关系被大力提倡。培养新的亲密关系是为了让妇女适应社会主义新国家。见 Sara L. Friedman, *Intimate and Politics: Marriage, the Market, and State Power in Southeastern China*, Harvard University Press, 2006。

头会这个子系统。鲍屯的民间宗教,目前来看主要包括最高级别的汪公会,在汪公庙里供奉的除了主神汪公外,尚有作为配神的关公和观音,但在农历正月十七日抬汪公时,关公和观音并不在巡游的队列里。另外就是太平寺、土地公婆等。为什么比作为地方神的汪公级别还高的关公和观音,在汪公庙里反而成了配神,在前文中已作了一个试探性的解释。为了增强汪公的灵力,需要更高级别的神灵来"站台",关公和观音就是来为汪公站台的。① 关公、观音和土地公婆既然不在抬汪公的队列里,那谁来祭祀它们呢?佛头会就承担起了对这些神灵的祭祀职责。林美容在谈及祭祀圈时,认为祭祀圈内祭拜的对象主要分为两类,一是地方的主神,二是除主神之外的其他神鬼。前者是地方的象征,而后者则否。她说道:"所谓共神信仰是指汉人共同祭拜天地神鬼的文化传统。最基本的是土地公,次基本的是三界公,再来是地方的保护神,最后是孤魂野鬼。……地方保护神即地方公庙中所供奉的神祇,不一定只有一个,但通常有一个主神,是地方居民最敬奉的神祇,也是地方

---

① 贝蒂(Philip C. Baity)讨论过中国民间宗教中神灵的等级问题,在多神信仰的中国民间宗教中,不同的神灵为了控制仪式性地盘和香客的祭拜产生了竞争。在竞争中的成功或失败直接导致神灵等级的变化,以及扩大或缩小传播的范围。不过,她的讨论主要集中在通过"分身"而形成的神灵系谱关系类型。为此,她以三个标准来衡量神灵等级的高低,一是神灵的灵力(efficacy),二是神灵或庙宇的按年代排序的绝对年龄,三是同代神灵的年龄。见 Philip C. Baity, "The Ranking of Gods in Chinese Folk Religion", *Asian Folklore Studies*, Vol. 36, No. 2, 1977, pp. 75 – 84。但她没有讨论不是通过"分身"而形成的神灵等级问题。武雅士认为中国神灵的等级制类似于人间科层制的等级制,如土地公就是城隍的下级,而最高级别的神灵就是玉皇大帝,等于人间的最高权力者皇帝。他说:"乡民所能想象的最强而有力的力量,也离不开他观念中帝国科层体系的印象。玉皇大帝在乡民多神信仰中是法力最高的一位,也是人间皇帝的反映。……土地公不能直接上报玉皇大帝,恰如地方官不能直接觐见皇帝。"见〔美〕武雅士:《神、鬼与祖先》,张珣译,《思与言》1997 年第 3 期。

的象征，……"① 鲍屯虽然与林美容研究的地方不一样，但类型基本上一致，即将神灵分为主神与非主神。林美容没有指出对这两类神灵的祭祀分工，即祭祀圈内的民众在其中的角色和各自的职责。鲍屯村民对这两类神灵的祭祀分工明确，也即是以男性为主体的汪公会祭祀鲍屯的主神汪公，其他神灵的祭祀职责则由以女性为主体的佛头会来承担。

佛头会的宗教活动主要围绕各种"会口"来展开。我在几次田野调查中一般都会搜集佛头会的资料，并在2018年集中进行了访谈。某天，一位男性报道人说他说不清楚佛头会的情况，需要询问佛头会中的女性佛头，于是便将我带到其中一位女佛头家中进行访谈。我就"会口"问题请教她，她说鲍屯一年之中的"会口"主要有以下几次：

  正月十五上元节，活动地点在汪公庙
  正月初九玉皇大帝神诞日，活动地点在太平寺
  二月初二白龙会，活动地点在汪公庙
  二月十九观音神诞，活动地点在汪公庙
  三月初三蟠桃会，不一定过
  三月清明上坟，不包括佛头会
  四月是农忙，文殊菩萨、普贤菩萨神诞都不过
  五月十三，大西桥的佛头会在关帝庙过，鲍屯佛头会的成员带孙子去共餐
  六月六禾苗节，活动地点在太平寺和大西桥关帝庙
  六月十九九太阳会，活动地点在汪公庙

---

① 林美容：《妈祖信仰与汉人社会》，黑龙江人民出版社2003年版，第4页。

六月二十四雷神会，活动地点在汪公庙

七月十五中元节，活动地点在汪公庙

十月初一牛王会，活动地点在汪公庙

十月十五下元节，活动地点在汪公庙

从这些会口的过会日期看，主要是一些传统民间节日，活动地点基本上就在本村的汪公庙。活动的内容一般是烧香敬神，最后就是大家出钱"打平伙"，食用的仍然是混合的食物。佛头会是个志愿性的组织，并不是通过收丁口钱来获得费用，而是志愿交纳，所交纳的费用从最早的5元已涨到现在的15元了。据一位佛头说，男子如果愿意来打平伙，参加共餐，佛头会也欢迎。但我在几次的观察中，并未发现有成年男子加入她们的共餐。奶奶带着孙子，母亲带着孩子来参加共餐的情形较多，包括了男孩和女孩。佛头会除了会口期间的活动之外，尚有一项职责便是谁家办丧事，便前去为亡人念上路佛经。鲍屯佛头会的活动内容和职责范围，与其他屯堡村寨大同小异，比如九溪村佛头会的活动就有："第一，主持在村内举行的周期性的仪式性会口。第二，主持寺庙维护、维修及延续日常香火。第三，为社区死人守灵念佛。第四，为社区平安、风调雨顺等组织传统仪式。第五，为社区中家庭的神秘仪式出力。"①

鲍屯自然村目前的街区主要分为上街与下街，佛头会也分为上街佛头会和下街佛头会，两会总人数目前大约有两三百人，各有一百多人，下街人数稍多一点。在过会口时以自己所在的街区各自开展活动。比如，有一年我参加她们在汪

---

① 孙兆霞等：《屯堡乡民社会》，社会科学文献出版社2005年版，第255页。

公庙前面院子里举行的共餐时，发现共餐之人分成了两个群体，两会的成员各自在自己的佛头会里共餐。我的房东女主人因是下街佛头会的成员，所以我和她一起参加的是下街的共餐。据说，下街佛头在丧事中服务要好一点。在天刚亮死者上山时，她们要用扫帚、簸箕将晦气扫出去。丧事办完后，家里的垃圾不能马上烧，下街的佛头就来处理这事，因此请她们的人家就多一点。上街的老佛头由于年龄偏大，人又少，不能来做这些事。上街老人去世后，一般由上街老佛头来负责，下街也如此。但也有上下街混合的，不过是个别现象。当然，为丧事服务名义上是义务性的，但孝家也要给她们红包。"佛头"指的是组织者，村民一般称之为"老佛头"。有时村民用"老佛头"指称整个组织，而不是专指某一个组织者。老佛头的人选一般是大家推举，通常年龄在40—60岁之间。报道人说还有一个条件就是有了孙子当上奶奶后才能被推举为老佛头。因为作为组织者，操劳的事务较多，比如收钱、做饭等体力性工作，故而会考虑吸收40岁左右的人来做组织者。目前上街的老佛头是当年78岁的汪守珍，她曾经当过生产队的妇女队长，应该是鲍屯一位有能力有威望的女性，她下面有四位助手，分别是翁秀芬、田琴、潘芬、陈文学。下街的老佛头是当年81岁的鲍吉琴和72岁的杨学珍，两人皆识字，有口才。

尽管上街和下街佛头会的人数仅有两三百人，但原则上佛头会的大门是向鲍屯所有妇女敞开的，只要志愿皆可入会。作为汪公会这个系统中的次级组织，佛头会将鲍屯的妇女组织起来，形成了以女性为主体的性别空间，使被父系宗族组织排斥在外的女性，借助宗教组织的形式获得了自己的主体性。就村落的宗教组织而言，其包含的人群和性别远远超过了宗族，宗族的社会组织能力和在汉人社会中的作用，并没有我们想象的那么重要。传统人类学对宗族过度重视，可能走上了一条歧途。汉人社会因是一个父系社会，所以人类学家通常会强调父系的权威，因而在有意无意之中把其中的女性边缘化了。但是，如果仔细考察，会发现即使在汉人父系社会家庭里面，女性的主体性也同样存在。比如，卢惠馨（Margery Wolf）在中国台湾汉人家庭中发现的以母亲及其孩子为主的"子宫家庭"（Uterine Families），就是为了对抗威严的父权。她说道："迄今为止，在审视中国家庭时，我们一直把重点放在男性身上——对父系制度的一种合理研究——我们不仅忽略了这一制度的一些细微之处，也忽略了其近乎致命的弱点。以男性为中心，我们把中国家庭看作是一个世系，膨胀到包括一个男人家庭的所有成员，并扩散到他的后代。然而，以女性为中心，我们看到的中国家庭不是过去和未来模糊视野之间的一条连续的线，而是一个出于一个女人的需要而存在的当下群体，只要她有力量这样做，或者，为了这个目的，需要这样做。"① 这段话的意思是，从不同的视角来认知汉人的家庭，最后得出的结果大不一样：以男子为中心，是一个时间维度上的父系家庭；以女子为中心，则是一个空间维度上的"子宫家庭"。人类学对家庭/家族（family）与宗族（lineage）已作过区分，即当我们在说家庭/家族时，包含了这个群体中的男方与女方，而当我们在说宗族时，则仅仅包含男方，女方被排除在外。在家庭内的祭祀，比如每日或初一、十五日为堂屋中的祖先神灵上香，通常都由女主人来执行。但在祠堂祭祖或墓祭时，一般仅局限于男子来执行和主持。因此，在家庭—宗族—社会不

---

① Margery Wolf, *Women and the Family in Rural Taiwan*, Palo Alto: Stanford University Press, 1972, p. 37.

同的社会空间中,女性的主体性主要表现在家庭和社会之中,而在宗族组织中,女性主体性缺失。

杨庆堃在论及中国社会团体的宗教联结时,特别注意到了其中的女性群体。他说,在传统中国社会中,那些规模和数量都不大的超越于亲族制度的社会团体,主要以兄弟会和姐妹会的形式表现出来。那些关系密切的朋友,在社会生活中需要相互依靠时,就会组成兄弟会和姐妹会以巩固和稳定彼此之间的关系,如通过拜天地、拜祖神结成异姓兄弟和姐妹。在结拜的时候,特别是在妇女之间,通常会有焚烧香烛、拜天地、拜神仙等宗教仪式。[1] 在华南地区,女性互助会在那些不得不离家在外谋生的妇女中间较为流行。在这些妇女互助会中,宗教的成分要比在男性的互助会中更为突出。另外,一些独身女性(自梳女)的互助会被称为"老姑娘社"。与普通的妇女互助会不同的是,她们有专门的房子作为活动场所(姑婆屋),在那里开展一些女红活动,并为那些无家可归的妇女提供住所。当一个成员去世后,其所属团体的姐妹们会供奉和祭拜她的灵位。未婚或离婚的女性在娘家是没有地位的,特别是离婚妇女,传统社会对其有相当的歧视,因此需要姐妹互助会这样的组织为其提供社会和经济上的帮助。如果单靠世俗利益的支持缺乏足够的凝聚力,因此宗教恰到好处地赋予了社团某种神圣的令人崇拜和敬畏的特征,可以促进成员之间的团结和忠诚。[2]

汉人社会中女性的主体性位置在宇宙观层面也有表达。武雅士在论及"神、鬼与祖先"时,对神灵的讨论仅仅涉及

---

[1] [美]杨庆堃:《中国社会中的宗教》,范丽珠等译,上海人民出版社2007年版,第67页。

[2] [美]杨庆堃:《中国社会中的宗教》,范丽珠等译,上海人民出版社2007年版,第68—69页。

作为官僚象征的男神，显然这是从父系家庭出发所作的延伸性理解，局限性在于其忽视了中国社会中大量女神的存在。桑高仁因对妈祖的研究，促使他对中国三个重要的女神进行了专题探讨。男神作为官僚的隐喻，意味着其是一个管辖一方地界的神—官。但女神崇拜与边界无关，佛寺、朝圣中心和教派宗教分别对应的女神是观音、妈祖和无生老母。[1] 作为佛教的一个神灵，观音是中国最流行的女神，大大小小的佛寺一般都有她的塑像或画像。桑氏认为佛教的"寺"和供奉边界男神的"庙"的区别在于前者没有清楚的空间上的信众范围，任何人皆可来"寺"祭拜，佛寺不是某一个特定社区的象征，其供奉的神也不是超自然界的管理者。东南地区流行的妈祖信仰，在妈祖流行地区，形成了规模庞大的朝圣（请香）和子庙（分香）现象。如果用亲属隐喻来描述这个现象，桑氏认为应该是姻亲（affinal），而不是男系亲属（agnatic）。信徒带着子庙中的妈祖像前往母庙朝圣，类似于新娘回娘家"归宁"。无生老母被认为是所有神灵的权威，包括佛教和道教的神灵，也是观音和玉皇大帝的母亲，她的信徒据说是她的养子。[2] 在中国民间宗教中，作为与象征官僚的男神相对立的女神，其意义不仅出自社会生活中男性与女性对立在宇宙观层面的投射，还来自纯洁与污染的对立。在汉人父系社会中，女性低下的社会地位，被月经所隐喻，因为女性地位低下，所以月经被看作一种污染，并导致一系

---

[1] P. S. Sangren, "Female Gender In Chinese Religious Symbols: Kuan Yin, Ma Tsu, and the Eternal Mother", *Signs: Journal of Women in Culture and Society*, Vol. 9, No. 1, 1983.

[2] P. S. Sangren, "Female Gender In Chinese Religious Symbols: Kuan Yin, Ma Tsu, and the Eternal Mother", *Signs: Journal of Women in Culture and Society*, Vol. 9, No. 1, 1983.

列针对女性月经的禁忌。在家庭中，女性的社会角色既有积极的一面，也有消极的一面，即作为母亲对家庭团结起到积极作用，而作为媳妇对家庭分裂（分家）起到消极作用。但女神无一例外皆是正面的象征，因为她们通过独身的方式克服了与月经、性交、死亡和生育所带来的肮脏属性。女神的正面性无疑是家庭中母亲的化身，对维护家庭的团结发挥着至关重要的作用，具体表现为三个方面，即包容、中介和联盟。总之，"女神尽管是母亲的形象，但并不等于现实社会中的母亲。其一，她们比现实中的妇女更强大。其二，她们仅仅具有女性积极的一面，而男神则具有积极与消极的两面性。我解释女神的力量是类似于家庭中女性的力量（指母亲积极的一面），以及她们的纯洁与完美是妇女团结（积极）与分裂（消极）象征分离的结果。"①

桑氏对女神的独到理解，使我们明白了女神是女性完美的化身，是一种理想状态，是一种值得人们特别是女性去追求的最高境界。故此，一般女性宗教组织所祭拜的对象多为女神。不过，在鲍屯并没有专门供奉女神的寺庙。观音庙应该是全国较为普遍的庙宇，但在鲍屯及附近都没见到，位于大西桥镇最大的庙宇是关帝庙。在鲍屯汪公庙里，有一幅观音的画像，汪公塑像的右边是关帝的塑像，观音画像张贴在汪公像的左边墙上，并不是作为主神而存在。小青山太平寺的主神也不是观音，而是释迦牟尼。桑高仁区别了佛寺和祭拜地界神的"庙"，显然，汪公作为一个管辖鲍屯社区的地界神，同时容纳了男神汪公、关帝以及女神观音，两种宗教场所的界限在鲍屯并不是那么明显。这种各种宗教元素的混

---

① P. S. Sangren, "Female Gender In Chinese Religious Symbols: Kuan Yin, Ma Tsu, and the Eternal Mother", *Signs: Journal of Women in Culture and Society*, Vol. 9, No. 1, 1983.

杂，也是民间宗教与制度性宗教的区别所在。从鲍屯女性宗教组织的名称来看，"佛头会"这个称呼无疑显示该组织属于佛教的范畴。桑氏说女神特别是观音与佛寺相关，尽管鲍屯没有专门的观音庙，但在汪公庙里供奉有观音像，因此，我们也可以判断，佛头会祭拜的神灵既有汪公，也有观音，尽管观音在此处是配神，这也符合汪公会与佛头会的主次关系，即后者是前者的次级组织，相对应的是汪公是主神，观音是配神。

女性参与到民间宗教活动之中去的情形，即使在大陆，鲍屯也不是孤立的个案，乃是一个全国性的普遍现象。这个中国现象与韦伯关于现代性的判断大相径庭，中国社会在现代性的进程和市场经济的转向中，并没有出现"祛魅"（disenchantment）的结果，曾经被中断的民间文化反而获得了新生。这个传统文化的复兴，在珠江三角洲地区尤为突出，相关的研究也主要集中在此地区。比如，Pui-Lam Law 对广东一个村落女性参与宗教活动的研究就比较具有代表性。伴随着改革开放，华南的宗族制度也开始重新浮现。村民们重建祠堂、重修家谱，宗族意识被重新唤醒，并在珠三角地区流行开来。复兴后的宗族制度仍然是以父子关系为主轴，祭祖时也是仅仅局限于男子参加。妇女只有结婚后才能在丈夫的家庭祭祀丈夫家的祖先。女孩在未婚前只能参加娘家的墓祭，结婚后不再参与。在家庭祭祖时，她们尽管可以为丈夫家的祖先上香烧纸，但被认为不重要。因此，复兴后的祭祖仪式仅仅是男子的专属领域，妇女只是延展男子继嗣线的工具，在父系社会里强化了性别差异。这样的性别不平等延伸到了经济领域，无论在经济收入，还是在工厂企业的管理中，妇女皆处在次属的地位。基于这样的不平等地位，"1990 年代出现的妇女在庙会和重要的节日大量涌向庙宇的现象，可以认为是妇女被激进的社会变迁和不公的待遇所困扰的情形下感到无助，从而去寻找精神支持，如同传统社会中女性的做法。"①

民间宗教不仅成为激进变迁时代女性的精神安慰之处，而且还强化了家庭中传统的性别关系。众所周知，传统的家庭性别分工是将女性局限在家庭之内，从事所谓的家务活。前去庙宇烧香拜神，为丈夫、孩子和其他家庭成员祈福是她的责任。而男子烧香拜神则是为了整个宗族或外面的事业。因此，同是拜神，男女两性的行为具有高下之别。20世纪90年代随着民间宗教的复兴，大量的信徒多为女性，她们的责任就是为了丈夫、孩子的平安幸福祈祷。故此，"除了寻找精神安慰，妇女前往庙宇拜神被认为是一种家庭责任。很大程度上这种宗教行为加强了家庭中的传统性别关系"②。

Pui-Lam Law 对广东女性的宗教活动所得出的最后结论，显然也不无道理，其得出结论的视角无疑出自父系制度，也即以家庭中男性为主体的社会位置来观察女性的一切活动，当然会认为当今民间宗教强化了家庭中传统性别不平等的关系。不容否认，妇女为丈夫和孩子祈祷，在现实生活中是一个普遍的现象。但是，如果我们换一个视角，从凸显妇女主体性的"子宫家庭"来看观察女性的宗教活动，那么也可以得出一个相反的结论，即她们前往庙宇拜神，也是在寻找自己独立的空间。这个空间犹如"子宫家庭"，是妇女反抗父系制度支配的独立自主的场所。就鲍屯的经验而言，以男性

---

① Pui-Lam Law, "The Revival of Folk Religion and Gender Relationships in Rural China", *Asian Folklore Studies*, Vol. 64, 2005.

② Pui-Lam Law, "The Revival of Folk Religion and Gender Relationships in Rural China", *Asian Folklore Studies*, Vol. 64, 2005.

为主体的汪公会可以类比为父系制度，而以女性为主体的佛头会也可以类比为"子宫家庭"。Pui-Lam Law 没有提及广东妇女是以个体还是以集体的身份从事宗教活动，如果这些妇女如同佛头会一样被组织起来，那么有组织作为依托，女性在其中的主体性就更为强大。

五 年龄组织"老协会"

目前鲍屯的会社组织，除了汪公会和佛头会之外，还有老协会和"炸会"（钱会）较为活跃。但相较于汪公会和佛头会，它们在活跃程度以及参与村落的公共事务方面，远不及前两者。与宗族组织相比，这两个会所包含的人群是跨姓氏和跨性别的，其组织的包含性同样大于宗族组织。

鲍屯的老人组织被称为"老协会"。在 2012 年的田野调查中，一天我在村里碰到前老协会的会长，他当时快 80 岁了。他说以前老协会有专门的办公地点，就在村口的一木房内，现已作为鲍屯的文化陈列室。以前老协会办得很好，有麻将室，还给每位老人发一个杯子作纪念。后来保管活动经费的财务人员将经费借给别人拿不回来了，最后老协会被迫解散。老协会的成员男女两性皆有，如当时村长的母亲就曾经是老协会的会长。鲍屯老协会的职责主要是解决家庭纠纷。一位村干部说，村委会也支持成立老协会，因为他们可以给村委会减轻一些负担。老协会除了解决家庭纠纷之外，还可以给村委会提出合理化的建议，参与村委会一些重大决策。但这位村干部还说，从周边的各村来看，鲍屯的老协会办得不是很好，能人不多。2012 年的老协会会长是男性，副会长是女性，两个委员是女性。新一届老协会一般都在重阳节成立。每年重阳节时老协会都会组织老人过节共餐，另外，十月初一的牛王会，老人们也会举行共餐。除了跟老人有关的节日外，老协会也会参与组织其他公共活动，比如，上文提到的六月六在太平寺的拜神共餐活动，其中的组织者就包括了老协会。

正如那位村干部所说，尽管鲍屯也成立了老协会，但与周边邻村的老协会比较而言，鲍屯的老协会在村落公共事务方面发挥的作用并不大。比如邻村九溪的老协会的职责就包括：在村支两委关系紧张的情况下，协助政府在村中的工作；调解部分民间纠纷；组织全村性民俗文化活动；组织修路建桥，维修学校，慰问师生等公益活动；引导村民行为；主导村落社会舆论；承担对外接待，等等。[①] 鲍屯的老协会就职责范围来说，有的与九溪村有重叠之处，但相对而言，九溪村的老协会更大一些，比如其承担的对外接待职责在鲍屯就没听说过。

尽管与邻村相比，鲍屯的老协会在村民们的社会生活中没有那么突出，但也是一种在现实生活中存在的社会组织，我们可以从其他方面来讨论其社会意蕴。如果说佛头会是一个性别群体，那么老协会也可以名之为一个年龄群（age group）。年龄群是人类学社会组织研究的一个经典论题，特别是在无国家的部落社会中，年龄群体通常是除了亲属组织之外的一个重要的社会组织。恩伯夫妇认为，在不同社会中年龄称谓如同亲属称谓一样将人按年龄划分为不同的范畴，如婴儿、青年、老年等。年龄等级就是符合某个特定的、文化上有区别的年龄范畴的一类人。年龄组这个术语用来描述年龄相仿、性别相同的一群人。他们共同度过人生的某个阶

[①] 孙兆霞等：《屯堡乡民社会》，社会科学文献出版社2005年版，第245—246页。

段，属于某个特定年龄范围的所有男孩可能会同时参加成年礼从而变成男子汉。在生命末期，这个群体可能会作为一个整体而变成老人。在大多数非商业社会，亲属关系形成了社会组织和管理的基础。然而，还有一些社会，其年龄群与亲属关系纽带相交叉，形成了强大的补充结合。东非和巴西就有这样的社会。① 年龄群体在人类学文献中又称为年龄组织（age organization）、年龄组（age set）、年龄级（age grade）、年龄等级（age-class）、年龄制度（age system）等。常见的概念主要是年龄组和年龄级，两者被合称为年龄群，根据《麦克米伦人类学词典》的定义："年龄群是包括年龄级和年龄组的通用术语。"② 两者具有些微的差别，比如，"年龄组是在定期仪式中参与成年礼的一个人群，他们之间存在着强烈的群体认同感。年龄组的成员身份是终生的，并要经历连续性的年龄级别类型（如战士），每一个年龄级又都与一组年龄角色和地位相联系。"③

相关的人类学词典也有大同小异的解释。如，年龄等级制度（age-classsystem）或年龄制度（age system），"根据共同的年龄和角色（一起通过相同的'年龄级'而形成的'年龄组'）将男性（很少是女性）组织成小组的一种方法，在东非或美洲最为典型。共同的特征是年轻人和长辈的分离。"④

另一部词典则分不同词条对其进行了详细解释。首先，

---

① ［美］C. 恩伯、M. 恩伯：《文化的变异》，杜杉杉译，辽宁人民出版社1988年版，第370—371页。

② Charlotte Seymour-Smith, *Macmillan Dictionary of Anthropology*, London: Macmillan Press Ltd, 1986, p. 6.

③ 庄孔韶：《人类学概论》，中国人民大学出版社2006年版，第335页。

④ Mike Morris, *Concise Dictionary of Social and Cultural Anthropology*, Oxford: Blackwell Publishing, 2012, p. 4.

是年龄人类学（anthropology of age），"年龄作为社会组织的原则没有得到人类学系统的关注，也没有对年龄类型差异的不同条件进行跨文化的研究。大多数年龄分组的研究重点放在了年轻人的年龄组，尽管也有其他重要类型的年龄组。许多人类学家在调查中一直依赖老年人，但很少有人研究过老年人获得和维持智慧或高级知识的机制，以及与社会政治权力的关系。基思（Keith）在评论这个主题时，区分了需要人类学家去研究的年龄差异的各种维度调查。其一是认知维度：年龄是一个社会分类的显著特征，如果是的话，如何理解年龄差异？人们如何区分年龄边界和它们的标记，根据性别、年龄或主体的身份？另一个维度是意识形态。适龄行为与特殊角色（如规范和价值观的创造者或守护者通常被认为是老年人）相关，而这又反过来与政治角色的结构有关。一个进一步的维度是交互作用，它包括同龄人团队的组织方式，他们交流的方式跨越了年龄的界限：例如，年龄群体与垂直继嗣原则的关系。最后基思区分了合作维度，也就是说，使用年龄原则招募人员加入协会或合作群体。相当多的注意力集中在现代社会中年龄的冲突问题。人类学证据显示，年龄本身在不同的社会有不同的定义和使用，所以年龄群体之间冲突的类型和程度是高度可变的。这取决于代际的定义，取决于年龄群体的空间或组织分离，以及每个社会中财产和权力的持有和传递模式。"[1]

其次，是年龄级（age grade），"与年龄组不同，年龄级不是合作群体，而是由一系列状态组成，个人通过这些状态随着时间的推移而变化。年龄级和年龄组之间的区别，最初

---

[1] Charlotte Seymour-Smith, *Macmillan Dictionary of Anthropology*, London: Macmillan Press Ltd, 1986, p.6.

是由拉德克利夫-布朗提出的。如同年龄组一样,年龄级可能是社会阶层、入会或从一个阶段过渡到下一个阶段的重要因素,从而获得知识、资源、社会地位等。"①

最后,是年龄组(age set),"在许多部落社会,如东非、巴西中部和新几内亚的部分地区,都存在着以年龄为基础的社会群体,这些社会群体是跨亲属关系与继嗣纽带的。在年龄组体系中,年轻人(通常仅限于男性,但有时也包括男性和女性)被分组到一个具有合作身份要素的被命名的单位中。一些年龄组系统是循环的,年龄组的名字会在不同代际之间反复出现,而另一些则是直线的,因为他们不断地创造新的名字。世界观和时间概念中可能存在相关性,分别表现为循环系统和渐进系统。有些年龄组体系涉及青春期或婚前的身体隔离:通常是作为战士的年轻男子居住在'男子住宅'中。在其他社会中,年龄组不是居住在一起的群体,而是具有其他类型的特征,如有仪式的、社会的或政治经济的义务。年龄组通过跨亲属关系,在管理亲属关系方面发挥着重要作用。年龄组还用于规范不同世代群体之间的关系,以及根据年龄组成的社会中贵重物品、资源和社会地位的传承或获取。"②

从人类学过往对年龄制度及相关概念的定义来看,其具有以下几个特征:(一)年龄制度主要流行在部落社会,特别是东非和美洲;(二)主要是年轻人组成了年龄群;(三)成员主要是年轻人中的男子;(四)年龄群是跨亲属关系和继嗣纽带的群体;(五)年龄群具有自己独特的身份

---

① Charlotte Seymour-Smith, *Macmillan Dictionary of Anthropology*, London: Macmillan Press Ltd, 1986, p. 6.

② Charlotte Seymour-Smith, *Macmillan Dictionary of Anthropology*, London: Macmillan Press Ltd, 1986, pp. 6 – 7.

标识，其中共同参与成年礼是一个关键的标识。

人类学转而研究复杂社会以后，年龄组作为一个论题并没有得到足够的重视。显然，这可能跟农民社会与部落社会的社会构成具有极大差异有关。假如我们以部落社会年龄组的诸多特征来观照农民社会，就会发现农民社会与部落社会之间的差异。尽管两种社会具有差异，但人类学家在观察农民社会的类似年龄组的关系和组织时，仍然将重点放在了年轻人的身上。比如，部落社会年龄组的最主要特征是年轻人构成了群体成员的主体，但在农民社会中勉强能算得上是这样的群体的，那么就只有"结拜兄弟"（sworn siblinghood）了。近年桑托斯（G. D. Santos）对华南汉人的另一种关系"同年兄弟"（same-year siblings）[①] 现象做了开拓性研究。作为一种社会关系，结拜兄弟与同年兄弟具有异同之处。华南当地人在向外人解释同年兄弟时，常常将之与结拜兄弟进行比较，相同之处是，两者皆要通过一系列仪式来确认所涉及的人的关系，如举行仪式性的"血誓"、在一起共餐、采用父系亲属称谓来隐喻所涉及的人的关系。不同之处是，形成同年兄弟关系必须以相同的出生之年作为唯一标准，否则就不成其为同年兄弟了。另外，结拜兄弟会卷入比较大规模的具有异质社会关系（hetersocial relations）的人群，并可能引发政治联盟、秘密社会、土匪与城市帮派等复杂的合作组织，而同年兄弟仅仅涉及同质的社会关系（homosocial relations），并且只是简单的二元关系。就性别关系而言，华南乡村的同年关系主要是以男性为主，未婚或已婚的妇女形成同年关系极为少见，这一点与部落社会的年龄组较为接近，桑托斯认为其原因在于汉人父系社会未给女性留下较多的社

[①] 中国有的省份民间称之为"打老庚"。

第二章 文化的组织（二）：跨界的会社

会活动空间。① 虽然两种兄弟关系都以亲属称谓来界定他们的社会关系，但事实上这只是一种隐喻关系，他们实际上是跨亲属的结合，真正具有血缘关系的兄弟并不会结成结拜兄弟与同年兄弟。

如果用经典的年龄组定义去衡量汉人的结拜兄弟与同年兄弟，后者比前者更为恰当一些，因为他们是以同一年出生作为关系形成的标准，而前者的年龄尺度则较为模糊。虽然同年兄弟以同一年出生作为关系形成的标准，但他们不是共同参与成年礼的伙伴。另外，正如桑托斯所言，结拜兄弟有可能会发展为吸纳众多人群的合作组织，而同年兄弟仅是一种涉及两个人的二元关系，不会发展为一个庞大的组织。这两种兄弟关系当然是在年轻时形成的，并一直会延续到老年时期。而不是基于这两种兄弟关系形成的以老人为主体的人群组织，在汉人社会人类学文献中则少有涉猎。在早期人类学家的著述中，弗里德曼认为葛学溥在其著作中谈及的"父母丧葬协会"（The Parent Burial Association）属于老人会，② 但如果翻检葛学溥的原著，会发现凤凰村的父母丧葬协会并不是以老人为主体的组织，而是家中的儿子为了给父母去世办丧事时得到大家的帮助而成立的一个互助组织。③

人类学对年龄群的研究，无论在部落社会抑或在农民社会，皆忽视了对老人群体的关注。尽管在这两种类型的社会里，老人的社会地位皆高于年轻人，但事实上老人在社会上

---

① G. D. Santos, "On 'same-year siblings' in Rural South China", *Journal of the Royal Anthropological Institute*, (N.S.) 14, 2008.
② ［英］弗里德曼：《中国东南的宗族组织》，刘晓春译，上海人民出版社2000年版，第118页。
③ ［美］葛学溥：《华南的乡村生活》，周大鸣译，知识产权出版社2012年版，第111页。

的位置并未得到足够的重视。正如上文词典中对年龄人类学进行介绍时说道，人类学家在田野调查时，询问的对象常常是老人，因为老人是社区历史和地方性知识的掌握者，但很少作为研究对象进行专题讨论。鲍屯及邻村的老协会正好为我们提供了一个鲜活的案例，为进一步的深入探讨奠定了前期的基础。前面说到结拜兄弟和同年兄弟皆是在年轻时结成的关系，这种关系可以延续到老年，但鲍屯的老协会并非是这样形成的。他们是基于60岁这个年龄点而被组织起来的，也即是说凡是村里60岁及以上的村民，不论姓氏、男女皆可加入这个协会。因此，这个协会是跨亲属、跨性别的一个组织。特别是跨性别是鲍屯老协会一个鲜明特色。无论是部落社会的年龄组，还是农民社会的结拜兄弟和同年兄弟，其成员一律是男子，在农民社会中当然也有结拜姐妹和同年姐妹，但皆是男女两性分别结成各自的群体，少见男女混杂在一个群体里的情形。但鲍屯老协会却包含了男女两性的成员，而且男女两性皆可被选为会长，正如前文所言，村长的母亲曾经当过会长，现任会长是位男性，但副会长和两位委员却是女性。年轻人结成的结拜兄弟和同年兄弟关系，在鲍屯并不明显，他们在社会生活中的作用也不重要。而老协会是一个公开的显性的地方社会组织，其作用上文已作了论述。老协会兼有一定的道德与政治上的权威，在道德上，他们是家庭纠纷的调解者，这是国家正式权威之外的一个重要地方性权威的表现，因为一般的家庭纠纷并不需要诉诸国家的法律来解决，这个空白正好留给了非正式权威的老人们。在村落政治上，他们可以对村委会的重大决策提供建议，参与村里的政治决策，村委会也会吸纳他们的合理化建议，尊重他们作为老人的话语权。他们还是民间公共事务的组织者，比如他们作为一个组织协助佛头会组织的一系列仪式活动。老协会与其他几个重要的村级民间事务也有一定的交叉和重叠。因为老协会是一个跨亲属、跨性别的组织,因而在各姓氏祭祖时,他们作为个体是重要的参与者,在抬汪公时他们作为个体也是重要的参与者,仅有在协助佛头会时他们是以组织的名义。在邻村九溪,老协会甚至可以作为村落的代表接待外来的宾客。

众所周知,老人在农民社会占有最高的社会地位和权威,在汉人社会中,儒家"孝"的价值观从观念上肯定和支持了这个社会等级。[①] 葛学溥在其著作中虽然没有专门论及组织化的老人群体,但他讨论了"年龄控制"的问题。他说:"进一步传统限制的因素是年龄。年龄一直与以血缘关系和性别决定的领导权相伴。如果一个宗族房支或房的年老首领去世,这一位置不能传给他的儿子,而是交给村里亚群体中其他年老的家族首领。年龄的重要性也一直由孝的观念所强化,孝在家庭教育、街道和学校的教育过程中是强调的

---

① 有趣的是,尽管儒家在论及父子/女关系时,以"孝"作为最高价值。但桑高仁通过神话研究却发现,其实两代人之间存在着张力。他在《父系模式欲望生产里的父与子》一文中讨论了哪吒和妙善两个神话故事。为什么试图杀父的哪吒和拒绝结婚的妙善,两个违背儒家正统价值观的子女却被尊为神灵。他引入"个人欲望"和"主体性"两个概念进行解释。汉人父系家庭要求儿子留在家中,但在父亲威严之下,儿子的主体性欲望难以满足。同时父亲的地位也难以持久,年老时不得不把家长的位置让给儿子。在父慈子孝观念掩盖下,父子关系实则充满张力。儿子的主体性以逃出家庭来实现。这与儿子必须留在家庭,以完成父系继嗣相抵触。在父系家庭,女儿必须结构性地离开娘家。但妙善拒绝父亲的要求,抗婚出家为尼。汉人女人的地位依附于丈夫和儿子,但其前提必须是出嫁。妙善的欲望是通过抗婚留在娘家,并希望自己在娘家获得一定的位置。哪吒和妙善分别代表了儿子和女儿,以及他们欲望的神话投射。一种文化中,在正统价值观下隐藏着对这些价值观的反抗。也许正是这些反抗力量更加凸显了其正统性。存在的合理性通常经由其对立面来论证。它必须要生产出自己的对立面。因为结构中包含着反结构。见桑高仁《汉人的社会逻辑》,丁仁杰译,台北:"中研院"民族学研究所,2012年。

中心，孝顺包含了服从和尊重所有比自己年长的人。"[1] 当前，鲍屯村民在不同的场合皆在宣传孝的价值观，比如在鲍氏祭祖时，祖坟地周边的展板上专门有宣传孝的内容。除了传统的二十四孝的内容外，族人还另外规定了现代孝的内容，如展板上张贴的"新24孝行动标准"，包括了"1. 经常带爱人子女回家，2. 节假日尽量与父母共度，3. 为父母举办生日宴会，4. 亲自给父母做饭，5. 每周给父母打个电话，6. 父母的零花钱不能少，7. 为父母建立'关爱卡'，8. 仔细聆听父母的往事，9. 经常为父母拍照，10. 教父母学会上厕所，11. 对父母的爱要说出口，12. 打开父母的心结，13. 支持父母的业余爱好，14. 支持单身父母再婚，15. 定期带父母体检，16. 为父母购买合适的保险，17. 常跟父母做交心的沟通，18. 带父母一起出席重要的活动，19. 带父母参观你工作的地方，20. 带父母去旅行或故地重游，21. 和父母一起锻炼身体，22. 适当参与父母的活动，23. 陪父母拜访他们的朋友，24. 陪父母看一场老电影"。另外，针对老年妇女的孝的行为，也有专门的仪式性表达。在2019年重阳节期间，鲍屯村民举办了表达孝观念的"添粮节"，展板对其作了介绍："添粮习俗，一般是为父母添加粮食，添粮补寿。民间认为，人活到六七十岁，命中注定的口粮差不多吃完了，为增加寿命，须给添粮以带来新的生命力。添粮习俗在安顺屯堡地区颇为普遍，但主要是给中老年妇女举办，具有祈福、延年蕴含。屯堡的女人，一生默默无闻，勤俭持家，相夫教子，在她们心中，只要修佛修善，来生转世必能投胎到一个好人家。笃信佛教的她们也深信添粮后，每

---

[1] [美]葛学溥：《华南的乡村生活》，周大鸣译，知识产权出版社2011年版，第68页。

年正月到庙里吃斋忏悔，必能修得十种利益。屯堡的添粮仪式，实际上是传递对老人的孝意和爱心，表达儿孙对她们辛劳持家的感激之情，很符合屯堡人百善孝为先的价值观。"① 尽管鲍屯老人拥有知识、道德、智慧与政治上的权威性，但在某种程度上对其的尊重与孝顺主要是象征性的。在村落民间公共事务方面，因体力不支等方面的原因，许多需要耗支体力的组织活动多需要年轻人来完成，比如鲍氏祭祖委员会中就吸纳了一定数量的年轻人，佛头会也有类似情况。但在老协会中主要还是老人们自己来完成各项任务。葛学溥在论及20世纪初的华南乡村时，也谈到了老人权威在新的时代随着社会变迁逐渐衰退的事实，原因在于老人们已不适应新的价值观了。② 这个原因同样可以适用于21世纪的鲍屯老人，但葛学溥忽视了老人身体方面的因素，许多繁重的事务必须借助精力旺盛的年轻人。

六　互助组织"炸会"

鲍屯的非亲属组织，除了上述几个之外，尚有民间称之

---

① 与敬老习俗相对立的还有弃老习俗。历史上世界各地皆有发现。中国及周边的日本、朝鲜和印尼同样存在关于这种习俗的传说与事实。其原因估计是从印度通过汉译佛经传播而来。据研究，"抛弃衰老病弱的老年成员，不仅是人类历史上的真实现象，也是民间故事中的重要母题，相关风俗和故事还伴随有一定的风物遗迹留存至今。"（李道和《弃老型故事的类别和文化内涵》，《民族文学研究》2007年第2期）。相关研究还可见钱燕娜《"弃老俗"的道德考察》，《法治与社会》2010年第10期；宫哲兵《野蛮"弃老"俗的见证——武当山寄死窑》，《中南民族大学学报》2007年第2期等。弃老习俗虽然是严酷环境的产物，但显然与儒家的价值观相背离，至少在中国今日已无此习俗的存在了。日本获奖电影《楢山节考》正是对这种习俗的反映。

② ［美］葛学溥：《华南的乡村生活》，周大鸣译，知识产权出版社2012年版，第68页。

为"炸会"的经济互助组织，但因其未参与到鲍屯的公共事务之中，故而对其作简要的讨论。"炸会"之外的非亲属组织皆与鲍屯的民间节日有关，即皆是这些节日仪式的组织者，且具有强烈的神圣性。而"炸会"纯粹是一个世俗化的组织，其组织活动公开透明度不明显，也即是说，"汪公会""佛头会"和"老协会"的组织活动可以公开观察到，而"炸会"的活动通常都是在封闭的空间进行，极少有旁观者，但也不能因此将之理解为是一个秘密组织，因为"炸会"的活动至少在当地并没有被禁止，只是他们的活动不向外人展示而已。

中国的民间经济互助组织由来已久。据史家考证，经济互助组织"合会"产生于唐宋之际，是"我国民间之旧式经济合作制度，救济会员相互间金融之组织也"。合会又称为"蟠桃"，各省名称不一，主要有集会、邀会、聚会、请会、做会、赊会等，又通称为"义助会"。从跨文化的视野来看，其他民族也有类似的组织，如日本的组合无尽（又称无尽讲、赖母子、赖母子讲），印度的夺标制、友助会等。[①] 但张秋根认为，严格意义上的经济互助性质的合会，如在丧葬、嫁娶这两件人生大事上汇集众财，以救其急的互助活动，早在汉代已相当盛行。他引述了汉人所撰《四民月令》中的一段话作为证据："乃顺时令，敕丧纪。同宗有贫窭久丧不堪者，则纠合宗人，共与举之，以亲疏贫富为差，正心平敛，无相逾越。"由于宗族内部成员之间存在贫富不均等，因此相互救济成为族人之间的一个义务与责任。不过，汉代类似的行为虽然有互助的性质，但没有固定的组织，仅仅是临时性的行为，只有到了唐代以后，民间自愿性的经济互助组织

---

① 陈宝良：《中国的社与会》，浙江人民出版社1996年版，第161页。

才具有合会的性质。①

社会史家从历史的维度考察了经济互助组织的起源和流变，人类学家则从横向的维度讨论了该组织的诸多特征。如早期人类学家林耀华和葛学溥皆论及了所研究社区的经济互助组织。在福建义序，这样的组织被称为"加会"，"会之成立，先有会首一人，征求族内有交谊的族人（族外有交情的朋友亦可）为会员。会之日期不一，有以一年为限，有以数年，十余年或二三十年为限者。会员人数从数人到二三十人，会费则以各会员的意见为标准。初次开会，由会首备办酒宴，敦请会员，各会员纳会费若干，会首持为自用，其后会员若干人，必纳会员费若干次，每次由会员中一人持用；所以这个'加会'的最大目标，是以零星所积的款目，换一项整数的银钱；又因临时需款甚急，可以征求各会员集款先用，惟是先持款者得利少，后持款者得利多。"② 在广东凤凰村，"互助会通常是临时性的，它一直持续到每一个成员以现金和参加宴会的方式取回自己的钱为止。……提供这种帮助的方式逐渐演进成一个实用的互助形式。假定某人因某个有价值的目的需要 50 美元。……当他找到 10 个愿意每人付他 5 美元的人时，他得到了他需要的款项。一个星期或一个月后，他邀请这些人参加一次宴会，花费 5 美元。这是他分期还款的第一步。主办者不还现金而是还以与每位会员付给他的钱财等值的盛宴。每两个饭局通常间隔一个月，假定一个会中除主办者外有 10 个成员，则就要历时 10 个月直到此会终止。这样，主办者头一个月靠 50 美元获得了好处，此

---

① 张秋根：《中国古代合伙制初探》，人民出版社 2007 年版，第 121—122 页。
② 林耀华：《义序的宗族研究》，生活・读书・新知三联书店 2000 年版，第 36 页。

后他每个月还5美元直到第10个月他的贷款还清的时候。"①

　　林耀华和葛学溥分别论及的福建和广东的经济互助组织，其内部运作机制基本一致，仅有个别细节稍有差异，如福建会的日期有长有短，而广东的日期葛学溥将之假定为一个月。整体上来看，经济互助会的运作机制类似于轮值制，即会员轮流当值收取其他会员的款目，依此原则每位会员皆有机会出款与收款。这是汉人社会基于横向维度上循环往复的平等主义的又一体现，不仅在经济上如此，在社会地位上也如此。经济上，不存在收支不平等的现象，进而决定了会员们平等的社会地位。林耀华有个观点值得讨论，他说："惟是先持款者得利少，后持款者得利多。"他没有看到，互助会的运作是循环的方式，这一轮你是先持款者，下一轮你就是后持款者，如果这个会一直轮值运作下去，最后大家均为持平者，不会有人在会里赢利。互助会的目的主要是解决会员因某事急需用钱的问题，而不是借此来获利。

　　根据吴燕和（David Y. H. Wu）的梳理，全世界从简单社会到工业社会皆存在互助会。格尔兹和阿德纳（Ardener）总结了互助会的组织结构以及它在全世界各个社会中的作用。格尔兹认为互助会是一个从传统农民社会到现代商业社会的"中间阶段"（middle rung）。相反，弗斯（Firth）则怀疑这样一个简单的机构是否能为资本作出实质性贡献，形成或显著促进经济增长，尽管他也强调互助会在农民经济中的重要作用，如具有信用合作社、保险计划和储蓄协会的功能。库尔茨（Kurtz）认为，互助会是适应贫困或相对贫困状

---

① ［美］葛学溥：《华南的乡村生活》，周大鸣译，知识产权出版社2012年版，第107—108页。

况的一种手段，而不是格尔兹所谓的经济发展的"中间阶段"制度。而吴燕和对巴布亚新几内亚华人互助会的研究表明，复杂的金融网络是从简单的传统模式建立起来的，文化变革和经济发展的关键是人而不是制度，经济制度被人操纵的方式决定了它的适应性。① 芮马丁（Emily Martin）在比较中西方之间金钱的意义时指出，在互助会等中国民间社会中，金钱的使用强化了社会交往的纽带，整合而非撕裂了社会关系网络。②

鲍屯的"炸会"目前究竟有多少个，没人作过统计，但应该比较普遍，因为据报道人说，鲍屯村民没有一个人不是负债人，意为每个村民都在"炸会"里收取过别的会员的款目，但还没有轮到自己出款还给别人。在调查过程中，我搜集到一份"炸会"的会规，其内容如下：

会规

为了增加村邻团结，相互支持，经众会友商定成立以经济为主互助会一个，为使此会从始至终圆满结束，特立炸会条款如下：

一、炸会时间：从农历2009年六月十五日起，每年会期六会，逢双月炸，如二月十五、四月十五、六月十五、八月十五、十月十五、腊月十五（如闰月以前为准）。

二、本会会银每会人民币伍佰元整（500.00元），

---

① David Y. H. Wu, "To Kill Three Birds with One Stone: The Rotating Credit Associations of the Papua New Guinea China", *American Ethnologist*, 1974, 1: 565–84.

② Emily Martin, *The Meaning of Money in China and the Uniited States*, HAU Press: Chicago, haubooks.oreg/, 2015, pp. 46–50.

重会炸伍佰伍拾元整（550.00元），炸会地点在小街上××处，此会采取不喊会，时间以当天晚十点钟，如超过违规者，轻会罚款五十元，并取消当晚摇会资格，重会罚款一百元。

三、接会方式：采取摇骰子大小决定，按交款先后顺序，若摇同一点数，以前者为准，如暂时不需要者，让双方协调处理，本会以当时参会名单为准，不能更换，如本人外出，此会应由当家人及子女或者亲属承担会务。

四、如出现炸到中途不炸者，轻会作"后银不跟、前银不算"，重会由收会人喊齐众会友，到其家中拿物资，以最低价格拆款抵足会款，如会友中有顾颜面不去者，轻会罚一百元，重会罚两百元（如拒罚按此条款处理）。

五、此会由众会友推出三人负责接会服务，其有鲍××、鲍××、鲍××组成，负责收会、登记、交款，每会由接会人拿出人民币五十元，作为报酬，本会需会友签字、盖章认可。本会从2009年六月十五日生效，希众会友共同遵守执行。

六、未尽事宜，另行协商。

会友成员名单

姓名	在会数	姓名	在会数	姓名
鲍××	1	汪×（女）	1	鲍××
鲍××	1	汪××（女）	1	鲍××
鲍××	1	张××（女）	1	鲍××（男）
鲍××	3	鲍××	1	鲍××
鲍××	2	胡××	2	鲍××

尹××	2	鲍××	1	鲍××	
鲍××	2	鲍××（中苏）	2	鲍××	
庄××（女）	2	鲍××（男）	1		
鲍××	1	鲍××	4		
鲍××	2	鲍××（乔发）	1		

共计42会27人　　　　　　　二〇〇九年农历六月十五日

这份会规基本上向我们展示了鲍屯炸会内部运作的一般原则。从时间上来看，会期为两月一次，每次炸会的具体时间和地点也有严格的规定。接会的方式是通过摇骰子来决定，这种方式与葛学溥在广东凤凰村的观察一致。他说："每个会员扔一次骰子，点数最大的人可收到互助会中除主办者之外的每一个人支付的5美元。"① 而在福建义序却是通过"先由会首分递信封信纸，各会员题上标目之后，固封信袋，交给会首，到期会众齐集，由会首裂开每个信封，比较标目，谁标最高之数者为得彩。"② 中国人在各种活动中通过摇骰子来制定规则，类似于另一种方式——掷杯筊或掷筶。焦大卫（D. Jordan）详细讨论了这样一种占卜方式，他说道："最为普遍的一种达成神明谕示的行动，是透过掷筶来完成的，筶，在英文中对应的字义是'月狀的板子'（moon-boards），或'乩示用的木塊'（divination blocks）。一對乩示用的木塊，是由兩個木片，或更理想的是，由竹子的根所制成的半月形形狀之物件，由中間剖開成為一對。兩個筶都一

---

① ［美］葛学溥：《华南的乡村生活》，周大鸣译，知识产权出版社2012年版，第108页。

② 林耀华：《义序的宗族研究》，生活·读书·新知三联书店2000年版，第36—37页。

样，它的形状一面是圆突状，另一面是平的；两个彼此对应，一对筶合起来，看起来是单一的一个木制的东西。……在祈求神明谕示的过程中，两掌之中拿着筶，拜拜者跪下来，将筶摆在额头前，然后往地板上丢。每一次掷筶，每一个筶有可能有两个结果：平面朝上或圆突面朝上。两个筶加起来就有三种结果：两个筶都是平面朝上。两个筶都是圆突面朝上，或是两个筶相互不同，一个平面朝上，一个圆突面朝上。这最后一种组合，人们认为是表示着神明的同意，简单地将也就是得到了神明的一个'是'的反应。另外的其他两种组合，则显示了没有得到神明的同意。"① 掷筶是一种与神灵和祖先沟通的方式，其用途较为广泛。其中在选择仪式主持人如"炉主"时，一般使用两种方式，一是轮值制，二就是掷筶。两者既有相似之处，也有不同之处。轮值制在不同的组织或人员之间轮流当值，不需要一个更大的权威来决定，每一个组织或人员按循环顺序成为当然的当值者，而掷筶则需要一个更大的权威来决定哪一个组织或人员来当值，但这些组织或人员皆有可能被更大的权威选中，获得"是"的反应。另外，轮值制是按规定的顺序轮流当值，而掷筶则带有极大的随机性。掷筶需要面对神灵或祖先，而轮值制与摇骰子则不需要面对这些超自然的存在，因此，前者是一种神圣行为，因而被看作是一种占卜，而后两者则是一种世俗行为。不管怎样，这三种方式，在中国人看来皆是一种公平的竞争方式，特别是在民间社会中。

鲍屯炸会内部组织的运作方式，除了上面所提会规的规定外，报道人也作了一些口头补充，他说："入会需要资格

---

① ［美］焦大卫：《神·鬼·祖先：一个台湾乡村的民间信仰》，丁仁杰译，台北：联经出版事业股份有限公司2012年版，第84—85页。

审查，首先是守信用，其次有经济来源，如小孩在外打工，有定期汇款。审查是双向选择，受审者也要审查会首。启动后必须跑一圈，以后规模可大可小。自愿原则，男的组会，女的组会，男女组会都可以。有各种内容的会，但也有专会，如外婆会、外公会、白喜会。混杂的会有升学会、嫁娶会、迁居会。所有的村民户百分之百都有会，每个户至少参加两个会。有个村民因交通肇事后，需要赔钱，他所在的会就打破惯例，凑了四万五千元给他。利息一般是10%。以前有炸粮食的，叫'粮会'，现在主要是现金。过去没有时间概念，有30年都没炸完，现在有时间限制，一般是3到5年。每个人都不敢说他/她不负债。外村人入会欢迎，但需要一个担保人。外嫁的姑娘可以继续保持会。'后银不跟、前银不算'，'前'指的是中途烂会者，'后'指的是所有正常炸会的人，'不跟'指的是烂会者不再继续炸下去，'不算'指的是烂会者炸出去的钱不退还。一般一个会的会员在20—80人左右。"这些零碎的不连贯的不成体系的关于炸会的信息和知识，与上面提及的会规结合起来，基本上就反映了鲍屯经济互助组织的一般运作方式和原则。

不论何时何地的经济互助组织，其成立的核心宗旨当然是进行经济上的互助。不过人类学家更关心的是，这些组织延伸的社会意义。林耀华谈及这个问题时说道："这个组织是以个人为单位，自由合成一个团体，彼此联络感情，经济上又能相互合作。"[1] 林耀华主要强调它的情感联结作用，葛学溥对此的讨论则相对丰富一些，他首先强调在互助会中人们对交情的表达和需求，其二，互助会的组织者成了当然的

---

[1] 林耀华：《义序的宗族研究》，生活·读书·新知三联书店2000年版，第38页。

领导者，而在宗族中，他的领导权可能会被限制，因此，互助会为个人展示自己的领导能力提供了机会，其三，互助的精神与民主社会的组织相契合。①尽管前辈学者指出了这些有价值的社会意义，但有一点他们没有注意到，即互助会所吸纳的成员是跨姓氏、跨性别，甚至是跨村落的（报道人说如外村人想入会，需要有担保人），这一点至少在本书所研究的杂姓村尤其重要。在上面提及的会规附加的"会友名单"中，我们可以看到其成员就包含了不同的姓氏和性别。互助会与汪公会、佛头会和老协会皆具有强大的包容性，它们在村落中，不是一个排外的组织，而是一个将所有村民吸收在一起的异质性容器。

七 小结

本章对鲍屯的几个非亲属组织作了专题讨论，它们与以鲍氏宗族为代表的亲属组织一起共同构成了村落内部的文化的组织。在杂姓村鲍屯，宗族组织并非是村落的最高组织，民间宗教组织汪公会无论从规模还是影响力上而言，当之无愧是村落的最高组织。虽然其他几个会社也是村落层次上的组织，但显而易见，这些会社组织无论从哪方面来讲，皆无法与之媲美。汪公会与宗族组织的相似之处是，两者的组织成员皆是以男性为主体，但汪公会的次级系统佛头会却给村落的女性留出了特别的空间。佛头会是一个以女性为主体的组织，其成员囊括了全村的女性。如果汪公会作为一个大的组织系统，其下面就包含了以男性为主体的汪公会和以女性

---

① [美]葛学溥：《华南的乡村生活》，周大鸣译，知识产权出版社2012年版，第110—111页。

为主体的佛头会。年龄组群体是人类学的一个经典论题，但一直以来关注的对象是年轻人群体，鲍屯的老协会为我们提供了一个独特的案例，使我们可以看到在地方社会中老年人群体的重要性。鲍屯的老协会全村男女两性皆可入会，同样也是一个村落层次上的组织形式。以上几个会社组织皆与传统节日仪式相关，它们主持和参与的活动可以在村落的公共空间中公开展演，旁观者也可以一目了然地目睹它们火热的热闹场景。能够吸引到更多的旁观者，一直是各村落之间仪式竞争的主要标的，犹如村民所言，"山朝，水朝，不抵人来朝"（意为举行仪式时来观看的人数愈多愈好）。但是，在村落的会社中，另有一个组织却是在封闭的空间中（通常在家屋内）进行的，这就是经济互助组织炸会。鲍屯的互助会与每家每户皆有联系，是一个普遍的较为"隐蔽"的组织形式。组织的宗旨当然是进行经济上的互帮互助，但我们强调的是它的延伸性社会意义，这个意义是鲍屯所有会社组织的共同点，也是它们与宗族组织特别不同之处，即它们皆是跨界的组织——跨姓氏、跨性别、跨年龄等。总之，它们通过跨界的组织原则，将全体村民涵括在一个组织框架之内，使全体村民在村落的最高层次上具有了村落的自我认同感。

在"文化的组织"这两章，我们在总体上论述了鲍屯的宗族组织和会社组织，对它们各自在村落的位置和价值也作了宏观上的考察。不过，这种框架性的论述不足以让我们更加细致地认识村落的社会生活。故此，以下各章进一步考察村落社会生活不同的侧面和细部，以此作为这两章的延续和补充。

第三章　墓碑、扶箕与祖先身份

在汉人社会，家中之人死后通常有三个去处，墓地、家里的神龛和祠堂。许多学者认为，墓地安葬的是死者的尸体，而神龛和祠堂则是死者灵魂的居所。这个分类显然有些绝对，就墓地而言，它既安葬尸体，同时也是灵魂的居所。死者的去处与汉人祖先崇拜紧密相关，因此，人类学家在研究汉人祖先崇拜时，一般都会详细讨论这三种神圣空间形式。不过，从以往的研究来看，人类学家的注意力主要集中在神龛和祠堂，特别是其中代表祖先的牌位。而对墓地的研究则相对较为少见，比较详细的研究以许烺光的相关成果为代表。许氏对云南西镇的墓地结构作了观察和描述，并对墓葬中违背社会习俗的现象，如忽视死者的辈分、年龄和性别的原因进行了探讨。其中，他对墓碑及其碑文也有较多的描述，如墓碑中间部分刻着死者的封号、姓名、性别和年龄，右边刻的是碑文作者的封号和姓名，以及碑文刻写者的封号和姓名，左边刻着死者儿孙的姓名和立碑的时间，等等。他还对死者封号的象征意义进行了解说。[①] 总体上看，许氏对西镇墓地的研究，一是现象描述居多，二是着力探讨了偏离

[①] ［美］许烺光：《祖荫下》，王芃、徐隆德译，台北：南天书局2001年版，第35—42页。

墓葬规范的诸多原因。毫无疑问，墓碑是整个墓地结构不可或缺的重要组成部分，其重要性在于，墓碑是死者各种身份的标识，如果缺失了墓碑，死者的后裔便无从对祖先进行祭拜，从而导致死者沦为致祸的"孤魂野鬼"。就此而言，墓碑与牌位具有相同的意义。因此，在埋葬死者时，为死者坟墓立碑几乎同步进行。但因各种原因，墓碑可能未立，或出现墓碑毁坏、丢失的情况，进而引发后裔的焦虑，遂着手重新为死者立碑。重新立碑，首先得确认墓主的身份，但通过什么方式来确认，人类学的相关研究并未给我们提供过多的信息。不过笔者在鲍屯进行田野调查之时，发现了一份民间文书，该文书记载了历史上宗族后裔通过扶箕仪式来确认祖先坟墓的过程，这为我们提供了一个难得的认识此问题的机会。

一 扶箕

在村庄后山鲍氏祖坟地，虽然分布着前六世祖的坟茔，但中心无疑是始祖鲍福宝之墓。其墓位于村庄中轴线的北端起点上，体积庞大，建造精美，色彩鲜艳。整个坟墓用整齐的石块砌成，墓碑高大，碑顶形似亭盖，并覆以绿色琉璃瓦。墓碑上部碑文为"万古佳城"，中间碑文为"始祖鲍公福宝墓"，右边碑文为"公元一九九三年九月吉日重立"，左边碑文为"阖族众裔孙祀"。墓碑两边圆柱上刻有一副对联，右边为"诰封将军统雄兵征南建朱明大业，伟烈丰功昭日月"，左边为"尚党世系拥螺星塞海本耕读传家，人文蔚起谱春秋"，文字颜色皆为红色。墓碑两边还分别装饰着两个吉祥动物雕塑和各种花纹图案。相形之下，其他祖坟则简陋得多。这些坟墓皆为土坟，且坟头和周边长满杂草，墓碑和碑文简单。如四房六世鲍承宗之墓，墓碑上部碑文为"四房六世"，中间碑文为"鲍公承宗之墓"，右边碑文为"公元二〇〇九年清明佳节重立，原碑立于咸丰二年清明节"，左边碑文为"众裔孙祀"，文字没上任何颜色，也无任何装饰图案。鲍氏始祖坟与其他祖坟在外形上具有如此大的反差，说明了鲍氏宗族强调的是阖族的整合而非基于房支的裂变。房支祖坟的不重要性，还反映在其墓碑在历史上曾经未立或遭毁坏或丢失的情形，进而导致裔孙不识其墓的尴尬境地。换言之，一直以来，鲍氏族人在墓祭之时，关注的是始祖坟而非房支祖坟。尽管现在始祖坟和房支祖坟皆在祭祀之列，但在祭祀时间和规模上，后者难与前者匹敌。也许在本章讨论的案例发生之前，鲍氏族人的墓祭仅祭祀始祖，墓碑缺失的房支祖坟通过扶箕仪式确定之后才开始祭祀之。

扶箕，又称扶乩、请乩、扶鸾、飞鸾、扛箕等。学界一般认为是始于唐宋的一种占卜术。扶箕的具体操作，通常分为两人扶和一人扶。中间设有一个四方的木盘，盘中盛以细沙，上置一形似丁字的架子，悬成一个锥子在其端，名为乩笔，神降时，就凭此乩笔，在沙盘里画出字来。如果是两人扶的，便左右各立一人，扶住丁字架的两端；如是一人扶，则一人扶一端，另有一端垂着一条线，悬在空中。① 另有记载，一种是"用取桃李之有两叉者，削其头如笔状，令两人各以一手持其柄，念动咒语请神，桃枝则跃跃动，书字书药，甚或抒写诗歌，朗朗可诵"；一种是倒扣畚箕、饭箕、米筛等竹编物，上覆盖女性衣服，下绑一毛笔或木棍，二人对面扶箕，在沙盘上书写文字，故又称扶箕或扛箕。② 许地

---

① 李光伟：《民国道院扶乩活动辨正》，《安徽史学》2009 年第 4 期。
② 陈进国：《扶箕降笔的盛行与风水信仰的人文化》，《世界宗教研究》2004 年第 4 期。

山认为，扶箕最初只以箸插箕上，受术者扶着动的箕，使箸在沙盘上写字，无需笔墨。后来才改箕为丁字形杆，插笔于垂直一端，用两手或两个人执着横的两端，在纸上写字；或不用笔，只弯曲垂直的一端安置在沙盘上，用两手或两个人扶着横的两端在沙上书写，随即记录下来。[①] 鲍氏族人于壬子年（咸丰二年，公元1852年）求仙卜问祖坟之事，即通过这种占卜方式获得祖先的身份。

2008年，鲍氏第六次所修之《鲍氏宗谱》卷十一中收录了《请乩源流》和《宗祠请乩判祖坟茔降坛词》二文，详细记载了1852年族人扶箕问祖之事。《请乩源流》从整体上叙述了请乩的缘由和曲折经过：

今天后头山者，永安屯之后龙，乃吾族发源之地也。沙明水秀，穴的龙真。自大明洪武年间，葬始祖鲍公讳福宝于此地，二世、三世至六世均附葬焉。迄今五百余年，无不知为鲍氏祖茔者。第坟茔安葬数十，苦无碑记，又无确记，惟有始祖之墓，历代相传，每年各枝子孙祭祀，认之不谬。至六世祖讳思贤、七世祖讳文弼，有碑可寻，其余数十坟墓，并不知其坟名，是孰考孰妣。故于壬子年，家族齐集宗祠祭祀，言念及此，无不悼叹。于是追思，欲求仙卜问。彼时有裔孙，原达、华林、克荣、克贤四人，诚心各捐银叁钱，以备香烛酒食之费，设坛于祠，往请旧州潘、叶二公，至祠扶乩代请。殊仙不降，裔孙云开书符再请，仙亦不降。至夜，裔孙成贤沐浴焚香，虔心书符虔请，蒙仙即赴坛。各坟茔插签为号，幸承蒙列祖临坛指示，家族欢欣，同兴盛

---

① 许地山：《扶箕迷信的研究》，商务印书馆1999年版，第10页。

举。捐背立碑，并砌月台，开凿水池塘者，皆由仙笔之判示也。

从这段文字来看，其一，所缺失之墓碑不知是未立还是毁坏；其二，始祖之墓可以确定无误；其三，四位裔孙捐钱请乩，并非为自己而是为整个房支卜问祖坟之身份，因而在祖坟确定后，"家族欢欣"。

《宗祠请乩判祖坟莹降坛词》则记录了仪式的具体经过。乩文的叙事结构，首先是一首诗，然后所请之神作自我介绍，最后对祖坟进行判别，中间夹杂儒家的道德教诲与告诫。壬子年鲍氏族人几次请乩问祖的具体经过如下：

> 壬子年八月初一日在宗祠请乩判祖坟莹降坛词
> 飞鹤下瑶谐露冷，苍苔灵隐青山去，复来紫霞觞内琼，满畅饮开怀。
> 吾乃游方土地田子清是也。因云游到此，接得亦文，来与尔等说明。文帝同诸仙在桂官考校册籍，未暇前来。要使灵官来判，先着吾来教尔诸生伺候。尔等既念前光，何不竭诚结彩焚香，稍停各宜肃静。
> 一鞭驱众魔，狰狞貌凶恶。特奉文帝命，坛内笑哈哈，若有不洁者，此人定坎坷。吾今来说破，还要把心磨。
> 吾乃纠察灵官是也。尔等追念先人，各宜至诚默祝，俟去查明，前来判尔。
> 再降
> 吾非土行孙，亦非杨救贫，不会下地穴，又无审坟经。为此一桩事，丰都遍游行，查考孤魂类，执鞭逐众灵，制伏多时日，一身汗淋漓。

第三章 墓碑、扶箕与祖先身份

示曰：为尔等祖坟之事，使吾历遍丰都，尔等知之乎？要不判明，还说吾神不晓。今当查明之际，故尔前来示清先判尔。始祖妣牛氏太君之墓。诗曰：山水相关须认真，雨岩夹拱堆成坟，不别猜疑别处是，错认他家孤独茔。当头特出者是也。又判后头山，祖坟之号数，曰二世、三世、四世祖。木土斗半主，吾回宫办事解明，俟尔祖彼时众门是单双。

判曰：二世各三世合四世同不消说，二世祖妣，俟尔族之神自断，不必多渎去。

次日又降。

已去南笼到广西，烽烟乍惊把人迷。腾腾杀气无休歇，何处息身泪欲啼。

吾乃尔叔祖鲍起波是也。因一身本分，蒙天主授职，先作土地，后至城隍。在南笼多年，今乃提升奥西。正值兵荒马乱，万民无诉，孤魂作厉，本属吾职。累日查造鬼籍，身未得暇。今尔等为祖宗大事，故奉纠察灵官之命，来坛与尔等解明。尔等自思此事，乃千百年未举之盛典，而尔等诚心追问，是能善继人之志，善述人之事也。从然盘费精神，尚赖灵官之苦心，尔等各宜自解。

至诚能感神，心定可格天。何复闻妙语，一见自豁然。

二世妣之墓乃在半字间，四世列两旁。王子去求仙，睡到鸡鸣时，扪心思意悬。

问尔等能作善否？彼时云开曰：作大善小善？判曰：善无分于大小，只要实力奉行即如此。故茔之事，或立碑以志铭，或垒土以筑高，未始非善念所致也。

清神降曰：自入泉流寺，无日不书字。地势接南都，山形当面制。水秀与沙明，古格原多识。六龙已驾齐，八骏非凡治。我乃控驭仙，何烦尔问事。

又：驾驭仙，走南阳，今夜初来至祠堂，见尔诸侄吾欢畅，何用灵台去烧香。请诸仙，判端详，已经沙盘写签章，尔等时观望，怎不细思量，祖宗坟茔念无忘，园护在坛场。

示曰：尔等欲明四世祖之佳城，还未悬思，一切赖仙判断申明，是不从心性中流出也。夜已残，返故园，要判未来事，解日又临坛。众问日期，曰：中秋月明，方来再示。

八月十五日降。

满轮明月照当空，桂蕊飘香惹袖风。春水泛潮秋水绿，朝霞凝映晚霞红。物情淡处凡情了。人性平时天性融。本分为人无俗累，冰心一片玉壶中。

吾乃桂宫奉道弟子清神，加封传奏灵通控驭仙，愚伯廷楹是也。因先君临坛，特来侍候。一生好打不平，气性刚强。遇人迎风手踢脚跟，铜锤铁链紧随身。今夜伴叔来到此，特观尔心诚不诚。

吾乃朱帝王驾前追魂押役使者，生名鲍儒。因在阳世稍有刚勇，没后蒙闻君擢用，同堂弟鲍兴勃为同世。今为叔父临坛，我二人前来告尔侄与孙等，，此事原非细故，各宜处心叩拜，肃静侍候。

清神示曰：吾父奉灵之命，来坛判断，教尔等扪心自思，尔等果于鸣时自问其心否乎。今吾父之来，亦是奉命，未敢自专。声音笑貌言语文辞非浅者所能喻。尔等至诚，吾父即来解明。各宜恭敬，勿许玩忽来也。

舞鹤翎摆风，云袍袖一展。日月昏居处，安自平生奈，干戈动不宁。使吾日夜长忧闷，一忧万民遭劫运，

第三章　墓碑、扶箕与祖先身份

二忧魂鬼多闹声，叫人怎不烦虑深。今为祖宗大事情，只得扯开愁肠，超陇越都来判清。尔等切须勿看轻，各把灵台定，各把虚意思，各把真念存，亦不负灵官之苦心，方不负尔等之孝心，更不枉后人之费心。心！心！心！须要真，真！真！真！方随心。吾说破，免生疑妄之因。吾乃奥西都城隍起波是也，问兴勃与鲍儒，何不去办事，在此奚为？答曰：因众子孙追问先人，亦关伾与叔未了之愿。伾等自当前来听命，若有使用，稍为效劳，静候解明即去。

判：前面岭，后头山，水绕青螺曲且弯，一带柳含烟。平与正，辛和甘，相连王子去求仙，九字待详参。或是双，或是单，不外此中妙机玄，解化自天然。龙门斗，凤鸾颠，天马吞云吐雾联，贵人看榜边。

示曰：尔子孙不能详参，兴勃与儒，尔二人速去查明号数，前来报明，吾好判断去。既查明，须认真不可大略来轻视，切宜小心当盘问，一一解化自分明。

判曰：所谓平正辛甘者，其即广与祯、亮之号也。平乃一八十，一八为九，非十九乎？广之号。平有五书，此单数也。正为三十二，即广妣之号。辛为二十八，非二十八乎？此祯之号。甘乃二十一，非二十一乎？此亮之号。二祖夭亡，均属单井，何俟推求。又判：王子去求仙，其即四世、五世祖之号也。

判曰：王与斗十三，考妣共一棺，此即璁祖号。又判：子字为一五，此乃是珉祖。一五即六号，指明是单数。又判：去为十七号，妃祖单葬妙，妣氏另有着，何必乱谈笑。又判：求为十八八，珩祖号无差，亦是单葬莹，妣仍各一家。又判：仙字是山人，琇祖在边城，虽然无笺记，亦有晕常存。又判：四世二妣之号亦无笺记与尔解明。一叶正当阳，两角现汪汪，均为四世妣，左右二三房。又判：珩妣属王字，二十一平桩，既已解明白，暂停且消详。清神曰：尔等号求何事？答曰：琇祖之墓？判曰：在边城者乃左右边城外有晕着是也。又判：茅茨生青青，两岩左右分，中在一圆晕，好把坟认真。又判：衍祖，二十一平桩之句。平为一八十，合主共四十，此为真记号，尔等何痴痴。尔等既有寻源之意，亦宜存探本之心。谱志派流，所谓先其大者而小务，不必言也。

十六日夜降

守坛土地神，与尔众生明。文帝临朝政，册籍考校成。今有赤符召，故尔遣吾行。来坛亲面议，畴敢不钦遵。我乃熊朝海，回龙镇有灵。本为坟茔事，解办必清神。

告尔诸生曰：先师言此事，非尔族众神何能参详。故使吾先至祠堂，告尔诸生，各宜向外叩拜，迎接众祖神。

听宣词命：一举成功日，丹心可表时。莫言无效验，后代永相思。

吾乃永兴之子成名是也。因生平未尝为非，为自得散人。今同列祖前来察证善恶诚伪，诸人切须谨戒也。

呈祥报本忠，片念连苍穹。只宜修善果，结缘自糜穷。

吾乃斗坛师香使者，名一行是也。尔子孙有此盛念，特此来坛侍立听命。

此派流传远，相从自不刊。永保于勿替，发祚乃绵绵。

吾乃鲍五敷，别号克昌。因为人正气，蒙天主特命为神主三曹簿记。今尔等欲分支派渊源，故与后修控驭仙商酌议定，谨书明示。则家传有根底，而称名无紊乱，斯之谓有谱也。又：清神来禀命，请吾把派定。此为大关节，何可乱谈论。都城隍示曰：此定派之事，非可任一忆之私，还要合族共同会议，则永久可行。如吾族自始祖来黔，成仙者虽不多见，而为逍遥散人者有之，更有为土地神，为山使以及为水府王事，为清闲道真，或作司典，或主玉衡，亦间有其人也。今夜会同公评家论定派之后，各自报名，尔等认真详办，非清派长房四言。又判：再示：琇祖莹右顶之边城，笺存有记认，何用苦追寻。又判：判尔晢祖，其号即三五，合而为八数，解明自得主。判成神之祖：为山使者乃是特授国典祖也。土地镇关非咸九乎？如清闲道真乃尔介公，是因生来双目失明，本质无伪。故天心眷顾，敕为清闲道真。此所谓虽盲于目而不盲于心者也。既判烨祖之墓：烨乃三十七，何必自拘拘。亦是合葬莹，还要把碑立。又判：昺为三十三，其坟亦有笺，各宜相认起，打破生泥团。夜已央，路正长，马蹄踏花更忙忙。吾今有事急回府，解日再与判端详。

八月十七日降

步云来，降下瑶阶。一鞭长挂火星排，不容众邪怪。行将三咪时时待，无背面特齐，只要真心耐，何劳把佛拜，蒲团跪破枉然猜。天公自尔送福来，不必向山去朝拜，即有仙人引路街。御前得见真君爱，使汝寿臻百年开。花间富贵一品戴，付与东邻信使来。我也有关碍，谢却神道老拙哉。

魁斗星官曰：尔宅族众各有心事，行将遣尔祖众神来判。吾与武魁先来扫坛，尔等切勿怠忽从事。微妙之论，尔等何能猜详。待众神来与尔判清去。

古风一首：淡云微惹初更月，灵洞空明天自别。霭风吹澈菊篱隔，不见君家西邻遮。又七言律一首：袖里乾坤别有天，玄言妙语岂徒然。龟龄不老千秋劫，鹤算长存万纪延。六体收元归性海，三神注迹在丹田。魁衡应化文光显，报效国臣姓字传。又：江波注蛟，海水腾鳌，风涛雪浪任游遨。闲时常把生龙钓，自尔清高，不必苦唠叨。何烦尔心焦，英名镇锁善缘桥，灵应孔昭。

吾乃七世祖之子孙孔昭是也。因父亲临坛，特来恭候。清风皓月映冰壶，金台玉砚把词书。飞鸾显化个中理，一任沙盘锦绣如。玉衡主宰曰：尔子孙等欲问地脉兴衰，孟子曰：后世子孙必有王者矣。即如祠堂一事，五百年以后，子孙方存心修理是矣。先人未了之愿，既立其根，尤当培补其本，则源远而流自长。本立而道自生矣，况此时谨有尔诸人还不及时整顿，更待何时。又如，祖茔之缺陷愈宜整理，则风水修关而人文兴茂又何非千古之美事乎？奈吾族中信善者少，吝惜多，说到银钱则曰无，有说到出力则曰不闲，有时而谈论纤毫，有时而争论辩吃哈，此族间之大凡也。尔诸人既有心整理，不可与彼计较。对有心人商量，则此事可成，而祖人亦安行。见我鲍氏之声名流传不朽，而将来之子孙有余庆也。况此时已经认识二世、三世、四世祖之墓，则宜合族同心共立碑碣，于以培风水，于以开文运，又未始非千秋之盛举乎？吾今日来坛与尔子孙说明，则尔等何得辞其责而惮其烦，有畏首畏尾之心乎？

壬子年众族又请问坛

忠烈汪王之事判曰：神道无私在半天，神灵显圣岂徒然。只凭寸念诚感格，自尔保生赐福缘。又：朝日云游至永安，赤心为国表忠贤。众民若有虔心念，何烦大炮闹喧天。奠酒真诚神即享，迎来送往在厥虔。一年春景须热闹，好将花炮祭舆前。免惊地下灵魂避，亦可长兴地脉全。在外无妨相比势，一鸿飞起入云烟。万年香火宜顶敬，保全合境得平安。

吾乃八相公是也。尔众人有祀神之心，自当泯虚妄之念。苟无敬慎真诚，虽日呈牲体，亦享多仪，仪不及物，惟日不享耳，安望神之福汝哉。又：驾仙龙，通天宫。有事召回府，童儿禀忽忽，且直进王府，各理政优隆，不劳心窥念，一去永无踪。

十二月初四日谢神，在祠堂降

吾乃十口灵官是也。奉文帝命特来扫坛，叫土地爷熊朝海快去迎接众神。尔诸生各宜跪叩出迎，尤当恭候肃静。排班听命，勿许喧哗来也。大众齐来降入坛台，顺风一路听摇摆，怎不快乐自在。初更人静星斗排，福寿满堂瑞霭，因缘有庆心常怀，不必迟疑愿外。悠悠洋洋表俊才，为我格诚先代，赤文表奏笑颜开。特尔会同锡赉，精微妙理总括该，家学渊源有在。诸生一一记衷怀，切勿忘情懈怠。

再降

孔昭祖示曰：尔子孙修祖茔，革故鼎新告厥成，将见我族财丁盛。及今乃有凭，务劝族人多作善，霭霭祯祥阴德门，振家声光前人，承承继继启文明。祠益休嘉动四邻。有始有终，克孝克纯。返本穷源后裔兴，欲鸣得意，看育瑗珍，那时才叫有声称。

初五日又降

满堂吉庆景无加，结彩焚香庶可夸。叫吾好不兴勃发。至诚感格，敦本无差。望尔等良心大发，善缘广，慈孝可达。列祖前来享祭华，管保阴功浩大，满眼儿孙笑喧哗。斗坛司香临驾，叫尔各各明祝罢，众神灵内鉴察。天池书样要豁达，大度包涵万马。待得功成圆满，自然应验无涯。我今说破笑哈哈，真正黄金无价。

吾乃斗坛师香使者，尔一行祖是也。示尔等知悉，昨夜玉衡司典传家学渊源，众神拱立听命。有未来者均属未暇。今各前来领晏，尔等须作疏文，一道表厥诚心。还有未列仙班，已经临坛之散人等，皆来同领大晏，如国典者，昨夜未来者也。益利仙童奉元始之命，特来增加福寿。更有士英、三变及登贤均为散人，俱未授职。待阴行广善，方得录用。即如宗皋、学懋以及廷材等皆有道气，俟后善行功完，表伸奏天庭，方加神号。族中女仙亦有数位。稍停片刻，即有神来赴。

报命来也。来搅扰多谢羊羔。承师命，快降云霄带得福寿兴尔曹，齐把仙童仰靠，我谈元妙谁知晓。一任清闲逍遥，悠悠扬扬乐兴陶，无忧无虑无恼。更能修理坟墓高，免得荒郊蔓草。富贵花开一品牢，酒国长春不老。

吾乃元始座下益利仙童是也。示尔等：今夜玉衡主宰晏罢初归，今吾来坛与尔等说，若欲继续薪传，所当焚香于坛，俟结彩竭诚，此非细故，勿可轻易视之。

又：香风飘飘瑞烟笼罩，鬟髻高耸碧云韬。罗裙带锁丝绦，手拿花朵任逍遥，来坛恭立忍，笑兢守法把言道，只凭心相晓，姨颜羞对神曹。

吾乃泰山贤淑圣母座前司花仙女方氏是也。因众神赴宴，守坛土地报赤文召来到此，见众叔翁伯叔子侄等在座，叫吾好不羞煞。但既奉命敢不报明。要识仙体细认真，吾族自始祖以来，她氏之成神者只有数位，即如

第三章　墓碑、扶箕与祖先身份

明德祖妣，为自在仙姑；跃龙祖妣，为清真道姑；坛司之妣，为淑贞烈女；龙桥我祖妣，为孝义英名善仙；更有聘祖妣，为贤惠善人；九华之妣，为朴素真诚仙姑；还有五治祖妣，为节孝夫人。我姑今方来坛，尚未授封望，伯叔多行善果，不久亦要列仙女也。

土地报曰：众神先至主宰后来，到此坛内将文改。诸孙须把稿铺排，当堂跪念声朗开，好等二仙来评慨。我言如是，尔等记怀，恭候仙般驾云来。示曰：众神已来，诸跪拜。稍刻大神即至。司典仙官至、玉衡主宰至，各列两旁。尔孙等听命，吾性不耐酒，昨夜高兴多饮数杯，未免太过。所书之文，也多差讹之字。热等将文稿朗诵，吾为改正。

又：霭霭祥云拥玉衡，班联列坐众神灵。我来坛内降瑶锦，花样文章别论新。

玉衡曰：昨夜司典已吐金玉，尔子孙又求元文，虽已书生，而年久世远，保无有遗忘之句。尔诸生细心阅历，无妨删改，始可以传后世而永垂不朽。吾闻司典此作可有意否？答曰：不尚典焉，只凭心造而用意包涵。此所谓清真雅正，非恃气矜才者也。又批前半整齐后幅灵动而包罗一切，所以抡元此评足以论玉衡之文否？曰则吾岂敢，但子孙等兴此盛念，诚不啻集千古于一堂也。

又：吾示众神诸孙，立碑碣乃千秋之大典，不料数百年以后有此孝子贤孙，能善继人之志，善述人之事。尔众神灵爽有凭诸孙孝心可格，使千载下尤见先人之遗泽，则前人未了之愿，亦于可酬矣。

又：欣欣欣，笑满庭，吾去后。福骈臻。

又：玉衡批司典之文，洋洋洒洒，一片淋漓，不愧名手。有如是之德,有如是之天,有如是之生,始有如是之文。司典故列上台,司典批玉衡之文,清明莹澈,神游太虚,而元气浑摸,包涵无尽。所谓有道骨者,始有仙风也。主宰之位夫何愧焉,哈哈。尔子孙将此文述之,以为家学之渊源也。

又:示尔子孙等,昨夜同诸仙在坟台观望风水,见尔等所创之规模甚大,但左有余而右不足。众云欲买地作路,将路培培。判曰:最好凡属子孙,均当培护,不遵禁例。祖宗降罚,后者无后,培前者光前。水深养鱼,龙厚绵延。诸孙谨记,好听吾言。

又示:尔等问官衔,吾今与尔言,郎中即内职,初任在期班,但此乃凡品,何如是仙官。葵南益太傅亦是内职,衔钦命训天子,故尔得升迁。

又降:海外云游乐碧川,水连海岛岛连天。鱼从龙变深潭月,免赶鹿鸣远岫烟。一壑松杉摇翠色,半湖频藻漾青颜。花开满院饶春意,特报佳音至喜坛。

逍遥仙降曰:尔等欲知葵南太傅之由,吾故奉命来与尔等说明。此非他也,盖由进京引见明皇,适逢考官作宫怨回文诗尔。时吾祖得蒙圣鉴,故此提钦升太傅,命入宫训太子,时其由也,尔等何疑焉。

宫怨回文诗七言律:忡忡心绪把毫挥,月线穿窗半映帷。红袖带辉光照榻,绿罗流点泪沾裳。宫中静夜长寥寂,脸上慵妆几度肥。衷曲诉来醒梦短,空存想象倚庭闱。此应制之七言回文律诗,系跃龙祖封为逍遥散仙现笔书出也。

壬子年十月十二日在善夫宅降

晏罢长歌出洞天,飞霞流映界三千。猿啼哨壁泣云薄,鹤泪长空啸月湾。絮语终留河浪静,传情绝待海波

第三章 墓碑、扶箕与祖先身份

联。镇关鳞铁织微渺，阴敕降魔土地瞻。

吾乃山关土地敕封降魔使者，尔祖宗荣是也。因在生正直无私，不偏不党，故上帝赐命为神，镇锁紫阳关。今奉仙师之命，领接赤文来与尔等判事。尔等欲问吾所在之处，乃山西太原东门外第一关。此乃前任，今又升贵州镇远文德关，尔等知之乎？既已示明，胡不跪拜？太属无礼。且停尔等无知鳞铁之谓，乃吾所用镇关之物，何必多疑。明示尔等，吾因公正，故得焉神。尔等做事，切不可偏私，只要存好心，行好事，则生无愧于天地，死可以对祖宗，求名求利求福，自然上动天心，下格神祇，富贵两途，无不如愿。即子孙亦自昌隆，又何待沾沾焉。求之而始得遂其意乎？吾愿尔等勿忘先人之志，堂鼓后进之心。于以振家声，于以绵世泽。寿禄吉祥无不毕具。福庆喜荣，冈弗咸臻，钱财小务，可无庸问矣。古人云，钱财天所定，勤俭自然来。但于正路走，不怕邪魔灾。我有一妙诀，各宜记衷怀。逢场当作戏，遇水搭桥来，慎密金人语，莫外信言乖，真妙方也。

又：松柏三冬耐岁寒，至今常见翠华联。不经几度风霜饱，焉得苍苍万古传。

判事：尔祖灵魂已度生，湘江隔浦姓维精。欧阳炳焕长明府，三纪之时报好音。阴坟得地灵杰应，阳寿有征胡考宁。世傅三十为验证，自然兰桂发森森。

示曰：吾在文德关有四载，所降之魔极多。蒙城隍提升，因蒙保奏，但旨谕未下，仍理旧职。今夜来坛，与尔说明前所问之祖坟。既也示清，即宜立碑为记。尚有未经指明之墓，亦当问明，即如孙氏祖妣之坟，其笺不在，厥号难明。但亦两缺之间，当中认取，则灵魂有着，而子孙无误，有者得以传至永久。虽曰无主而不当其有主矣。又有当革故而鼎新者，亦须继长而增高。此尔等之责任，亦祖宗之攸归。使仍旧贯而不改作之，非唯无以壮观，亦且不能夺目，则祖宗之灵爽未慰藉，后人之修理有缺也。今既指明其处，所当建立碑铭，尔人其志之。

壬子年八月二十三日在祠堂中降

天风荡荡海波摇，舡泛鲸鲵渡紧涛。路入桃源别世界，闲游只旁水云坳。

吾乃水府神曹一南是也。今过石关岩畔，见尔子孙既立始祖妣之碑碣，足见尔等之诚心。前望砂水清秀，后观护送紧从，丁财丙旺，自此可卜。即有人面从，腹诽尔等，幸勿与之计论。只要同心协力，共襄盛举，则此事可成，而祖宗也为之幸也。

文星朗照碧天云，帝命中枢掌玉衡。特此来坛分示尔，莫将戏玩侮轻神。

又：一封朝奏金关来，降下麝凡别样裁。龙虎风云相际会，斗吾好不畅心怀。

吾乃玉衡主宰国臣是也。因尔等有未明之心，愿同司典仙官共议。吾今先来，而仙官亦将至也。

吾乃司典仙官文弼是也。同土地闲谈，不觉来至坛中。见玉衡主宰与众子孙判事，尔等须当静听。

一天星斗焕文章，半轮明月染秋霜。碧汉银河呈瑞彩，流云不惹玉炉香。

司典示曰：尔子孙何不明，吾于凯里遇土神，与彼闲谈论，何用苦追寻，只留寿禄与贤名送来与尔，作念应甲第，从此焕然新，一切皆能得，凭信不愁。丹桂动远林，有约即红杏春风得意。吟风楼点化言皆准，云龙

第三章　墓碑、扶箕与祖先身份

凤虎念独真，及时雨露相滋润，一任桃李发华英，培植人文定风水，应即灵不必别馆去求人，好把家学渊源问置立，义塾有声闻，即如祖先莹，一举攻斯成，后此必然有念，应望月三五阴，儿孙何须长愁闷。自尔护效征，眼前碧玉化瑷珍，政务悠扬有庆，今宵与尔来判明，各要留心细认。

判曰：始祖后非棺，此乃是晕圈。垒筑为枕记，后嗣得相传。又：左边是妣莹，萱祖之孺人，此乃广祖后，不必漫推寻。又：七世刘孺人，其号二六真，合为十二数，切宜自认清。又：再判孙女妣，三十五共拟，一望自豁然，何劳费心力。又：还有显祖墓，十六号即处，亦是单葬棺，示明乃无误。又：颢祖之佳诚，三六是共莹，即是九号定，认起得清明。又：既识其真，堂念神恩，不忘查考，灵应天君。

再示尔等，须要努力好把众族劝谕，无论贫富只要有心，则或多或寡不必比齐，纵有护姑不出，尔等何须与之争论，俟彼后人有知识者，岂不自愧无地乎？况忘本之人，祖宗决不宽宥，或使于嗣困危，或于及身显报，水火盗贼料亦难免，邪妖灾害想定莫逃。则人之有善行，有美事，未始非天之所眷也。

壬子年十月初二日在祠堂中降

此夜朔风入峒凉，琼筵飞动紫霞觞。满天星斗半壶纳，万里山河一袖装。世事模糊同蚱蜢，人情险阻类蚁螂。流云淡点枫林翠，鹤驾长空快写章。

桂宫奉道弟子清神加封传奏灵通控驭仙是也。示明尔等与诸仙同庆西方牛鸣王佛诞辰，共领琼筵方毕，忽有土地捧赤文来召。吾与族间众神会议，故尔来坛判明，家君先日已示清晰，尔子孙更又齐心共立碑碣，足见同仁之意。但月台之事，宜近不宜出，宜弯不宜直。百年石尚在，何用另安置？还有明堂下注水凿天池，养育科名草，培植化龙鱼，鲜然欣契合一，任他施为，阳宅无望碍，阴地有深滋。我来分示尔，好把路先辟。余心长刻念，特意永相思，一举诚两得，那复计疑痴。

三月初八日为坟茔在云蒸宅降

巡到山南山北来，紫阳宫中取金牌。堂开书屏澈莹朗，万古长春福禄偕。

吾乃尔祖国兴是也。敕封罗浮山山神是也。尔子孙等欲将祖坟判事。示明各宜虔心默祝。稍停片刻，查明方好判示。问所插之签多寡亦当报明，报毕即判。吾与言定，切须认真承祖。我父日字有寻，考妣合墓，发源乃清。还有国本地字为真，亦是合墓，那复异云夫，乃国俊单葬无疑，其妣有在，急宜认真。吾墓非别，黄字乃明，妣亦合共，笃敬其枕。更示：国本元文化生，其妣另着天数五存。国宠之墓为的真，不可错认，更要细心延书，片刻俟候详明。

又：吾来坛内已多时，尔等祈求几费思。跪拜未曾心已息，那能真意报恩兹。

问尔等有意寻源，自是一片孝意。但其中有一二心未诚者，吾姑不见责。盛举当修，美事宜行，大家齐心，何患难成，各书其心，乃见真纯。酒陈于案，肴设于庭，见此嘉味，令吾欣欣，吾且暂歇饮是醪醇。

又：酒味醇酿道味高，一时纵饮兴偏毫，三杯入口凝甘美，任意逍遥乐志陶。

示尔子孙多情多意，可谓不忘其本，只此一念能格先灵。倘能常常如是，则吾也即源源而来。诚望尔等问明之坟建立碑碣，庶几记认不讹。要再判事，所当叩

第三章 墓碑、扶箕与祖先身份

求，各自留神细观，虽劳而不怨也。

又示：国俊之妣是宙字真，国忠之妣天数五行，乃是单葬，其字洪深。国孝合妣，月下即明。一连有定荒，落在心。一策之墓合葬于盈，并无疑义，暂且稍停。

又：荣荣之墓同葬在辰，更有通政借地安莹，张即其号，不可漫轻求尔。一化空有碑铭，其尸迁葬瑶厂是真。一恭之墓戾字可寻，合妣共葬，所宜分明。葬是属列文妣氏为宿，其号乃清，所有之子，独是外人，其余金妣，尔等细寻。毛家坡内狮子挂铃，不可错认，空棺无征，望望然去一见分明。已是了了夜静更深，要判别事，跪求有因。

又判：元哲之墓小坝坡存，在右边地，大冢崭新。三近相依，父子为邻，花样照描，一辨即清。吾今有事，罗浮山仙真召回共议，幸勿暂停。驾云飞去，往无边旌，一切皆好，岂待因循。

三月初十日又降

烛焰影摇风，香烟霭霭透碧空。生喜堂，只见心灵动蕉书，锦字笔如龙，寿考迥眉，保得福缘重，许尔子孙富贵隆。玉堂金马三曹奉，将来有满门丰盈，邻里乡邦益钦拱。则教我快乐无穷，般般都能中，莫谓虚言澈洪。

吾乃尔祖国典是也。前夜查明肇基山之墓，尔等既已插笺为记，万古千秋，永垂不朽。又闻义举立碑，足见尔等克治前光。但吾族人心不一，兼之贫富不齐，尔有心之人，所当竭力协助，能立者劝之自立，不能立者众人齐心代之焉。则祖宗在天之灵，亦感格而为之呵护，岂非一时之盛事乎。

又示：尔等有疑心，不必胡乱沉吟，只依笺存有记认，自然不错。得分明谨关节要小心，细查乃可见得真。通政如何叫国政借地安莹，岂无因，余字即是。金氏妣那用胡疑乱，觅寻他处再无生别，想好将判语细详清。

三月十五日在云蒸宅降

浩浩乾坤久，团团社积成。清风摇玉树，明月照琼林。又：我在云山修炼功，闲行海岛度春风。偶逢仙命来庭院，笑语稀奇表曲衷。

吾乃游方土地田子清是也。因云游海岛，见众仙聚会讨论，道元忽接赤文，命吾至坛与尔等言明。既欲求问祖坟，所当虔心跪祝，俟去查明乃判。

又判：一枝梁栋显奇才，安葬坟莹坡顶台。妣亦合棺属曾氏，叶莹另葬石关来。青山对照罗列满，独惜虎雄壮触胎。已示端详轻重取，何劳细问再疑猜。查尔祖茔肇基山碑铭，新建甚巍然，荆榛洗涤光明鉴，生者顺而死者安。

又：星罗万象开，福寿永培栽。一纪封君盛，胡麻载锦街。瓜瓞绵延久，类锡自长偕。我来分示已，财旺丁兴该。家庭昭朗润，复命上瑶台。

示曰：子子孙，各宜问心，一举成功，兰桂芳芬，且停片刻，好报佳音。长长长，聚一堂，珠宝相连放毫光。对对花新别时样，六合同春美名扬。来坛几句良言讲，子孙各要听端详。孝父母，敬爹娘，兄弟乎足勿参商。各行正道无偏党，和睦邻里及乡邦。夫妇之间须有序，绿衣黄里论短长。小话莫听存真意，自然和气致祯祥。读书之人习文章，文笔精通显科场。做买卖当要诚信，锐进勿随财聚藏。耕田最要勤耘耨，虽苦何惮急奔忙。早起迟眠无倦怠，自得穀积有余粮。妇女宜守家闺范，纺织勤快足衣裳。灌园食力成内助，里党传诵美名彰。夜深莫尽详言语，略述几句表衷肠。子孙能遵此训诲，百福齐来寿安康。

吾乃粤西都城隍起波是也。尔等所问之事已蒙土地田子清公判清，不必多问。其有承祖公之妣杨、舒二氏共并葬，封记俨然，特于承祀之下致如在之诚而已。

又降：一步高来一步低，举头红日与山齐。登临万仞千重岭，笑傲乾坤水曲溪。

吾乃游方土地田子清是也。自从彭蠡湖中得会水府神曹，言尔等欲问坟茔。原说前已判明，今又复求，不知有意试所欲言乎。其欲确有成见，乃如是之多疑乎。锐进者退必诚，求者意斯真。尔等之于祖宗，乃一脉流传，夫何不着意留心，以致如是之再三往复乎。①

从壬子年鲍氏族人几次请乩判祖坟的具体经过来看，降临的神灵主要有：游方土地田子清、纠察灵官、城隍鲍起波、清神控驭仙鲍廷楹、追魂押役使者鲍儒、守坛土地神熊朝海、自得散人鲍成名、斗坛师香使者鲍一行、神主三曹簿记鲍五敷、魁斗星官、七世祖之子孙鲍孔昭、八相公、十口灵官、益利仙童、司花仙女方氏、司典仙官鲍文弼、玉衡主宰鲍国臣、山关土地敕封降魔使者鲍宗荣、水府神曹一南、罗浮山山神鲍国兴等。

---

① 匿名评审人认为这段扶箕仪式过程引用过长，笔者认为，如果不将壬子年鲍氏扶箕问祖的整个仪式过程完整呈现出来，围绕这个仪式的相关讨论就无法展开。这个仪式不是一次性举行，而是在不同的时间和地点完成，因此，在文字数量上就显得有些繁复。本章部分内容改写为论文后，因考虑到论文的字数限制，并没有将整个仪式过程呈现出来。

判别的祖坟有：始祖妣牛氏太君、二世妣、鲍广、鲍祯、鲍亮、鲍广妣、四世、五世祖、鲍璁、鲍珉、鲍妃、鲍珩、鲍琇、四世妣、鲍珩妣、鲍晢、鲍烨、孙氏祖妣、七世刘孺人、鲍显、鲍頫、鲍国本、鲍国俊、鲍国宠、鲍国俊之妣、鲍承宗、鲍国忠之妣、鲍国孝合妣、鲍一策、鲍荣荣、鲍一恭、文妣氏、金妣、鲍元哲、鲍承祖之妣杨、舒二氏等考妣之墓。

二 道德教诲

许地山在讨论古代扶箕的内涵时，特别强调了"箕仙与人谈道及教训"，他说："扶箕的一个目的也是请示道德教训，尤其是劝善一类的文字，如戒淫、戒杀生、戒嫖赌、戒烟等等，不一而足。"① 焦大卫和欧大年对宝卷和乩文所包含的道德说教的一致性也有相关的论述："虽然教义的内容有所变化，但自明朝以来，教派文学的道德价值观念却始终如一。它们是因果报应与大众化的佛教、儒教准则的混合体。也就是说，这些经文对于道德准则的解释，基本上是传统的和正统的。在这方面，宝卷和扶乩文是一致的。"② 尽管焦大卫和欧大年对乩文的道德意涵作了肯定判断，但他们的另一个判断却值得进一步探究，他们接着说道："然而，可以推论，这些经书的某些内容在价值观念上并不完全与家族中心主义的准则相符合。早期的宝卷特别强调男女、贫富、贵贱，从真空家乡的原则即无生老母的儿女来看是平等的。我们必须记住，我们所讨论的经文，是自愿结社的文学表达，

---

① 许地山：《扶箕迷信的研究》，商务印书馆1999年版，第65页。
② ［美］焦大卫、欧大年：《飞鸾：中国民间教派面面观》，周育民译，香港中文大学出版社2005年版，第16页。

从而与家族纽带分开了。"① 此段话虽然讨论的是宝卷,但在他们看来,宝卷与乩文并无二致,因为"某些早期的乩书实际上就称为宝卷,某些宝卷的后记被认为是出自某神的乩笔"②。

焦大卫和欧大年认为的乩文所传递的道德原则与家族主义的道德原则不相符合的判断,显然与本案例相去甚远。相反,本案例所传递的道德教诲恰恰是以儒家思想为主导的家族主义道德原则的显示。从壬子年鲍氏族人整篇扶箕仪式来看,其结构大体分为三部分,首先是一首诗,然后所请之神作自我介绍,最后对祖坟进行判别,中间夹杂儒家的道德教诲与告诫。扶箕的目的当然是判别祖坟,确定祖先的身份,最后为之立碑。但遍览整篇乩文,从内容的数量来看,道德教诲占据了较大的篇幅。这些道德教诲的内容无不与家族主义相关,原因在于汉人社会的祖先崇拜。

林耀华在论及拜祖与家族之关系时说道:"我们知道从拜祖思想为根基而建立一个团结的家族;所以孙中山先生说中国人家族的观念最深刻,然推其原是从拜祖思想发扬出来的。如今假令我们遍行全国,我们一定可以找到许多同姓的村落,如黄家屯、李家村、陈店、张家寨、郑家楼等。宗庙原始虽是专为拜祖之用,后来渐渐地变成全族的社会、政治、经济等组织的功用。"③ 族人共同的祖先是家族宗族凝聚成一个整体的关键符号。当然,凝聚符号还有族谱、族产

---

① [美]焦大卫、欧大年:《飞鸾:中国民间教派面面观》,周育民译,香港中文大学出版社2005年版,第16页。
② [美]焦大卫、欧大年:《飞鸾:中国民间教派面面观》,周育民译,香港中文大学出版社2005年版,第16页。
③ 林耀华:《义序的宗族研究》,生活·读书·新知三联书店2000年版,第255页。

等，但这些符号无一不是围绕着祖先而设置的。林耀华还认为拜祖蕴含了儒家基本的道德原则，即仁、义、礼、智、信，其中礼包括了丧礼、葬礼和祭礼，丧礼、葬礼表达了五伦秩序和忠、孝、廉、节的道德观。[①] 拜祖与家族之关系，总体而言，"因拜祖而需要子孙；又因拜祖而需要有道德，能发扬门风的子孙；更因拜祖而子孙必须团结；是从社群坚定，文化发达，而社会亦平静矣"[②]。

鲍氏族人请乩判祖坟的降坛词包含了大量有关道德教诲的内容。后人为拜先祖而确定祖先身份，进而为之立碑，无疑表达了儒家"孝"的价值观。乩文多处记录了降仙对"孝"的宣扬、表彰和劝诫，如："亦不负灵官之苦心，方不负尔等之孝心"，"尔子孙修祖茔，革故鼎新告厥成，将见我族财丁盛。及今乃有凭，务劝族人多作善，霭霭祯祥阴德门，振家声光前人，承承继继启文明。祠益休嘉动四邻。有始有终，克孝克纯。返本穷源后裔兴，欲鸣得意，看育瑗珍，那时才叫有声称"，"吾示众神诸孙，立碑碣乃千秋之大典，不料数百年以后有此孝子贤孙，能善继人之志，善述人之事。尔众神灵爽有凭诸孙孝心可格，使千载下尤见先人之遗泽，则前人未了之愿，亦于可酬矣"，"虽曰无主而不当其有主矣。又有当革故而鼎新者，亦须继长而增高。此尔等之责任，亦祖宗之攸归。使仍旧贯而不改作之，非唯无以壮观，亦且不能夺目，则祖宗之灵爽未慰藉，后人之修理有缺也"，"见尔子孙既立始祖妣之碑碣，足见尔等之诚心。前望砂水清秀，后观护送紧从，丁财丙旺，自此可卜。即有人面

---

① 林耀华：《义序的宗族研究》，生活·读书·新知三联书店2000年版，第232页。
② 林耀华：《义序的宗族研究》，生活·读书·新知三联书店2000年版，第256页。

从，腹诽尔等，幸勿与之计论。只要同心协力，共襄盛举，则此事可成，而祖宗也为之幸也"，"况忘本之人，祖宗决不宽宥，或使于嗣困危，或于及身显报，水火盗贼料亦难免，邪妖灾害想定莫逃。则人之有善行，有美事，未始非天之所眷也"，"问尔等有意寻源，自是一片孝意。但其中有一二心未诚者，吾姑不见责。盛举当修，美事宜行，大家齐心，何患难成，各书其心，乃见真纯。酒陈于案，肴设于庭，见此嘉味，令吾欣欣，吾且暂歇饮是醪醇"，"又闻义举立碑，足见尔等克治前光。但吾族人心不一，兼之贫富不齐，尔有心之人，所当竭力协助，能立者劝之自立，不能立者众人齐心代之焉。则祖宗在天之灵，亦感格而为之呵护，岂非一时之盛事乎"，等等。

而最能表达儒家多维价值观的劝诫无疑是三月十五日游方土地田子清的示言：

> 子子孙，各宜问心，一举成功，兰桂芳芬，且停片刻，好报佳音。长长长，聚一堂，珠宝相连放毫光。对对花新别时样，六合同春美名扬。来坛几句良言讲，子孙各要听端详。孝父母，敬爹娘，兄弟乎足勿参商。各行正道无偏党，和睦邻里及乡邦。夫妇之间须有序，绿衣黄里论短长。小话莫听存真意，自然和气致祯祥。读书之人习文章，文笔精通显科场。做买卖当要诚信，锐进勿随财聚藏。耕田最要勤耘耨，虽苦何惮急奔忙。早起迟眠无倦怠，自得榖积有余粮。妇女宜守家闺范，纺织勤快足衣裳。灌园食力成内助，里党传诵美名彰。夜深莫尽详言语，略述几句表衷肠。子孙能遵此训诲，百福齐来寿安康。

此段示言几乎包含了儒家家族主义各个方面的道德原则。第一，仍是强调对父母的孝敬，"孝父母，敬爹娘"。第二，强调兄弟之间兄友弟恭的手足之情，不要如参商二星，永不相见，"兄弟乎足勿参商"。第三，乡村社会是一个熟人社会，邻里关系至为重要，守望相助的乡村社群精神必须遵守，因此，"和睦邻里及乡邦"。第四，强调夫妇之间的等级尊卑关系，不能尊卑反置，贵贱颠倒，"夫妇之间须有序，绿衣黄里论短长"；同时，夫妇之间要和睦相处，"小话莫听存真意，自然和气致祯祥"。第五，宣扬耕读传家，博取功名，光宗耀祖的人生和家族理想，"读书之人习文章，文笔精通显科场"。第六，强调商业道德，诚信买卖，"做买卖当要诚信，锐进勿随财聚藏"。第七，鼓励勤劳致富，"耕田最要勤耘耨，虽苦何惮急奔忙。早起迟眠无倦怠，自得穀积有余粮"。第八，从劳动的性别分工出发，强调妇女家庭劳作的重要性和美德，"妇女宜守家闺范，纺织勤快足衣裳。灌园食力成内助，里党传诵美名彰"。

这些以儒家思想为主体的道德教诲，不仅仅用以规训人们的思想和社会行为，同时更重要的是向普通乡民指明通向幸福生活的途径。游方土地田子清在其示言的最后告诫道："夜深莫尽详言语，略述几句表衷肠。子孙能遵此训诲，百福齐来寿安康。"换言之，只要鲍氏子孙能做到他所教诲的道德规范，便能够达致"百福齐来寿安康"的幸福生活。

关于中国人的幸福观，鲍吾刚从宗教、社会和物质等方面梳理了与之相关的语词。这些语词分别是：（一）宗教：祯（有益的）、臧（带来幸福）、祥（幸福）、祚（祝福、幸福、荣耀）；（二）社会：康（富足、繁荣、和平）、庆（祈福、幸福）、幸（幸福、带来幸福）、祺（快乐、祈福）、喜（快乐、得到愉悦、快乐的惊叹、享受好时光）、好（乐于、

第三章　墓碑、扶箕与祖先身份

去热爱)、乐(快乐)、憪(开心和满足)、欢(得到愉悦)、欣(快乐、幸福)、吉(幸福、将获幸福);(三)物质:福(幸福、富足、多子)、富(财富),等等。① 鲍吾刚对中国人表达幸福的语词进行的分类,当然只是为了分析的方便,在实际生活中并没有如此清晰的界限。关于这一点,他也作了说明:"这三类词用在某些地方,也许彼此之间的界限是非常模糊的,特别是第二类,其分界线在于,如果是超自然的层面,其意义是'祈福'(blessing),而在人类社会中,我们找到的意义是'快乐'(pleasure)。它们的意思彼此掺杂,这是可以理解的。"②

鲍吾刚在《中国人的幸福观》的"前言"中,提出了一个值得深入探讨的问题,即"在对幸福的寻找中,询问一下寻找的首先是个人幸福还是社会幸福是非常重要的。这条分界线也划分了另一个同样重要的问题:希望幸福是在彼世找到呢,还是就在此世此地呢?"③ 在他看来,追求个人的幸福便是弃绝现实社会退隐山林,"他们背弃社会,希望在其它领域里找到幸福"④,或不得已"大隐隐于市"。显然,这是道家追求的"出世"的个人幸福境界。而在鲍氏族人请乩判祖坟的降坛词中,并没有发现道家"出世"思想的影响,儒家"在世"的德行却被反复强调。值得注意的是,降坛词提及了所降临的神灵多是鲍氏族人故去的祖先,其中包括了考

---

① [德]鲍吾刚:《中国人的幸福观》,严蓓雯等译,江苏人民出版社2004年版,第8页。
② [德]鲍吾刚:《中国人的幸福观》,严蓓雯等译,江苏人民出版社2004年版,第8页。
③ [德]鲍吾刚:《中国人的幸福观》,严蓓雯等译,江苏人民出版社2004年版,第2页。
④ [德]鲍吾刚:《中国人的幸福观》,严蓓雯等译,江苏人民出版社2004年版,第2页。

妣二性。他们死后因生前的德行而被封为道教神灵系统中不同等级的神灵，如城隍神鲍起波、清神控驭仙鲍廷楹、追魂押役使者鲍儒、自得散人鲍成名、斗坛师香使者鲍一行、神主三曹簿记鲍五敷、司花仙女方氏、司典仙官鲍文弼、玉衡主宰鲍国臣、山关土地敕封降魔使者鲍宗荣、罗浮山山神鲍国兴等。但他们并非生出世修行的隐士，而是因生前的善行和践行儒家道德规范，死后被封为各路神仙。如果说鲍氏先祖的神灵身份带有强烈的道家色彩，那也是儒家化的道家，在这里，儒家与道家并无严格的界限。显然这是日常社会生活中普通乡民的思想，而非大传统文化精英的思想。就如杨庆堃对制度性宗教与分散性宗教所作之分别。前者各家宗教思想有严格的界限，而后者则无明显的界限。鲍氏已故的祖先虽然以个体的身份成仙得道了，但他们的荣耀并不仅仅只是代表个人，而是代表着整个家族的荣耀。中国人的个体与集体意识界限也没有那么明显，个体意识相对不突出，集体意识是中国人的主流意识，所以个体追求和获得的荣耀最终是为了光宗耀祖，整个家族宗族分享了个体的荣耀。光宗耀祖的文化逻辑虽然指的是生活在世的人，但对故去的祖先同样适用。祖先被封为各路神仙，也惠及其在世的子孙，子孙也因此感到无上荣光。普通村民追求个体幸福也即是追求集体幸福，换言之，最终落脚点是家族集体的幸福。

三 强的"以言行事"

语言哲学家奥斯汀在其名著《如何以言行事》中对日常生活中的言谈行为进行了区分。在他看来，这些言谈行为可分为"施行话语"和"记述话语"。前者意为言谈就是在做事，如：

（例一）"我愿意"［I do］（娶这个女人为我的合法妻子）——在婚礼过程中如是说。

（例二）"我把这艘船命名为伊丽莎白女王号"——在轮船的命名仪式中如是说。

（例三）"我把我的表赠给你"——在遗嘱时如是说。

（例四）"明天准会下雨，我敢赌六便士。"[1]

奥斯汀认为以上例子实际上就是在"以言行事"，他说："在这些例子中，说出句子（当然是在适当的情景中）显然并不是要描述我在做我说这句话时我应做的事情，也不是要陈述我正在做它：说出句子本身就是做我应做或在做的事情。"[2] 奥斯汀的"以言行事"理论影响深远，其中也影响到了人类学的研究。有趣的是，"在适当的情景中说出的句子"，以上例子显示，所发生的情景基本上是仪式场合，如婚礼（例一）、命名仪式（例二）、遗嘱（例三）和打赌（例四）。人类学以研究仪式见长，"以言行事"理论是否能解释不同文化中的仪式行为，引起了人类学家的极大兴趣。为此，人类学家芮马丁将之用于解释汉人的仪式行为，并检讨"以言行事"在其中的效果问题。

仪式是否会对外在世界产生某种影响，人类学家一直为此争论不休。有的人类学家持肯定态度，有的则持否定态

---

[1] ［英］奥斯汀：《如何以言行事》，杨玉成等译，商务印书馆2013年版，第8—9页。

[2] ［英］奥斯汀：《如何以言行事》，杨玉成等译，商务印书馆2013年版，第9页。

度。早期的人类学家多持肯定态度，如弗雷泽认为："一个仪式可以造成吹风下雨或敌人的死亡；原始人认为这是仪式的直接结果，是其效果的最好的证明。"涂尔干也认为："土著人从不怀疑这些仪式的效果；他确信仪式一定会产生他所期待的结果。"尽管他们的基本观点有些微的差异，但其基本态度都具有一致性，皆认为仪式的效果是毋庸置疑的。持否定态度的人类学家，如林哈特（G. Lienhardt）指出非洲丁卡人举行治疗疟疾的仪式通常是在疟疾高发季节即将过去的时间，同样，举行降雨仪式的时间也是在雨季来临之际。林哈特将仪式的作用归结为改变人们的内心体验。持相同观点的还有坦姆鲍亚（S. J. Tambiah），他认为仪式不是为了影响外在世界，而是影响仪式参与者的体验。

针对仪式效果的争议，芮马丁将其进一步细化为四个问题：（一）那些举行仪式行为的人有时明确地想要仪式对外部世界产生影响吗？（二）那些举行仪式行为的人有时明确地想要仪式对自己的体验产生影响吗？（三）a. 仪式行为的举行到底有什么影响呢？b.（三 a）的答案与（一）和（二）的答案有什么关系？（四）那些举行仪式行为的人有时根本不想让仪式对外在世界或本人产生任何影响吗？这个问题的答案与（一）、（二）和（三 a）的答案有什么关系？[①]

关于问题（一）。芮马丁以中国人"拜神"的例子进行说明。中国人拜神时会提到该神的名字并进行许愿，其一般或是一般性的愿望如家庭平安，或是特殊性的愿望如请求神保护生男孩。随后在假设请求可能被批准的情况下，对"拜

---

① Emily M. Ahern, "The Problem of Efficacy: Strong and Weak Illocutionary Acts", *Man*, New Series, Vol. 14, No. 1, 1979, pp. 1–17.

神"行为的事件进行评估：如果一个病人病情好转或一个军人安全回家，人们相信这是神护佑的结果，并进行还愿。如果请求没有实现，人们就会找出各种原因，如疾病只有医生才能治愈，或病人未引起神足够的关注，超出了治疗的时间，或神的灵力不够强大，等等。有时人们会向神请求类似官家公文的"符"。在人们看来，这些"符"有治病的效果。能够满足人们请求的神具有极高的声望，因而被人们视为特别的"灵"。芮马丁最后认为，中国人赋予神能改变外在世界的能力，并希望他们向神许的愿能够实现。他们的一些仪式行为力图影响神并对世界产生效果。从这些例子来看，其对第一个问题的回答是肯定的。①

关于问题（二）。芮马丁指出虽然坦姆鲍亚等人类学家认为仪式仅仅改变了人的体验，但中国人的案例清楚地显示多种意图可能会共存，即既改变了外在世界，也改变了人的体验。比较大规模的"拜神"被期待带来"国泰民安"，同时人们也体验到了"热闹"的喜庆气氛。尽管如此，但也有一些仪式本来是为了改变外在世界，但结果却只是改变了人的体验。其中最典型的例子是马林诺夫斯基记录的特洛布里恩人的山药（yam）仪式。特洛布里恩人告诉马林诺夫斯基，他们举行山药仪式显然想让仪式只影响人类参与者，而非山药。芮马丁对此的解释是，有时人们举行仪式的目的是影响自己，有时这是他们唯一的目的。因此，其对第二个问题的回答也是肯定的。②

关于（三 a）和（三 b）的问题，芮马丁认为林哈特的

---

① Emily M. Ahern, "The Problem of Efficacy: Strong and Weak Illocutionary Acts", *Man*, New Series, Vol. 14, No. 1, 1979, pp. 1–17.

② Emily M. Ahern, "The Problem of Efficacy: Strong and Weak Illocutionary Acts", *Man*, New Series, Vol. 14, No. 1, 1979, pp. 1–17.

观点与（三 a）相关。林哈特认为仪式的效果是改变和调节行动者对某个事件的体验。仪式通过戏剧化一个理想的情境来实现这一点。在某些情况下，参与者认为他们的仪式有一定的效果；实际上它们的效果是完全不同的。这就引出了问题（三 b），使我们能够直接面对长期存在的仪式效果问题。假设问题（一）的答案是肯定的。同样假设，在回答（三 a）时，我们必须断言，一些仪式实际上并没有如仪式举行者所愿改变世界。那我们如何理解这种明显的误解和错误行为的持续存在呢？芮马丁认为以下是可以提出的各种解决方案：第一，涂尔干指出仪式举行者认为仪式有效果是正确的，但对它的识别是错误的。这个解决方案留给我们的是开始时的问题，但形式略有不同。如果人们想要的效果和仪式的效果在本质上是如此的不同，人们是如何被欺骗而产生仪式已经成功的感觉的呢？第二，坦姆鲍亚认为人们总是让仪式影响他们的体验。这使得仪式举行者的意图直接与仪式的实际效果相一致，即他们的意思是影响他们自己的经历，这就是它所影响的。因此，对于这种经过精确分析的行动的持久性就不会有任何疑问。问题在于，正如我们所看到的，在许多情况下，人们确实明确地打算通过仪式来影响外在世界。在这些情况下，仪式效果问题仍然存在。第三，林哈特认为，对于同一个仪式，对（一）和（二）的回答都可以是肯定的。事实上，仪式在没有实现（一）的情况下也会产生（二）的结果，所以至少有些事情是人们想要实现的。但是，让我们疑惑的是，为什么人们愿意忽视那些没有实现的意图，而赞同那些已经实现的意图呢？第四，芮马丁认为中国人的例子可以回答这个问题。中国人认为向神灵请愿的成功率不低于向官员请愿的成功率。地方人民在衙门门口向官员提交书面请愿书，官员在官僚机构内部对之进行处理，不让发起请愿的人看到，然后在一段时间后，公布结果或不公布结果。同样，地方人民在庙里通过焚烧的方式向神灵提交书面请愿书，神灵如何处理也是看不见的，最后可能有结果，也可能没有。在这样一个制度中，直接向神灵请愿与向地方官员请愿一样合理，尽管请愿并不总是得到批准。这两种策略似乎都没有明显的错误和误解。这一解决方案仅限于那些精确地模仿在人类中具有实际效果的仪式行为。对中国人而言，神灵与官员是否有所作为都是不可观察的。①

关于问题（四）。如果仪式没有效果，那么就不会影响外在世界，也不会影响仪式举行者的意图。如果没有意图去影响任何事情，那么仪式效果的问题就不会出现。为了理解这个问题，芮马丁引入了奥斯汀的"以言行事"理论。基于奥斯汀的理论，她进一步将"以言行事"细分为强的"以言行事"和弱的"以言行事"。如中国人在请求神灵、祖先等超自然存在的帮助时，请求者必须认为，超自然存在对他的请求感兴趣，而且他相信有一个代理人能够执行他的请求。只要他认为这些考虑是相关的，在某些特定的情况下，他可能会或可能不会真正想要他所要求的东西，或打算他的要求具有说服的效果。如果他确实想要他所要求的，并且打算说服超自然存在，芮马丁认为这就是强的"以言行事"。随后，她又举了许多中国人的例子以说明之。比如，当厉鬼附着在病人身上时，人们必定要举行仪式将之驱走。当一位妇女请求神灵帮助自己生一男孩时，她一定想得到她的要求，并认为她的请求一定会说服神灵。芮马丁指出，一个仪式是否是强的"以言行事"，需要详细地研究这些行为的语言和行为

---

① Emily M. Ahern, "The Problem of Efficacy: Strong and Weak Illocutionary Acts", *Man*, New Series, Vol. 14, No. 1, 1979, pp. 1–17.

背景。当病人恢复健康或妇女生了一个儿子时,有关的人是否会回顾他们所做的仪式,把他们的好运归功于它们?当涉及神灵的时候,人们是否将自己视为自己行为的受益者,并通过感谢神灵或还愿来承认这一点?相反,如果请求没有实现,参与者会为此寻找原因吗?也许换个场合就有好结果?如果答案是肯定的,那就可以说行动者想得到他们想要的结果。如果答案是否定的,那么这样的结论就没有道理了。这就引出所谓的弱的"以言行事"。以上强的"以言行事"的例子其态度几乎都是询问、请求、规劝或命令。但另一种仪式仅仅是表达一种希望。这类仪式与奥斯汀所分析的"以言行事"大不一样。首先,一个人可以希望某事或表达对某事不可能的愿望,如希望身患绝症的人长寿,希望一个不孕的妇女有孩子,等等。为了实施请求行为,一个人必须把他所请求的是否可能看作是相关的。但这个观点不适合表达希望的"以言行事"。其次,不需要一个能实现希望的代理人。即使说话人确实相信有一个代理人可以实现愿望,他也不需要为了实现愿望而提到那个代理人。在这些方面,像希望这样的"以言行事"较少像请求那样涉及效果。在这两种情况下,唯一涉及效果的考虑因素是说话人有兴趣实现所要求或希望的事情。这便是芮马丁所谓的弱的"以言行事",即仅仅涉及弱的效果。在最极端的形式下,所希望的事情是不可能实现的,没有人相信能实现它,说话人也不打算实现他的愿望。①

弱的"以言行事"在中国随处可见,芮马丁首先提到了家家户户门口贴的春联,除了对家人进行祝福外,在猪圈、

---

① Emily M. Ahern, "The Problem of Efficacy: Strong and Weak Illocutionary Acts", *Man*, New Series, Vol. 14, No. 1, 1979, pp. 1–17.

牛圈门口也要贴上春联。中国人对春联的吉祥话语耳熟能详，此不赘述。芮马丁引述了许多中国人对春联的评论，如"我们春节在猪圈、牛圈门口贴春联，是希望六畜兴旺，平安不生病"，或"谁知道春联有什么效果？春节有春节的气氛，春节贴春联是必须做的。我们用春联来表达我们的愿望"，或"贴春联表示春节到了。没有什么效果。为家畜贴春联其实是安慰我们自己"，等等。与之类似，在许多喜庆场合，中国人都要相互说"好话"，如"福如东海，寿比南山"。类似这样的吉祥的祝福语也可以做成装饰性的牌匾，送给庆祝任何特殊日子的人，无论是生日、乔迁新居还是开业。这些"好话"是否有效果，芮马丁这样评论："只是表达希望和愿望。"在这类仪式的过程中，通常神灵不会在场，人们不会烧香烧纸，不会磕头。因而没有神灵来担保这些祝福语是否能实现。即使这些祝福语最后失败，也没有人将之怪罪到神灵身上。总之，在芮马丁看来，强的"以言行事"和弱的"以言行事"之间有一个重要的区别，即前者通常由那些拥有较高社会地位的人来执行，如道士和文人，他们知道如何接近拥有更高权力者。普通民众常常利用他们作为中间人。但这些强有力的人物不会出现在弱的"以言行事"之中。不过在某种情况下弱的"以言行事"可以转换为强的"以言行事"。如在说"好话"的情境下，如果说话人是普通人，则是弱的"以言行事"，如果说话人是社会地位高的权威人物则是强的"以言行事"。①

显然，壬子年鲍氏族人请乩问祖所展开的系列仪式属于芮马丁所说的强的"以言行事"。鲍氏族人因部分祖坟的墓

---

① Emily M. Ahern, "The Problem of Efficacy: Strong and Weak Illocutionary Acts", *Man*, New Series, Vol. 14, No. 1, 1979, pp. 1–17.

碑不知是未立抑或被毁坏，从而不能识别祖先的身份，于是便"设坛于祠，往请旧州潘、叶二公，至祠扶乩代请"。作为道士的潘、叶二公为扶乩仪式的主持人和操作者，他们前来扶乩的目的是代为鲍氏族人请求诸仙降临，判别不同祖坟的墓主。鲍氏族人必须设坛，烧香烧纸，诸仙降临后再以文字的形式传达神谕，而神谕的传达以"示、判"的命令词汇来表示的。因此，在鲍氏族人请乩问祖仪式中，芮马丁界定的强的"以言行事"的因素皆具备：一是族人明确地打算通过仪式来影响外在世界，即确定墓主的身份；二是仪式由那些拥有较高社会地位的人来执行，即道士潘、叶二公；三是神灵在场；四是最后仪式产生了效果，祖先身份确定。有趣的是，在乩文中出现了芮马丁所说的"好话"这样的祝福语，即游方土地田子清在其示言最后的祝福："夜深莫尽详言语，略述几句表衷肠。子孙能遵此训诲，百福齐来寿安康。"但按她的标准这并非弱的"以言行事"。表面上看是弱的"以言行事"，但却转换成了强的"以言行事"，因为说话者是土地神田子清，而非普通之人。

　　从整体上看鲍氏族人请乩问祖所展开的系列仪式，不难发现，其除了是一个强的"以言行事"，仪式举行者有着强烈的明显打算，即通过仪式来影响外在世界的意图外，也具有林哈特和坦姆鲍亚所说的改变人的体验的一面，即神灵针对族人所作的各种道德教诲。在整个仪式中，有三条线同时展开，一是请神确定祖坟身份，二是神灵的道德教诲，三是神灵的祝福。第一和第三条线无疑是具有明显改变外在世界意图的强的"以言行事"，而第二条线的目的则是改变人的道德品质。通过道德品质的提升，使仪式参与者体验到了仪式强大的转换力量和心灵世界的剧烈震荡。

　　芮马丁对仪式效果的讨论及其分类极具启发性，但她对仪式最后的效果究竟如何语焉不详，几乎没有涉及这个问题。也即是说，她没有进一步去验证仪式效果究竟发生没有，只是讨论人们的主观想法，即人们有没有使仪式产生效果的意图，以及相关的前提条件。正如上文所言，鲍氏族人请乩问祖，最后神灵判别的祖先身份计有：始祖妣牛氏太君、二世妣、鲍广、鲍祯、鲍亮、鲍广妣、四世、五世祖、鲍璁、鲍珉、鲍妃、鲍珩、鲍琇、四世妣、鲍珩妣、鲍皙、鲍烨、孙氏祖妣、七世刘孺人、鲍显、鲍𤩲、鲍国本、鲍国俊、鲍国宠、鲍国俊之妣、鲍承宗、鲍国忠之妣、鲍国孝合妣、鲍一策、鲍荣荣、鲍一恭、文妣氏、金妣、鲍元哲、鲍承之妣杨、舒二氏等考妣之墓。此处仍有一个疑问是，鲍氏族人最后认可这个判别了吗？如果没认可，说明即使理论上是强的"以言行事"，实际上仪式的效果并没有发生；如果认可了，说明通过经验证明了请乩问祖是一个强的"以言行事"。2018年清明节照例是鲍氏族人祭祀始祖的日子，我前往鲍屯鲍氏祖坟地进行调查，并对坡上的几座祖坟进行了拍照，发现始祖墓作了新的修整，看起来豪华气派多了。在田野调查结束，撰写相关论文时，其中一座祖坟引起了我的注意，因为墓碑上的碑文能够证明某些观点。这座祖坟便是四房六世祖鲍承宗之墓，墓碑上部碑文为"四房六世"，中间碑文为"鲍公承宗之墓"，右边碑文为"公元二〇〇九年清明佳节重立，原碑立于咸丰二年清明节"。壬子年跟这次事件接近的公历年份有1852年、1912年和1972年。其中以前两个年份最为接近。根据六世祖鲍承宗碑文所记，咸丰二年即为1852年，两相比对，1852年最为合理。换言之，壬子年请乩问祖结束后，六世祖鲍承宗的后裔就认可了祖先身份的判别，立即为鲍承宗立了碑，2009年其子孙又在原来的基础上进行了重立。故而，六世祖鲍承宗坟墓和墓碑的例子从实际经验上证明了请乩问祖仪式是强的"以言行事"。

也许有人会说,神灵对祖先身份的判别只能从象征主义角度来理解,也即不能将之视为一个经验事实上的结果。象征主义是人类学的一个重要研究视角和流派。当然,在某些领域象征主义具有强大的解释力。不过,近年来人类学家已开始对象征主义的解释进行反思了。首先,对象征主义的反思始于对"仪式"(ritual)这个概念的反思。在西方文化语境中,"仪式"意味着"非理性的行为"。在代表理性主义的现代自然科学看来,比如气象学家认为,跳舞不能导致下雨,如果某人这样做了,这样的行为就叫"仪式"。根据人类学的理论,某些民族的人们损伤自己的身体或文身就可以改变一个人的本质,当在成人礼中这样做时,这样的行为就叫"仪式"。根据现代生物医学理论,祭祖不能治病,但如果这样做了,这样的行为就叫"仪式",等等。因此,在西方理性主义者眼中,仪式行为并不能产生人们期待的结果,只是一个幻象和错误的行为。但是,对表演舞蹈、损伤自己的身体或文身和祭祖的人看来,这些"仪式"行为确实能导致某些效果,但他们不是将其命名为"仪式",而认为其是一种"神的工作"(the work of the gods)。对理性主义者而言,这是"仪式",也是一种技术。①

其次,鉴于"仪式"的非理性主义本质,人类学家便以象征主义作为解释"仪式"的理论工具。显然这是"客位"的解释,也即人类学家视之为象征行为,但举行仪式的当地人并不认为其是一种象征行为。在这里,对仪式研究的象征主义解释的批评值得引用拉内·韦尔斯莱夫(Rane Willer-

---

① William S. Sax, Johannes Quack, Jan Weinhold, *The Problem of Ritual Efficacy*, Oxford: Oxford University Press, 2010, p. 4.

slev）在研究西伯利亚尤卡吉尔人万物有灵论时所作的深度思考。在他看来，过往象征人类学在解释万物有灵论思维时，认为其是人类社会产生的本质即是一种隐喻和象征的理论集合，并得出一个结论：万物有灵论本质上是一个错误的心理操作。而尤卡吉尔人声称在世界上与人类和动物同在的那些神灵，人们在醒时和梦中与之交往，其是一种现实而非心灵表征。但土著的这个看法没被人类学家所接受，这些神灵被过去的人类学家认为是土著心灵强加给世界的，作为一种从概念上把握世界并在文化上建构的世界观内象征性地加以利用的手段。因此，人类学家认为他们的话语不应该被看作是正规散文而是一种象征陈述。土著人认为神灵是真实的，实际上其只是象征上的真实，基于他们无力区分人类社会领域"真实"的现实和灵性世界隐喻性建构的"想像"，人类学家因而再生产了笛卡尔的二分法，即社会与自然、人类与非人类、真实知识与虚假知识，而对于这些分类土著民族是拒绝的。换言之，这个分析将二元论作为公理，其根据是人类学家确信神灵并不存在，只是当地人基于想象建构出来的。根据土著人的万物有灵论信仰，不存在两种现实——一个是实际的，一个是隐喻的——只有一个现实，由人（人类和非人类）及其关系所组成。

韦尔斯莱夫认为象征主义可以回溯到涂尔干的社会学。在关于图腾主义（该词包含了万物有灵论）的经典研究中，涂尔干使用象征主义的词汇表达了他的主要观点，也即最好将图腾主义理解为"隐喻和象征"，其所表达的具体的生活现实便是社会群体。对涂尔干而言，图腾概念和信仰建构了人类社会秩序的象征表征，目的是强化社会秩序。涂尔干宣称，土著人自己认识不到这个事实，因为他们对社会力量从根本上持非理性的看法。韦尔斯莱夫对今天仍然秉持涂尔干观点的部分人类学家也进行了批评。这些人类学家的代表人物是伯德-大卫（Bird-David）。她认为有四种不同的万物有灵论概念，每一种皆有一个"核心隐喻"（core metaphor）。纳亚卡人（Nayaka）、姆布蒂人（Mbuti）和巴泰克人（Batek）主要以"成人—儿童"（adult-child）隐喻作为他们与环境关系的表征，加拿大克里人（Cree）则是"性"（sexual）的隐喻。西澳洲土著是"生殖"（procreational）的隐喻，布须曼人（San Bushmen）则是"同名"（namesake）的隐喻。但是，正如英戈尔德指出的，"隐喻"或"自然的社会模式"概念虽然超越了进化论者的化约论，但又陷入了"自然—文化"的二元论。这是因为隐喻概念假设了两个先天不同的领域，一个领域是社会关系是构成性的和文字性的（人类的社会世界），另一个领域是他们被表征和被隐喻（动物的自然世界）。因此，伯德-大卫以同样的二分法结束，即人类社会与自然。[1] 总体而言，韦尔斯莱夫认为象征主义之所以不能有效解释万物有灵论，是因为象征主义的思想根源来自西方的"二元论"，破除了象征主义也就破除了"二元论"。

对鲍氏族人而言，在请乩问祖仪式中降临的神灵，并非是对现实社会的投射和隐喻，就如武雅士所言是官僚在超自然界的表征。他们认为这些神灵就是真实的存在，是他们与世界发生互动的真实对象和存在。此点与尤卡吉尔人的思维没有本质区别。如果他们认为这些神灵只是一个幻象，那就无法解释为何他们承认了神灵对祖先身份的判别，并在此基础上为其树立墓碑。只有承认了神灵的真实性，才能接受其

---

[1] Rane Willerslev, *Soul Hunter: Hunting, Animism, and Personhood Among The Siberian Yukaghirs*, Berkeley: University of California Press, 2007, pp. 17-19, 181-183.

对祖先身份的判别，最后才能为其树立墓碑。也只有这样，才能解释鲍氏族人的请乩问祖仪式，以及芮马丁所说的强的"以言行事"。不过象征主义的解释并非完全无效，在芮马丁所区分的两类"以言行事"中，也许弱的"以言行事"就是一种象征行为，因为这类"以言行事"并不关心最后是否会有结果，只是象征性地表达一种美好的希望。

四 个体主义抑或集体主义？

研究中国台湾扶箕文化的《飞鸾》的两位作者焦大卫和欧大年分别是人类学家和历史学家，他们各自从自己的学科视角对扶箕文化作了人类学和历史学的考察和解释。在人类学家焦大卫所作的"序言"中，他谈到了自己在中国台湾乡村和城市所见到的民间宗教的相异之处。他说扶箕在中国台湾乡村不存在，只能在城市见到，而且不是以家庭而是以个体为单位参与扶箕活动。① 在此书的最后一章，焦大卫详细讨论了他提出的几个人类学问题。这几个问题是："首先，与许多其他注重整个团体规程的民间宗教形态不同，拜鸾团体提供了一个个人宗教信仰的舞台，具有民族学上的意义。其次，自我意识调和的重要性表明了它的拜鸾成员的一个重要的心理动机。第三，……发现信徒们的行为方式隐藏着实用的动机，而不论他们嘴上怎么说。"② 结合本案例，这里与焦大卫提出的第一个问题进行对话，即扶箕仪式所卷入的单位究竟是

---

① ［美］焦大卫、欧大年：《飞鸾：中国民间教派面面观》，"焦大卫序"，周育民译，香港中文大学出版社2005年版。

② ［美］焦大卫、欧大年：《飞鸾：中国民间教派面面观》，周育民译，香港中文大学出版社2005年版，第241页。

个体抑或是集体？

在最后一章，焦大卫再次强调了乡村与城市民间宗教的相异之处。如："与村社宗教不同，拜鸾团体很少能吸引紧密的社区共同体的支持，……例如它不像婚前之夜的天公崇拜，或者在庙前设宴，邀神入席，或者为某人的房子或家室驱邪。……拜鸾通常被人认为是一种'附带'的事，是个别信仰者做的，其成员单位不是家庭，而是个人。拜鸾团体鼓励其参加者带家庭成员到庙里来，但并不认为他们是代表着家庭。拜鸾活动的宗教价值是体现在个人，而非家庭之上。相反，村社的仪式其进行的互惠原则不仅仅是一种功德和义务，它还可以由更大的社会团体所发起。"[1] 故此，在焦大卫看来，扶箕仪式反映了从乡村到城市的文化变迁，即乡村代表了传统的集体主义，城市代表了现代的个体主义。焦大卫的问题意识有两点值得进一步商榷，一是即使要从民间宗教来探讨文化变迁，也得通过同一个宗教现象来看前后意义的变化，但他在讨论乡村民间宗教时，并非是使用扶箕的例子，因为他发现扶箕在他研究的乡村并不存在；二是扶箕所体现的个体主义并不局限在代表现代性的城市中，传统社会也存在这种类型的扶箕仪式。比如，许地山在其著作中就辑录了大量的体现个体主义的扶箕仪式，他认为扶箕的流行多由于文人官僚的信仰。文人扶箕大概始于宋朝，明清时期最为流行。文人扶箕多问科考的试题和功名。显然，这些文人扶箕主要关心的是自己个人的前途，而非某个群体的集体福祉。各举一例如下：

---

[1] ［美］焦大卫、欧大年：《飞鸾：中国民间教派面面观》，周育民译，香港中文大学出版社 2005 年版，第 248 页。

例一，问试题：《夷坚志》（卷四十三）："邓端若少时传得召紫姑咒，而所至皆仙女，喜作诗。绍兴甲子岁，科举将开之前，在家塾与数客会食，或请邀问试闱题目者，诵咒才毕，仙已至，乃尽诚叩之。答云：'经义赋论，吾悉知之，然天机严密，不容轻泄，姑为预言省诗题，慰诸君意。'于是大书'秋风生桂枝'五字。客皆不信，已而果然。"

例二，问功名：明闵文振《涉异志》："浮梁东隅有昭烈庙，祀唐张巡，设像傍侍者曰张太子。永乐戊子年，士人卜秋举，降箕曰：'玉霄一点坠云端，难失佳人一不全。敲断凤钗文不就，贵人头上请君看。'盖'王英高中'四字也。是秋果然……"①

从许地山辑录的案例来看，焦大卫对中国台湾案例的解释并不具有普遍性。但许地山提供的案例也过于单一，在传统社会扶箕所卷入的社会单位不仅仅有个人，也有集体，如本案例所显示的集体主义取向。另外，许地山说扶箕在历史上限于文人官僚，但本案例显示出清朝时期的普通村民也是扶箕的积极参与者。本案例所卷入的社会单位虽然不是整个村庄，但是一个家族，而非个人。祖先是一个家族或宗族的凝聚符号，因为有共同的祖先，其后嗣才能团结为一个群体。某个具有共同血缘继嗣的人群，通过垂直的方式围绕一个祖先形成一个继嗣群体，即宗族家族。本案例的集体主义取向显而易见，并不需要作反复的论证。综合许地山、焦大卫、欧大年的研究和本案例的情形来看，扶箕仪式的个体主义和集体主义属性，并不能从进化论的视角来作解释，传统

---

① 许地山：《扶箕迷信的研究》，商务印书馆1999年版，第34—39页。

社会既存在个体主义取向，同时也存在集体主义取向。关心个人前途命运的个体主义不局限于以城市为代表的现代社会。以上三个案例也体现了扶箕仪式的文化多样性，其很难用一个模式来加以解释。

五 作为仪式语言的箕仙诗

对于本案例乩文中开头出现的箕仙诗，学界通常有两种解读。一是认为只是点缀，并无多大意义。如许地山之观点："扶箕家也像有一套熟诵的诗文，一扶就很快写出来。要不然就不能显出神灵的妙慧。"① 二是强调其文学价值。一般认为箕仙作诗现象盛行于宋代，据统计，宋代史料笔记中所载的箕仙诗词达35首，有叙写生活意趣之作，有托寓时政之作，有表达亡国哀思之作。何蕾认为，宋代箕仙作诗这一现象背后指向的却是科举制度发达、文化氛围浓厚、女性群体受教育程度提高等宋代社会特征。她进而认为，宋代降仙诗的价值与意义主要有三点：一是南宋士人托寓时政的另类方式；二是展示了宋人真实活泼的生活意趣；三是体现了宋诗尚奇的诗美追求与题材开拓。② 这两种解读方式无疑是将箕仙诗从扶箕仪式中抽离出来，将之作为一个与仪式无关的孤立现象来看待，从而忽视了箕仙诗是与整个仪式不可分离的一个必要要素。

根据坦姆鲍亚的梳理，马林诺夫斯基最早注意到仪式中的语言问题。但其后的人类学家并没有看到语言在仪式中的重要性，认为语言只不过是"被看作是由非语言行为和操纵

---

① 许地山：《扶箕迷信的研究》，商务印书馆1999年版，第22页。
② 何蕾：《宋代"箕仙"诗考论》，《宗教学研究》2017年第2期。

第三章 墓碑、扶箕与祖先身份

物体一系列行为中的固定行为"①。换言之,此种观点认为仪式中的语言并无实际意义。一直到了利奇(Leach)才再次发现语言在仪式中的重要性和丰富的含义,他说:"然而,言语与仪式的关系是值得我们重视的。当人类学者谈到仪式的时候,他们首先想的是不用言语的行为,因此有必要提醒人类学者同行们:言语本身就是一种仪式;不用言语的仪式只是一种不同类别、不那么专门化的信号系统。"②坦姆鲍亚紧跟利奇之后,专门讨论了仪式中的语言问题。他认为仪式中的言与行的关系通常有三种类型:"一个极端是用语言进行的仪式,另一个极端是行为占主导地位,尽管也许语言并没有被排除在外。大多数仪式介于两者之间,但在言行比例上可能会显示出明显的差异。"③在他看来,仪式中的语言主要包括"祷告"(prayers)、"歌曲"(songs)、"符咒"(spells)、"演说"(addresses)、"祝福"(blessings)等形式。④他以僧伽罗人的治疗仪式为例讨论了该问题,该仪式中先后出现了三种语言形式。一是咒语"曼怛罗"(mantra),"曼怛罗"是散文,但无诗歌的结构。朗诵"曼怛罗"目的是召集导致疾病的魔鬼,朗诵者借此恳求和劝服它们。二是"卡纳拉瓦瓦"(kannalavva),其以普通人可理解的有节奏的散文出现。解释仪式为什么要举行,描述病人的病情,恳求神的降临和祝福,以及魔鬼离开病人的身体。三是

---

① S. J. Tambiah, *Culture, Thought, and Social Action: An Anthropological Perspective*, Boston: Harvard University Press, 1985, p. 17.

② [英]利奇:《从概念及社会的发展看人的仪式化》,载史宗主编《20世纪西方宗教人类学文选》,金泽等译,上海三联书店1995年版,第506页。

③ S. J. Tambiah, *Culture, Thought, and Social Action: An Anthropological Perspective*, Boston: Harvard University Press, 1985, p. 18.

④ S. J. Tambiah, *Culture, Thought, and Social Action: An Anthropological Perspective*, Boston: Harvard University Press, 1985, p. 18.

"卡维亚"（kaviya），其完全是韵文和诗，是仪式的主要部分。"卡维亚"的结尾或开头部分是四行诗，它具有高度的抒情性，以僧伽罗语为框架，完全可以理解，但有别于当代的日常语言。伴随着音乐和模仿，"卡维亚"被大声地歌唱。仪式的最后再次重复"曼怛罗"。他将这些言语归类为神圣语言，以区别于世俗语言。在其他宗教仪式中，同样能发现类似的神圣语言，如佛教中使用的巴利语，西方天主教中使用的拉丁语，犹太教中使用的希伯来语，印度教中使用的吠陀梵语，伊斯兰教中使用的阿拉伯语，等等。仪式中使用的这些晦涩的古典语言，使之成为一种有别于世俗日常语言的神圣语言，从而具有了强大的"灵力"。[①]

景军对中国仪式语言做了开创性的研究。他分别考察了甘肃孔氏族人祭祖仪式语言的文风、文体和朗诵的特征。他发现孔家仪式文本的书写语言相当固定、高度格式化、重复率极高。其中的句子结构、遣词造句以及对偶语句，给人的印象是古代的言语方式。这些仪式语言皆用文言文写成，中国人可口头背诵或引述文言文，但很少在谈话或日常生活中讲文言。中国的文言就如拉丁文，更多用于学术或宗教场合，而非一种日常生活中的自然表达。另外，在仪式中朗诵祭文必须使用假声，仪式参与者根本难以听懂祭文的意思。祭文的书写必须使用中文繁体字，而不能使用简体字。总之，"孔家仪式语言对复杂文体、繁体字及独特表达方式的综合使用，其实维护着人们共有的一种观念，即只有古奥、讲究、难懂、神秘的言语才可视为神圣的语言"[②]。

[①] S. J. Tambiah, *Culture, Thought, and Social Action: An Anthropological Perspective*, Boston: Harvard University Press, 1985, pp. 19–24.

[②] 景军：《神堂记忆：一个中国乡村的历史、权力与道德》，吴飞译，福建教育出版社2013年版，第120—123页。

第三章 墓碑、扶箕与祖先身份

以上人类学家对仪式语言的先行讨论，无疑有助于我们增进对本案例乩文的理解。从整体来看，扶箕仪式应包含语言与行为两个方面。其中行为方面如上文所述，扶箕的具体操作，通常分为两人扶和一人扶。中间设有一个四方的木盘，盘中盛以细沙，上置一形似丁字的架子，悬成一个锥子在其端，名为乩笔。神降时，就凭此乩笔，在沙盘里画出字来。如果是两人扶的，便左右各立一人，扶住丁字架的两端；如是一人扶，则一人扶一端，另有一端垂着一条线，悬在空中。但从鲍氏族谱对该仪式的记载来看，这些行为被忽略了，也即是说这些行为在该仪式中并不重要，重要的是所记录的语言文字。这也许是坦姆鲍亚所说的"大多数仪式介于两者之间，但在言行比例上可能会显示出明显的差异"。鲍氏族人的扶箕问祖仪式显然语言的比例和重要性大于行为。从所记录的乩文来看，主要包含箕仙诗，神灵的自我介绍，对祖坟的判别，以及儒家的道德教诲与告诫。整体文风、文体和语气皆如景军所言，具有浓郁的古典风格。其中神灵的自我介绍、对祖坟进行判别、儒家的道德教诲与告诫等语言皆为古典散文风格，迥异于世俗的日常语言。不用作过多的分析，其神圣性显而易见，因而具有强大的"灵力"。值得重点讨论的是其中的箕仙诗。首先这些诗词并非可有可无，或只是一种程式化的设置，其次不能视之为单纯的文学表现。必须以人类学的视角来分析之，因为其是整个仪式不可或缺的组成部分。这些箕仙诗所描写的内容多跟扶箕目的不相关，与坦姆鲍亚讨论的僧伽罗人治疗仪式中的语言大不一样。箕仙诗多以描写风光为主，如："飞鹤下瑶谐露冷，苍苔灵隐青山去，复来紫霞觞内琼，满畅饮开怀。""满轮明月照当空，桂蕊飘香惹袖风。春水泛潮秋水绿，朝霞凝映晚霞红。物情淡处凡情了，人性平时天性融。本分为人无俗累，冰心一片玉壶中。"等等。许地山说箕仙诗"显出神灵的妙慧"，这个认识多少触及了箕仙诗的意义，但他未能作进一步的阐发。显然，扶箕降临的神灵是通过这些诗作来表达自己的社会地位，即文人精英的高等级地位。其背后的文化逻辑是儒家提倡和追求的"雅趣"，这种趣味的推动者无疑是科考制度。在中国文化中，尽管"文武双全"也是一个值得追求的理想，但相形之下，"文"比"武"更能展示社会身份的高低。神灵通过自己的诗才来表达自己的社会地位，而正是这个社会地位使自己与他人区别开来，犹如景军在讨论孔氏族人中掌握古典仪式知识的老人时所说，"在广大的农村，那些可以用繁体字结合文言文从事写作的人们因而获得一件彰显神圣权威的特殊工具"①。在宇宙观层面，具有高等地位之神才拥有强大的"灵力"，正是这种强大的"灵力"使鲍氏族人的扶箕问祖仪式成为一个强的"以言行事"。作为仪式语言的箕仙诗虽然与前述人类学家讨论的仪式语言不是同一类型，但其实质和意义并无本质区别，即被赋予了神圣性和神奇的力量。

六　小结

在田野调查中发现的《请乩源流》和《宗祠请乩判祖坟莹降坛词》二文，是比较少见的相对丰富和完整的关于该村的历史资料。这些资料为我们对该村特别是鲍氏宗族作历史人类学的分析提供了难得的史料基础。祖先崇拜是汉人社会一个重要的人类学论题，而鲍氏族人在清末扶箕问祖的个案

---

① 景军：《神堂记忆：一个中国乡村的历史、权力与道德》，吴飞译，福建教育出版社2013年版，第126页。

第三章　墓碑、扶箕与祖先身份

为我们展示了祖先崇拜的另一种情形，弥补了过往人类学汉人社会研究的不足，可以让我们更加广泛地理解汉人祖先崇拜的多样性。

对壬子年鲍氏族人扶箕问祖时间的精确考证意义重大，只有明确了这个时间点，围绕这次仪式所展开的相关论述和立论才能成立。同时，这次仪式蕴含了大量儒家的道德教诲，儒家倡导的理想人格和人观在民间社会生动地得到体现，这些道德原则宣讲借助神灵之口获得了无上的权威性。仪式的效果问题一直是仪式研究持久讨论的话题，也是一个颇具吸引力的问题。人们怀着无比的好奇心反复追问，仪式究竟能产生预期的结果吗？从多方面来看，本案例无疑属于芮马丁所划分的强的"以言行事"，象征主义显然不能诠释地方仪式举行者的"主位"观点。鲍氏族人扶箕问祖不关乎个体的前途和命运，而关乎整个宗族的集体事业，祖坟和祖先身份不能确立，祭祖仪式便不能如期举行，宗族的凝聚力便不能达成，其集体主义取向显而易见。仪式开头出现的箕仙诗也是一个饶有趣味的话题，其文学性吸引了文学家的注意，文学史的价值不言而喻。但这种将之抽离仪式语境的做法违背了对其的真正理解。在人类学看来，这些箕仙诗就是一类仪式语言，而非一个程式化的固定设置，神灵通过诗才的展示来突出自己强大的"灵力"，作为仪式语言的箕仙诗因而具有了神圣性和神奇的力量。

第四章　神圣性共餐与混合的食物

抬汪公与鲍氏祭祖应该是鲍屯最隆重的集体性仪式活动了。笔者第一次前往鲍屯进行田野调查时，就被这两次活动的隆重性所吸引，其后的几次调研，几乎都参与其中，这也是调研的重点项目。在调研期间，笔者住在房东家，每天跟他们家一起吃住，村里没有旅馆和饭店，所以生活只能依靠房东才能解决。与每个田野工作者的经历一样，他们家没有将我看作是客人，因为我刚到他们家时就说不要将我当客人对待，家里每天吃什么我就吃什么。确实，在房东家的日子里，每天我和他们一起吃家常便饭。不过，在调研抬汪公与鲍氏祭祖，以及其他"会口"时，我就与参加仪式的人一起用餐。记得一次我给房东打电话，说我不回他家吃饭了，他还问我需不需要从他家带碗筷去。显然他担心我适应不了外面的碗筷，但我没有这些想法。在这些仪式场合吃饭，给我留下深刻印象的是鲍屯人吃的菜，这些菜不是用小碗或盘子单独盛着，而是把不同的菜混在一起，然后装在一个大盆里，一般十人左右围绕一盆菜聚餐。这是我第一次吃到这样的菜，所以印象深刻。某天我突然想到人类学家华琛曾经研究过华南乡村社会类似的食物"食盆"，于是在以后的调研中特别留意了鲍屯的这种食物文化，并试图与华南的食盆文化作跨地域的比较。

一 共餐

饮食是人类学研究的一个核心主题,也是观察一个地方文化的最佳切入点。[①]迄今为止,相关文献和学术积累蔚为大观,人类学家从不同的视角对不同民族和文化中的饮食作了深入探讨,其中的主要观点已有学者作了详细的梳理和总结。其中,西敏司(S. W. Mintz)和杜博伊斯(C. M. Du Bois)的梳理值得参考。[②]

西敏司和杜博伊斯从跨文化的角度广泛而细致地梳理了几个热点问题,为饮食人类学的进一步探索提供了前期的知识基础。但结合本案例来看,其中饮食与仪式的主题与本案例极为相关,但人与人、人与神的共餐行为并没有作为他们的重点讨论对象。共餐字面上的意思是在同一桌吃饭。在更广泛的一般意义上,它描述了在一个共同的物理或社会场合共同的饮食。在所有的文化中,吃饭都是一种社会活动,不可否认,共餐是人类社会性最重要的表达方式之一。谁参加共餐的问题是很重要的。虽然日常饮食可能会形成一个相对稳定的核心参与者,特殊的共餐场合包括那些通常平时不一起吃或喝的人。早期的人类学家如罗伯逊·史密斯(Robert-

---

[①] 在网上看到一则段子,十分有趣,我终于明白了中国文化其实就是吃的文化:"岗位叫饭碗,谋生叫糊口,受雇叫混饭,混得好叫吃得开,受人欢迎叫吃香,受到照顾叫吃小灶,花积蓄叫吃老本,占女人便宜叫吃豆腐,靠长辈叫啃老,男人靠女人叫吃软饭,干活多叫吃不消,受人伤害叫吃亏,男女嫉妒叫吃醋,犹豫不决叫吃不准,办事不力叫吃干饭,负不起责任叫吃不了兜着走……"有人说中国"社会"家庭化。以上段子表明,中国"社会"也是饮食化。

[②] S. W. Mintz and C. M. Du Bois, "The Anthropology of Food and Eating", *Annu. Rev. Anthropol*, 2002, Vol. 31。

son Smith)、涂尔干、列维－施特劳斯和玛丽－道格拉斯皆对共餐有过开创性的探究。直到今天，对于我们如何理解共餐作为媒介服务于边界维持机制中的共享认知禁忌，他们的著述仍然是基础性的经典作品。在这些领域的研究，主要集中在宗教、仪式和祭祀中的共餐行为。但日常生活中的世俗共餐多被忽略了。齐美尔很早就强调，共餐不只是在仪式的宴会中才能理解，它也是分享日常食物的一部分。通过分享共同的饮食，一个人的生物性和"饮食的排他性自私"转化为集体社会经验。故此，在一部专门讨论共餐的文集中，学者们将分析重点集中在正式与普通膳食的分享，并将之等同为马塞尔·莫斯意义上的"总体的社会事实"。也就是说，它们同时呈现为社会的方方面面：经济、法律、政治、宗教、美学、道德等。该文集特别强调的是把分享平凡的饮食作为理解共餐实践的一个关键领域。在平凡的饮食中，以及在特殊的膳食中，包含性和排他性的政治——"美食政治"——扮演着一个中心的角色。同时，研究表明，所有的文化中都有控制共餐行为的观念和规则。排斥和包含在共餐中并不一定是绝对的范畴，也就是说，这并不一定意味着完全的排斥或完全的包含。在共餐中，人们可能部分被包含或部分被排斥在外。①

在该文集中，华人人类学家陈志明从跨文化的角度将共餐形式分为家庭共餐、亲属和社区共餐、仪式和宗教共餐、政治共餐和招待共餐五种基本类型。这些共餐的意义，陈志明认为："家庭共餐是最基本的，所谓的招待共餐可被看作是家庭共餐在社会关系意义上的延伸。亲戚和社区共餐在社

---

① Susanne Kerner and Cynthia Chou, "Introduction", in eds., Susanne Kerner, Cynthia Chou and Morten Warmind, *Commensality: From Everyday Food to Feast*, London: Bloomsbury Academic, 2015.

区层面十分重要，同时宗教性共餐一般是为了地方社区或者宗教社区而举行的。政治共餐更为广泛，官方和民间都可以为了一些政治目的来举行，这其中宴席的作用不可小觑，不仅仅是作为一种公开庆祝，宴席在加强团结、建立联盟以及巩固权力上的作用不亚于展示权力和地位。"①

关于最基本的家庭共餐，日本国立民族学博物馆石毛直道则将地区范围限定在东亚三国，且仅仅讨论家庭共餐的诸多问题。他认为家族是因性和饮食而组成的一个集合体。其中家族普遍具有饮食基本分配单位的功能，所以家族可以说是因共餐而组成的一个集体。对于中国古代的饭桌文化，石毛直道将之概括为"席地食、筷子、个别型、空间展开型"，这种文化深深地影响了朝鲜和日本的传统饮食方式。但到了唐朝，椅子和桌子开始流行，配食方式开始由个别型转向由共同的食器来分盛食物的共通型配膳法。另外，在过去，中国存在男女分别饮食的习俗。但这仅限于富裕的大家族，贫穷家庭则男女同桌进食。朝鲜半岛的传统饮食方式是坐在住宅地板上进食，且同样存在男女分别饮食的习俗，利用炕作为生活空间，以及基于儒家的家族秩序形成了朝鲜的饮食方式。在古代日本，其饮食方式可概括为"跪坐食、手食、共通型、空间展开型"。到了七至八世纪，由于受到中国和朝鲜的影响，日本的饮食方式变为"跪坐食、筷子、个别型、空间展开型"。日本饮食最显著的特征是个别型配膳法。此外，与中国和朝鲜相异之处是，日本家族具有无性别和世代相区隔的饮食规定，原则上，家族全体人员可以在同一个房间和同一时间共同进食。近代以后，随着类似中国八仙桌的"卓袱台"的出现，家庭全体成员围绕这

---

① 中译本见［马来西亚］陈志明《共餐、组织与社会关系》，马建福、马豪译，《西北民族研究》2018年第4期。

种饭桌进食的方式取代了传统的"膳"。尽管如此，配膳方式仍然是传统的个别型，即将所有的食物分盛在个人的食器中，再端放在"卓袱台"上。①

以上对共餐研究作了简要的回顾。西敏司和杜博伊斯从整体上对饮食人类学作了全方位的总结和梳理，尽管他们提及的饮食与仪式主题涉及了共餐行为，但没有对此作深入的探讨。而在专门讨论共餐的文集中，学者们虽然广泛讨论了共餐的日常世俗形式，但其中的论文并没有完全忽视神圣性的共餐。比如，亚历山德拉·弗莱彻和斯图尔特·坎贝尔（Alexandra Fletcher and Stuart Campbell）在第九章的论文《这是仪式，不是吗？多乌兹特普的停尸房和宴会》（It is Ritual, isn't it? Mortuary and Feasting Practices at Domuztepe）讨论了作为一种特殊共餐的仪式性宴会。在第十七章，英格维尔德·吉尔胡斯（Ingvild S. Gilhus）的论文《古代的礼仪餐和辩论》（Ritual Meals and Polemics in Antiquity）探讨了共餐在宗教饮食中的中心地位。该文考察了三个宗教团体，以及传统希腊罗马宗教中的仪式餐。宴会通常是一个或多个动物被屠杀祭祀的最后一步；密特拉信徒的礼拜室是餐厅；圣餐是基督教的主要仪式；摩尼教最著名的仪式之一发生在宴会桌上，等等。显然，作为人类学经典论题的神圣性共餐并没有失去其学术魅力。陈志明对共餐形式的分类具有极大的参考价值，其中的亲属和社区共餐、仪式和宗教共餐皆关涉神圣性共餐。石毛直道对家庭共餐的细致研究，让我们明白了共餐的基本原则，因为其他类型的共餐原则皆来自家庭共餐形式。本案例的讨论主要集中在神圣性共餐，因为讨论的

---

① ［日］石毛直道:《东亚的家族与饭桌文化》，*Journal of Chinese Dietary Culture*, Vol. 2, No. 2, 2006, pp. 27–44.

饮食主要发生在鲍屯的抬汪公和祭祖仪式场合。当然，通过与华琛的华南研究进行对话与比较来展开论述，其中会涉及非神圣性共餐形式。在共餐中，食物的混合性将是讨论的焦点，这将会为共餐研究提供一个新颖的独特案例。

二　命名与位置

陈志明划分的家庭共餐、亲属和社区共餐、仪式和宗教共餐、政治共餐和招待共餐五种基本类型在汉人社会中都能发现。汉语有两个日常语言充分反映了食物的社会意义，即"伙食"与"独食"。伙者，大伙/伙伴也，其意自明，不需多解释。"独食"是其对立面。前者具有强烈的社会意义，后者则是反社会的行为。共餐在西南官话地区民间还被称为"打平伙"，意为共享食物的"大伙是平等"的。

这里我们主要讨论鲍屯的仪式和宗教共餐，因为仪式参与者分享的食物具有十分鲜明的特点。但这类共餐与亲属和社区共餐多有重叠，但也不完全重叠，后文再详细讨论。就仪式涉及的范围而言，抬汪公是整个村子的事务，超越了家庭和宗族，而鲍氏祭始祖则只是鲍氏宗族之事务，但超越了鲍氏各房的小家庭。在抬汪公和鲍氏祭始祖的仪式场合，照例祭祀完毕便是共餐。共餐的食物是将刀头肉（猪肉）、鸡肉、豆腐、青菜、慈姑等食材分别在大锅里炒好后，再混合在一个小盆里，然后十人左右自由组合为一"桌"，大家围绕这盆混合的食物一起共餐。华琛研究的华南类似的混合食物，被当地人称为"食盆"，[①] 但鲍屯的这种混合食物原先

[①] J. Watson, "From the Common Pot: Feasting with Equals in Chinese Society", in J. Watson and R. Watson, *Village Life in Hong Kong*, Hong Kong: The Chinese University Press, 2004, pp. 105–124.

并没有正式的名称，后来才被称为"一锅香"。不过屯堡乡村所在的黔中安顺地区还有另一种被称为"一锅香"的食物。后者的食材、做法和场合皆与前者大不一样。一位安顺籍大学生这样对我描述：

> 我家那个（一锅香）做法，我不敢确定是不是正宗，就是我们这边就习惯在里面加腊肉加土豆。然后呢，辣椒底一般用糟辣椒，偶尔会加自己腌制的酸西红柿。之后，我记得我老爹的做法，其实就是先把那个肉菜炒一下，炒好了之后加水，再把那些作料和配菜加进去。还有的人家会放粑粑，但我们家不会放。他们有些还会弄辣子鸡底的，一般来说就事先把那个肉做好了，做好了炒肉之后又再加其他作料。其实很多情况下，我听我奶奶说，这种做法都是那前顿吃剩的东西，和其他东西混在一起，就搞成一种大乱炖。但是呢，对于这个做法，我们现在一般来说，其实有点类似于干锅，但不完全是干锅，又不像火锅。就是在干锅和火锅之间。一般油很重。食材的话我记得最基本的是辣椒和回锅肉，就是那种五花肉。但是呢，有的时候我们会用腊肉去替代五花肉，因为那个味道要好一点，而且保存时间长。我们也会放一些蔬菜，但主要是一些土豆、粑粑，或者是一些冬天才有的蔬菜，白菜比较多，有时也会放豌豆尖。反正我觉得安顺一锅香就是一股糟辣椒和酸西红柿味。一般只在家里吃一锅香，宴席没有，有的家常菜馆会有。

从这段描述来看，鲍屯祭祀时的混合食物与"一锅香"唯一的共同点就是把不同的食材混杂在一起，但不同之处显

第四章 神圣性共餐与混合的食物　　233

鲍氏族人祭祖后共享"混合食物"

而易见。就食材而言,"一锅香"有五花肉、腊肉、土豆、白菜、豌豆尖、粑粑等,鲍屯祭祀时的混合食物仅有刀头肉(猪肉)、鸡肉、豆腐、青菜、慈姑等。就做法而言,"一锅香"仅仅将肉类先炒好,其他食材则以生菜的形式与熟肉混合在一起,鲍屯祭祀时的混合食物是将各种食材都先炒好再混合在一起;"一锅香"需要加水炖煮,而鲍屯祭祀时的混合食物不需要炖煮。就食用的场合而言,"一锅香"主要局限在家庭范围内，再延伸到家外的普通餐馆，宴席不会食用"一锅香"，因而是一种世俗的日常食物；鲍屯祭祀时的混合食物主要在集体祭祀时食用，没有延伸到其他场合，因而是一种神圣性的食物。鲍屯祭祀时的混合食物后被村民称为"一锅香"，这无疑是较晚的称呼，也即是说，在家里共餐的"一锅香"名称在前，鲍屯的"一锅香"在后。换言之，在被称为"一锅香"之前，鲍屯村民并没有为之命名的必要，可能有人问到这道菜叫啥名，村民才模仿前者将之命名为"一锅香"。为了便于区别两者，本研究将鲍屯的这类食物称为"鲍屯祭祀混合食物"。当说到"一锅香"时，特指安顺作为日常食物的"一锅香"。

　　鲍屯祭祀时的混合食物并没有被屯堡乡村的民众看作地方的代表性食物，也没有被外地人看作屯堡乃至整个安顺地区的代表性食物。比如，在一部鲍屯所在的镇志"饮食文化"一节中，其所列举的食物有：甑子饭（包括大米饭、包谷饭、荞面饭、稗果饭）、糍粑、荞粑粑（包括水搅荞粑粑、锅烙荞粑粑、水氽荞粑粑、烙饼荞粑粑）、粽粑、清明粑、腊肉、血豆腐、酸辣椒、豆豉、霉豆腐、野生菜等。[①]

　　在一部地方学者撰写的全面反映屯堡乡村社会的著作中，当谈到屯堡饮食时，书中这样概括："九溪的饮食习俗反映了屯堡饮食的特点：其一，饮食结构以水稻为主，杂粮为辅，加工食品多样。水稻以大米为主，糯米为次；杂粮包括玉米、麦子、小米、高粱和豆类。大米主要做成米饭作为主食，还加工成凉粉、米酒、米花，以及同糯米混合后磨成米面而蒸制成糕粑，糕粑耐储藏，吃法多样，食用方便，深

[①] 大西桥镇志编委会：《大西桥镇志》，贵州人民出版社2006年版，第408—414页。

受屯堡人喜爱。糕粑还可用专门模子印制较小圆形或鱼形，在建新房上梁仪式中的撒糕粑用，以及在婚礼习俗中用。其二，副食系列食品丰富多样，用干制、泡制、腌制等多种加工方法制成数十种副食品。其三，喜食辣味是屯堡饮食的特点，也是作为贵州饮食的特点。"①

　　随着旅游业在屯堡乡村的兴起，具有地方特色的饮食成为吸引游客的一个主要资源。相关的研究论文对屯堡的食物有这样的概括："屯堡人的主食是水稻，辅以杂粮，水稻以大米为主，糯米为次；杂粮包括玉米、麦子、小米、高粱和豆类。大米除做成米饭外，还制成糍粑（糯米）、饵块粑（黏米）、黄粑（混合少量糯米）、卷粉。糯米主要用在过年时做甜酒，酿糯米酒，打糍粑，或用碓窝加工成糯米面后做甜酒粑、汤圆、荷叶粑，以及到清明时做清明粑。杂粮可加工成包谷饭、包谷粑、包谷花、包谷酒、小米粑、高粱粑、荞凉粉、面条、红薯干、土豆片、香麦面等多种。……一些野生天然植物被加工成菜肴，如泡野芹菜、煮姨妈菜、狗地牙汤、折耳根、青杠树尖、苦蒜、蕨菜等。……屯堡妇女心灵手巧，用干制、泡制、腌制等方法制成的副食品种丰富：干辣椒、红豆、饭豆、干豇豆、干蕨菜、干莴苣皮、干萝卜；腊肉、香肠、血豆腐、盐豆腐；豆腐乳；泡萝卜、泡豇豆、泡洋荷、泡蒜薹、泡子姜、泡藠头、酸辣子、酸菜等。……在贵州时至今日仍只在安顺地区流行。再如折耳根系列菜肴、豆花火锅、丝娃娃、'蘸水'文化、'一锅香'等。……几百年来屯堡妇女以江南的精巧与黔中物产相结合，制作出腊肉、腊肠、血豆腐、盐豆腐、豆豉、泡菜、糟

---

　　① 孙兆霞等：《屯堡乡民社会》，社会科学文献出版社 2005 年版，第 188 页。

辣椒、丁丁糖、波波糖等保存时间长、食用方便的可口食品。屯堡菜肴中的辣子鸡、咸菜、干菜，也具有一次制成、较长食用时间的特点。……客人到家，主人会很快地去准备饭菜招待。吃饭时放好方桌，摆好板凳。吃酒席时'四盘八碗''八盘八碗''十盘一品锅'，花生、山药、海带、大头菜、绿豆芽、韭黄、红烧肉、腌菜肉、蹄膀、油炸豆腐、鹅脖子、粉条、白菜、肉丸子等，琳琅满目。辣子鸡烧豆腐也是一道名菜，鲜红的辣子鸡汤，煮着雪白鲜嫩的豆腐，配上嫩绿的水煮青菜。……屯堡社区在春节前后流行'一锅香'的菜肴烹调方式，即把各种熟菜合置锅内，加热食用。汉族春节崇尚年年有余，初一不动火，屯堡人年前备置好若干佳肴，用这种方式食用。方志载：'客至，则磨豆腐，煮腊肉，次日以后方杀鸡，可不必购鲜肉也。菜蔬，乡中家家种之，多不假外求。冬日款熟客，或围炉而坐，以已熟之肉或菜和一锅置炉上谈且食，味益香美，别饶风趣。''一锅香'集便利、鲜美、热络、经济等诸多优点于一身。"①

安顺著名作家戴明贤先生在他的回忆录中也记载了民国时期安顺的地方食物：荞凉粉、油炸粑稀饭、油炸鸡蛋糕、碎肉豆沙包、松糕、糯米饭、酸菜粑、卷粉、贼蛛粑、肉饼、开花鸡蛋糕、甜糕、锅炸、水晶糕、一锅香，等等。有趣的是，戴明贤先生详细回忆了民国时期"一锅香"的做法："一锅香"原名"一锅菜"。不同于生片火锅，而是把五六种菜蔬分别炒好后，拼摆于锅中，再加汤烩透。看似无奇，而味美迥异于诸菜分食。常在冬令饷客以此菜。宜入之菜有两类，一是鸡鸭猪肉，二是白菜、山药、红豆、油豆

---

① 杜成材：《论贵州安顺屯堡的饮食文化与旅游开发》，《南宁职业技术学院学报》2012年第3期。

腐、冻菌、粉丝等。以肥鸭和冻豆腐为上选。"一锅香"的拼嵌有独特的讲究,白菜垫底,鸡鸭置于中央,其他品种各分两半,对角摆放,加汤略煮。① 戴明贤先生的回忆与上文那位安顺籍大学生的描述大同小异,不过戴明贤先生所回忆的"一锅香"的做法似乎更地道些。

以上对屯堡乃至整个安顺地区饮食文化的研究和回忆皆未提及鲍屯祭祀时的混合食物,至少说明这种食物并不常见,且不在日常生活中食用,尽管其具有崇高的神圣地位。

三 起源

华琛对华南"食盆"的起源进行了专题探讨,但他不是从历史事实角度进行考证的,因为没有这方面的史料。由于史料的缺失,他转而从地方传说中解读其意义。这个传说的内容大体如下:乾隆皇帝厌倦了宫廷生活,多次穿着乡民服装去往乡村。一次,他到了广东,出席了佛山一家的婚宴,是典型的九道菜宴席。他非常饥饿,但口袋里没有银子。厨子非常慷慨地说:"别担心,老朋友,我保证你能吃到所有的菜。"厨子分别将各种食材炒好,然后混在一口大锅里,再加上秘制香料。乾隆皇帝吃后,认为是乡间最美味的食物。他返回北京后,命令御膳房学做这道菜,但没成功。不得已,他命令最信任的大臣去佛山学习。大臣学成回宫后,立即给皇帝做了食盆。乾隆皇帝下谕旨,此后在宫廷重要的场合都要做食盆。根据华琛的调查,村民们坚持认为这是食盆的起源。作为学者的华琛当然不认为这是食盆的真正起

---

① 戴明贤:《安顺旧事:一种城记》,人民文学出版社2011年版,第176—183页。

源，不过他从这个传说中解读出了另一个含义，即村民们通过这则传说来表达追求社会平等的理念，食盆是社会等级抹平的机制和表现，因为乾隆皇帝屈身与平民共享食盆。这也是华琛华南食盆研究的一个重要发现和结论。①

不过通过查阅文献和实地访谈，笔者皆未发现鲍屯祭祀混合食物的起源线索，包括史实与神话传说。安顺的"一锅香"同样如此。如果不能从区域或地方去寻找起源的直接线索，那是否可以从整个中华文化的早期历史中去寻找呢？

汉学家胡司德（R. Sterekx）在讨论中国早期历史中的食物与祭祀关系时，特别强调了烹饪与儒家的核心价值"和"的关系。在他看来，古代中国人认为食物有助于培养人的道德涵养。饮食与道德具有同等重要的地位。用食物奉养君主的身体也是维系君主的道德品质。只有当君主的口腹之欲得到满足和控制，并且享受到的是"正味"时，他才能做到以德治国，施行仁政。对于世俗政治层面的这个逻辑，胡司德认为同样可适用于超自然的鬼神世界。因为如果献祭不当或鬼神不满意时，就会施害于献祭者。古代疱人切割不同的食材，将各种食材的味道融为一体，这样的美食与每一种具体的食材和味道都不一样。早在商朝时期，古人就把辅佐君主之才能比喻为饮食上的"和羹"。胡司德引用了《左传》中一段著名的话：

> 齐侯至自田，晏子侍于遄台，子犹驰而造焉。公曰："唯据与我和夫！"晏子对曰："据亦同也，焉得为和？"公曰："和与同异乎？"对曰："异。和如羹焉，

---

① J. Watson, "From the Common Pot: Feasting with Equals in Chinese Society", in J. Watson and R. Watson, *Village Life in Hong Kong*, Hong kong: The Chinese University Press, 2004, pp. 105 – 124.

水、火、醯、醢、盐、梅，以烹鱼肉，燀执以薪，宰夫和之，齐之以味，济其不及，以泄其过。君子食之，以平其心。"

胡司德认为这段话所提及的"和羹"的道德政治意义反映了"道德与心理的平衡感是从平和的饮食当中推演出来的。这种'和'的思想也适用于君主与臣下之间的关系"①。"和羹"除了具有道德政治的意义之外，同时还具有浓厚的宗教意义。《左传》引用了《诗经》中的四句诗："亦有和羹，既戒既平。鬷假无言，时靡有争。"这段诗描写了祭祖之时，后人向祖先祭献"和羹"的场景。胡司德对此评论道："在这里，祭祀用的和羹同时也暗示参与祭祀的人员之间的和谐关系。祭献如仪，不仅抚慰了神灵，而且还消除了参加祭仪的人之间的不和谐的因素。这样他们就能够安静地、全神贯注地倾听神灵的回应。"② 在古代中国，"和羹"通常与圣人或"庖厨"的形象联系在一起，同时"和羹"在各种祭品中也特别重要，其是将各种食材在礼器鼎中融合在一起。古人认为最有效的祭品是脱离了祭祀活动中每一种单独味道之上的那种无味之物。无味的羹在感觉上是中性的，因而是最适合献祭给鬼神的祭品。因此，"祭祀之羹可食不可嗜。它已经超出了每一种具体的味道。超越了人的冲动与欲望"③。

---

① ［英］胡司德：《早期中国的食物、祭祀和圣贤》，刘丰译，浙江大学出版社2018年版，第61页。
② ［英］胡司德：《早期中国的食物、祭祀和圣贤》，刘丰译，浙江大学出版社2018年版，第62页。
③ ［英］胡司德：《早期中国的食物、祭祀和圣贤》，刘丰译，浙江大学出版社2018年版，第86页。

胡司德对早期中国食物与祭祀关系的探讨，为我们寻找鲍屯祭祀混合食物起源提供了一些启发。他的研究认为，作为一种将各种食材放在鼎里融为一体的"和羹"，是早期祭祀时最恰当的祭品。至于"和羹"的具体做法是将各种食材以未加工的形式放入鼎里，还是分别将这些食材做好后再放入鼎里，因史料并未描述详细的细节，对此我们不得而知。另外，"和羹"作为祭品献给鬼神和祖先之后，仪式参与者是否还以共餐的形式食用，史料也没提供这方面的说明。但我们可以推断，"和羹"除了作为祭品之外，也可能是共餐的食物。鲍屯祭祀混合食物至少在形式上与早期中国的祭品"和羹"极为相似。因为缺乏关于"和羹"的相关史料，我们无法将两者作详细的比较。但史学研究有一个方法，即在直接史料证据缺失的情形之下，研究者可以作合理的推论。因此，关于鲍屯祭祀混合食物的起源，我们可以在胡司德研究的基础上，推测其极有可能与"和羹"有关。尽管这个考证的证据链并不完整，但作为一种推论可以暂存一说。

四　社会抹平机制

华琛对华南食盆研究的最大发现便是这种饮食方式看不出社会等级的区隔。首先，我们先来看看华琛对食盆的描述：

> 在下午规定的时间，我陪伴我的男邻居到达沙田最大的祠堂。我们在入口处等着，直到一行八人到达。我们其中一人靠近厨房，他端来一个盛满混合食物的木盆。每一个客人从一个盘子里拿一双筷子，然后自己去盛自己的米饭。饭盆被放在祠堂一个空闲的角落里。早到的客人在不满一桌八人的情况下就在厨房旁边已开始

第四章　神圣性共餐与混合的食物　　241

吃了。我不禁注意到香港乡村一个最富裕的人坐在一群农民和工人当中。我们的食盆放在地板上,我们八人围绕着地板上的食盆,大家一言不发从盆里夹菜。里面有猪肉、鸡肉、豆腐、萝卜和鱼。没有任何仪式表演;没有复杂的餐桌礼仪要遵守。每一桌都没有待客的主人,没有食客的排名,也没有尊贵的客人单独坐一桌。人们先来先吃。没有人发表讲话,也没有人提议祝酒。每个人各自吃自己的,吃饱就离开。

……。字面上,食盆的意思是"吃锅"或"吃盆";也许,最好的译法是"从同一口锅里吃饭。"当然,在中国其他地方也有类似的吃法,如"大锅菜"或"大锅饭"——一个大铁锅,里面的食物被一起煮成一团难以辨认的、很大程度上令人倒胃口的东西。这种食物通常在部队、学校和工作队里流行。食盆有两个突出的特征:一是宴席食物,不是日常食物,二是在食用之前,各种食材先各自烹饪,然后混合在一起。故意把通常分开提供的食物混合在一起是这种宴会风格的主要特点。①

华琛对食盆的描述及其对食盆特征的总结,如与鲍屯祭祀混合食物进行比较,我们会发现两者既有相同之处,也有相异之处。首先,两者都是将不同的食材事先烹饪后再混在一个盆里,但两者所用的食材有同也有异。食盆有猪肉、鸡肉和豆腐,鲍屯祭祀混合食物也有这三种食材,其他剩下的食材就各不相同了。虽然都有猪肉,但华琛没有进一步说明用的是猪的哪部分肉,而鲍屯祭祀混合食物却规定必须使用

---

① J. Watson, "From the Common Pot: Feasting with Equals in Chinese Society", in J. Watson and R. Watson, *Village Life in Hong Kong*, Hong Kong: The Chinese University Press, 2004, pp. 105–124.

刀头肉。在中国文化中，祭祀所用的猪肉一般是刀头肉，刀头肉的界定通常有两种说法：一是刀头肉也叫年肉或大肉，长方形，每块长约5寸，重约半斤至1斤。其制作过程是将肉切成长条块状，连皮带肉，肥肉多瘦肉少，用菜刀从有皮的一边中部切开，但下部的瘦肉却要紧紧相连，这种欲断不断的连肉大多在过年的时候才享用，取其谐音，就叫年肉。二是宰杀猪的时候，第一刀就叫刀头，用于祭拜上苍和祖先的祭品，一头猪只有两个刀头，因此显得郑重和虔诚。不管如何，刀头肉是祭祀时的主要祭品之一。如果食盆用的不是刀头肉，那说明其不是作为祭品而被共餐。从华琛的描述来看，食盆主要在宴席上食用，故符合陈志明所说的"亲属和社区共餐"形式。而鲍屯祭祀混合食物使用刀头肉，故符合陈志明所说的"仪式和宗教共餐"形式。这也关联到华琛总结的食盆的另一个特征，即两者都不是所谓的家常菜，而是为专门的场合制作的专门食物，只不过食盆是宴席上的食物，而鲍屯祭祀混合食物则是祭祀场合的食物。

不过两者最大的相同之处在于都具有平等主义的性质。华琛在上面的描述中提到了一个细节，即他发现有一个富人与一群农民和工人不分彼此坐在一起共享食盆。这提前暗示了他在后面要讨论的论文主旨。不同民族通过饮食来反映和强调社会关系，是过往人类学家反复论及的一个主题，也是饮食人类学的基本出发点。在中国这样高度分层的"复杂社会"，食物理所当然地被人类学家认为反映了社会等级的安排。而华琛对华南食盆的研究却得出了相反的结论，即使在高度分层的"复杂社会"，饮食也有平等主义的倾向。他对话的人类学家是杰克·古迪。古迪发现在非洲平等社会，相应地其食物也尚未精致化，食物和烹饪方式比较简单。而在高度分层的"复杂社会"，如欧亚大陆许多国家，其食物和烹饪方式却趋于复杂化和精致化。在他看来，两地食物的差别其实就是社会关系差别的表达。其中，中国是他主要的研究案例和讨论对象。比如，古迪写道："菜肴的分化清楚地体现在论中国烹饪的书面作品中。在唐朝，甚至在更早时期，出现很多以食物准则闻名的书籍，它们构成了有关食物的权威文本。这些并非烹饪书，而是饮食的指南，其主要意图是指导精英成员如何正确地制作营养均衡的菜肴。"[1] 其他人类学家也有类似的观点，如张光直所说："他们（中国人）用食物来表达语言，而这种语言构成了每次人际互动的一部分。在中国饮食文化的每一个细分领域中，食物被再次以不同的方式来表达在人际互动中所涉及的精确的社会差异。"[2]

在华南地区，精英化和高等级的菜肴比比皆是，这当然与该地区是经济富庶区有极大关系，该地区在历史上社会分层明显，产生了许多宗族领导人、地方商人和地主。但食盆作为一种较低级的食物却得到普通村民的支持，华琛称之为"一种有意识地保持的低级烹饪形式"[3]。食盆作为一种食物的味道和烹饪方式显然是对精英饮食模式的颠倒，原因是它提供了一种社会的抹平机制，即共享食盆的所有人皆平等。在其他场合广东人的共餐秩序高度等级化：客人在主人前、老人在青年前、本家在外家前、官员在平民前、富人在贫民前，等等。而在共享食盆时，所有的社会隔离皆被突破。就如食盆中所有的食材混合在一起，所有阶层的食客也不加区

---

[1] ［英］杰克·古迪：《烹饪、菜肴与阶级》，王荣欣、沈南山译，浙江大学出版社 2010 年版，第 154 页。

[2] K. C. Chang ed., *Food in Chinese Culture: Antropological and Historical Perspectives*, New Haven: Yale University Press, 1977, p. 16.

[3] J. Watson, "From the Common Pot: Feasting with Equals in Chinese Society", in J. Watson and R. Watson, *Village Life in Hong Kong*, Hong Kong: The Chinese University Press, 2004, pp. 105–124.

别地混在一起。华琛最后得出结论:"共享这种低级食物的行为具有抹平阶级和地位差异的象征主义效果。甚至最富裕的商人和地方政客必须脱去他们的阶级外装,与他们的乡亲一起共餐——像其他人一样蹲在地上,从盆里夹菜,从中挑选一块满意的鸡肉。在我看来,这就是为什么新界居民要保留食盆的原因:通过共享食盆,村民竭力忽视平时支配他们日常生活的地位差异,创造一种社会平等的幻象。"①

通过比较,鲍屯祭祀混合食物也具有华琛所说的平等主义倾向。在我多次前往鲍屯调研期间,见证了多次抬汪公和鲍氏祭始祖活动,每次都要参加他们的共餐。抬汪公和鲍氏祭祖的混合食物没有任何区别,但在社会包含和排斥方面有些许不同,关于此点下文再探讨。首先,我们来看烹饪食物和共餐的地点。抬汪公时的烹饪和共餐地点一般设在村小学院内,此地历史上是鲍氏祠堂所在地,破四旧期间祠堂被拆除后就被改造为村小学。学校前面就是汪公庙,此庙曾经也被拆除,但20世纪80年代左右又得到重建。为了便于仪式参与者一起共餐,所以烹饪地点就近设在附近的小学院内。同理,鲍氏祭始祖时的烹饪和共餐地点就设在村后面的鲍氏祖坟所在地。这两个烹饪和共餐地点都有一个共同点,即是一个较为开阔的地带,而且离仪式场所的中心地和村子也近。这是一个重要原因,因为当我向村民询问祭祀其他祖先时,是否也是大家食用这种混合食物时,他们说其他祖坟离村子远,人也不多,地势狭窄,不便于摆放数量庞大的炊具,所以一般都是从家里带点简单的食物来食用。另外,烹饪和共餐地点还有一个地方就是在汪公庙内外。不过这不是在

---

① J. Watson, "From the Common Pot: Feasting with Equals in Chinese Society", in J. Watson and R. Watson, *Village Life in Hong Kong*, Hong Kong: The Chinese University Press, 2004, pp. 105 – 124.

抬汪公的日子里，而是在由村内的"老佛头"主持的"会口"期间。比如，2012年农历六月十九日观音会那天，有人提着刀头肉和公鸡来汪公庙还愿，其中一名男子来自平坝县，一名女子来自附近的黄家庄。大殿内7名鲍屯的老年妇女在汪公像前念经。还愿者手里拿着纸钱向汪公像鞠躬。还有几位妇女在殿内切菜、炒菜，烹饪混合食物。法事完毕后，我交了20元功德钱跟他们一起共餐。殿内安排了四桌，但并不是大方桌，而是一张凳子，装在盆子里的混合食物就放在凳子上，然后大家围而食之。如果人比较多，汪公庙外面就是一个大院坝，也可以作为共餐的地方。因此，距离村子近和地势开阔是烹饪混合食物和共餐地点选择的两个基本条件。

据村民说，"老佛头"主持的各种"会口"是"汪公会"整个祭祀组织和体系的一部分，换言之，"汪公会"包含了祭祀汪公和各种"会口"。它们之间的最大区别是前者主要由男性主持，用村民的话来说就是"女人在抬汪公时出力不出心"，她们仅仅是作为仪式的助手从事辅助工作。而后者主要由老年女性主持，参与者也主要是女性。但共同点是在共餐时两者皆食用混合食物。因此，我们在讨论鲍屯的祭祀混合食物时，包括了由"老佛头"主持的各种"会口"。

其次，华琛所观察到的食盆体现的是平等主义，鲍屯村民在共享祭祀混合食物时同样如此，如食盆"没有任何仪式表演；没有复杂的餐桌礼仪要遵守。每一桌都没有待客的主人，没有食客的排名，也没有尊贵的客人单独坐一桌。人们先来先吃。没有人发表讲话，也没有人提议祝酒。每个人各自吃自己的，吃饱就离开"[①]。这种类型的饮食方式可以名之

[①] J. Watson, "From the Common Pot: Feasting with Equals in Chinese Society", in J. Watson and R. Watson, *Village Life in Hong Kong*, Hong Kong: The Chinese University Press, 2004, pp. 105–124.

为"无餐桌礼仪"的共餐。如上文所言，抬汪公时的烹饪和共餐地点一般设在村小学院内，因为这里紧挨着汪公庙。小学院子也是学校的篮球场，白天祭祀完毕后，晚上就在院内放电影或请歌舞团表演歌舞节目，因为这样的娱乐活动并不收门票，所以前来观看的观众不限于鲍屯村民，但以鲍屯村民为主。我在调研期间，参加过一次共餐活动。其与鲍氏祭始祖不同之处是，抬汪公时在小学院内的共餐安置有饭桌，也即是四方形的八仙桌，有少量的果汁类饮料，无酒类饮料。共餐的人围绕饭桌自由组合，每桌通常为八人，但并不都是八人，有的桌子坐的人可能多于八人，有的则可能少于八人。没有人作为待客的主人。华琛提到的几点，鲍屯也没有。几个饭桶放在不同的地方，大家吃完自己去盛。通常在陈志明所说的"亲属和社区共餐"形式中，如婚礼、葬礼等共餐中，一般都会有一个人专门给客人盛饭，客人用不着自己起身去饭桶里盛饭。除了这些因素外，最重要的是在共餐中社会等级差别不明显。参与抬汪公仪式的人员当中，具有较高社会地位的人主要是村里的老人、经商致富之人和村干部，较高级别的地方官员很少参与进来。对于这些有较高社会地位的人没有专门为他们准备特定的饭桌和食用空间。在人多之时，如果自己来晚了，那么哪桌有空座就加入哪桌，而且没有座次排位。同桌之人也没有对他们有什么正规的礼让行为。性别之分也不明显，当然一桌都是女性食客的情况也存在，但男女混杂一桌的情形同样也不少。鲍氏祭始祖时的共餐共享着同样的饮食逻辑，有所区别的是，因为共餐地点在鲍氏祖坟所在的山坡上，所以没有安置饭桌，只有少量的塑料凳子。装有混合食物的盆子要么就放在地上，有的则放在凳子上，大家围而食之。有一次我和村里几位老人共在一桌，盆子同样放在地上，而且是在一个斜坡上，没有凳子可坐，几位老人要么站着食用，要么蹲着食用，吃完一碗饭后自己再去附近的饭桶里盛。那年有一对来自外省的鲍姓老夫妻也来寻根问祖，仪式完毕后与大家一起共餐。鲍氏族人没有将他们视为远道而来的贵客，他们夫妻俩同样食用这种"无餐桌礼仪"的饭菜。总之，从华南食盆和鲍氏祭祀混合食物的比较来看，两者皆具有平等主义的倾向，皆是社会的抹平机制。

值得进一步讨论的是，等级性食物和饮食方式与平等性食物和饮食方式之间的区别具有哪些指标。当然最大的区别指标是前者的食物更加精致化和复杂化，后者则相对简单一些。但我们在考察华琛研究的华南食盆和黔中鲍屯祭祀混合食物时，发现两者皆是"无餐桌礼仪"的共餐形式。换言之，在华南和黔中体现平等主义的共餐和等级性共餐之间的区别的一个重要指标便是有无餐桌礼仪。关于这个问题，在相关的饮食人类学研究中所发现的跨文化经验具有一定的普遍性。如古迪在非洲发现，在社会分化尚不明显的西非，那里的人在食用简单的食物时，缺乏考究的餐桌礼仪。他写道："在加纳北方的传统社会，各类成员所食用的食物几乎没有什么内部差异，不论是生食还是熟食。甚至一个像贡贾那样的国家，也只有简单的菜肴。……在前殖民时期的旅行者或早期行政官员的描述中，几乎找不到（菜肴）分化的证据。"[1] 而且"餐桌礼仪在吃的方面较不明显。当然，餐桌并不存在。盛有汤和粥的碗放在年长者的面前，而其他人带着他们的凳子（或蹲着，如果它们是男孩）坐在一起吃同一个锅里的食物"[2]。

---

[1] ［英］杰克·古迪：《烹饪、菜肴与阶级》，王荣欣、沈南山译，浙江大学出版社2010年版，第133页。

[2] ［英］杰克·古迪：《烹饪、菜肴与阶级》，王荣欣、沈南山译，浙江大学出版社2010年版，第106页。

人类学家通常将餐桌礼仪视为文明起源的标志。如列维－斯特劳斯认为有无餐桌礼仪如同生食与熟食对立于自然与文化，他写道："专注于烹饪的轮廓，它有一个自然的方面，即消化，还有一个文化的方面，后者经由食谱一直到餐桌礼仪。实际上，食谱属两个范畴，因为它规定了对于自然物质的文化精制，而消化占据与之对称的地位，因为它在于业已由文化作过处理的物质再作自然的精制。至于餐桌礼仪，它差不多属于二级精制；在食物配制规矩上再添加上食用礼仪。"① 在列维－斯特劳斯看来，餐桌礼仪是一种更加文化的饮食方式，因为其属于"二级精制"。埃利亚斯在讨论西方文明的进程时，首先援用的例子便是就餐行为的变化，他认为欧洲就餐行为文明化在18世纪末开始出现，"18世纪末，也就是法国革命之前，法国的上流社会达到了以后逐渐被整个文明社会视为理所当然的那种就餐风俗习惯的水准。……其中讲到了餐巾的使用，这在当时还只是一种宫廷的习俗，而以后则在整个文明社会、在市民阶级中普及了。"②

中国古代圣人同样认为文明标志的"礼"起源于饮食。《礼记·礼运》篇曰："夫礼之初，始诸饮食。其燔黍捭豚，污尊而抔饮，蒉桴而土鼓，犹若可以致其敬于鬼神。及其死也，升屋而号，告曰：'皋某复'。然后饭腥而苴孰，故天望而地藏也。体魄则降，知气在上，故死者北首，生者南乡，皆从其初。"这段关于"礼"的产生的论述，其意为：礼的产生，是从饮食开始的，那时的人们尚未发明陶器，他们把

---

① ［法］列维－斯特劳斯：《神话学：餐桌礼仪的起源》，周昌忠译，中国人民大学出版社2007年版，第463—464页。
② ［德］埃利亚斯：《文明的进程：文明的社会起源和心理起源的研究》，王佩莉等译，上海译文出版社2008年版，第109页。

谷物、小猪放在烧热的石头上焙烤，挖个小坑当酒杯，双手捧起来喝，垒个小土台子就当鼓，在他们看来，用自己的这种生活方式来表达对于鬼神的敬意，好像也是可以的。这便有了最原始的祭礼。等到他们死的时候，其家属就上到屋顶向北方高喊："喂，亲人某某你回来吧！"招魂之后，就把生稻生米含在死者口中，到了送葬的时候，又用草叶包着熟食作为祭品送他上路。就这样向天上招魂，在地下埋葬，肉体入之于地，灵魂升之于天。所以死者头皆朝北，北向是阴；活人都面向南，南方是阳。现在实行的这些礼仪都是古代传下来的。

无论是列维-斯特劳斯对餐桌礼仪进行的共时性的结构主义分析，抑或是埃利亚斯和中国古代圣人对之进行的历时性具有进化论色彩的探讨，皆不能解释华南食盆和鲍屯祭祀混合食物的"无餐桌礼仪"共餐的本质。从结构主义来看，华南食盆和鲍屯祭祀混合食物虽然"无餐桌礼仪"，但并非是一种"自然状态"；从时间序列来看，华南食盆和鲍屯祭祀混合食物的"无餐桌礼仪"共餐并非处于具有"餐桌礼仪"共餐的前一个阶段。在华南和黔中，具有"餐桌礼仪"的共餐与"无餐桌礼仪"的共餐处于并置状态，两者是一种共时性的关系，而非历时性的关系。它们共时性地并置于一个文明社会之内，其存在的意义恰恰在于华琛所说的其是一种社会抹平机制。它与具有"餐桌礼仪"的等级性共餐是一种结构性的对立关系，但并这不代表其是一种"自然状态"。

这种非"自然状态"的结构性对立不限于饮食文化领域。比如，在中国民间宗教中，存在着代表正统规范的神灵，它们是现实社会官僚和正统道德的隐喻，但同时也存在大量的与正统神灵相对立的异端性神灵，如作为神的孙悟空，大闹天庭，玉皇大帝最后只能借助如来佛的力量镇压这个造反的猴子。女神也是一个典型的例子,在中国,不论是佛教、道教还是民间信仰,都没有把观音看作一个官员。尽管女神不是官员,但在民间宗教中却占据了重要位置。女神凌驾于男神之上的权力结构无疑打乱了传统中国正统的伦理秩序和性别等级。许多女神还藐视儒家伦理拒绝结婚。作为观音化身的妙善公主、妈祖和无生老母都没有结婚,这极大地威胁了父系社会的男性权威。在中国的诸类宗教中,道教的神灵最具有官僚的属性。但是一些逍遥自在、无忧无虑的神仙,他们的权力(灵力)并不是来源于官僚系统。他们的幸福状态恰恰是因为逃离了世俗的政治舞台。在民间宗教中,这些神仙的反常行为经常被强调。例如八仙在民间小说中经常被描写为好色的酒鬼。神灵的双面性还可以从灶神、玉皇大帝的身上看出。据民间传说,灶神经常偷看妇女在炉灶前面换衣服;另外的传说它是一个喜欢到处乱说话的老太婆。而玉皇大帝在一些传说中则是一个骗子。神灵的反正一统性无疑揭示出中国的政治、经济与社会内部的张力。在国家力量薄弱的地区和时间,一些反国家的宗教就有可能占据信仰的中心。如晚清时期在广西流行的"甘王"崇拜,就对应该时期国家对该地区控制的倒塌。这些反对力量从更宽泛的层面来说,还可以被解释为是对儒家伦理的一种平衡。而在恰当的时机,反抗性质的象征符号又会转化为真正的动员造反资源。例如非官僚的女神常常成为威胁国家政权的"千禧年"运动的主神。这说明在正统秩序的边缘,秩序创造出它自己的对立力量。换言之,中国的超自然界一方面反映了现实的政治结构,同时也颠覆了基本的社会秩序。[1]

---

[1] 石峰:《西方人类学汉人民间神灵的解释模式评论——兼对涂尔干宗教社会学理论的再思考》,《世界民族》2010年第3期。

华南食盆和鲍屯祭祀混合食物"无餐桌礼仪"共餐使之成为一种具有平等主义倾向的共餐形式，与具有"餐桌礼仪"的等级性共餐形成结构性的对立关系。华琛虽然看到了华南食盆"无餐桌礼仪"的特征，但未作进一步的扩展讨论。本研究在他的基础上结合"餐桌礼仪"的相关研究，细化了华南食盆和鲍屯祭祀混合食物"无餐桌礼仪"共餐的诸多特征。正因"无餐桌礼仪"的特征，使之成为一种社会抹平机制，尽管它只是为人们"创造一种社会平等的幻象"。

五 包含与排斥

关于共餐的社会学意义，人类学家通常都有一个共识，即共餐是维持社会边界的一种机制。不论是神圣性共餐抑或是世俗性共餐皆具有这样的社会属性。正如《共餐》一书的编者所言："在平凡的饮食中，以及在特殊的饮食中，包含性和排斥性的政治——美食政治——扮演一个中心的角色，如果经常被掩盖的话。福柯关于权力与身体关系的概念，表现在生物政治学上，变得很重要。共餐的政治层面首先包括它的包含和排斥方面，这在过去和现在的社会结构中都是如此重要（如在一个吃猪肉的社会里，不能吃猪肉会起到排斥作用），无论公私皆如此。第二，社会权力游戏中特定公共共餐行为的社会政治动机也涉及包含；第三，现代和过去国家也关心公民的健康和身体。"[①] 福柯的"权力观"当然具有一定的解释力，但我们在讨论共餐所蕴含的包含性和排斥

[①] Susanne Kerner and Cynthia Chou, "Introduction", in eds., Susanne Kerner, Cynthia Chou and Morten Warmind, *Commensality: From Everyday Food to Feast*, London: Bloomsbury Academic, 2015.

性时，并不需要完全依赖福柯的理论。①

黔中屯堡乡村社会的主体民族当然是汉族，虽然有的屯堡村寨也杂居有其他少数民族，但绝大部分屯堡村寨的民族仍是单一的汉族。鲍屯作为一个典型的屯堡村寨，其民族构成也是如此。鲍屯有一个邻村黄家庄，虽然是一个苗族村寨，但很少与鲍屯有过多的社会交往。因此鲍屯内部在饮食禁忌方面没有明显的界限，没有出现《共餐》一书所说的类似猪肉等食物上的禁忌，也就没有因这方面的禁忌所划定的不同的社会群体。换言之，鲍屯祭祀混合食物是所有参加仪式之人共同认可和可接受的食物。从这个意义上来说，鲍屯祭祀混合食物包含了作为一个社会单位的屯堡乡村的所有汉人。即使是周边的主要非汉民族，如苗族和布依族，对鲍屯祭祀混合食物也是可接受的，虽然他们不是鲍屯两个仪式的主要参与者。尽管从宏观上鲍屯祭祀混合食物具有区域社会群体的包含性，但从微观上具体到鲍屯这个村落来看，其也蕴含着包含性和排斥性。具体而言，抬汪公仪式具有包含性，鲍氏族人祭祀始祖具有排斥性。

---

① 福柯"权力观"的泛化在中国语境之内已受到相关学者的批评。如庄孔韶认为："杜赞奇结合福柯的权力观建立的北部中国'权力的文化网络'，增进了社会关系的解释力。可以设想，如果进一步区隔权与势的分类考察华北社会，显然要比杜赞奇单纯借用福柯的权力关系网络更为清晰。即泛权力说难于使学术问题聚焦，何况我们这里还没提那些被硬性归结到权力问题的各种民间信仰、修行与情感团体的实践解说上面。"见庄孔韶《过化、权力、采借与情感——中国汉人社会多点研究归纳》，《中南民族大学学报》2020年第3期。渠敬东从另一条线索上批评了福柯的泛权力观："事实上，知识/权力的分析策略有其历史和现实中的根由，既与笛卡尔及启蒙运动以降西方对于人的效能预设，即 power 或 faculty 有关，也与理性化的极度扩张所带来的强制支配和精神压抑有关，人性中的能力与社会政治中的权力交错并行。这种由西方文明所独有的特质转化而来的权力关系模式，如何能直接拿来判别我们中国人社会生活的全部？"见渠敬东《探寻中国人的社会生命——以〈金翼〉的社会学研究为例》，《中国社会科学》2019年第4期。

第四章　神圣性共餐与混合的食物

每次我对鲍氏族人祭祀始祖作调查之时,都要参加他们的共餐,因为共餐是仪式的组成部分,也是仪式的最后一个环节,只有参加了共餐才能算作是对整个仪式的完整观察。平时在村里进行调查时,除了房东家之外,其他村民也非常好客,常常邀请我在他们家吃饭。当然他们不会收取任何费用,因为我是客人。但在参加鲍氏族人祭祀始祖的共餐时,却要求参加者买餐票。餐票的价格从我第一次参加时的十元涨到最后一次参加时的十五元。记得第一次我是用现金买的餐票,最后一次是用微信红包买的餐票。在鲍氏祖坟的山坡上,专门设了一个餐票购买点。在用微信红包购买时,是因为我没有零钱,旁边一个年轻村民说可以用微信付款。但卖票之人不使用微信,于是我加了身边这位村民的微信,然后我用红包转给这位村民十五元钱,他再用现金付给卖票之人。餐票长 10 厘米,宽 5.5 厘米,中间是"餐票"二字,"餐票"二字被一个椭圆形的红章覆盖,红章的字是"鲍姓祭祖",旁边是祭祖财务人员鲍顺安的私章,顶端是"××××年鲍氏清明祭祖"几个小号字体。共餐时,一桌之人把餐票拿出来,其中一个人把收集的餐票交给装菜之人,然后此人就装一盆菜让这位交票的人端过来。显然,这张餐票就具有了排斥作用,也即是说,不买餐票就不能参加共餐。当然参加共餐的人主要是鲍氏族人,但偶尔也有外人,比如像笔者这样的外人。尽管如此,外人参加共餐的仅占少数,不是共餐的主流。为什么鲍氏祭祖要卖餐票呢?(我之所以有这个疑问,是因为抬汪公时共餐并不卖餐票。此问题下文再讨论)我询问了主持祭祖的相关负责人。他们说祭祖的费用多是族中富有之人捐助,有的食物也是族人捐献的祭品,比如前面提到的作为祭品的猪和鸡,这些猪和鸡敬献给祖先后就被屠宰,再烹饪成为食物。混合食物中的这两种肉类相对昂贵一些，其他如豆腐、蔬菜相对便宜一点。所以购买食物的费用主要是花费在豆腐和蔬菜上面。在历史上，祭祖的费用主要出自作为公共财产的族产。因为没有了族产，现在则以现金作为其主要来源。祭祖委员会也没有向族人收取费用（抬汪公时则要向每位村民收取费用），每位族人理论上是自愿参加祭祖仪式，因此，不参加共餐也是允许的。每年清明祭祖如果剩余有余钱，则自动留到下一年。当然，事先不向族人收取费用还有另一个原因，就是族人不仅仅包括鲍屯的鲍氏，外地甚至外省每年也有许多鲍氏族人前来祭祖。如果只收取鲍屯族人的费用，不收取外地、外省人的费用，显然有些不合理，因此，就采取临时卖餐票的办法来平衡这种关系。鲍屯的族人基本上都要参加共餐，更不用说外地、外省来的族人了。除了卖餐票，另外还要统计参加共餐的人数，这个人数也是前来参加祭祖的人数。他们以卖出多少张餐票作为依据，在共餐的尾声会通过大喇叭向全体人员报告此年前来祭祖和共餐的人数。据说，前来祭祖和共餐的人数逐年上升。因为祭祖是某个家族宗族自家的私事，外人理论上不会参加，但如果不卖餐票，就会有外人来吃免费的饭菜，所以餐票客观上就将外人挡在鲍氏宗族的外面了。族人购买餐票是一种义务，某种程度上具有社会强制性，同时也是仪式的要求，因为共餐是仪式的一个环节，如果不参加共餐，而是回到村里的家中自己做饭吃，就失去了祭祖的意义，因为族人一起共餐的同时也是和祖先一起共餐，借此可以得到祖先的美好祝福。因此，鲍氏祭祖时共同食用混合食物，通过餐票的形式，使共餐具有了社会排斥性，排斥的是鲍氏宗族之外的人。

有趣的是，同是食用混合食物，抬汪公时的共餐却不需要购买餐票。上文提到抬汪公时共餐的地点在村小学院内，

鲍氏祭祖后共餐的餐票

我对抬汪公仪式观察完毕后，准备回房东家吃晚饭。在路上遇到一个熟悉的村民，他问我为啥不去学校吃饭，我说没看到卖餐票的地方，他说不用买餐票就可以去吃，还说晚上在学校院内有节目表演，然后让我和他一起去吃。到了学校院内，许多人已吃完走了，这位村民向其他人介绍了我的身份，大家都对我非常热情。由于我们几个是比较晚到的食客，一桌不到八人，但厨师仍然装了一盆菜给我们。大家吃饭时同样没有过多的客套话和礼节，其中几位先吃完就离开了。我在询问村民关于为什么鲍氏祭祖要收取餐票时，一并询问了抬汪公为什么不收取餐票。他们说，抬汪公不收取餐票，是因为在祭祀之前已向村里每家按人头收取了十元钱，所以每位村民都可以不用购买餐票来吃饭。除了每位村民交纳的费用外，还有村里富有之人的捐款，以及前来还愿的村里村外的人带来的公鸡之类的祭品。晚上的文艺表演据说就是富有之人花钱请来的。向全村村民收取费用，不分姓氏和性别，换言之，每位村民都是祭祀圈的成员，村民交纳费用也是他们的义务。祭祀组织通过这样的方式来确立村民的成员资格。前文已提到，鲍屯是一个一姓独大的杂姓村，"村庄至上原则"大于"宗族家族至上原则"，而"村庄至上原则"的具体体现就是汪公信仰和仪式。鲍氏祭祖出售餐票，就是为了以此形式将外族之人挡在外面；抬汪公不出售餐票，就是为了以此形式将全体村民包含进来。当然外族人如果买了餐票也可以参加鲍氏祭祖共餐，但这样的可能性微乎其微，不是共餐之人的主流；抬汪公共餐时，涉及的外人就不是以宗族家族为单位，而是以村庄为单位，即有可能外村来看"热闹"的人会参加免费的共餐，但这样的可能性也是微乎其微，不是共餐之人的主流。

　　由此观之，鲍屯神圣性共餐的社会包含与排斥具有不一样的表现和取向。抬汪公时的共餐表现为包含的取向，而鲍氏祭祖时共餐则表现为排斥的取向。这两种不同的取向无疑是由鲍屯的社会结构所决定的。当然，共餐的社会包含与排斥在某种程度上是一体两面，即在一次共餐中有包含就意味着有排斥，有排斥就意味着有包含。如鲍氏祭祖共餐时，排斥了宗族之外的人，也就意味着包含了宗族之内的人；抬汪公共餐时，包含了鲍屯全体村民，也就意味着排斥了村外之人。但这里所说的两种共餐各自的取向不同，是局限在鲍屯村内而言的，具有一定的相对性。鲍氏祭祖排斥了村内其他姓氏的村民，抬汪公共餐则包含了全体村民。只有这样理解，才能解释清楚两者各自的社会特性。换言之，鲍氏祭祖共餐时，强化了村内不同姓氏群体的社会边界，而抬汪公共餐时，强化的是村庄作为一个整体的社会边界。最后，正如上文所言，鲍屯的神圣性共餐并不存在食物禁忌问题，所以两个仪式场合共餐规定的社会边界并非如陈志明所说："共餐与其说被用来作为接纳或者排斥的工具，不如说是一个反映食物禁忌如何影响社交的隐喻。"①

六 作为集体的隐喻

通过比较研究，我们发现华琛研究的华南食盆和鲍屯祭祀混合食物具有许多异同点，对此在上文我们已作了详细的讨论。但华琛对华南食盆的集体性尚未作明确的探讨，关于这个问题，有必要通过鲍屯祭祀混合食物来作进一步的讨论。

涉及大规模人群的神圣性共餐与其他小群体的共餐之区别，布洛克在研究马达加斯加梅里纳人（Merina）割礼仪式中的烹饪和共餐时，有过仔细的观察和比较：

> 聚集在割礼仪式的群体代表整个同类群和未分化的扩大家庭，尽管它和这两个都不对应。从他们到达一开始，所有的行为都是统一的，一起吃，一起整理头发和衣裳，一起烹饪；就目前而言，他们是一个整体。
> 在这个仪式（割礼）中的烹饪和日常生活中的烹饪不一样。这不仅仅是有丰盛的食物，这主要是指"一起喝牛油"——牛油是最高级的食物——而且烹饪是在户外由男人共同操作。正常的烹饪是每一家在室内无一例外由女人来操作。相反，在仪式中，一个大灶在户外搭建起来，一群男人在一个大锅里烹饪，这些大锅是由五十五加仑的汽油桶改装而成。烹饪过程中伴随着下流的玩笑和男人聚会的气氛。当许多客人到达后，烹饪好的

---

① ［马来西亚］陈志明：《共餐、组织与社会关系》，马建福、马豪译，《西北民族研究》2018年第4期。

食物被分配到布置在外面有支架的桌子上。

一群男人在户外烹饪食物和单个女人在户内烹饪食物的对立,这也是割礼仪式象征意义的基础,因为户外与作为整体的同类群相关,反之,户内与女人、个体、亲属和分离相关。①

梅里纳人仪式中的共餐所体现出的集体性与鲍屯祭祀共餐有极大的相似性,但也有不同程度的差异。从布洛克的描述来看,他们的仪式性共餐有几个基本的元素,主要有:户外搭建炉灶、汽油桶改装的大锅、厨师是男人、喝高级食物牛油。这些元素使他们的仪式性共餐具有了集体主义的属性。而与之对立的是代表个体主义的家庭烹饪,其中最主要的特征是女人主厨。与梅里纳人的社会相较,鲍屯地方社会共餐的层次和类型要复杂一些。这些共餐的层次和类型主要表现在:首先是最基本的家庭共餐,通常来说主厨是家里的女主人,但不排除个别男主人作为主厨。这当然代表的是分化的小家庭,这个小家庭以"灶"作为象征符号,即一个"灶"代表一个核心家庭。而且这样的"灶"是被修建在户内,具有永久性。其次,是陈志明所说的"亲属和社区共餐",他说"血亲或是同一社区的成员在节庆、致哀或者共同的宗教仪式上都会见面。在庆典中通常会有欢迎宴会,或者其他形式的聚餐宴请。这种庆典带有欢乐气氛,所以一般都要举办宴席,至少要有某种形式的共餐,譬如家里添丁的庆祝仪式或者结婚的庆典仪式以及其他亲属和社区集会总有共餐安排,甚至有些文化中的葬礼也安排共餐。亲属和社区

---

① M. Bloch, *From Blessing to Violence*, Cambridge: Cambridge University Press, 1986, p. 51.

共餐表现并加强了社区内部的社交关系"①。如果我们用布洛克所列举的标准来看，这类共餐与梅里纳人有相似之处。在鲍屯这类共餐主要是在婚礼和葬礼上，一般也是在户外搭建一个临时炉灶，也有用汽油桶改装的炊具，主厨的也是男人，女人一般打副手，如洗菜和切菜，菜肴也丰盛。这两类共餐有两个相同的特征，即都存在餐桌礼仪和分盘（或分碗）盛装菜肴。亲属和社区共餐同样具有集体主义的属性。但这种集体主义与更具有广度的祭祖和抬汪公共餐在菜肴方面有所区别。后两者的共餐与前者的共同点是在户外搭建一个临时炉灶，有用汽油桶改装的炊具，主厨的是男人，女人一般打下手，如洗菜和切菜。但不同点是后两者共餐食用的是混合食物。

我们可以对鲍屯这三种共餐形式做一个比较。家庭共餐与亲属和社区共餐的主要相同点是都有餐桌礼仪和分盘（或分碗）盛装菜肴，不同点是前者在户内烹饪，女人主厨；后者在户外烹饪，男人主厨，前者的炉灶具有永久性，后者的炉灶具有临时性；前者代表分化的个体主义，后者代表未分化的集体主义。家庭共餐与祭祀共餐没有共同点，不同点是前者在户内烹饪，女人主厨，后者在户外烹饪，男人主厨；前者的炉灶具有永久性，后者的炉灶具有临时性；前者食用分盘（或分碗）的菜肴，后者食用混合食物；前者存在餐桌礼仪，后者不存在；前者代表分化的个体主义，后者代表未分化的集体主义。亲属和社区共餐与祭祀共餐的相同点是在户外烹饪、男人主厨、炉灶具有临时性，不同点是前者食用分盘（或分碗）的菜肴，后者食用混合食物；前者存在餐桌

---

① ［马来西亚］陈志明：《共餐、组织与社会关系》，马建福、马豪译，《西北民族研究》2018年第4期。

礼仪，后者不存在。因此，鲍屯祭祀共餐与家庭共餐及亲属和社区共餐的最大区别是，前者食用混合食物和无餐桌礼仪。而这个特征正是村庄内部集体主义与个体主义的区别点，虽然亲属和社区共餐也代表了集体主义，但这个集体主义不如祭祀共餐所代表的集体主义更为广大和更具有涵盖性。故此，鲍屯的祭祀混合食物是村庄集体主义的隐喻。鲍屯这种独特的食物类型也因此具有了特别的社会意义。反观布洛克对梅里纳人仪式共餐的观察，虽然他提到了"牛油"在仪式共餐中的重要性，但他没有进一步说明在日常生活饮食中是否食用牛油，而鲍屯混合食物并非日常生活中的食物，仅在祭始祖和汪公时才食用。

七 小结

华琛的华南食盆研究启发了本研究对鲍屯祭祀混合食物的关注。以上对两种食物类型的主要异同点作了较为详细的比较，同时对鲍屯祭祀混合食物的诸面向也作了讨论。两种食物的相异之处除了上文提及的以外，尚有其他几点值得在此部分揭示出来，以便更加洞悉两地区域文化的差异。其一，华南食盆使社会过渡合法化。比如，华南地区的新娘在从娘家去往婆家的过渡时期，操办食盆宴是至关重要之事。如果没有食用食盆，其妻子的身份在民间风俗中便不具有合法性。同理，生儿子后举行"满月酒"也得操办食盆宴，以此来合法化一个男婴的社会身份。此外，通过操办食盆宴来合法化男人社会身份的场合还有续嗣之时。总之，在华琛调查的村落，类似的社会过渡场合皆得通过操办食盆宴来使社会身份的转化合法化。其二，食盆宴从过去在村里操办逐渐转移到酒店操办。在酒店操办食盆宴的最大变化是出现了复杂的餐桌礼仪，相应地宴席中的社会等级现象也伴随而生。[1]显然，华南食盆的这两个特征，鲍屯祭祀混合食物并不具备。对第一点而言，华南食盆作为合法化的方式无疑属于陈志明所说的"亲属和社区共餐"，鲍屯祭祀混合食物从不在亲属和社区共餐中出现，所以就不会作为社会合法化的方式。第二点其实是第一点的延伸，在华南以及之外的地区，过去许多在村里举办的亲属和社区共餐，如婚礼、葬礼的宴席，随着社会变迁都交给酒店来操办了。鲍屯祭祀混合食物不属于亲属和社区共餐，当然也就没有交给酒店来操办。

以上对华南食盆和鲍屯祭祀混合食物的相异之处作了补充讨论。本研究首先考察了鲍屯祭祀混合食物的名称。尽管现在村民将这种食物称为"一锅香"，但与安顺的另一种被称为"一锅香"的菜肴并不是同一种类。因此，为了便于区别两者，笔者将鲍屯的这类食物命名为"祭祀混合食物"。这类食物因为食用的场合具有局限性，因而在安顺的菜谱中并没有占据一席之地。关于鲍屯祭祀混合食物的起源，没有相关文献和口述资料以资利用，但本研究作了一个推论，即可能与早期中国祭祀食物"和羹"有关。鲍屯祭祀混合食物与华南食盆最突出的相同之处便是，它也是一种社会抹平机制，是一种"无餐桌礼仪"的共餐。这是过往饮食人类学研究相对忽视之处。鲍屯祭祀混合食物也具有共餐的一般特性，即通过包含性和排斥性来界定和维持社会边界。不过，在鲍屯的两类祭祀混合食物共餐中，鲍氏祭祖共餐偏向排斥性，而抬汪公共餐偏向包含性。最后，鲍屯祭祀混合食物的共餐与亲属和社区共餐具有许多异同之处，其中混合的食物

---

[1] J. Watson, "From the Common Pot: Feasting with Equals in Chinese Society", in J. Watson and R. Watson, *Village Life in Hong Kong*, Hong Kong: The Chinese University Press, 2004, pp. 105–124.

和无餐桌礼仪这两个特征使之成为更大集体范围的隐喻。总而言之，鲍屯祭祀混合食物的诸般地方性特征为饮食人类学研究提供了一个独特的个案。

第五章　仪式竞争的感官表达
——兼对田野工作的反思

历史上鲍屯、吉昌（鸡场）屯和狗场屯曾经结成仪式联盟，三村联合举行抬汪公仪式活动。但在清末，传说因社会动荡，这个联盟瓦解了，至此，三村分别各自举行抬汪公仪式。改革开放后，随着传统文化复兴，三村抬汪公仪式再度兴起，但三村的活动不在一个时间点。由于三村各自行事，不可避免地带来仪式正统性的竞争问题。在诸多竞争手段中，鲍屯村民使用了感官体验作为武器。这个问题，在过往的相关研究中较为薄弱，故此，本研究将之作为一个专题进行讨论。在此基础上，再延伸讨论传统田野工作的局限性，提出"参与多感知"的新田野工作法。首先，我们简单梳理一下感官人类学特别是嗅觉研究的学理脉络。

一　文化与气味

在感官人类学看来，感官（sense）既是一种自然行为，也是一种文化行为。也即是说，视觉、听觉、触觉、味觉、嗅觉不仅仅是一种感知物理现象的手段，也是传递文化价值观的途径。感官受文化的制约，因此，人们感知世界因文化而异，这种变化甚至在感官的列举上也是正确的。在西方历史上，除了习惯性的五种感官分类外，在不同时期不同的人还有四种、六种和七种的分类。例如，克拉森（C. Classen）发现，味觉和触觉有时被归为一类，而触觉有时又再被细分。① 同样，在非西方文化中也能发现感官的多样性。例如，伊恩·里奇（Ian Ritchie）认为，尼日利亚的豪萨人只认可两种一般感官：视觉感知和非视觉感知。②

在文化上，某类感官在价值上可能高于其他感官。特别的感官，如红色、恶臭和甜味在具体的语境中具有特别的象征意义。感官隐喻，如当一个人说一个想法是臭烘烘时，可以用来传达某种意义，以之唤起感官指示物。并非所有的文化都会利用所有的感官。当我们探究不同文化中和各种感官能力相关的含义时，会发现相当丰富的感官象征主义。视觉可能与理性或者巫术有关，味觉可以作为美学歧视或性经验的隐喻，气味可能意味着神圣、罪恶、政治权力或社会排斥。总之，这些感官意义和价值形成社会所推崇的感官模式，据此该社会的成员以之"理解"（make sense）这个世界，或将感官和概念转换为一个特定的"世界观"（worldview）。这个感官模式可能会面临来自社会内部的在某些感官价值观上存在差异的群体和个人的挑战，然而，这个模式将为遵循者或抵制者提供基本的知觉范式。

以上我们大体勾勒了多种感官的社会文化意义，现在再集中讨论五种感官中的嗅觉，这与本章的主题密切相关。气味影响我们的身体、心理以及社会生活。然而，在大多数情

---

① Classen, C, *Worlds of Sense: Exploring the Senses in History and Across Cultures*, London and New York: Routledge, 1993, pp. 2 - 3.

② Ritchie, I, "*Fusion of the Faculties: A Study of the Language of the Senses in Hausaland*", In D. Howes (ed.), *The Varieties of Sensory Experience: A Sourcebook in the Anthropology of the Senses*, Toronto: University of Toronto Press, 1991, p. 195.

况下，我们呼吸环绕着我们的气味，但没有意识到气味对我们的重要性。只有当我们的嗅觉由于某种原因受损时，才会意识到嗅觉在我们的生活中所起的作用。

气味能引起强烈的情感反应。与一个好的经历相关的气味可以带来一种快感，与不好的记忆相联系的恶臭可能使我们极其厌恶。许多人喜欢或不喜欢某种气味通常是建立在情感基础上的。这样的联系可以强大到某些气味因人而异，如通常被贴上令人不愉快的标签的气味对某些人而言是愉快的，而那些一般被认为是芳香的，对某些人来说却是不愉快的。例如，通过调查，汽油的气味通常被认为是不愉快的，但有的受访者却喜欢，因为受访者可以驾车自由旅行，所以对汽油味感到特别亲切。同样，一些看似无害或宜人的气味，如胡萝卜、哈密瓜和鲜花的气味，由于与之相关的不良经历，被某些受访者强烈讨厌。如一位受访者说，他父亲去世时，他们家人在他的照片前放了一种花。同样的花香让他想起了悲伤、无助，以及他母亲的哭泣。因此，嗅觉不仅包括嗅觉本身的感官，而且还包括与之相关的经验和情感。①

在建立社会关系时，气味是必不可少的因素。婴儿在出生后很快就能识别出母亲的气味，而成人则可以通过气味来识别自己的孩子或配偶。在国外的一个测试中，夫妻二人能够在众人中通过对方穿的T恤衫的气味来识别出他们的婚姻伴侣。家庭成员由于长期生活在一个空间内，有太多的亲密接触，因此身体气味成为一个家庭成员相互识别对方的重要符号之一。尽管气味对人们的情感和感官生活极其重要，但嗅觉可能是在现代西方社会中最被低估的感官。人们通常低估嗅觉的原因是，与动物之间的重要性相比，人类的嗅觉是

---

① T. Engen, *Odor Sensation and Memory*, New York: Praeger, 1991, p.12.

微弱的和萎缩的。虽然人类的嗅觉能力确实没有某些动物那么好，但它仍然非常敏锐。然而，气味是一种非常难以捉摸的现象。例如，气味与颜色不同，至少不能用欧洲语言来命名。"闻起来像……"，在描述气味时，通常得通过隐喻来表达嗅觉体验。气味也不能被记录，没有可以有效捕捉或储存气味的方法。在嗅觉领域，我们必须借助描述和回忆。

气味不仅仅是生理和心理上的现象，也是一种文化、社会和历史现象。气味被赋予了文化价值，并被社会用作工具和与世界进行互动的方式。亲密、充满情感性质的嗅觉体验确保了这些富有价值编码的气味被社会成员以个人的方式进行了内化。当代西方对嗅觉的贬低与18、19世纪对感官的重估直接相关。那个时期的哲学家和科学家认为，视觉是理性和文明的感官，嗅觉则是疯狂和野蛮的感官。达尔文、弗洛伊德和其他人认定，在人类进化的过程中，嗅觉已经落在后面，而视觉则走在前面。因此，现代人如果强调气味的重要性就会被认为是未充分进化的野蛮人，或者变态、疯子或白痴。欧洲知识精英对气味的强烈诋毁，对嗅觉的地位产生了持久的影响。即使是在一些罕见的场合，气味总是与道德和精神退化的陈规观念相联系。为什么西方文化要压抑和诋毁气味？一般来说，那些被一种文化有系统地压制的元素之所以受到这样的管制，不仅因为它们被认为是劣等的，而且还因为它们被认为是对社会秩序的威胁。一方面，在前现代的西方，气味被认为是内在的"本质"，揭示了内在的真理。因此，透过气味，一个人与内在而不是外在互动，相反，视觉只能看到表象。此外，气味不容易被控制，它们能够逃离并跨越边界，混合不同的物质从而形成嗅觉整体。这样的感官模型对立于现代的线性世界观，它强调隐私、分离和表面的互动。

韦尔斯莱夫认为，对尤卡吉尔人而言，人观不仅涉及心灵特征，同时也涉及身体特征。身体与气味是尤卡吉尔人人观概念的一部分，对决定何种物种属于人的范畴至关重要。不同的气味主要有 *ile'ye* 和 *pe'yel*。后者意为腐烂、疾病和死亡，指涉各种不好之物。例如，据说某种疾病之神是通过恶臭来呈现自己，尽管肉眼看不到。"当 *abasylar* 寻找猎物时，你能闻到它的气味"，一位老太太这样解释，"它们有明显的恶臭"。当一个人死时，他/她的尸体据说会带着 *pe'yel* 污染近亲。对男性亲属而言，这意味着他狩猎不会成功，直到这一年过去，因为据说他们身上带着死亡的气味，这种气味会吓跑猎物。相反，*ile'ye* 意为甜蜜、高兴和快乐，通常用来描述美食、小孩和女性的气味。对女性和小孩的喜爱不是通过亲吻而是嗅闻。人们嗅闻颈背和颏下，以此来感受怡人的气味。事实上，猎人们经常说，女人的性感与其说是她的外表，不如说是她的气味，她们的气味如同"浆果花"或"山草"。

在过去，气味通常是一个人民族归属的重要标志。乔基尔森描述了尤卡吉尔人如何通过他们身上带的松鼠和腐烂的驯鹿肉味来识别埃文人，而萨哈人则通过他们身上带的腐烂鱼肝和牛粪味来识别。"但是现在"，一个老太太对作者说，"所有人的气味都差不多，因为他们相互通婚，吃同样的食物"。不过，有的人，特别是萨哈人，非常厌恶俄罗斯人的气味。例如，一位涅列姆诺耶村的萨哈妇女的儿子娶了一个俄罗斯女孩。当她儿子把小宝宝递给她时，她拒绝接受，原因是"宝宝身上有俄罗斯味"。

在尤卡吉尔语中，非人类之动物的气味叫 *yo'rola*，意为"用鼻子做"（to do with the nose）。该词特别指味重的哺乳动物，如狐狸、狼獾、麋鹿、雄驯鹿（特别在交配季节）和林鼬，其中林鼬有最强烈的气味。猎人仅仅通过嗅觉就能发现隐藏在浓密针叶林后面的麋鹿或熊。同样，猎物的粪便气味也可以作为判断其踪迹的标志。许多猎人皆精于此道，他们可以根据猎物粪便的浓度和气味来精确判断猎物的雌雄、年龄和健康状况。猎人们还说，每个地方的主神都用气味痕迹来划界，如同动物用气味痕迹来划界一样。如果猎人从一个神灵的地界跨到了另一个神灵的地界，仅仅通过嗅觉就能知道这样的越界行为。①

这并不是说，一个嗅觉敏锐的社会将是一个平等的社会，所有成员和谐地结合成一种文化气味。嗅觉符码可以而且经常起到分裂和压迫人类的作用，而不是把他们团结起来。有人认为，气味被边缘化是因为人们认为它以其激进的内在性、越界倾向和情感力量威胁着现代性的抽象和非个人的领域。当代社会要求我们与情感保持距离，认为社会结构和分工是客观的或理性的，而不是情感的，个人的边界需要得到尊重。因此，尽管嗅觉符码继续被允许在潜意识层面强化社会等级，视觉作为不带任何情感的感官（按西方标准），为现代科层制社会提供了模式。②

气味在文化中的作用是一个相当吸引人的主题，不同领域的学者包括历史学家、社会学家和人类学家在各自的学科领域都在不停地对其进行探索。例如，在《芳香：气味的文化史》一书中，不同学科的学者较为全面地探索了在西方历史的不同时期（包括到现在），以及在广泛的非西方社会中

---

① Rane Willerslev, *Soul Hunters*: *Hunting*, *Animism*, *and Personhood among the Siberian Yukaghirs*, Berkeley: University of California Press, 2007, pp. 79 – 82.

② D. Howes and M. Lalonde, "The History of Sensibilities: Of the Standard of Taste in Mid-Eighteenth Century England and the Circulation of Smells in Post-Revolutionary France", *Dialectical Anthropology*, 1992, Vol. 16, pp. 125 – 135.

气味的文化角色。第一章首先探讨了西方古典时期气味在社会生活中的重要性。那时大量使用香料，皇家游行时举行的香料盛宴、富人的芳香宴会、飘香的神殿，莫不如此。在古典时期，除了气味的实际使用外，同样重要的还有隐喻和文学的使用。古典嗅觉表达的范围——以俏皮话、赞美诗和谴责的形式，即使是在几个世纪之后，仍在当代剧作家和诗人的作品中生动地表现出来。① 第二章追溯了罗马帝国灭亡后，西方气味的发展历程。作者发现，基督教的禁欲主义和蛮族的节俭精神导致了在罗马灭亡后香水的使用量下降。然而，随着十字军东征，西方人再一次接触到曾使希腊人和罗马人着迷的东方香料。香料是中世纪至启蒙时期欧洲美好生活的重要组成部分。例如，17世纪凡尔赛宫的宫廷礼仪就要求人们每一天都要佩戴不同的香料。同时，基督教认为香味具有治疗作用。这些特殊的气味可以从诸如"神圣的气味"这样的当代概念中看到，也可以从芳香剂在瘟疫时期所起的作用中看到，当时与疾病的斗争往往似乎是在芳香和恶臭之间展开的一场战争。到了19世纪，香味已经从宗教和医学领域转移到了情感和感官领域。这个改变使这一时期的作家如波德莱尔和普鲁斯特，在作品中常常使用嗅觉象征主义来营造一种饱含深情的记忆氛围。② 第三章从跨文化角度讨论不同民族如何利用气味来构造和分类世界的不同方面，包括时间、空间、性别和自我，涵盖了从巴西的波罗罗人（Bororo）到埃塞俄比亚的达萨涅奇人（Dassanetch）等文化的"嗅觉学"和嗅觉分类系统。本章首先介绍了安达曼群岛土著居民

---

① Constance Classen, David Howes and Anthony Synnott, *Aroma*: *The Cultural History of Smell*, London and New York: Routledge, 1994, pp. 13 - 50.

② Constance Classen, David Howes and Anthony Synnott, *Aroma*: *The Cultural History of Smell*, London and New York: Routledge, 1994, pp. 51 - 94.

用来计算时间的"气味日历"(calendar of scents),接着考察了雨林中不同民族的"气味景观"(smellscapes)。其他主题还包括非西方文化中的嗅觉词汇及其运用,嗅觉符码作为社会组织的模型。本章最后讨论了某些文化中的气味象征主义与其他感官象征系统之间的联系。[1] 第四章对各种"嗅觉仪式"进行了比较和分析。例如,在新几内亚的乌梅达,一个猎人睡觉时枕头下塞着一捆草药,草药的香味被认为能让他做追逐猎物的梦。第二天,他只需按照昨晚充满香味的梦来狩猎,就能收获满满。委内瑞拉的瓦劳人(Warao)开发了一套复杂的芳香疗法系统,他们利用强大的草药气味来对抗疾病的邪恶气味。亚马孙河的德萨纳人(Desana)使用香水以及其他感官刺激来制造幻觉。[2] 第五章讨论气味与政治的关系。嗅觉偏好和厌恶通常扎根于人类的心理深处,唤起或操纵气味的价值是产生和维持社会等级的一种常见而有效的手段。这也许可以解释为什么气味不仅被用于创造并强化阶级界限,同时也包括种族和性别界限。嗅觉的社会符码往往不为我们所注意,因为它们往往在潜意识里发挥作用。对现代性中气味政治进行的研究,如通过研究诸如女性的气味类型、纳粹集中营的嗅觉象征主义和公共空间气味的管理,使气味、权力和社会之间的相互关系变得异常突出。[3] 第六章讨论当今消费文化中气味的产生和管理。嗅觉管理发生在许多层面:身体、家庭、工作场所和市场。例如,在身体的

---

[1] Constance Classen, David Howes and Anthony Synnott, *Aroma: The Cultural History of Smell*, London and New York: Routledge, 1994, pp. 95–122.

[2] Constance Classen, David Howes and Anthony Synnott, *Aroma: The Cultural History of Smell*, London and New York: Routledge, 1994, pp. 123–160.

[3] Constance Classen, David Howes and Anthony Synnott, *Aroma: The Cultural History of Smell*, London and New York: Routledge, 1994, pp. 161–179.

层次上,除臭剂抑制不需要的气味,而香水和古龙水可以创造一个理想的嗅觉形象。在工作场所,人们关心的是如何营造一种可刺激和提神的嗅觉氛围,而不是通常在封闭的现代办公楼中发现的陈腐空气。在市场,企业不仅越来越关注新的香水营销方式,如家庭香水产品和芳香疗法,而且在各种产品中加入了合成香料,从加工食品到室内涂料。[①] 从整体上看,不同文化和时代嗅觉信仰和实践饶是有趣,例如,在古希腊的宇宙观中,香料的气味与太阳有关。哥伦比亚的德萨纳人认为太阳具有蜂蜜般的甜味。然而,在马来西亚的贝特克内格里托家族中,太阳被认为散发着致病的恶臭。现代西方宇宙观认为,太阳基本上是一个视觉实体,没有嗅觉特征。

二 鸡屎、假想的气味与仪式竞争

由于有教学任务,我去鲍屯进行田野调查几乎都在每年的寒暑假,主要在暑假进行。与其他地方相比,夏季的鲍屯尽管不是那么炎热,但在三伏天仍然能感受到高温的炙热。村口有两棵大柏树,茂密的树枝伸展开来,覆盖了村口的大部分空间。柏树下村民用水泥修建了半圈低矮的围栏,正好可以作为凳子使用。两棵柏树根部也用石头围了起来,也可作为凳子。夏季每天上午、中午和晚上这里便成为村民们纳凉休息的好去处。在某种程度上,此处是鲍屯的世俗公共空间。在这里聚集的人群当然以鲍屯村民为主,其中以男性老人居多。路过的外地人也以此地作为纳凉歇脚的地方。村外

[①] Constance Classen, David Howes and Anthony Synnott, *Aroma*: *The Cultural History of Smell*, London and New York: Routledge, 1994, pp. 180–205.

来的小商小贩将装载商品的各式交通工具停在此处,然后开始叫卖。在夏季调查期间,我每天都会来这里和老人们聊天,或听他们聊天。村口公共空间是我获得鲍屯地方知识的主要渠道之一。老人们话语不多,大部分时间都在沉默,间或聊点无关紧要的小事。我初来乍到时,他们也问问我的情况。在我向他们了解村事时,他们通常都会从村史讲起。讲完村庄的早期历史,一般会重点谈论对面山川的风水意蕴。一日,我向他们询问抬汪公之事,他们特别讲到了早年与狗场屯和吉昌(鸡场屯)争夺仪式物品,并最终导致三村抬汪公分裂的"十八场风波"。民国时期屯堡乡村抬汪公之情形,据民国《续修安顺府志辑稿》载,每年正月十七日,"安顺五官屯迎汪公神像至浪风桥祭祀,十八夜则于浪风桥放烟火,城乡土民往观者颇多。同日鸡场屯与狗场屯也迎神像至杉树林祭祀。惯例,如今年由鸡场屯迎至狗场屯供奉,则明年由狗场屯迎至鸡场屯供奉。各乡则择宽平处,鸣锣、击鼓、跳舞、唱歌为乐。"[①] 关于这次历史上发生的宗教纠纷,到目前为止,我分别采访了鲍屯、狗场屯和吉昌屯的相关老人,有口述史的记录,另外,在地方志《大西桥镇志》中也有有关片段记载。

在吉昌屯,我采访的老人名叫田应宽,时年68岁。他说:

> 最早鲍屯、吉昌(鸡场)和狗场是一个旗,三个寨子一起抬,地点在十八场,今天大西桥关帝庙附近。同治年间长毛贼(太平军)造反,惊动后,鲍屯抢到菩萨,狗场抢到大伞,吉昌抢到轿子。从此就分散了。

[①] 任可澄:《续修安顺府志辑稿》,贵州人民出版社2012年版,第353页。

1955年抬过一次。1981年才开始抬。吉昌抬在前，两年后鲍屯才抬。（农历）十八抬是正宗的。鲍屯就在（农历）十七抬，狗场屯在（农历）十九抬，没人看就改在（农历）十六抬。礼仪、人数吉昌屯最旺盛。2009年参加全国比赛，拿到金牌。现在与过去有区别，过去讲究礼仪，儿孙不满堂不能抬，夫妻不齐眉不能抬，子女不孝顺也不能抬，本人不孝老人也不能抬。进庙（汪公庙）不能抽烟，不能抬脚。十八会三到五年换届。

在狗场屯，我采访的老人名叫汪天鹏，时年63岁。他说：

> 清末民初，三个村打伙抬，抬在十八场奠酒，在江场村和狗场交界的中心，离狗场南面大约500米，交给下一个做东的村寨。狗场抢到大铁炮，吉昌抢到旗锣轿伞，鲍屯抢到汪公像。有一个传说，菩萨保护背他过河的人。过去的菩萨现在应该还在。过去各村寨都有祭祀田产，现在主要是村民集资。吉昌不用村民出钱。最早的猪场是现在的马场，属于三个村寨的共同田产。刚来时人少，后人多后引起打架。现在狗场屯抬汪公以老协会、养殖会、佛头会、陈姓、汪姓和黄姓轮流。

在鲍屯，我采访的老人较多，主要故事情节与上面两位老人所说差不多，但鲍屯村民特别强调两点，一是鲍屯抢到汪公像，二是鲍屯人背着汪公像过河时得到汪公的保护。关于这次风波，鲍屯人透露的细节不如吉昌和狗场老人透露的那么多。

《大西桥镇志》载："被大西桥镇所取代的，现坐落于马场地面的老猪场,是狗场屯、吉昌屯和鲍屯的共有产业,又名十八场。是三个村每年正月十八日公祭汪公的场所。清咸丰初年,因在公祭中发生矛盾,导致三个村寨集体斗殴,继之争夺财产。鲍屯抢到汪公菩萨神像,神话传说鲍屯为及时把抢到的神像转移到村中,背着神像的人在奔跑中被河道阻隔,此时菩萨显灵,背神像的人如腾云驾雾般越过河道(这尊始祖神像是从江南请来的艺术珍品,在'四清'中遗失)吉昌屯抢到旗锣轿伞,狗场屯抢到大铁炮。故当时有民谣云:咸丰年间乱如麻,十八场上割冤家。鸡场打到冯二甲,狗场打到程四麻。鲍屯抢得汪公去,旗锣轿伞鸡场拿。狗场抢得大铁炮,空手而归各回家。"[1]

以上口碑资料和文献资料所描述的"十八场风波"既有相同之处,也有相异之处。相同之处有:(一)风波发生之处都在一个地点即十八场或马场;(二)三村因故发生争夺仪式物品之事,且都认为鲍屯抢到了汪公像;(三)都提到鲍屯人背着汪公像过河时得到汪公的护佑;(四)抬汪公仪式恢复后,三村分别举行的时间说法一致。相异之处有:(一)风波发生的时间不一致。吉昌屯认为在同治年间,狗场屯认为在清末民初,鲍屯没有明确时间,只是说在过去,《大西桥镇志》认为在咸丰年间;(二)风波发生的原因不一。从吉昌屯老人的叙述来判断,好像是因为太平军起义引发社会动荡,"惊动后"发生争夺仪式物品之事。狗场屯认为是因为人多发生矛盾,进而引发斗殴。鲍屯也提到了太平军事件。《大西桥镇志》认为是在公祭中发生矛盾,导致三个村寨集体斗殴,继之争夺财产;(三)三村抢到的仪式

---

[1] 大西桥镇志编撰委员会:《大西桥镇志》,贵州人民出版社2006年版,第335—336页。

物品不一致。主要分歧是吉昌屯和狗场屯所抢到的物品。吉昌屯认为狗场屯抢到的是大伞，吉昌抢到的是轿子。狗场屯认为狗场屯抢到的是大铁炮，吉昌抢到的是旗锣轿伞。《大西桥镇志》也认为吉昌屯抢到的是旗锣轿伞，狗场屯抢到的是大铁炮；（四）《大西桥镇志》记载了当时流传的民谣，而口碑资料则没提到民谣之事。

不同版本的"十八场风波"尽管有诸多不同之处，但其叙事结构基本趋同。值得注意的是，三村围绕汪公祭拜的纠纷最终在后人的追忆中增添了对于文化正统性的争夺。对这种正统性的争夺特别反映在吉昌屯和鲍屯之间。所谓文化正统性指改革开放后祭祀汪公的仪式恢复后，哪个村庄才是历史上汪公祭拜的真正继承者。历史上三村轮流祭祀时可能没有这样的争论，"十八场风波"之后三村独立祭祀此问题才凸显出来。吉昌屯和鲍屯对文化正统性的争夺虽然没有公开化，但从两村老人的叙述中可以看出争夺的迹象，也即抬高自己，贬低对方。

吉昌屯老人的叙述特别强调了几点。一是强调仪式恢复后，三村抬汪公的时间。吉昌屯在正统时间农历十八日抬汪公，因而鲍屯和狗场屯在十七日和十六日抬都不具有正统性。二是强调礼仪、人数吉昌屯最旺盛。礼仪如"现在与过去有区别，过去讲究礼仪，儿孙不满堂不能抬，夫妻不齐眉不能抬，子女不孝顺也不能抬，本人不孝老人也不能抬。进庙（汪公庙）不能抽烟，不能抬脚。"礼仪当然是文化正统性的核心内容，老人虽然说的是历史上的礼仪规定，但其目的是要表达只有吉昌屯知道这些礼仪规定。人数吉昌屯最旺盛，同样表达的是文化的正统性，因为只有正统性才能吸引更多的人群参与到仪式之中，从而达到"热闹"的集体欢腾的境界。三是强调抬汪公比赛获金牌。

2008年在广州番禺举行的第七届中国民间艺术节上，吉昌屯的"屯堡抬汪公"展演队曾代表贵州参赛，荣获了大赛最高奖——山花奖金奖，其目的当然是强调吉昌屯抬汪公的正统性和村庄的优越感。

鲍屯对文化正统性的争夺主要强调在"十八场风波"中抢到了汪公像。作为仪式物品的汪公像、旗锣轿伞和大铁炮，其重要性或在仪式中的位置当然是汪公像为最。换言之，谁拥有了汪公像，谁就拥有了文化正统性。而且在鲍屯人背着汪公像过河时还得到汪公的护佑。得到神的护佑是一件相当荣光之事，在我采访鲍屯老人时，他们的骄傲之情溢于言表。有趣的是，当鲍屯老人讲完"十八场风波"之后，其中一位老人这样评论吉昌屯当前的祭汪公仪式："他们吉昌屯的汪公像，有鸡屎味。"[1] 其他老人一阵哄笑。鲍屯老人何出此言，原来吉昌原名鸡场，鲍屯人在嘲笑吉昌屯的汪公像散发出鸡屎臭味。

据方志记载，吉昌屯东与平坝汪井、石家大坡连接，南与平坝金平、高寨接壤，西与马场村交界，北与中所村接壤，由吉昌、马家院两个自然村组成，原名鸡场屯，明洪武年间明庭调兵南征，屯军戍边，定居建屯后，设有交易市场，按十二生肖赶集，时逢鸡日赶场天，故名鸡场屯。1966年，把鸡字改为吉字，把场字改为昌字，以示"吉祥

---

[1] 汪青梅曾搜集到这样一个说法："鲍屯村人如此解释分化原因，'听老辈人讲，（分化）那年汪公老祖曾托梦给村里庙头和尚说，鸡场屯鸡屎气（味）臭，狗场屯狗屎气臭，我要在（居住）鲍屯，所以和尚就去把他老人家抢起背回来了。'"见汪青梅、刘铁梁《集体仪式传承和变迁的多重动力——当代黔中屯堡地区"抬汪公"活动的田野考察》，《西南民族大学学报》2011年第3期。但我在调查过程中，没有听到鲍屯村民对狗场屯的相关说法。不管怎样，在三村的仪式竞争中，鲍屯对吉昌屯（鸡场屯）进行污名化的文化逻辑同样适合狗场屯。

昌盛"之意。① 鸡场改名吉昌的时间，另有一说法是在1932年。② 戈夫曼认为去污名化的策略之一便是更名，他说"显然，策略之一是隐瞒或抹去已成为污名符号的标记。更名是众所周知的一个例子。"③ 有趣的是，其他以十二生肖命名的地名，如狗场屯、马场屯等并没有更名。

根据我事后的访谈，鸡场改为吉昌是出于去污名化的目的，谐音雅化的一种更名方式。无独有偶，屯堡乡村另一个今天名为天龙屯的村庄也是通过更名而来，据说天龙以前叫鸡笼塘，后改为饭笼塘。再后来，地方文人取天台山的"天"和龙眼山的"龙"二字取代饭笼塘之名。④

在中国文化中，鸡"特别是雄鸡"通常被赋予了吉祥的象征意义。其吉祥意义主要表现在：（一）其鸣有信。古人认为鸡是一种德禽，具有文、武、勇、仁、信五德。西汉初期，韩婴在《韩诗外传》卷二第二十三章曰："君独不见夫鸡乎？头戴冠，文也；足博距，武也；见食相呼，义也；遇敌敢斗，勇也；守夜司晨，信也。"雄鸡守夜司晨，信德指其鸣有信。因此，雄鸡又名司晨鸟。由于雄鸡具有司晨之信德，所以神话传说中太阳有乌鸦和雄鸡居之。同样，日中金鸡也是起着司晨的功能。如清屈大均《广东新语》卷一《天语》曰："日宫一树而有鸡王栖其上。彼鸣则天下鸡皆鸣，天鸡者，日中之鸡也。"在此基础上，鸡与太阳的文化关联得到进一步延伸，在某些传说和民俗生活中，鸡被象征性地

---

① 大西桥镇志编撰委员会：《大西桥镇志》，贵州人民出版社2006年版，第453页。
② 石林元：《吉昌屯杂记》，安顺文明网（http://gzas.wenming.cn/jj/201704/t20170419_3235694.html），2017年4月19日。
③ ［美］戈夫曼：《污名》，宋立宏译，商务印书馆2009年版，第125页。
④ 天龙屯的案例由贵州师范大学文学院汪青梅教授提供，谨表谢意！

等同于太阳。如清富察敦崇《燕京岁时记·太阳糕》曰："二月初一日，市人以米面团成小饼，五枚一层，上贯以寸余小鸡，谓之太阳糕。都人祭日者，买而供之，三五具不等。"又如，在杨柳青版画《日宫太阳星君》所描绘的图景中，太阳星君被两童子侍奉，一只硕大的公鸡在前开道。
(二) 驱邪避凶。汉应劭《风俗通义·雄鸡》曰："祠鬼神皆以雄鸡"，又曰："鸡主以御死避恶"。故在汉人文化中丧葬用鸡首壶或置雄鸡于棺材之上，有避恶、就吉之意，是古人借鸡为亡者"鸣阳引魂"的一种风俗。东晋王嘉《拾遗记》卷一曰："有祇支之国献重明之鸟，一名'双睛'，言双睛在目。状如鸡，鸣似凤。时解落毛羽，肉翮而飞。能搏逐猛兽虎狼，使妖灾群恶不能为害。"明李时珍《本草纲目》曰：鸡能"治蛊、禳恶、避瘟"，又曰："古者正旦，磔雄鸡，祭门户，以辟邪鬼。盖鸡乃阳精，雄者阳之体，头者阳之会，东门者阳之方，以纯阳胜纯阴之义也。《千金》转女成男方中用之，亦取上义也。按应劭《风俗通》云：俗以鸡祀祭门户。鸡乃东方之牲，东方既作，万物触户而出也。《山海经》祠鬼神皆用雄鸡，而今治贼风有鸡头散，治蛊用东门鸡头，治鬼痱用雄鸡血，皆以御死辟恶也。又崔寔《月令》云：十二月，东门磔白鸡头，可以合药。《周礼·鸡人》：凡祭祀禳衅，供其鸡牲。注云：禳郊及疆，却灾变也。"雄鸡能驱邪避凶的观念来自中国文化的阴阳观。雄鸡象征性地等同于太阳，也就象征性地属阳，而鬼妖恶邪则属阴。所以鬼畏鸡鸣、鬼畏鸡血、鬼畏鸡眼便成为中国民间重要的文化观念。①

---

① 姚立江、潘春兰：《人文动物：动物符号与中国文化》，黑龙江人民出版社2002年版，第57—68页。

既然鸡具有丰富的吉祥象征意义，为什么鸡场屯要更名为雅致的吉昌屯呢？尽管相关研究也提及了鸡的负面象征意义，如雄鸡夜鸣和母鸡打鸣是凶象的预兆等。[①] 但由于地方文化的多样性，鸡的负面象征意义并没有得到详细的讨论。在本章的个案中，雄鸡夜鸣和母鸡打鸣作为凶象的预兆并不能解释鸡场屯更名为吉昌屯的原因。显然，正如鲍屯老人所说，正是鸡屎发出的臭味使鸡场屯和鸡笼塘认为自己的村名相当难听和不雅，故而更名为雅致的吉昌屯和天龙屯。

嗅觉感知到的气味，从概念上来说具有不同的种类。正如安东尼·辛诺特所说："我们必须区分不同种类的气味：自然气味（如体味）、人造气味（如香水、污染）和象征性气味（如嗅觉隐喻）。这三种气味并不是完全分开的；事实上，在任何特定的社会环境中，这三种气味都可能存在，混合在一起。然而，它们在概念上是分开的，我们主要关心的是象征性的气味。"[②] 无疑，文化和社会交往塑造了气味的象征意义。气味在与记忆相关时，通常美好的记忆与好的气味相联系，而糟糕的记忆则与坏的气味相联系。气味的好与坏具有相对性，这个相对性既有同一文化中的个体体验，也有不同文化中的嗅觉感知。比如，"即使是牛粪也闻起来很香，因为它能唤起如此美好的回忆"[③]。身体因长期不洗而发出的臭味，在中世纪法国乡民看来，却是男子汉的象征。原因是

[①] 姚立江、潘春兰：《人文动物：动物符号与中国文化》，黑龙江人民出版社2002年版，第71—73页。

[②] Anthony Synnott, *The Body Social: Symbolism, Self and Society*, London and New York: Routledge, 1993, p. 182.

[③] Anthony Synnott, *The Body Social: Symbolism, Self and Society*, London and New York: Routledge, 1993, p. 187.

中世纪法国村民更注重身体"内部"的洁净，而身体"外部"的脏与洁并不重要。彼时，人们相互捉拿对方身上的虱子，在此过程中进行情感和社会的交流。"捉虱子"行为成了当时社交的主要方式之一。《蒙塔尤》对此这样描写到："蒙塔尤人的身体外部之所以这样脏，其原因之一反映在他们的心理上，他们并不主张身体内部和外部同样干净，而主张内脏要比皮肤更清洁。在 18 世纪仍有人认为，身体由于长期不洗而散发出刺鼻的味道，这是有男子汉的表现。"① 显然，在中世纪法国乡村的性别文化中，男子身体发出的刺鼻气味具有正面的价值和象征意义。

气味的象征意义无疑包含着强烈的道德判断意蕴。从文化相对主义来说，即使芬芳的香味也不一定永恒地与高尚的道德情操联系在一起。在著名的"气味小说"《香水：一个谋杀者的故事》中，作者帕特里克·聚斯金德认为香水不是高尚而是主人公格雷诺耶卑鄙和暴力的象征。② 正如评论者所言："在整部小说中，作者多次用'魔鬼'和'扁虱'形象地比喻了主人公丑陋、卑微、阴暗、执拗的人物形象和性格，这与世人的冷漠和社会的残酷有着密不可分的关系，正如作者所言，格雷诺耶从一出生便被迫'决定放弃爱，选择生存'——孤独的生存。因无法得到爱而放弃给予爱的主人公缺失的不仅仅是'人味'，更是纯洁美好的人性。人类社会中的善恶是非、喜怒哀乐、爱恨情仇都被他自闭的心理隔避在外，因此，虽然他具有敏锐的嗅觉，能辨别十万种特殊气味，但是有关道德伦理的词汇如正义、良心、责任等等他

---

① ［法］埃马纽埃尔·勒华拉杜里：《蒙塔尤》，许明龙、马胜利译，商务印书馆 1997 年版，第 201 页。

② ［德］帕特里克·聚斯金德：《香水：一个谋杀者的故事》，李清华译，上海译文出版社 2005 年版。

学习起来特别困难,因为这些都无法用嗅觉感知,而且他的一生似乎都与这些积极的词汇绝缘。所以,格雷诺耶对上帝全然不知敬畏,对世俗伦理道德没有半点认识。"[1] 但同样在这部小说中,刺鼻的臭味也是道德沦落的象征。如小说一开篇便对18世纪法国城市散发出的难闻臭气进行了不厌其烦的描写:

> 在我们所说的那个时代,各个城市里始终弥漫着我们现代人难以想象的臭气。街道散发出粪便的臭气,屋子后院散发着尿臭,楼梯间散发出腐朽的木材和老鼠的臭气,厨房弥漫着烂菜和羊油的臭味;不通风的房间散发着霉臭的尘土气味,卧室发出沾满油脂的床单、潮湿的羽绒被的臭味和夜壶的刺鼻的甜滋滋的似香非臭的气味。壁炉里散发出硫磺的臭气,制革厂里散发出苛性碱的气味,屠宰场里飘出血腥臭味。人散发出汗酸臭气和未洗的衣服的臭味,他们的嘴里呵出腐臭的牙齿的气味,他们的胃里嗝出洋葱汁的臭味;倘若这些人已不年轻,那么他们的身上就散发出陈年干酪、酸牛奶和肿瘤病的臭味。河水、广场和教堂臭气熏天,桥下和宫殿里臭不可闻。农民臭味像教士,手工作坊伙计臭味像师傅的老婆,整个贵族阶级都臭,甚至国王也散发出臭气,他臭得像猛兽,而王后臭得像一只老母山羊,夏天和冬天都是如此。因为在十八世纪,细菌的破坏性活动尚未受到限制,人的任何活动,无论是破坏性的还是建设性的,生命的萌生和衰亡的表现,没有哪一样是不同臭味

---

[1] 杨斯静:《芳香之旅中的人性追逐:评德国小说〈香水〉》,《山西农业大学学报》(社会科学版) 2013年第2期。

联系在一起的。①

人们通常将嗅觉与高尚的道德或卑鄙的道德联系起来。安东尼·辛诺特言:"气味不仅是一种生理现象,也是一种道德现象,因为气味被评价为阳性或阴性,良好或者很糟糕。正是这种嗅觉的道德维度造就了嗅觉具有如此引人注目的社会学和经济学意义。"② 但在《香水》的个案中,作者将美好的香水也赋予了卑鄙的道德含义。人类学家与文学评论家对《香水》的评价具有一致的看法,如人类学家对之的评论:"欧洲知识精英对嗅觉的强烈诋毁对嗅觉的地位产生了持久的影响。在现代社会,嗅觉已经被'压制'了。即使在少数情况下,当它成为通俗话语的主题时——例如,在某些当代小说作品中(《香水》)——它也倾向于以其与道德和精神堕落的刻板印象联系起来。"③

从社会交往和社会意义上来说,气味一般作为社会身份的标识,有时起着积极作用,有时却起着消极作用,甚至威胁社会团结和社会秩序,不是缩小社会距离,而是扩大了社会距离。"嗅觉可以而且经常起到分裂和压迫人类的作用,而不是把他们团结起来。"④ 气味作为社会个体或集体甚至民族身份的标识和区隔,最能反映在陈寅恪的《狐臭与胡臭》一文之中。

---

① [德]帕特里克·聚斯金德:《香水:一个谋杀者的故事》,李清华译,上海译文出版社 2005 年版,第 1—2 页。
② Anthony Synnott, *The Body Social: Symbolism, Self and Society*, London and New York: Routledge, 1993, p. 190.
③ Constance Classen, David Howes and Anthony Synnott, *Aroma: The Cultural History of Smell*, London and New York: Routledge, 1994, p. 4.
④ Constance Classen, David Howes and Anthony Synnott, *Aroma: The Cultural History of Smell*, London and New York: Routledge, 1994, p. 5.

第五章　仪式竞争的感官表达

陈寅恪经过反复考证，首先认为"腋气今仍称狐臭，其得名之由，依巢［元方《诸病源候总论》］之言，以为'有如野狐之气'，义自可通。但今日国人尝游欧美者咸知彼土之人当盛年时大抵有腋气，必非血气不和。"①他进一步认为，"狐臭"之"狐"实为"胡人"之"胡"，"寅恪案，'胡臭'之'胡'自是胡人之'胡'"②。也即是说，华夏民族本无狐（胡）臭，其狐（胡）臭乃是与西胡人种混杂后而有之。最后，他将狐（胡）臭补充为华夏民族与西胡人种相区别的符号之一，"世之考论我国中古时代西胡人种者，止以高鼻深目多须为特征，未尝一及腋气，故略举数例，兼述所疑如此"③。

陈寅恪将狐臭与胡臭关联起来，并将狐（胡）臭作为华夏民族与西胡人种相区别的符号之一，显然带有民族区隔的污名化认知。从今天的文化相对论视之，陈寅恪作为儒家知识精英的代表，心中有意无意具有民族中心主义的心态和思想。关于狐与胡之间的转换关系，康笑菲作了进一步的阐释。她说："中国人在自家区别自己人和外人的方法，同样也用在以中国为内，以夷狄——近乎野兽的边缘人——为外的分别上。夷狄部族的名字经常加上象征动物的部首，动物习性也常常用来形容他们的体貌特征和文化习惯。在中古时代，'狐'和'胡'字是两个同音异义的字，同韵、同调，同音反切。在唐代，人们总是称西域（中亚）的印欧语系人

---

① 陈寅恪：《寒柳堂集》，生活·读书·新知三联书店2015年版，第157—160页。
② 陈寅恪：《寒柳堂集》，生活·读书·新知三联书店2015年版，第157—160页。
③ 陈寅恪：《寒柳堂集》，生活·读书·新知三联书店2015年版，第157—160页。

种为'胡人',尤以粟特人为最。有时候,中国人也会称所有来自北方和西方的非汉人为胡人。"① 她继续写道:"'胡人'代表的是一套文化二分法的视域实体:汉人与非汉人,内部世界与外部世界,以及儒家与非儒家。"②

华夏民族歧视性地称呼周边非汉人,这不仅体现在以动物对其命名上,而且还以身体发出的臭味附加在这些非汉人身上。陈寅恪认为华夏民族天生就没有腋气,之所以有,原因是与西胡人种通婚杂交后形成的,这并没有生理医学的证据作为支撑。他之所以这么推断,显然是为了证明华夏民族文化上的纯洁性,而将污染之源归罪到非汉人身上。人体发出的特殊气味作为识别民族身份的标签,也可见于上文提到的西伯利亚诸民族的例子。从跨文化的视角来看,对不同民族特殊气味的厌恶无疑是一个较为普遍的文化现象。

鲍屯村民带有歧视性地谈论吉昌(鸡场)屯汪公像有鸡屎味,显然不是民族关系的反映,而是社会集体和村落之间竞争关系的嗅觉表达。但两者共享一套文化逻辑。其中,值得作深入讨论的有以下几点:其一,吉昌(鸡场)屯并没有事实上的鸡屎味,而是因为村名带有鸡字,从而使村外之人假想吉昌(鸡场)屯有鸡屎味。进一步的逻辑推理便是如果更了名,将村名中的鸡字去掉,那么村里就不会发出鸡屎味了。因此,关于吉昌(鸡场)屯假想的鸡屎味及其蕴含的社会歧视和道德判断,以及更名实践,完全是一个象征性的意义体系,而非实际的现实表现。评论者通过现实的实际生活体验来假想和推论一种虚拟的气味氛围,被评论者也具有同样的实际体验,因而也认可这种虚拟的气味氛围,同时也明

---

① [美]康笑菲:《说狐》,姚政志译,浙江大学出版社2011年版,第32页。
② [美]康笑菲:《说狐》,姚政志译,浙江大学出版社2011年版,第33页。

白其中所蕴含的歧视性意义。因此，被评论者感到被羞辱，评论者也达到了歧视对方的目的。假想的动物粪便味虽然也属于辛诺特所说的"自然气味"，但过往的气味文化研究多关注实在的人体气味。本案例则提供了一个新鲜的样本，假想的动物粪便味也可作为社会群体特别是村落的污名化标签。

其二，在本案例中，三个村庄特别是鲍屯和吉昌（鸡场）屯之间存在文化正统性的竞争，因而双方会调动各种资源和符号来取得竞争的胜出，而鲍屯利用了吉昌（鸡场）屯假想的鸡屎味来贬抑对方。嗅觉感官作为文化竞争的手段和工具在以往的相关研究中多被忽视。例如，桑高仁在讨论中国台湾大大小小的妈祖庙在进行正统性竞争时，其诉诸的工具是看谁的历史悠久。他说："女神妈祖的信仰，构成了中国台湾涵盖性最广的仪式社群。妈祖信仰和中国台湾历史与文化认同间的紧密关系，是汉人人类学研究者向来所熟知的。……这些庙宇中心积极主动地参与在'信仰中心之优先性'的竞争中。而在这个竞争里所产生的相关论述，其主要性质是它带有一种'历史性'的属性。于是在这里，我想要探究的问题是：为什么'历史'这件事，在建立关于这位女神的'真实性'和克里斯玛上，扮演着如此重要的角色。"[①]"历史"作为一种竞争的资源，在中国台湾妈祖庙的声望竞争当中当然是一个重要的文化因素，但本案例则看不到其重要性，因为村落之间对文化正统性的竞争主要集中在何种仪式物品被谁占有，抬汪公仪式恢复后谁在正统时间举行等方面，假想的鸡屎味虽然跟文化正统性的竞争没有直接关联，但对其的

[①] ［美］桑高仁：《汉人的社会逻辑》，丁仁杰译，台北："中研院"民族学研究所，2012年，第123页。

理解必须放在这个背景下来讨论。或者说，吉昌（鸡场）屯的嗅觉污名化是一个超出具体语境的一般文化现象，但其他村落却利用了这个污名来为文化正统性的竞争添加一个有利于自己的象征性的竞争资源。"历史"资源在本案例中之所以不重要，另一个原因是当初是三村同时联合举行抬汪公仪式，在一开始并没有各自独立举行，所以不存在谁在前谁在后的问题，也就不存在谁的历史长谁的历史短的问题。

其三，戈夫曼在《污名》一书中，首先回顾了"污名"（stigma）一词的历史来源。他说："希腊人显然擅长使用视觉教具，他们发明 stigma（污名）一词指代身体记号，而做这些记号是为了暴露携带人的道德地位有点不寻常和不光彩。这些记号刺入或烙进体内，向人通告携带者是奴隶、罪犯或叛徒。换言之，此人有污点，仪式上受到玷污，应避免与之接触，尤其是在公共场合。后来在基督教时期，此词又添加了两层隐喻：首先是神圣恩典的身体记号，表现为皮肤上发出来的斑疹；其次是医学上对这种宗教典故的称呼，指由身体紊乱引起的身体记号。"[①] 从这段考证性的论述来看，"污名"（stigma）一词在西方的起源具有两个特征：一是视觉中心主义，二是人体中心主义。也即是说，通过视觉看到人体上的污名化的记号，进而可以判断出此人是"道德地位有点不寻常和不光彩"之人。随后，戈夫曼划分了三种污名类型，"首先是对身体深恶痛绝，即痛恨各种身体残废。其次是个人的性格缺点，……最后还有与种族、民族和宗教相关的集团意识强的污名。"[②] 在这里，戈夫曼仍将身体记号排在首位。从本案例来看，视觉并不能解释所发生之事，唯一

---

① ［美］戈夫曼：《污名》，宋立宏译，商务印书馆2009年版，第1页。
② ［美］戈夫曼：《污名》，宋立宏译，商务印书馆2009年版，第5页。

的解释只能是嗅觉，因此，西方的视觉中心主义至少在"污名"这个论域中具有相当大的局限性。本案例所呈现的嗅觉文化，并非是人体所发出的臭味，而是动物粪便所产生的气味，尽管这是基于假想的嗅觉体验，但不妨碍我们以此反思戈夫曼的人体中心主义。虽然他的污名化研究享誉学界，但其视野狭窄也是一个不争的事实。

三 从"参与观察"到"参与多感知"
——基于感官人类学的田野工作反思

自从马林诺夫斯基以来，人类学的资料来源主要依靠实地调查的田野工作，而进行田野工作的主要方法当然是早已成为学界常识的"参与观察法"（participant obvervation）。此种不同于文献法和实验法的研究方法包含了两个步骤，首先是"参与"（participant），即研究者亲身参与到所要研究的人群和社区之中，目的是去发现这些人群的"主位"观点；其次，按该词的字面意思来理解，为了获得被研究人群的"主位"观点，就得通过五种感官之一的视觉来"观察"（obvervation）。无疑，这种研究方法特别强调知识生产中视觉的重要性。许多相关的教科书在指导初入门者时，对此皆有大同小异的表述。比如，一本教科书在谈到"参与观察法"时，这样写道："选择一个研究现场和界定现场中将要观察的情景，就是决定什么现象值得观察。绝不可能观察现场中你感兴趣的所有情景。便利性、机遇，以及研究者的兴趣和能力都将影响相关选择的做出。"① 又如："一旦你选择

---

① ［美］乔金森：《参与观察法》，龙筱红、张小山译，重庆大学出版社2009年版，第44页。

了一个民族志的焦点,你就可以回到你所研究的社会情景中,并在你的田野调查计划中加入焦点观察。尽管焦点观察将越来越多地占据你大部分的时间,但它们永远不会占用你在参与观察期的所有时间。……在这一步中,我们研究了选择一个民族志研究焦点的方法,以及如何进行观察来研究这个更小的社会领域的行为。除了缩小你的研究范围,你将能够发现一个特定文化场景的结构。每一个场景由许多文化领域组成,每个领域都包含许多较小的类别。焦点观察可以发现构成文化场景的较大和较小的类别。"[1]再如:"民族志研究的前提是对人和情景的定期和反复观察,通常是为了回应一些关于行为或社会组织本质的理论问题。一个简单的词典定义可能有助于我们把观察定位为研究的一个组成部分:'观察是观察一种现象的行为,通常用仪器来观察,为了科学目的而记录它。'这个定义暗示了这样一个事实,当我们记录某件事情的时候,我们会用尽我们所有的感官。在日常生活中,我们经常把观察限制在视觉上,但是一个好的民族志学者必须知道来自所有来源的信息。"[2]

因此,使用"参与观察法"进行研究的研究者被称为"观察者"(observer)。有的教科书还将"观察"的类型作了细分。第一种是根据研究者的角色划分了四种类型:(一)完全观察者角色(complete observer)。民族志研究者尽可能地超然于所研究的场景。观察者既没有被看到也没有被注意到。这样的角色被认为代表了一种理想的客观性,尽管其很

---

[1] James P. Spradley, *Participant Observation*, New York: Harcourt Brace Jovanovich College Publishers, 1980, pp. 107 – 111.

[2] Michael Angrosino, *Doing Ethnographic and Observational Research*, London: SAGE Publications Ltd, 2007, pp. 53 – 54.

不受欢迎，因为这样可能导致欺骗，并引发当代研究者试图避免的伦理问题。（二）作为参与者的观察者角色（observer-as-participant）。作为参与者的观察者角色发现研究者在短时间内进行观察，也许是为了安排访谈的情景或其他类型的研究。研究者的身份是公开的，但只与研究对象打交道。（三）作为观察者的参与者角色（participant-as-observer）。作为观察者的参与者的研究者更充分地融入被研究群体的生活，并且更多地与当地人接触；他或她既是中立的研究者，又是朋友。研究者的身份也是公开的。（四）完全的参与者角色（complete participant）。当研究者是一个完全的参与者时，他或她就会彻底消失在情景中，投入到人们和他们的活动中，甚至可能永远不承认自己的研究议程。按照传统人类学的说法，这种立场有点贬义地被称为"土著化"。另一方面，对"本土田野工作"的发展也有相当大的支持，即由研究者来研究自己的文化。[1] 在这些学者看来，以上其中一种类型都可被称为"参与观察法"。但在田野调查中，除了"观察"之外，还有其他收集资料的方法，如问卷调查、档案检索和访谈。不过，他们仍然强调的是"观察"，如迈克尔·安格罗西诺（Michael Angrosino）所言："这个术语（参与观察）是研究者（某种参与者）的角色与实际的资料收集技术（观察）的结合。当然，当研究人员参与到所研究的社区时可以使用其他资料收集技术（调查、档案检索、访谈）；但仍然假设，即使他们做了这些其他事情，他们仍是周围的人和事件的细心观察者。"[2]

---

[1] Michael Angrosino, *Doing Ethnographic and Observational Research*, London: SAGE Publications Ltd, 2007, pp. 54 – 55.

[2] Michael Angrosino, *Doing Ethnographic and Observational Research*, London: SAGE Publications Ltd, 2007, p. 56.

以上几个对"参与观察法"的代表性表述皆反复强调研究者在田野工作中使用视觉"观察"进行资料收集的重要性。尽管安格罗西诺同时提及了其他几种方法，但他最后仍然推举"观察"法的优先地位。其他学者也注意到了田野工作中非"观察"法的存在和使用，如詹姆斯·斯普拉德利（James P. Spradley）这样表述田野工作："人类学家去人们居住的地方做田野调查。这意味着要参加当地人的活动、提问、吃奇怪的食物、学习一门新语言、观看仪式、做田野笔记、洗衣服、写信回家、追踪家谱、观察游戏、采访报道人以及数百件其他事情。"[1] 田野工作中非"观察"法在资料收集中的重要性不言而喻，田野工作者也并非没有意识到这一点，问题在于，过往的人类学家将多种方法化约为单一的视觉"观察"法了。这种知识生产的独断论显然可以追溯到西方文化中的视觉中心主义。

何谓视觉中心主义？高燕将之界定为："强调与其他感官相比，视觉和理性认知的密切关系以及视觉在认知能力方面的优越性。"[2] 而高秉江则分辨了两种视觉中心主义，他说："视觉是通过视觉器官——眼睛来接受一定波长的外来光波刺激，经过视觉神经和大脑进行编码加工和分析处理后所获得的直观感觉，视觉本身包含了外来光刺激和视觉结构综合两个部分。人所感知的外界信息有百分之九十五来自视觉，视觉在人们的信息获得中占有核心位置，这也是视觉中心主义（ocular-centrism）最原初的含义。而知识论意义上的视觉中心主义所谈的视觉，不仅仅是肉眼的视觉，也包括内知觉意义上的心观。肉眼视觉对象包括颜

---

[1] James P. Spradley, *Participant Observation*, New York: Harcourt Brace Jovanovich College Publishers, 1980, p. 3.

[2] 高燕：《视觉隐喻与空间转向》，博士学位论文，复旦大学，2004年。

色和空间；心观对象则是范畴联结、回忆、期盼、想象等复杂的意识对象。"① 吴琼的界定是："所谓视觉中心主义，字面上理解，就是指将纯净的视觉作为人类感官中最具认识价值的高贵感官而确立的一种感官等级制。"② 张聪认为："所谓'视觉霸权'或'视觉至上'，指的是人们大多通过视觉的方式甚至仅仅依靠视觉的方式来获取对外界的认知或感受。从前述对西方哲学话语中的'视觉中心主义'的梳理可以看出，将视觉与人类对外界的认识，进而将视觉与理性思考模式紧密联系甚或等而视之，从而对视觉及视觉文化的研究客体进行单向度的阐扬，是西方社会文化的基本范式。"③ 陶锋认为："西方哲学和美学在其建构过程中，赋予了视觉以中心地位，认为视觉是各种感觉的基础，甚至将一种理智的直观与眼睛的视觉相比附，这样，整个人类的认知系统、感觉系统都是建立在以视觉为中心的基础上的，人类其他的感觉甚至最基础的感觉都被遮蔽了。另外，视觉中心主义还体现在对视觉感受的知性化上，将视觉与知性、判断直接联系起来。"④ 肖伟胜通过引述前人的观点后认为："自西方文明衍生以降视觉即看就被视为最为高贵的感觉。对于希腊人来说，在把握存在者方面，视觉感官是出类拔萃的感官，视觉是最珍贵的知觉。按照古代的理解，在看的活动中，事物在其直接的当前，最圆满地给予了我们。于是，看的感官就充当着认识意义

---

① 高秉江：《现象学视野下的视觉中心主义》，《哲学动态》2012年第7期。
② 吴琼：《视觉文化研究：谱系、对象与议题》，《文艺理论研究》2015年第4期。
③ 张聪：《走出视觉霸权，洗耳恭听世界》，《现代哲学》2017年第6期。
④ 陶锋：《反视觉中心主义：后现代主义视阈中的培根艺术》，《南京艺术学院学报》2015年第6期。

的引线——认识不是听说或见闻,而是一种看的活动。"①宋旭红认为:"视觉中心主义的核心要义在于'视觉'与'真理'之间具有某种直接关联性。就此而言,西方视觉中心主义的源头并非柏拉图主义,因为后者只是以比喻的方式在视觉与真理间建立联系,实际上彻底否定了人类视觉认知神圣真理的可能性;而作为西方文化另一源头的《圣经》则具有明显的'视觉禁忌'特征。中世纪基督教神哲学思想一方面继承了柏拉图主义的视觉模式;另一方面又不得不以圣经传统对之进行改造,其结果是,通过对'光'的神学、'灵性感觉'学说和圣像神学的反复阐释,基督教思想在视觉中介、视觉器官和视觉对象三大要素方面均一定程度上实现了视觉与真理之间的连通,成为西方视觉中心主义从古典向现代发展的真正源头。"②

以上列举的几个具有代表性的对视觉中心主义的定义,虽然表述各有差异,但基本含义相去不远。高秉江谈到了视觉中心主义的生理基础,认为人所感知的外界信息有百分之九十五来自视觉。这个判断当然有一定的道理,但并不是我们讨论视觉中心主义的重点。我们着重讨论的是视觉乃至整个感官系统的文化建构。在感官等级中,视觉被赋予了高贵的品质,其原因几位学者皆提及了,即西方古典时代至近代,视觉和理性认知密切相关,进而视觉在认知能力方面获得了优越性和高贵性。理性主义是西方近代以来标举的最高价值,这种价值观随着西方霸权主义的扩张,进而成为整个现代社会的最高价值。其他感官在认知

---

① 肖伟胜:《作为求真意志与旁观者姿态的视觉》,《学术论坛》2010年第12期。
② 宋旭红:《视觉中心主义何以可能?——论西方视觉中心主义在中世纪的确立》,《中外文论》2016年第2期。

方面则被等同于感性,而感性获得的知识在西方思想家看来是不确定的。因此,视觉等于理性等于确定性,非视觉感官等于感性等于不确定性。在西方思想中,感官的等级排序依次为视觉、听觉、触觉、嗅觉、味觉。高燕认为,眼睛中心地位的建立主要有两个依据,一是依据视觉与语言的关系。不同于听觉、味觉、嗅觉和触觉,视觉和语言之间存在着一种密切的联系。视觉与语言的关系实际上就是视觉与理性的关系。二是依据眼睛与情感的关系。眼睛不仅是一扇"通向世界的窗户",而是一面"展现心灵的镜子"。眼睛能够以拒绝其他更加被动的感官的方式去服从观者的意愿。主体通过眼神的传递、交流,可以表达喜爱、厌恶、恐惧或愤怒的情感。[①]而视觉与其他感官之间的类型学差异主要表现在:"视觉和听觉需要和事物保持一定距离才能发挥作用,属于距离性感官,触觉、嗅觉和味觉则必须和事物直接接触才能获得感觉,属于身体性感官。与其他感官相比,视觉借以确定自身优越性的两个方面体现为视觉需要与对象保持一定距离,距离使视觉最大限度地摆脱了肉体欲望的纠缠获得超越性,视觉不经过任何中介与对象直接接触,直接性保证了视觉最大程度的真实性。在超越性方面,听觉是视觉最有力的竞争者,两者都属于距离性感官,在真实性方面,触觉是视觉最强大的对手,两者都强调直接的在场性。"[②]

随着对理性主义在现代社会中霸权地位的反思和批评,对视觉中心主义的反思和批评也随之而起。西方自笛卡尔以来建立的二元论思想,其感官基础便是视觉中心主义。二元

[①] 高燕:《视觉隐喻与空间转向》,博士学位论文,复旦大学,2004年。
[②] 高燕:《视觉隐喻与空间转向》,博士学位论文,复旦大学,2004年。

论思想的局限性及其不良后果，促使人们深刻反思现代性的诸多理念和价值观。海德格尔为了破解西方思想脉络中根深蒂固的二元论，发起了对视觉中心主义的批评。正如高燕所言："视觉中心主义又是西方形而上学传统的核心观念和运作范式，视觉与理性、视觉中心主义与形而上学存在共谋关系，当现代西方思想着手重新反思和定位理性时无一例外地都触及理性的视觉之维，海德格尔对视觉中心主义的消解就是在试图抵制形而上学，恢复人类生存生态这一思想背景下展开。"① 但是，海德格尔的反思仍然局限在视觉范围之内，他并没有挖掘出其他感官的重要价值，因为"海德格尔并非一味地反对视觉，他只是反对传统形而上学中的视觉。通过对存在之呈现的论述，海德格尔解构了传统形而上学中的视觉中心主义，建构起存在论层面上的视觉观念"②。故此，对非视觉感官价值的重视逐渐引起人们的注意。比如，有学者提出"触觉转向"，认为相较于视觉，触觉因其直接性、在场感、行动性、交互式等特点，能够使得人们更真实地把握世界。③ 受后现代主义的影响，艺术界尤为关注触觉的重要性。正如陶锋所言："在绘画艺术中，画家也试图去表现视觉以外的其他感觉特质，比如触觉性。在某种意义上，触觉可以加强视觉的真实感。"④ 关于触觉的认知价值，我们还可以以一个中国学者在研究工作中的个人体会为例。考古学家苏秉琦在研究出土陶片时，除了对之进行观看外，还得借助

---

① 高燕：《论海德格尔对视觉中心主义的消解》，《上海大学学报》2010年第4期。
② 高燕：《论海德格尔对视觉中心主义的消解》，《上海大学学报》2010年第4期。
③ 张聪：《走出视觉霸权，洗耳恭听世界》，《现代哲学》2017年第6期。
④ 陶锋：《反视觉中心主义：后现代主义视阈中的培根艺术》，《南京艺术学院学报》2015年第6期。

手反复摸索,方能对这些陶片作较为精确的判断。他对这个研究方法有生动的回忆:"面对这批'哑'材料,如痴如呆地摸呀摸,不知花费了多少日日夜夜。这使我养成了一个习惯,看到陶片、陶器每每摸来摸去。"其他学者对苏秉琦通过触觉来研究文物也是津津乐道。学界相传,苏秉琦每到一地考察必深入考古队或博物馆的库房,闭着眼睛摸陶片,如痴如醉。苏秉琦还把"手感"上升到了方法论的高度:"对于陶器,如果以为仅凭视觉观察到的印象可以代替手感的体验,那就错了。根据我的实践体验,形象思维对于考古学研究的重要性绝不下于逻辑思维,而手感对于形象思维的作用,绝不是凭视觉得到的印象所能代替的。"[1] 而有的学者则彰显听觉的独特价值,"提出走出视觉中心主义,恢复现代人整体感性经验,着重诉诸于人们的听觉,或者更准确地说,诉诸于以听觉为主导的、多种感觉形式互动互补的、开放的、流动的新型文化样态"[2]。在医学界,西医也是建立在视觉中心主义基础上的一门医学体系,但在许多非西医体系中,诊断和治疗必须借助其他感官,或者说包括视觉在内的所有感官都可能会被调动起来。在批评西医的视觉中心主义之后,有学者以中医为例,探讨了多感官在其中的作用。对此,陶建文这样评价道:"中医在长期的医疗实践中,总结出了四种诊断疾病的方法,这就是望、闻、问、切四诊。如果就人的感官运用来看,中医把人的视觉、嗅觉、听觉和触觉都运用上了,它是一种综合感知。……中医的科学性是一种身体现象学意义上的科学性,而不是符号表征意义上的科学性,它不是建立在视觉中心主义意义上的科学,但正因为

---

[1] 张帆:《苏秉琦的手感》,《读书》2018 年第 9 期。
[2] 张聪:《走出视觉霸权,洗耳恭听世界》,《现代哲学》2017 年第 6 期。

这样它在感觉和诊断上却更为严格。"①

以上简要回顾了以哲学家为主的对视觉中心主义的反思和批评脉络,并揭示出在知识生产过程中以及认知方面非视觉感官的重要性。值得强调的是,这样的反思和批评并非要完全否定视觉在其中的作用,相反,在某些领域,视觉仍然发挥着其他感官不可替代的作用。通过反思,我们破除的是视觉的单一性、唯一性,归根结底是它的中心性,进而认识到非视觉感官是与视觉平等的获取知识的器官。感官的平等主义将颠覆传统的思想与哲学体系,从而为我们打开一扇新的认识世界的窗口。基于这个认识,让我们回到反思田野工作这个主题上面来。正如上文所言,"参与观察法"带有强烈的视觉中心主义色彩,其他感官在田野工作中收集资料的作用被轻视或忽视了。需要说明的是,我们的反思工作并不是针对被研究人群以及他们的感官文化,而是反思作为研究者的田野工作者的感官体验。换言之,感知的主体不是他者,而是参与到被研究人群和社区中的人类学家,他们在收集资料时不仅仅使用视觉这个唯一的感官,其他感官也将发挥积极的作用。当然在某种情况之下,这两者并不能完全分开,特别是在研究他者的感官文化时,人类学家可能不会亲自去体验,但通过看或听,可以移情地体验和理解其他感官在社会生活中的作用。为了说明田野工作从"参与观察"向"参与多感知"方法的转换,我们通过人类学家的田野体验来论证这个问题。

人类学家周越(Adam Yuet Chou)在研究陕北庙会时,提出了"社会性的感官生产"理论。在庙会期间,各地赶来的

---

① 陶建文:《从现象学的角度看中医的"望闻问切"》,《南京中医药大学学报》2009年第1期。

第五章　仪式竞争的感官表达

香客聚集一起,整个场景充满了噪音、景致(sights)、气味、口味等各种感官体验。周越将这种充满各种感官体验的场景命名为"红火的社会性"(red-hot sociality)。本土概念"红火"(或热闹/闹热)强调强烈的感官气氛以及社会性的感官生产在社会生产中的重要性。中国各地的庙会虽然表现出地方的多样性,但有一个共同点,即参与者(包括组织者、香客,有时包括人类学家)共同制造了庙会"红火"的气氛。让我们看看周越对陕北庙会"红火"气氛的描述:

想象你自己是一个生活在陕北黄土高原崇拜黑龙王神的农民。也想象今天是农历七月十三日,这是黑龙王的生日,也是龙王沟一年最红火的历时六天的庙会。你起个大早,吃过早饭,穿上干净漂亮的衣服,或步行,或坐车,前往黑龙王庙。太阳已升起,天气渐渐热起来。从早到晚,你将和上万人一起制造和消费所有种类的"感官表达":热、本体感觉(proprioception)、动觉(kinesthetic)、噪音、气味、口味等。

你下车后跟着一群香客穿过羊肠小道,经过西瓜地、赌博圈、歌舞棚;你从小贩那里买一些香和纸钱,爬上通往庙门的石阶,将纸钱放进篝火里,点燃爆竹,然后在黑龙王面前磕头,点香,捐功德钱,抽签算命,看一眼秦腔表演,吃一碗汤面,与熟人或乡亲或陌生人聊上几句,玩几把赌博,晚上看烟花。其他人也同样如此。

各种车辆不断将人带进带出;司机大喊大叫:"龙王沟!龙王沟!快快快!"摩托车不停地发出"突突突"的声音;大喇叭召唤人们去观看各种表演;人们大喊大笑,相互交谈、玩游戏和赌博;鞭炮声此起彼落;秧歌队的各种乐器响个不停；作为祭品的猪和羊发出刺耳的尖叫；戏曲表演的声音响彻云霄。

到处都是人山人海，人们穿着五颜六色的节日盛装；其中有你认识的，也有不认识的；游戏摊、小饰品摊、香蜡纸烛摊、西瓜摊、面摊、秀场、歌舞棚、算命先生、民间乐队；男人、女人、儿童、老人；人们爬庙门口的石阶；人们在神像面前磕头，烧香烧纸，祈祷和还愿，往箱子里捐功德钱；燃烧的纸钱如一堆篝火；穿着彩色戏服的戏剧演员和灯火通明的戏台；秧歌表演；夜晚的烟花；所有这一切令人眼花缭乱。

各种食物散发出诱人的气味：麦和土豆做成的面条、煎饼、羊杂汤、炒菜、蒜葱、醋和红辣椒、西瓜、黄瓜、冰棍、软饮料、烧酒、啤酒；柴油机排出的刺鼻气味、鞭炮爆炸后的火药味、刚屠宰的猪和羊以及它们热腾腾的生血味；香和纸钱混合的气味；神泉清凉解渴的味道；这么多人挤在神殿里散发出的淡淡的汗味，等等。[①]

周越这段描述为我们展示了陕北庙会各种感官表达的"红火"场面。其中第三段展示的是以各种声音为主的听觉体验，第四段展示的是以各种景致为主的视觉体验，第五段展示的是以各种气味、口味为主的嗅觉、味觉体验。而炎热的夏季和大规模人群产生的热度当然是触觉的体验。聚集在庙会的所有人群，包括庙会组织者、香客和参与其中的人类学家，他们既是庙会"红火"场面的制造者，也是体验者，

[①] Adam Yuet Chou, "The Sensorial Production of the Social", *Ethnos*, Vol. 73, No. 4, 2008, pp. 485–504.

对他们而言，感官在其中的作用没有等级之分，所有的感官皆混合在一起，各种感官不分等级地一起体验到了"红火"带来的"集体欢腾"。如果缺失其中一种感官体验，"红火"这个民间概念便不能成立。陕北庙会对所有参与者各种感官的刺激使围绕庙会产生的社会性得以形成，换言之，这是以多感官为基础的社会性。这些外在的声音、景致、气味、口味、热度刺激了当地的参与者，同样也刺激了参与其中的人类学家本人。显然，身处其中的人类学家在收集资料之时，不仅仅使用了视觉这个单一的感官来"观察""红火"的场面，他必须调动所有的感官才能将上面他描述的场面所涉及的资料收集齐备。况且视觉资料并不是"红火"场面的主体，只是其中一个与其他感官资料平行的田野资料。故此，周越在研究陕北庙会的"红火"场面时，作为认知主体，他并没有使用传统的以视觉为中心的"参与观察法"，而是使用了多感官并存的"参与多感知法"。这种新的田野工作方法，使他对庙会的研究别开生面。因为周越对新方法的运用，过去被人类学家忽视的面向，让我们对庙会的多重维度有了更全面更深刻的理解。

作为感知主体，他调动了自己的多感官亲身体验了庙会的"红火"场面。但是，正如上文所言，人类学家在研究他者的感官文化时，有时并不会亲自参与体验。这些感官文化可能是人类学家通过听觉听来的，但不是一种听觉现象，而是另一种感官体验。同样，也有可能是通过视觉观察来的，但所观察到的文化现象并不是视觉景象，而是另一种感官体验。虽然人类学家没有亲自体验，但通过个人生活经历，他们可以移情地理解他们所观看或听说到的感官体验。下面我们以人类学家许小丽（Elisabeth Hsu）的研究来说明后一种情形。

20世纪80年代，许小丽在云南中医学院进行中医研究的田野工作。但早在成都进行田野调查期间，她已体验到了针灸带来的疼痛感。在一次生病时，她的老师也是针灸医生建议她通过针灸来治疗。她刚开始还不能完全理解针灸的原理，但为了更进一步学习这门非西医的治疗技术，答应了针灸医生的建议。在银针扎进穴位时，她猛然间感到一阵尖锐的疼痛。她这样描述自己的这段经历：

> 1988年至1989年，我在中华人民共和国云南省会昆明进行了民族志田野调查。当时我还是云南中医学院针灸专业的学生，在那里与中国同学学习中医。前六个月我在教室学习中医理论基础，但从第二学期开始，我每周有三个早上都在针灸病房。我从事我后来称之为"参与体验"（participant experience）的工作，并开始在我打算以人类学家的身份写作的深奥知识和实践方面获得能力。我相信通过掌握这种身体技能，我会对它有更全面的了解。
>
> "参与体验"的方法很好地借助于触摸引起疼痛的研究，因为我不仅学到了用银针给别人造成痛苦的精妙方法，我自己也经历了这种痛苦。针灸代表了一种高度复杂的技术，它利用我们最大的感觉器官皮肤，来达到治疗的目的，正如这篇文章所说的，产生了一种强烈的社会性的感觉。交流一个人的感官体验总是很困难的，"参与体验"的实地工作方法，包括触摸和被触摸，使得一种可能逃脱参与观察者的民族志成为可能。由于针灸照顾到广阔的皮肤感官，一位民族志学者在学习这项技术的过程中，由于他或她自己参与了针刺和被针刺的过程，所以这项技术得到了很大的提高。

1986年3月,在成都的一次田野实习期间,当我第一次被针扎时,我意识到针不仅让我在穴位处感觉到疼痛,而且还影响了我的呼吸。尽管患有感冒和鼻塞,我还是去了针灸诊所,不停地吸鼻子。我的老师对此有点恼火,建议我用针灸治疗。我不知道针灸对治疗感冒有效,但为什么不试试呢?他让我坐在凳子上,让我低下头,把我的头发从后颈上推开,然后巧妙地把两根针插进两个叫作"风驰"的穴位。这东西立刻让我喘不过气来,疼痛难忍,我让老师把针拿出来。他解释说,治疗要忍受二十分钟,并向我保证疼痛最终会减轻。那时我已经注意到我开始深呼吸。一开始,我以为这是减轻疼痛的身体反射。然而,几分钟后,在我看来是永恒的时间,我再也忍受不了这种痛苦了,我坚持要把针头拔掉。我的鼻子确实没事了,虽然只有一小会儿,一个小时左右。[①]

许小丽对针灸进行研究的目的是要讨论尖锐的触觉疼痛对社会的影响。所以,在描述完针灸带来的疼痛感以后,她实地观察了病人接受针灸治疗造成的疼痛的社会意义。最后,她得出一个结论:"尖锐疼痛不仅对个体具有生物学意义上的生存功能,而且,正如这里所说的,它还具有突出的社会潜力,可以增强个体之间的团结感,并建立真正的社会关系。换句话说,对剧烈疼痛的感官体验,对于社区建设是必不可少的。正是人类对尖锐疼痛事件立即作出反应的跨文化观察倾向,使得强烈的共同体验成为可能,即使只是短暂

[①] Elisabeth Hsu, "Acute Pain Infliction as Therapy", *Etnofoor*, Vol. 18, No. 1, 2005, pp. 78 – 96.

的一瞬间。"① 病人尖锐疼痛导致的社会感,正如周越的评论:"当针灸医生用银针刺入病人的皮肤时,病人立即因尖锐的疼痛大喊大叫,针灸师和旁人马上对病人的喊叫作出回应,于是周围的人围绕病人即刻形成了一个小社会。"② 在这个治病的场景,许小丽当然不是亲身体验者,她只是一个做研究的旁观者,显然通过视觉观看到了这个场景。但不是这个场景显示的景致吸引了她,而是病人的疼痛吸引了她。既然她不是那个病人,那她怎么知道病人的痛楚呢?当然,病人是通过大喊大叫来表达自己的痛苦,她也看到和听到了病人痛苦的表情和声音。但这些都不是问题的关键,关键的是她曾经通过针灸治疗过自己的疾病,并且体验到了针灸带来的尖锐疼痛。有了这个先前的体验,当她看到病人大喊大叫时,能够移情地体会到病人的疼痛。这种间接的感官体验,同样体现在我在鲍屯听到的老人说吉昌(鸡场)屯的汪公像有鸡屎味的案例上。尽管这个案例显示的是假想的气味,我也没有亲自嗅到这个气味,但在过去的生活经历中我曾经嗅到过鸡屎味,所以当鲍屯老人在谈论这件事时,我根据自己的生活经历,马上就能理解他们谈论的话语所包含的意义。许小丽的研究主要集中在触觉的疼痛感上面,虽然她也使用了视觉和听觉,但触觉在她的案例中占主导地位,视觉和听觉反而下降到了次要地位。总体而言,"参与多感知"的新方法大体上包括了两种情况,一是如周越的直接感知,二是如许小丽和笔者的间接感知。有趣的是,许小丽基于她的研究工作,提出了"参与体验"的方法,此概念超越了视觉的

---

① Elisabeth Hsu, "Acute Pain Infliction as Therapy", *Etnofoor*, Vol. 18, No. 1, 2005, pp. 78 – 96.
② Adam Yuet Chou, "The Sensorial Production of the Social", *Ethnos*, Vol. 73, No. 4, 2008, pp. 485 – 504.

单一性，因为"体验"包含了多感官的认知，这与"参与多感知"法有异曲同工之妙。

四　小结

对于仪式乃至文化正统性在不同群体之间的竞争，桑高仁在研究中国台湾妈祖崇拜时认为，"历史"是一个重要的竞争资源。参与竞争的各个妈祖庙皆宣称自己的历史最为悠久。但在鲍屯、吉昌屯和狗场屯之间竞争"抬汪公"仪式的正统性时，鲍屯村民却使用了感官特别是嗅觉作为贬低对方的手段。经过考察，这种嗅觉体验并非真实的负面气味，而是假想的鸡屎味。尽管如此，这样的嗅觉体验却达到了社会歧视的效果。鸡场屯改名为吉昌屯说明了"去污名化"的努力。另外，经过比较研究，过往的相关研究多注意人体气味的社会意义，但本案例显示动物的气味也具有强大的社会效果。在进行感官人类学研究时，传统的以视觉为中心的"参与观察"法显然显露出了其局限性，因此，新的"参与多感知"田野工作法应运而生。该方法包含了两种情形：一是直接感知，二是间接感知。"参与多感知"法能够让田野工作者扩大研究的多重面向，更加全面深刻地理解地方文化。

第六章　物、祖先及其社会意蕴

人类学对"物"的兴趣可追溯到早期的进化论，其以"物"作为人类进化的标尺。而莫斯对"礼物"的研究则开创了该论题的象征起源论，随后的人类学各派理论皆有所涉猎。但在后来的学术进展中，人类学家对"物"的兴趣不再那么高涨，正如黄应贵先生的观察："因此在结构功能论于四十年代兴起后，物与物质文化的研究便已衰落，几乎只成为博物馆的工作，但很少为人类学者所重视，这情形直到八十年到才有重要改变。"① 国际人类学界对"物"的再度热情，显然也感染到了人类学汉语学界。其中的代表性研究成果便是中国台湾人类学家黄应贵先生主编的论文集《物与物质文化》(2004)。黄应贵在文集导论中梳理了"物"研究的大体脉络，相关的经典研究基本上都有涉及。在此基础上，结合文集各篇论文，在"物"这个大论题下，他提炼出八个次论题：(一)物自身；(二)交换与社会文化性质；(三)物的象征化及其与其他分类的关系；(四)物、社会生活与心性；(五)物性的表征；(六)物性与历史及社会经济条件；(七)物的象征化及物在各文化中的特殊位置；

---

① 黄应贵:《物与物质文化·导论》，台北："中研院"民族学研究所，2004年，第2页。

(八）物与文化。① 这八个次论题显然有重叠和交错之处，但基本上涵括了"物"研究的多重面向。作为人类学学科标识的"亲属研究"当然可通过"物"这个媒介作多侧面探讨。文集中至少有三篇论文具有如此取向。② 本章正是沿袭了这个思路，将"物"与汉人的祖先崇拜进行勾连，进而反思过往的相关研究。

一　秘传的技艺

屯堡文化事项众多，如果要提炼其关键符号，大体有三，即妇女服饰、地戏（跳神）和抬汪公，与本章主题相关的便是妇女服饰。毫不夸张地说，如果屯堡人放弃传统女装，其作为一个被少数民族包围的地方汉人群体的身份认同必将弱化。而屯堡妇女传统服饰的关键构件便是本章所讨论的"物"——丝头系腰（丝头腰带）。

地方文人对丝头系腰的文字记录通常强调三个要点。其一，汉文化特色。如"屯堡人的服饰可以让我们穿越历史看到最古老的汉族服饰"③，"屯堡妇女的服饰俗称'凤阳汉装'。这些服饰从安徽传来，如今当地早已失传，因而这里的服饰已成活化石"④，"屯堡妇女腰间的丝头系腰，至今只

---

① 黄应贵：《物与物质文化·导论》，台北："中研院"民族学研究所，2004年，第1—25页。

② 三篇论文分别是：陈文德《衣饰与民族认同：以南王卑南人的织与绣为例》、谭昌国《祖灵屋与头目家阶层地位：以东排湾土坂村Patjalinuk家为例》、胡家瑜《赛夏仪式食物与Tatinii（先灵）记忆：从文化意象和感官经验的关联谈起》，分别载黄应贵主编：《物与物质文化》，台北："中研院"民族学研究所，2004年，第63—110、111—170、171—210页。

③ 杨友维等：《鲍家屯》，成都：巴蜀书社2008年版，第51页。

④ 杨友维等：《鲍家屯》，成都：巴蜀书社2008年版，第51页。

有鲍屯一地能生产。腰部的装饰物是汉族服饰的重要元素"①，等等。其二，结构和简要制作过程。如"丝头系腰是由'带'和'丝'两部分编成，带长4米许，丝长0.6米。编织时先把棉线放在一块长30厘米、宽4厘米、厚1厘米的铁板上编成通带。通带一般的就只编出方块格或白果花图案，花形特殊的可编织出'花好月圆'之类的文字和花卉图案。编织成带的成品需要两次煮染成黑色，经过整压梳理才能称为正品。丝线与带的两端相联结，联结的工艺编织技术更为玄妙……"②。其三，美学价值。如"丝头系腰不仅显示女性的三围美，还透露出迷人的妩媚与典雅"③，"屯堡妇女对丝头系腰的偏爱是令人感动的。成群结队着丝头系腰在乡间路上的屯堡女人往往会引来屯堡男人的阵阵山歌：老远看你赶路来，丝头腰带甩起来。甩出鱼钩下河去，钩上一条大鱼来"④。而在实地访谈中，村民们的着重点与文人有同也有异，他们主要强调丝头系腰技艺的秘传性和"带子老祖"鲍大千对丝头系腰技艺发展的贡献。对鲍大千的讨论留待下文。

与中国其他区域的乡村一样，鲍屯的年轻人多外出打工，留守村里的中老年人除了务农，便从事具有本村特色的丝头系腰编织。一位在家编织腰带的老人说，从事此项工作的中老年人的年龄集中在50—70岁，年轻人宁愿外出打工也不愿加入进来，原因是坐的时间太长，一天要坐5个多小时。从经济收入来看，也是相当可观。据2018年的调查，如果有人订货，每条售价1000元左右，如果卖给中间商，每条售价700元左右，一个月能织十条左右。

---

① 杨友维等：《鲍家屯》，成都：巴蜀书社2008年版，第52页。
② 杨友维等：《鲍家屯》，成都：巴蜀书社2008年版，第53页。
③ 杨友维等：《鲍家屯》，成都：巴蜀书社2008年版，第52页。
④ 杨友维等：《鲍家屯》，成都：巴蜀书社2008年版，第49—54页。

还有老人说，2007年前后，编织腰带的人很多，现在相对有所减少。在之前，村民们是偷偷编织，主要是担心国家政策不允许。村民们的担心是有原因的，改革开放前，编织和买卖腰带被视为投机倒把，但由于有需求，一部分村民们只能躲在厕所、山洞，或去村外亲戚家偷偷做。2007年后，村里挖掘传统文化，村民才公开编织。经过宣传，妇女们对腰带的需求量开始增多。

目前关于丝头系腰的记忆可追溯到民国时期。民国贵州省主席周西成修建贵阳至安顺的公路，中经今天的带子街村。鲍屯有村民在此地出售丝头系腰，后建房定居，便形成一个自然村落。立于街边的石碑详细介绍了带子街的由来："带子街位于安顺城东二十公里处，地当滇黔大道。在清朝中期鲍屯棉织手工业发展，从业者多，将所织的各种民国服饰的带子，来此搭棚销售，后建房定居。沿街带子飘舞，由此得名为带子街。从乾隆三十年至三十五年（1765—1770）为建村时期。在这以后的一百八十多年间，凡经战火劫难，屋疏户稀，到公元1950年，建行政村时，始成村寨规模。共四个自然村，上下带子街为汉族，黄坡、黄家庄为苗族。"此段碑文在年代上有自相矛盾之处，如清朝和民国混淆不清，但至少可追溯到民国。人类学家通常认为中国村庄的裂变与宗族/家族的裂变（分房）相重叠，即宗族/家族人口增加，便通过分房的形式另寻他处居住，随后形成另一个自然村落。但带子街从母村鲍屯分离出来，并非以分房的形式而是因出售丝头系腰而形成的自然村落。

当然，村民们谈论最多的是丝头系腰的秘传技艺。地方文人虽然也记录了丝头系腰的制作过程，但并没揭示其复杂的技术工艺和流程。从上文老人所说一个月大概只能织十条左右，便知其工艺的复杂程度。丝头系腰的秘传技艺具有两个特点，一是传男不传女，这里的女主要指女儿，不包括嫁入村里的外来媳妇。因为女儿会嫁出村外，外来媳妇虽然是女性，但不会把技艺传给村外之人。二是有资格获得技艺之村民，不分姓氏。鲍屯是一个鲍姓独大的多姓村，鲍姓村民占总人口的百分之九十。除鲍姓外，尚有汪、吴、潘、徐、陈等杂姓。作为一姓独大的杂姓村，鲍族之事百分之九十是村庄之事，村庄百分之九十是鲍族之事。在某种程度上，鲍族等于鲍屯。鲍族虽然占据了村庄百分之九十的社会空间，但并非全体占有。因此，在某种程度上，鲍族又不等于鲍屯。一姓独大的杂姓村内部的这种张力，需要汉人社会最基本的两个组织形式即宗族和"会"来舒解。当涉及族内事务时，宗族自行处置。而当涉及包括鲍姓和其他杂姓的全村事务时，则由"会"任之。在这里，宗族和"会"在形式和内容上既重叠又分离。我曾将这样的社会构成概括为"族—会"型乡村，以区别于东南和华北汉人乡村社会。① 简言之，村庄作为整体其利益大于一姓独大的鲍氏宗族。虽然传说丝头系腰技艺是由鲍氏族人十一世祖鲍大千从安徽故里学成带来，但其技艺知识却惠及全村村民。在鲍屯，知识传承的基本原则是以村为单位，而不是以族为单位，正如村民所说："技术不能出村。"

最近几年，有公司曾准备来村里投资建厂把丝头系腰开发为旅游商品，但以失败告终。我也向村民询问过具体过程和失败原因，但皆语焉不详。我估计跟丝头系腰的秘传性相关，因为建厂一定会是规模化机器生产，而且可能会招聘村外工人，这个生产模式违背了鲍屯知识传承的基本原则。以

---

① 石峰：《"边汉社会"及其基本轮廓——以黔中屯堡乡村社会为例》，《安顺学院学报》2018年第1期。

追求利益最大化的市场经济最后让步于鲍屯村民围绕丝头系腰而形成的道德经济。

施奈德（Jane Schneider）在一篇服饰人类学的综述中，梳理出了服饰文化在不同社会和民族中所呈现出来的功能和意义多样性，服饰能强化和维持社会关系和纽带。[①] 倘若把鲍屯丝头系腰作跨文化的比较，可凸显其鲜明的文化特色。比如有的民族母亲会为女儿出嫁准备一些纺织品，女儿在婚后生活中保留母亲的礼物以及继承纺织技术，并照此方式传递给自己的女儿。她们借此强化和维持了女性继承线。但屯堡妇女结婚时，丝头系腰不是女方准备，而是作为男方聘礼的一部分。因而在屯堡社会，丝头系腰促进了联姻。

丝头系腰也表达了鲍屯村民的自我身份认同。这个认同体现在两个层面，一是强调汉文化的起源和特色，使他们与整个屯堡汉人群体形成一个文化共同体，从而与周边的非汉民族相区别，建立了一道民族边界。二是通过丝头系腰的秘传技艺，强调鲍屯单个村落的独特性，因而在整个屯堡汉人群体内部，再形成一个次级认同。鲍屯村民借助丝头系腰所具备的这种一级和次级身份认同，体现了多重身份认同的叠合属性。[②] 当然，与本章主题紧密相关的是丝头系腰与祖先的联结，下面转向对"带子老祖"鲍大千的讨论。

二 "带子老祖"鲍大千

从人类学对"宗族组织"的界定来看，鲍氏在历史上

[①] Jane Schneider, "The Anthropology of Anthropology," Vol. 169, 1987, pp. 409–448.

[②] 参见杨凤岗《皈信·同化·叠合身份认同：北美华人基督徒研究》，民族出版社2008年版。

确实是个组织化的宗族，而非礼仪性宗族，因为其具备了组织化宗族的四个基本条件，即共祖、祠堂、公产和族谱。鲍氏始祖为鲍福宝，下分"仁、义、礼、智、信"五房，现已传至二十一世。鲍大千系十一世祖。目前鲍氏宗族的组织性主要体现在每年清明祭祖方面。族人除了集中在鲍屯外，部分还分离出去组建了另一个自然村带子街。另有部分族人散居在各地。清明是祭祖最重要日子。村民们说祭祖时间一般会持续半月左右，原因是要按照祖先的不同世系来祭祀。清明前一周祭拜的是"带子老祖"鲍大千，清明当天全体族人祭拜始祖鲍福宝，第二天按房祭祖，第三天按支祭祖，第四天以后则按小家祭祖。始祖坟地位于村子后山上，因风水极佳和面积的限制，族人曾规定六世以后的祖先就不准再葬于此地。因此，这块祖坟地仅有前七世祖的坟茔，其他祖坟则散布各处。另一说法是族人做官至知府以上才能葬于祖坟地。清明祭始祖无疑是村里和族人的一次盛会，2018年为了招待各地赶来的族人，曾摆了420多桌宴席，按一桌8人计，有3000多人。

鲍大千墓位于离鲍屯1.2公里处的大西桥镇。该地为鲍氏族人一小墓园，鲍大千墓碑文载："清乾隆五年庚申（1740）仲春月吉日立"，碑上的对联为："腰带学识万里艺，屯堡服饰千古传。"从碑文的公历时间和赞辞来看，鲍大千墓显然是重建的新墓，但旧墓建于乾隆年间应是肯定的。

每年清明节前一周对鲍大千进行墓祭的主要是村里丝头系腰的编织者，不分性别和姓氏。祭祀组织仿祭祀始祖鲍福宝的模式，因为人数相对较少，所以规模也没有那么庞大。一般七至八人作为组织者，负责收钱和卖餐票，祭祀者去到坟墓后，先集体磕头，然后"说话"（念咒语：不教外人，

"带子老祖"鲍大千之墓

如教就"绝子灭孙"),念祭文,最后祭祀者与祖先共餐"混合食物"。2013年的祭文节选如下:

  时值公元2013年4月2号农历癸巳年二月二十日,鲍氏子孙,大千祖公的徒孙几百余人,谨以酌馐佳果鲜卉之尊,致祭于十一世祖考大千之灵,祝文曰:鲍氏十一世祖考大千,创建农工相辅,技艺财神之祖公祖师,留给子孙徒孙，纺织腰带系腰村，引领百户鲍屯儿女，浓墨重彩，绘就同步小康村，非物质文化遗产，开创实践超过预期，价钱超过历史，富裕百余家。春暖花开又清明，乾坤宝灵千年好，上坟炊烟万户新，适逢盛世生意新，墓前野祭扫墓真，今天缅怀大千祖，夜以继日纺织忙，真心实意祭我祖，子孙徒孙表真心，乐此不疲富裕臻。……

关于鲍大千前往安徽将丝头系腰技艺带回鲍屯的传说有两个版本。一是口头版，主要流行在普通村民中间，核心内容是说他两次前往安徽老家学习编织技艺，第一次只学到正面，第二次才学到反面，没有故事情节。二是地方文人书写的较为详细地添加了许多故事情节的书面版。[①]

故事情节一：清雍正六年，不满二十二岁的鲍大千在鲍家拳擂台比武夺魁，并喜添贵子，众宾客前来祝贺。其母萧太君身着系有丝头腰带的服装，引来众宾客的观赏，并询问腰带的来历和技艺。萧太君告知乃鲍家祖传，由始祖"调北征南"时带来，所系腰带为始祖母牛氏传下来已三百多年。但制作技艺当时尚未传到鲍屯，只有祖籍地安徽歙县棠越村鲍家人才能制作。

故事情节二：鲍大千当着众人下跪，请求母亲让自己到祖籍地学习丝头腰带的技艺，母亲萧太君允诺。鲍大千离开村子时，回望家乡的山水，大菁山、小菁山、小河、小桥、水碾房……在眼前掠过。

故事情节三：鲍大千进入湖南境内，路过一苗寨，见土匪劫持一女子。鲍大千利用平时练就的鲍家拳救下该女子。

---

① 杨友维等：《鲍家屯》，巴蜀书社2008年版，第147—150页。

故事情节四：历时数月，行程数千里，鲍大千终于来到安徽歙县棠越村。但鲍氏族长鲍三立对其身份有些怀疑，鲍大千便出示族谱，并说出鲍氏在黔的世系。族长鲍三立再问其是否会打鲍家拳，鲍大千展示鲍家拳的武艺。至此，鲍大千的家族身份获得认可。

故事情节五：在棠越村半月，鲍大千学会了丝头腰带的编织技艺，同时将织机零件尺寸绘成图，记录下编织流程，便踏上返乡之途。

故事情节六：回乡后，鲍大千带领乡亲在汪公殿盟誓："遵照祖训，丝头腰带编织技艺只传本屯鲍、汪、吕三姓，且只传儿子不传女儿。"从此，此门技艺便为鲍屯独有，至今不衰。

这则文人书写的传说与流行在村民中的口头传说不同之处有两点，一是村民说鲍大千两次前往安徽祖籍地学艺，但书面版无此反复曲折的情节。二是口头版情节简单，书面版情节复杂。书面版增添的这些故事情节显然想象的成分居多，但具有丰富的社会文化意义，其间所透露出的信息和符号充满了象征和隐喻的意涵。换言之，内容丰富的书面版通过叙述鲍大千远赴安徽学艺的过程来表达自己的身份认同，或说学艺与身份认同表达这两条线同时展开。

一如上文对丝头系腰的讨论，鲍大千传说的书面版同样表达了鲍氏族人的多重身份认同，且其多重性多于前者。（一）祖籍地认同。如故事情节一叙述萧太君告知宾客丝头系腰乃鲍家祖传，由始祖"调北征南"时带来，但制作技艺当时尚未传到鲍屯，只有祖籍地安徽歙县棠越村鲍家人才能制作。鲍大千远赴安徽歙县棠越村学艺的行为本身就是寻根、追寻自我的过程和表达。（二）在地认同。这是移民社会地域空间认同较为常见的文化现象。遥远的祖籍地与当前身处的地域这二重空间共同塑造了自己的地域身份。所以在故事情节二中，鲍大千离开村子时，回望家乡的山水，大菁山、小菁山、小河、小桥、水碾房等自然景观在眼前掠过。
（三）军人认同。屯堡人作为明朝派遣至西南土司地区的卫所军人之后裔，在日常生活中尤其强调自己的军事色彩。比如"地戏"所演剧目皆武戏，村庄的布局充满了军事防御功能，而在书面版传说中则以鲍家拳意象来加以凸显，鲍家拳在文本中总共出现三次。故事情节一叙述鲍大千在鲍家拳擂台比武夺魁。故事情节三叙述鲍大千进入湖南境内，利用平时练就的鲍家拳救下被土匪劫持的女子。故事情节四叙述安徽歙县棠越村鲍氏族长以鲍家拳验证鲍大千的族人身份。
（四）宗族认同。最明显的例子就是故事情节四叙述安徽歙县棠越村鲍氏族长以鲍家拳和族谱验证鲍大千的族人身份。鲍大千为何要随身携带族谱千里学艺，文本并未交代其原因，在此故事情节中突然出现族谱便显得有些突兀，但这并不影响文本所反映出来的宗族认同。（五）民族认同。故事情节三叙述鲍大千进入湖南境内，路过一苗寨，见土匪劫持一女子。鲍大千利用平时练就的鲍家拳救下该女子。在所有故事情节中，此情节的刻意虚构性最为明显。虽然所经过的苗寨不在贵州境内，但其民族区隔和歧视的意义并无二致。文本作者把以鲍大千为代表的汉人塑造为正义的化身，苗寨象征了少数民族或土司，同时也象征性地等同于土匪，鲍大千来到此地利用武力解救了被欺压的弱者。故此，鲍大千从土匪（土司）手里解救女子无疑是明朝卫所军人来到西南非汉地区控制土司的隐喻表达，同时也是汉与非汉的民族身份区隔的隐喻表达。（六）村庄认同。故事情节六叙述鲍大千回乡后带领乡亲在汪公殿盟誓："遵照祖训，丝头腰带编织技艺只传本屯鲍、汪、吕三姓，且只传儿子不传女儿。"有趣的是，他们盟誓的地点并不在鲍氏祠堂，而在汪公殿。据《鲍氏族谱》载，历史上的确存在鲍氏祠堂，1949年以后被毁。鲍屯乃一姓独大的多姓村，其社会结构为"族—会"型村庄，鲍氏族人虽占整个村庄人口的90%，但并不能代表整个村庄。也即是说，鲍氏祠堂发挥不了村庄整合的作用，汪公殿和祭祀组织"汪公会"则能涵括全村的所有姓氏以及男女两性。丝头腰带编织技艺并非鲍氏族人独占，而为全村所有姓氏共享，故而盟誓地点不在鲍氏祠堂，而在作为整个村庄象征的汪公殿。

在鲍大千传说的两个版本中，口头版因故事情节简单而无多大分析价值，书面版的情节丰富多彩，我们能够借此分析出以上六重身份认同。鲍大千作为祖先的身份具有二重性，一是他作为鲍氏族人十一世祖的身份，二是作为全村的"带子老祖"。两个传说都同时表达了他的这两个身份。当然，他作为鲍氏族人的十一世祖的身份，主要反映在《鲍氏族谱》的系谱记录和清明节的墓祭上。而作为全村的"带子老祖"，则主要体现在清明节受到全村丝头系腰编织者的祭祀上。鲍大千作为"一家之祖"上升为"一村之祖"，其连接机制当然是丝头系腰这个物件，而丝头系腰的编织技艺为何不由鲍姓独占，却由全村多姓共享，是什么理念导致了这个共享行为？本章认为这个理念就是"村庄至上"原则，而不是"宗族/家族至上"原则。"村庄至上"原则的产生极有可能与历史上屯堡村寨作为一个整体一致对外有莫大的关系。限于篇幅，本章对此暂不作详细讨论。本章关注的是，鲍大千作为"一家之祖"上升为"一村之祖"，其在汉人祖先崇拜的学术话语中有何意义？下面转向此论题。

三　扩大的祖先

汉人祖先崇拜的人类学研究与宗族/家族研究紧密相关。换言之，宗族/家族研究必然要涉及祖先崇拜问题，祖先崇拜是宗族/家族诸多问题中的核心问题。因此，在人类学汉人社会研究中，祖先崇拜是人类学家热烈讨论的焦点。早在20世纪30年代，林耀华便已撰专文讨论此问题，他从鬼神的概念、拜祖的意义、拜祖的渊源、拜祖的礼仪、祭先礼的变迁和沿革、拜祖与迷信、拜祖的种种影响等方面做了先驱性研究。① 随后的40年代，许烺光更以祖先崇拜为中心撰写了他的代表作《祖荫下》。他将汉人的社会行为皆归结为在"祖荫下"的一切活动："与其说以贫富间不同的社会行为作出发点，还不如说是由于经济条件和社会地位的不同，相同的社会行为所产生的结果也就不同更为恰当。'社会行为'在这里指的是以'祖先荫蔽'为中心内容的一切活动。"② 另外，汉人祖先崇拜与其他文化中的祖先崇拜有何异同也是人类学家的一个兴趣点。1976年，尼韦尔（W. H. Newell）主编的论文集《祖先》（Ancestors）便从跨文化的角度将东亚（日本人与汉人）和西非的祖先崇拜作了较为详细的比较。为什么选择这两个区域的祖先崇拜进行比较研究，尼韦尔说："虽然祖先崇拜的行为方式在所有的大陆皆有发现，但东亚和西非有当代的资料可利用（罗马和希腊的祖先崇拜习俗只有历史记载）。而且，这两个区域皆强调单系继嗣；

---

① 林耀华：《义序的宗族研究·拜祖》，生活·读书·新知三联书店2000年版，第231—258页。

② ［美］许烺光：《祖荫下》，王芃、徐隆德译，台北：南天书局2001年版，第7页。

皆有清楚严格的宗教与政治制度，以及皆有优秀的民族志"。① 在汉人祖先崇拜研究的诸多问题中，有三个问题与本章所要讨论的问题紧密相关，因此，本章将"带子老祖"鲍大千置放在这三个问题脉络中进行讨论。

（一）祖先与财产

在《拜祖》其中一节中，林耀华认为汉人对待祖先的态度是爱恨交加。一方面"视死者为良友"，另一方面"视死者为仇敌"②。庄孔韶在评论这段文字时说道："林先生提出的祖灵是良友与仇敌之说似乎最早，其后三四十年人类学界才有一个讨论祖灵善恶问题的学术热点。"③

对"祖灵善恶"的争论成为后来祖先崇拜研究的主导性问题之一，同时，也连带产生了其他几个相关议题。李亦园在一篇重要文献中对此作了精彩的回顾和评论。他认为这段时间人类学汉人家族仪式的宗教崇拜研究有三个争论：一是汉人观念中的祖先是永远地保佑子孙抑或会作祟致祸于子孙；二是祖先牌位的供奉是否一定与财产的继承有关；三是坟墓风水仪式是否有操弄祖先骨骸之嫌。④

在李亦园梳理的这三个颇富争议性的问题中，祖先牌位的供奉是否一定与财产的继承有关对讨论"带子老祖"鲍大千极具启发意义。许烺光认为汉人供奉祖先牌位是每个人理

---

① W. H. Newell, "Perface", in Edited by W. H. Newell, *Ancestors*, The Hague: Mouton Publishers, 1976, pp. 9–12.
② 林耀华：《义序的宗族研究·拜祖》，生活·读书·新知三联书店2000年版，第233页。
③ 庄孔韶：《林耀华早期学术作品之思路转换》，载林耀华《义序的宗族研究（附记）》，生活·读书·新知三联书店2000年版，第260—261页。
④ 李亦园：《中国家族与其仪式：若干观念的检讨》，载杨国枢主编《中国人的心理》，江苏教育出版社2006年版，第1—19页。

所当然的行为，与遗产有无无关，但芮马丁却认为牌位的设立与否和继承权有密切的关系。芮马丁在中国台湾溪南发现和总结出一个祖先与财产关系的一般原则：（一）假如 X 继承 Y 的财产，X 就应该祭拜 Y。（二）假如 X 是 Y 的直系后裔，X 并不一定要祭拜 Y：1. 假如 X 是 Y 的唯一后裔，X 就一定要祭拜 Y；2. 假如 X 是 Y 最受惠后裔，X 就一定要祭拜 Y。[1] 这个原则的关键之处是直系后裔不一定祭拜自己的祖先，而非血缘关系之人却有可能建立祭拜关系。芮马丁在溪南发现了一个典型案例，一位李姓男子在服军役时，认识了一个独身军官，这位军官去世前将自己的财产遗赠他，条件是埋葬其遗体并立牌位当作祖先祭拜。[2] 其他人类学家在中国台湾也发现了异姓祖先崇拜的案例，如陈祥水对彰化"异姓公妈"的研究。他说："一个行将倒房的家庭除了由女儿将祖先牌位陪嫁以在别人家形成异姓祖先崇拜外，也可因招赘而使赘婿将其本家的祖先牌位背过来形成异姓公妈……财产的赠与和祖先崇拜可以说是一种互惠的关系。"[3] 反对者认为这种建立在财产利益基础上的祖先崇拜违背了中国儒家"慎终追远"的基本伦理和感情，但正如李亦园所说："Ahern（芮马丁）所看到的现象，虽然为传统的中国人引为震惊，我们仍然不认为这是一种矛盾或冲突，而认为是在特殊环境之下的一种调适与弹性原则运用，也就是说一种亲族关系成分——着重于权利义务原则的世系关系在这里又被强

---

[1] Emily Ahern, *The Cult of the Dead in a Chinese Village*, Palo Alto: Stanford University Press, 1973, p. 149.

[2] Emily Ahern, *The Cult of the Dead in a Chinese Village*, Palo Alto: Stanford University Press, 1973, p. 139.

[3] 陈祥水：《"公妈牌"的祭祀：承继财富与祖先地位之确定》，《民族学研究所集刊》1973 年第 36 期。

调了。"① 无论是出于陈祥水所说的互惠原则,还是李亦园所说的权利义务原则,异姓祖先崇拜在特殊的汉人社会中是一个实际存在并被当地人所认可和接受的社会行为和文化现象。

鲍大千作为鲍氏族人的十一世祖和全村鲍姓与非鲍姓(汪、吕等杂姓)丝头系腰编织者的"带子老祖",其中包含了汉人祖先崇拜的两个不同的态度,即作为鲍氏族人的十一世祖得到族人的祭拜,反映了非利益性的子孙对其直系祖先的亲缘仪式关系,而作为"带子老祖"得到丝头系腰编织者的祭拜,反映了建立在财产利益基础上的同姓和异姓祖先崇拜。芮马丁总结的祖先与财产关系的一般原则只能部分解释鲍大千的案例。换言之,只能解释作为"带子老祖"的鲍大千,而不能解释作为鲍氏族人十一世祖的鲍大千。鲍大千传下来的丝头系腰编织技艺,虽是一种技艺,但编织者却可以将之商品化以获取物质利益,因此,该技艺通过转换后成为一种财产。鲍屯丝头系腰编织者包含了鲍姓与非鲍姓的村民,鲍姓编织者将鲍大千视为"带子老祖",符合芮马丁所说的"假如 X 是 Y 最受惠后裔,X 就一定要祭拜 Y",在这里 X 是 Y 的直系后裔;非鲍姓编织者将鲍大千视为"带子老祖",符合芮马丁所说的"假如 X 继承 Y 的财产,X 就应该祭拜 Y",在这里 X 和 Y 没有血缘关系。鲍大千将丝头系腰编织技艺惠及全村村民,村民反过来奉鲍大千为祖先进行祭拜,既体现了陈祥水所说的互惠原则,也体现了李亦园所说的权利义务原则。与中国台湾经验不同之处是,后人并未为鲍大千树立牌位,而是在鲍大千墓进行墓祭。尽管如此,祭

---

① 李亦园:《中国家族与其仪式:若干观念的检讨》,载杨国枢主编《中国人的心理》,江苏教育出版社 2006 年版,第 1—19 页。

祀牌位和墓祭并无本质区别，因为都是将对象作为祖先来祭拜。

（二）整合与裂变

陈其南以系谱性宗族/家族批评弗里德曼的功能性宗族理论时，认为功能性宗族只强调了整合维度，而忽视了裂变维度。为此，陈其南特别凸显了"房"在汉人宗族/家族中的社会意义，并将汉人继嗣群体概括为"房—家族"体系。经过反复论证，他将这个体系的原则总结为："任何一个'房'单位，不论其规模和世代的大小，都是从属于一个较高级的'家族'范畴之次级单位。……不论成员数量的多寡，这个群集都可以称为'房'，以表示其从属于更高范畴的含义。如果要强调一个家民族集内彼此的分别，人们就可以用'房'这个观念。如果要强调诸'房'之间的整体性，人们就可以用'家族'这个观念。换句话说，一个男系宗祧单位可以同时是个'家族'和'房'。"[①] 这段话的意思为"家族"的观念代表了整合维度，而"房"的观念则代表了裂变维度。陈其南还从上下不同视角形象地描述了系谱性的"房—家族"体系所包含的整合与裂变两个维度。如果从上往下看，看到的就是"房"所显示的裂变维度，而从下往上看，看到的则是"家族"所显示的整合维度。

陈其南认为分房的系谱架构主要表现在一些社会生活中，如分家、分户、分财产，以及宗祧团体中的其他权利和义务的分配上。显然，汉人宗族/家族的裂变过程即"分房"与分家及连带的分财产和其他权利义务的分配共享一个原

[①] 陈其南：《汉人宗族制度的研究：弗里曼宗族理论的批判》，《考古人类学刊》1991年第47期。

则。但导致宗族/家族整合和裂变的根本理念是什么，陈其南并没有作出回答。王崧兴则认为这个根本理念是汉人父系社会中男性和女性所代表的两个相互背离的倾向，即男性原则导致整合倾向，女性原则导致裂变倾向。他认为卢蕙馨（Margery Wolf）在汉人父系社会中发现的以母亲及其子女为成员的单位"子宫家庭"（uterine family）一开始就孕育了裂变的种子。在未裂变前，"子宫家庭"不包含丈夫，而裂变后，丈夫被涵括进来，这个单位就被称为"房"或葛学溥所谓的"自然家庭"。尽管裂变是一个必然的过程，但整合并没有消失。男性原则发挥了整合的作用，正如王崧兴所说："家族整合的基础是将男性作为中心的父系继嗣原则。尽管会完全分家，但因为父系继嗣意识形态，家族整合的作用永远存在。"① 整合与裂变这个相反相成的过程，一如孔迈隆（Myron L. Cohen）的观察："汉人家族不断地处于整合与裂变这个矛盾所产生的紧张状态之中。"②

鲍大千作为"带子老祖"，对丝头系腰编织者这个群体而言，只有整合作用，而无裂变作用。每年清明编织者前往鲍大千墓进行墓祭，仪式性地将全村编织者团结起来，编织者之所以成为一个群体便是因为他们共享一个共同的祖先鲍大千。在这个群体内部没有出现类似"房"这样的次级单位，这是因为其内部缺乏裂变机制，这个机制就是类似族谱一样的贯通上下的系谱。作为祖先的鲍大千与作为子孙的编织者的传承关系，只有清楚的源而无清楚严格的流，故而未

---

① Wang Sung-hsing, "On the Household and Family in Chinese Society", in Edited by Hsieh Jih-chang and Chuang Ying-chang, *The Chinese Family and Its Ritual Behavior*, Taibei: Institute of Ethnology, Academia Sinica, 1985, pp. 50 - 60.

② Myron L. Cohen, House United, House Divided, *The Chinese Family in Taiwan*, New York: Columbia University Press, 1976, p. 73.

发生裂变。就整合而言，因为编织者包含了非鲍氏村民，所以其整合的范围超越了宗族/家族，故而鲍大千是全村整合的一个符号。导致这个结果的理念是"村庄至上"原则，而非"宗族/家族至上"原则。

（三）祖先与神灵

在中国民间宗教中，许多地方神灵常常为某一家族祖先转换而来。转换的原因多以此人生前符合儒家伦理道德规范，或因正统道德及事功得到官府的表彰，死后从仅受到直系后裔祭拜的祖先，上升为受到地方普遍祭拜的神灵。比如，许烺光在喜洲记录的一个生前默默无闻而死后成为城隍的例子。此人苦读诗书，但考试皆榜上无名，知道自己加官晋爵希望渺茫，于是便从事银器生意。别人都以次充好，他的货都货真价实，从不欺骗顾客。六十八岁时去世。巡游神将他的美德记录下来，并上报给玉皇。玉皇便任命他为某县的城隍。① 再如，屯堡乡村祭拜的地方神"汪公"也如此。据说"汪公"信仰是明朝屯堡卫所军人从安徽带到黔中地区的。根据常建华的研究，隋末世变，徽州土著汪华起兵平婺源寇，但又有记载，汪华被赐"忠烈"事在南宋，故祭拜汪华的忠烈庙建于宋代。常建华认为，虽然忠烈祠属于名人特庙，而且带有地域神的性质，但是对于汪氏来说，它却是一座祖庙。国家建庙纪念有功于国家的"忠臣烈士"是一种"专祠"，也是"公祠"。对于被纪念者的家族来说，这种专祠则是一种先祖的祭祀，因此又卜地设置"行祠"，介乎公祠与家礼之间。从形式上看，行祠是作为"公祠"之"专

---

① ［美］许烺光：《祖荫下》，王芃、徐隆德译，台北：南天书局2001年版，第129页。

祠"的分祠存在的，实际上行祠除了具有地域性外，主要是作为子孙立祠祭祀始祖或先祖存在的，是一种宗祠。[①] 由此可知，在"汪公"信仰早期，作为祭拜神灵的庙宇与作为祭拜祖先的祠堂两者合二为一，在后来的历史时期才逐渐分离开来。

"带子老祖"鲍大千尽管具有使丝头系腰编织技艺惠及全村村民的功德，但仍然还停留在祖先身份的阶段，尚未上升为一个地方性的神灵。究其原因，大体有二：一是无专门供祭拜的庙宇。常建华对"汪公"信仰的研究表明，庙宇与祠堂有可能合二为一，但忠烈祠属于名人特庙，也即是说，忠烈祠仅供奉汪华一人。历史上鲍氏曾有过祠堂，但并非专祭鲍大千一人。目前对鲍大千的祭拜形式就是墓祭而无其他，而且祭拜的模式与祭拜其他祖先并无二致。二是无神异的灵验传说。上文讨论的关于鲍大千远赴故里学艺的两个传说版本，故事情节皆为世俗性行为，没有特别的神圣性。反之，作为村神的"汪公"却有护佑全村的灵验传说。根据田野调查，鲍屯的传说中有这样的故事，清咸同年间，鲍屯村民曾背负汪公神像避战乱于寨旁大箐，及乱兵将至之时而汪公显灵，保全了全村村民。[②] 灵验传说在民间宗教中是一个普遍现象，也是神灵成立的必要条件之一。

四 小结

基于以上讨论，兹将本章要点总结如下：

[①] 常建华：《宋元时期徽州祠庙祭祖的形式及其变化》，《徽学》2000年卷，安徽大学出版社2001年版。
[②] 蒋立松：《从汪公等民间信仰看屯堡人的主体来源》，《贵州民族研究》2004年第1期。

（一）作为"边汉社会"类型之一的黔中鲍屯，是一个一姓独大的杂姓村，其社会结构为"族—会"型汉人乡村社会。"村庄至上"原则超越了"宗族/家族至上"原则。

（二）作为一个物件的丝头系腰与人类学的亲属研究连接起来。丝头系腰在村民的社会生活中具有多重的重要意义，本章仅讨论了其与祖先崇拜的关系，为人类学"物"的研究增加了一个跨文化比较的个案。

（三）鲍氏十一世祖鲍大千因丝头系腰而成为全村所有姓氏编织者共同的"带子老祖"。两个关于他远赴故里学艺的传说描述了他的艰辛历程，同时也蕴含和表达了鲍屯村民的多重认同。

（四）从祖先与财产的关系来看，鲍姓编织者将鲍大千视为"带子老祖"，符合芮马丁所说的最受惠后裔一定要祭拜施惠的先人；非鲍姓编织者将鲍大千视为"带子老祖"，符合芮马丁所说的如果一人继承了另一个无血缘关系之人的财产就应该将其作为祖先进行祭拜。

（五）从宗族/家族的整合与裂变来看，鲍大千作为"带子老祖"，对丝头系腰编织者这个群体而言，只有整合作用，而无裂变作用，原因是其内部缺乏类似族谱一样的贯通上下的系谱。

（六）从祖先与神灵的关系来看，"带子老祖"鲍大千尽管具有将丝头系腰编织技艺惠及全村村民的功德，但仍然停留在祖先身份的阶段，尚未上升为一个地方性的神灵。原因有二：一是无专门供祭拜的庙宇，二是无神异的灵验传说。

第七章　物质性与虚空性

人类学对汉人民间神灵的研究大体经历了三个理论模式的转化，即"官僚模式""个人模式"和"异端模式"。"官僚模式"以武雅士为代表，他基于涂尔干社会象征主义理论，认为超自然界是社会关系的投射，故而他判定神灵是官僚的隐喻。① 但在中国民间信仰体系中，有两个问题"官僚模式"无法解释，一是汉人的民间神灵并不仅仅局限在灶神、土地公和城隍；二是有些神灵还具有反叛的性格。武雅士注意到了这两个例外，但他并没有作深入的讨论，因为这两个例外已超出了他构造的"官僚模式"，不能被纳入他的理论体系之中。针对第一点，韩明士（R. Hymes）提出了"个人模式"。② 他认为，人神之间的关系是通过师生纽带联系起来的，其中还有堂兄弟或亲兄弟关系。他们不是官僚系统中的上下级关系，体现出的却是"师生关系"和"亲属关系"。针对第二点，夏维明和魏乐博（M. Shahar & R. Weller）提出了"异端模式"。③ 其总体特征表现为：（1）有些"神

---

① Wolf, A., "Gods, Ghosts, and Ancestors", in A. Wolf eds., *Studies in Chinese Society*, Palo Alto: Stanford University Press, 1978, pp. 131-183.

② ［美］韩明士:《道与庶道：宋代以来的道教、民间信仰和神灵模式》，皮庆生译，江苏人民出版社2007年版。

③ Shahar, M. & R. Weller ed., *Unruly Gods: Divinity and Chinese Society*, Honolulu: University of Hawai'I Press, 1996.

灵"并不是官员,但它们也拥有权力;(2)它们的权力不是来源于"结构",而是来源于"反结构";(3)女神是一个特别的宗教现象,在她们身上体现了"纯洁"与"污染"的吊诡与辩证法;(4)在紧张的社会规范的压力下,仪式性的反常行为成为维持社会存在的"安全阀";(5)在一定的历史语境下,古怪的神灵会成为质疑制度合法性的象征资源。①

总体言之,以上三种模式皆从观念信仰层面来理解中国民间神灵。随着物质文化研究的兴起,人类学的宗教研究也开始转向探讨宗教的物质性。物在宗教中的重要性,犹如露辛达·马修斯-琼斯和蒂莫西·威廉·琼斯(Lucinda Matthews-Jones and Timothy Willem Jones)所言:"物在制度和个人的信仰表达中发挥着不可或缺的作用……一方面,物是由人和文化塑造的,并表达他们的信仰和价值观;另一方面,物具有塑造和限制人的潜力。"② 此学术大势也影响到中国民间宗教的研究,其中以中国台湾人类学家林玮嫔的研究最具代表性。尽管林玮嫔对中国民间神灵的物质性研究别开生面,但物质性并不能完全解释中国民间神灵的多面性。根据大贯惠美子对日本文化中"零"能指(zero siginifier)的观察,许多神灵并不能物质化。不能物质化的神灵在中国民间宗教中同样也能发现。本章以林玮嫔的研究为基点,以大贯惠美子的理论作为批判的依据,提出只有物质性和虚空性两种视角才能完整理解鲍屯乃至整个汉人民间神灵。在此基础上,本章进一步反思社会生活中物质研究的限度问题。

---

① 石峰:《西方人类学汉人民间神灵的解释模式评论——兼对涂尔干宗教社会学理论的再思考》,《世界民族》2010 年第 3 期。

② Timothy Willem Jones and Lucinda Matthews-Jones, *Material Religion in Modern Britain: The Spirit of Things*, New York: Palgrave Macmillan US, 2015, p. 2.

一 神灵的物质性

林玮嫔在《物化的灵力》(*Materializing Magic Power*)一书中集中探讨了民间神灵的物化问题。[①] 作者的问题意识是，一个抽象的神灵如何通过物化在人间获得灵力。在她看来，神灵物化的主要形式有两种：一是神像，二是神媒童乩。作者分别从文化机制、社会结果和物质形式三个方面进一步探讨了神灵物化的意义。

从文化机制来看，作者认为，人化（personification）和地方化（localiztion）两种文化机制使神像和童乩具有了灵力。人化包含了中国人有关身体、灵魂和社会人的观念，其中亲属关系被强调。地方化主要基于"中心与四方"的传统宇宙观，具体表现在"五营"的文化地景。通过对文化机制的分析，作者指出，中国民间宗教并不是外在政治经济的附属物，也不是杨庆堃所说的散漫在世俗生活中的"分散性"宗教，而是具有自身文化特征的独立宗教。[②]

从社会结果来看，神灵在物化过程中持续经历了物与人的相互建构。对神像的崇拜仪式和童乩的"入会"仪式重新界定了村庄的边界以及通过亲属隐喻每个独立的家户在一个特定的地方得以联结起来。作者进一步讨论了嵌入社会语境中的物化神灵通过家户的求助，以及村庄和跨村仪式来获得灵力。在具体的社会场域中，人与神的互动扩大和增强了神

[①] Lin Wei-Ping, *Materializing Magic Power*: *Chinese Popular Religion in Villages and Cities*, Boston: Harvard University Asia Center, 2015.

[②] Lin Wei-Ping, *Materializing Magic Power*: *Chinese Popular Religion in Villages and Cities*, Boston: Harvard University Asia Center, 2015, p. 9.

灵的灵力。①

作者运用盖尔（Gell）的"内部策略"和"外部策略"对以上两个方面进行了考察。神灵的物质性最重要的当然是神像和童乩。通过访谈，信众普遍相信只有举行"人身"仪式才能让抽象的神灵永久居住在神像里，从而成为自己的保护神。但是，神像是静止的，不能回应信众的请求。因此，另一种物质形式——童乩就显得特别重要。作为人的童乩能够与信众直接对话和抚慰他们，跟神像相比，童乩与信众的关系更加紧密。尽管如此，因为死亡，童乩只是暂时的，没有神像那么具有持久性。神像和童乩既有区别也相互补充。神像具有持久性但是静止的，童乩是暂时的但能即刻回应信众的请求。

将抽象的神灵物化，雕刻成具体的神像，需要举行一套复杂的仪式过程。作者通过实地观察发现，仪式程序依次为"开斧""入身"和"开光点眼"。首先，在"开斧"仪式中，雕刻师根据自己的想象将特殊的木材雕刻成神像的粗略形状。其次，在"入身"仪式中，五种宝物被植入神像身体内部，象征如人一样的器官。最后，在"开光点眼"仪式中，用象征纯洁的白公鸡的血将神像的眼、耳、鼻、嘴、腹、四肢和背连接起来，使之成为一个如人一样的活体。通过这个仪式，抽象的神灵被具身化，信众便可以与之产生直接的互动了。②

林玮嫔的个案研究标志着中国民间宗教从观念层面进入到物质层面，这样的视角转换具有开拓性意义。不过宗教的

---

① Lin Wei-Ping, *Materializing Magic Power*: *Chinese Popular Religion in Villages and Cities*, Boston: Harvard University Asia Center, 2015, p. 10.

② Lin Wei-Ping, *Materializing Magic Power*: *Chinese Popular Religion in Villages and Cities*, Boston: Harvard University Asia Center, 2015, pp. 36–41.

物质性研究是否具有普遍意义，仍是一个值得深究的问题。作者对村民进行访谈时有一个有趣的对话。作者问："神灵是什么？神灵在何处？"村民回答："神灵是无形的，当你有请求时，它们就来了！""它们来无影去无踪。举头三尺有神明！""虽然一个神有许多像，但它们都来自一个无形的根。这叫'一本散万殊'。人们为神造像，因为它们有造像的本能。这意思是坚持一个原则，所以造像意味着你信神就得看着它的像。""每个人都尊崇神灵，但它们来无影去无踪，所以人们就塑像让神灵住下来。把神灵固定在像里。人们祭拜神像，人神之间关系就紧密了。如果关系越紧密，神就不会离开。"[1]

从这段对话中，我们可以得出以下几个结论：（1）村民承认神灵首先是一个抽象的概念；（2）造像的目的是与神灵产生直接的互动；（3）更重要的是，这段对话并没有透露出哪些神灵不能被物化。这与作者的提问有关。也许作者没有意识到这个问题，也许是作者刻意回避了这个问题。下面我们转向对这个问题的讨论。

二　神灵的虚空性

作为杰出的象征人类学家，大贯惠美子以日本文化为例，对"零"能指做了深入的探讨，并扩展视野作了跨文化的比较，发现"虚空性"在诸民族文化中是一个普遍现象。她指出，为了理解复杂的象征体系，必须从四个方面高度认识到"零"能指的重要性。其一，任何符号体系皆依赖无任

---

[1] Lin Wei-Ping, *Materializing Magic Power: Chinese Popular Religion in Villages and Cities*, Boston: Harvard University Asia Center, 2015, pp. 32–33.

何物质性的"零"能指;其二,一个符号除了具有多重意义之外,我们必须认识到各种"零"能指的意义;其三,一个物体或语言形式是意义的唯一和直接的承载者必须被重新检验,因为涉及的"零"能指意义模式十分复杂;其四,如果违反了"零"能指的基本原则,则会导致冒犯或亵渎。①

带着这些问题意识,大贯惠美子从五个方面分别讨论了日本文化中的虚空性问题。(1)在日语中缺乏代词。主语经常缺失,及物动词通常没有宾语,包括代词,语句顺序弹性较大。日语也没有第三人称代词。主语和宾语省略,不是由于缺乏代词,相反,有30多种语言形态作为代词。特别是在礼貌语和顺从语中普遍缺乏代词。省略第一人称和第二人称代词及其所有格是日本人社会实践的一个义务,目的是表达谦卑和顺从。原因主要有两点,一是日语的言语构造,二是日本人的交际心理。在日本社会交往中,常常弱化自我意识,以及突出内外有别的意识。如果违反了这个原则,将不能用代词的人客观化,也即将无形的"零"能指转化为有形的能指,在日语中就成了骂人话。(2)作为"零"能指的"间"(ma)。即空洞的空间和时间。"间"在精英文化的美学中得到高度的发展,但在民间日常话语和实践中也有体现。作为无形的"零"能指,时间和空间上的"间"被有形的能指所提示。有形的能指表示无形的"间"的存在,但反过来"间"赋予其意义。"间"自身没有意义,其力量在于能为其他能指提供意义。(3)作为"零"能指的"无"(mu)。在日本精英和民间文化中流传着大量以"无"为主题的故事,作为"零"能指的"无"同样以有形的物质环

---

① Emiko Ohnuki-Tierney, "The Power of Absence: Zero Signifiers and Their Transgressions", *L'Homme*130, avr. – juin 1994, XXXIV (2), pp. 59 – 76.

境来提示。作为虚空的中心,"无"具有意义的无限可能性。在大贯惠美子看来,在日本文化中,这三种"零"能指是虚空性的基本表现形式。她进而将这种虚空性延伸到日本的宗教和政治领域进行讨论。(4)宗教中的"零"能指。日本宗教中最重要的概念是灵魂,通常神魂居住在各种物体中,但这些物体不是神的身体,只是神魂的栖居之所。最重要的神魂是看不见的,如最高神太阳女神。在神社中,太阳女神被安置在最内部的神坛,以免被看见。当祭拜者来访时,必须通过拍掌来提示隐藏的女神,然后才能与之交谈和为之提供祭品。神灵是无形的,看不见,也听不见。佛教传入后,日本才开始为神灵建造神社和塑像。尽管有了神社和神像,但时至今日,祭拜者按传统惯例必须通过拍掌来召唤隐藏的神灵,并默默地祈祷。[①] 神灵的虚空性被自然延伸到作为政治人物的天皇。(5)作为"零"能指的天皇。在古代日本,天皇是主持稻作农业仪式的祭司,因此具有萨满和政治领导人的双重角色。在政治体制中,武士掌握实际的权力,而天皇仅仅具有象征权力,深藏于宫中,普通民众既不能睹其容也不能闻其声。明治以后,政府进一步将其神化。作为神的天皇就与神魂共享一套文化逻辑,即形象和声音不能外化。明治初期社会动荡,日本陷入内忧外患的困境中,政府认为,有必要让天皇出现在公众中来安抚人心。但天皇如何出面自古以来没有先例可循,最后政府不得已采取天皇巡游各地的方式来展示自己的权威。在巡游中,天皇坐在专门的銮舆中。尽管他已出现在公众面前,但人们仍然难睹其容。皇室举行的各种仪式通常都是秘密进行的,特别是天皇的即位

---

① Emiko Ohnuki-Tierney,"The Power of Absence: Zero Signifiers and Their Transsgressions", *L'Homme* 130, avr. – juin 1994, XXXIV (2), pp. 59 – 76.

仪式，至今仍然如此。尽管为皇帝画像从中国传到了日本，但日本人拒绝接受为天皇画像。因为日本人认为为死者画像会使死者的灵魂留在世间，进而造成死者灵魂的不安宁。同样，在听觉方面，天皇的声音也不能外化。天皇几乎不在公众面前发表演讲，直到二战末期日本投降，人们才在广播里听到天皇的声音。①

三 田野验证

林玮嫔与大贯惠美子分别对中日文化特别是宗教领域中的物质性和虚空性进行了富有启发的探讨，为人类学的宗教研究提供了新颖的视角。但她们各自的单一视角并不能完整观察到某一个民族的整体宗教现象。基于她们各自的研究成果，本章将两种视角结合起来，放到笔者的田野经验之中进行验证，目的是说明只有以两种视角进行并置观察，才能完整理解地方民间宗教的全貌。

（一）物质性

鲍屯以仪式众多而闻名。祭祀的主要神灵是汪公，雕刻有汪公像，建有汪公庙，并有相应的祭祀组织"汪公会"。鲍屯民间宗教的情形与林玮嫔的个案既有相同也有相异之处，最大的不同在于，鲍屯在今天已看不到童乩，因此，童乩作为神灵的物质性表现不在本章的讨论范围之内。

汪公像体型并不高大，但与普通人的体型相差无几，坐态时高度大概1米左右，站立时大概1.6米左右。制作汪公

---

① Emiko Ohnuki-Tierney, *Flowers That Kill: Communicative Opacity in Political Spaces*, Stanford: Stanford University Press, 2015, pp. 155–183.

像的材质是当地的柏杨木。外形装扮为古代官员形象，留着胡须，戴着官帽，穿着官袍。汪公形象符合武雅士所说的神是官僚的隐喻。另外，汪公像的脸部被涂上红色，表示他是正义的化身。林玮嫔在讨论中国台湾神像时没有注意到神像的服装问题，其实神像的服装是神像不可或缺的组成部分，是无生命的材质"人化"的象征，也是表明神像身份的标识，如果缺失外在的服装，神像的官僚身份便无从识别。每年的正月十七日"抬汪公"仪式期间，其中最重要的一个仪式程序便是为汪公换新袍，目的是更新汪公的灵力。与中国台湾神像不同，汪公像内部并没有填充任何宝物以代替人的内脏器官。当地村民对神像"人化"的理解，主要以神像外形及其四肢关节能如人一样弯曲来判断，他们说现在的神像不如过去的神像，原因是现在的神像四肢关节弯曲不太灵活。林玮嫔通过对中国台湾神像的观察发现，神像的底部被人们挖出了一个洞，据信神像的材质能够治病。汪公神像同样具有这个效果，村民说如果小孩生病，就从汪公神像脚底挖一点木屑，然后泡水喝就能治愈小孩的病。

汪公的物质性除了神像及其服装以外，尚有其他的物质性表现。据说清末民初发生过一次所谓的"十八场风波"。"抬汪公"仪式是屯堡地区较为普遍的重要文化活动。早年，鲍屯与邻村鸡场屯（现名吉昌）、狗场屯在每年的正月十八日轮流抬一个汪公塑像。现坐落于马场的老猪场（又称为"十八场"）过去是三村的共有产业，也是三村公祭汪公的场所。后因发生矛盾，导致三村集体斗殴，继而抢夺宗教财产。鲍屯抢得汪公像，鸡场屯抢得旗锣轿伞，狗场屯则抢得大铁炮。从此，三村在宗教活动上的联盟正式决裂。目前，"抬汪公"仪式的时间分别为狗场屯正月十六日，鲍屯正月十七日，鸡场屯正月十八日。① 汪公像、旗锣轿伞和大铁炮是"抬汪公"仪式的主要仪式物品，也是汪公物质性的三种表现。在某种程度上说，三村的仪式联盟和分裂就是这三件仪式物品的联盟和分裂。当然在三件物品中，汪公像处于中心地位，其他两件则处于次属地位，其中包含了等级序列的属性。

从传统宇宙观来看，鲍屯无疑也是"中心—四方"的空间结构，即历史以来以汪公为中心，四方散布着各种类型的土地庙。据老人回忆，历史上村庄周围的土地庙有位于东北挑水河的土地庙、西北回龙关的把关土地庙、东面青龙寺的把关土地庙、西面小山的把关土地庙、村口的寨门土地庙以及中部偏西竹子园的秧苗土地庙。目前重建的土地庙仅有位于村子西北回龙关的把关土地庙。从土地庙的分布来看，除了保护秧苗的土地庙外，其余土地庙皆建在关隘之处，目的是象征性地抵抗外来的有害力量，保卫村庄的安宁。从目前重建的回龙关把关土地庙来看，庙的规模不大，且无庙门，土地公和土地婆的塑像也很小，被安置在一个神龛的内部，但从外面能看见。他们同样穿着古装，土地公手握笏板，显然是一个官僚的形象。在土地公和土地婆两边的墙壁上分别绘了龙和凤，龙凤是皇帝和皇后的象征，其他官员禁止使用。土地公和土地婆在神灵—官僚等级体系中是最基层的神灵—官僚，照理不应该以龙凤作为他们的符号。通常的解释认为，他们是最高神灵—官僚的基层代理人和化身，故以龙凤象征之。鲍屯目前主要的神灵皆有物质性的神像，汪公和土地公莫不如此。

林玮嫔在讨论中国台湾民间宗教的物质性时，主要以神

---

① 石峰：《无纠纷之水利社会》，《思想战线》2013年第1期。

像作为重点，但以较小的篇幅提及了祖先牌位。[1]显然，祖先牌位在汉人地区具有普遍性，鲍屯也不例外，因为历史上鲍屯的大姓鲍氏宗族建有自己的祠堂，通常祠堂供奉的就是祖先牌位。但后来由于历史原因，鲍氏祠堂被拆除，且无重建，故而目前不存在祖先牌位。目前鲍氏祭祖的形式主要是墓祭，因而祖坟尤为重要。作为坟墓的组成部分，墓碑更能作为祖先物质性的象征，因为只有墓碑才能够识别祖先的身份。如果仅有坟堆而无墓碑，则这个坟墓毫无意义。历史上鲍氏族人曾被祖坟缺失墓碑所困扰。鲍氏第六次所修之《鲍氏宗谱》详细记载了1852年族人扶箕问祖之事。在鲍屯后山鲍氏祖坟地安葬了历代祖先之墓，但仅有始祖立有墓碑，其他祖坟不知何故缺失了墓碑。于是在壬子年八月初一日族人商议求仙卜问。通过神媒至祠扶乩代请，历经曲折，最后确认了各个坟墓的祖先身份。如目前所能见到的四房六世祖鲍承宗之墓，墓碑上部碑文为"四房六世"，中间碑文为"鲍公承宗之墓"，右边碑文为"公元二〇〇九年清明佳节重立，原碑立于咸丰二年清明节"。壬子年跟这次事件接近的公历年份大体有1852年、1912年和1972年。其中以前两个年份最为接近。根据六世祖鲍承宗碑文所记，咸丰二年即为1852年，两相比对，1852年最为合理。在今日乃至历史上之鲍屯，作为祖先的物质性表现，墓碑比牌位更为重要。这也是与林玮嫔的个案有所区别之处。

在鲍屯，祖先的物质性还有另一种独特的表现。屯堡妇女服饰至今保持着传统样式，其关键部件是"丝头腰带"。据说早年编织腰带的技艺在贵州已失传，于是十一世祖鲍大

---

[1] Lin Wei-Ping, *Materializing Magic Power：Chinese Popular Religion in Villages and Cities*, Boston：Harvard University Asia Center, 2015, pp. 33 – 34.

千前往祖籍地安徽歙县学艺，归来后将编织技艺传给了除了女儿之外的全体村民。关于他前往故里学艺的故事有两个版本，一是民间较为简单的口述版，二是地方文人编写的较为详细的文字版。特别是在文字版中，详细叙述了鲍大千曲折的学艺经历，同时也表达了鲍氏族人的多重身份认同。由于鲍大千将编织技艺惠及了不分姓氏的全体村民，因而他死后村民将之作为祖先加以祭拜。人类学一般将这种现象名之为"异姓祖先崇拜"。其成立的逻辑是被崇拜者必须有财产传给崇拜者。鲍大千虽然传授的是编织技艺，但腰带可以转换为商品进行出售，因而鲍大千间接传下的是财产。在每年清明节鲍氏族人祭祖期间，前一周祭拜的是"带子老祖"鲍大千，清明当天全体族人祭拜始祖鲍福宝，第二天按房祭祖，第三天按支祭祖，第四天以后则按小家祭祖。鲍大千墓位于离鲍屯1.2千米处的大西桥镇的一个小墓园。鲍大千墓碑文载："清乾隆五年庚申（1740）仲春月吉日立"，碑上的对联为："腰带学识万里艺，屯堡服饰千古传"。每年清明节前一周对鲍大千的墓祭参与者主要是村里丝头腰带的编织者，不同性别和姓氏皆可参与。组织方式仿祭祀始祖鲍福宝的模式，因为人数相对较少，所以规模也没有那么庞大。一般七至八人作为组织者，负责收钱和卖餐票，祭祀者去到坟墓后，先集体磕头，然后念咒语：不教外人，如教就"绝子灭孙"，祭文念毕，最后祭祀者与祖先共餐"一锅香"。鲍大千具有双重祖先的身份，一是作为鲍氏族人的十一世祖，二是作为全村的"带子老祖"。两个传说都同时表达了他的这两个身份。《鲍氏族谱》的系谱记录和清明节的墓祭反映了他是鲍氏族人的十一世祖。而作为全村的"带子老祖"，则主要体现在清明节受到全村丝头腰带编织者的祭祀。鲍大千从"一家之祖"上升为"一村之祖"，其连接机制当然是丝头腰带这个物件。① 换言之，作为祖先的鲍大千，其物质性表现除了坟墓外，丝头腰带也是其重要且独特的物化形式。

与林玮嫔的个案相较，鲍屯民间宗教领域的物质性具有自己独特的表达方式。其独特性表现在：1. 神灵的物化形式除了神像之外，本章特别强调了神像的服装这种物质。神灵的服装除了是神灵身份的标识之外，"换袍"仪式也是更新其灵力的方式，这与中国台湾及其他地方前往祖庙更新灵力的方式大异其趣；2. 林玮嫔对祖先崇拜仅仅一笔带过，本章较为详细地讨论了这个问题，其中牌位作为祖先的物质性表达在今日之鲍屯并不重要，重要的是墓碑，因为墓碑作为坟墓的组成部分表明了祖先的身份。而在"异姓祖先崇拜"中，却是具有地方特色的丝头腰带被用来作为祖先最独特的物质性表达方式。不过从总体来看，在鲍屯的民间宗教领域，还有不能物化的信仰对象，下面我们转向对于此问题的讨论。

（二）虚空性

大贯惠美子在对"零"能指进行跨文化比较时指出，日本"零"能指的生成受到中国道家思想的影响。② 这个判断暗示中国文化中也存在"零"能指的现象。在鲍屯，信仰对象的虚空性最明显的无疑是每家堂屋所张贴的"天地君亲师"中的"天"。"天"没有任何物质作为其表征，纯粹是一个无形的存在。尽管是一个虚空的存在，但村民们将其作为当然的祭拜对象。堂屋作为家屋的祭祀中心，其空间结构

---

① 石峰：《物、祖先及其社会意蕴：一个边汉社会的民族志》，《思想战线》2019 年第 1 期。

② Emiko Ohnuki-Tierney, "The Power of Absence: Zero Signifiers and Their Transsgressions", *L'Homme* 130, avr. – juin 1994, XXXIV（2），pp. 59 – 76.

全国基本同一。竖写的"天地君亲师"通常贴或挂在墙壁正中心,其中一边挂着已故近亲的遗像,代表其中的"亲";另一边则贴着象征国家的各种宣传画;前面是一张供桌,上面摆放的是祭祀物品;供桌下方摆放的是象征大地的土地公和土地婆塑像。

在古代,祭天当然是皇帝独有的权力。但到了明代,民间祭天已是一种常见的现象,而且"明人眼中的'天'是唯一的、独特的,代表抽象的至上权威,由此演变为具有象征意义的神圣符号,凌驾于一切自然与人世之上"[①]。余英时通过考证也得出了民间祭天起于明代的结论。他说,民间在厅堂供奉"天地君亲师"红纸至少在明末已流行。[②]

鲍屯村民对"天"的祭祀一般在自家的堂屋里进行,所以提供的祭品与祭祀其他神灵和祖先的祭品没有太大的区别。民间祭天的地点除了自家的堂屋外,就是规模较大的庙宇了。鲍屯的庙宇仅有汪公庙,笔者在田野调查中没有发现村民在此庙祭天的行为。不过在黔中其他地方则有所发现,而且祭天的祭品,特别是香与普通的香有所不同。在黔中青岩镇的民间宗教中,作为祭品的香主要有盘香、高香、中香和小香。其中,盘香一般在大庙使用。与李亦园在中国台湾的观察一样,在青岩镇,盘香主要用于民间的祭天。2006 年春节期间,笔者在青岩镇目前最大的庙宇迎祥寺见到一次较有规模的进献盘香仪式。在该寺观音殿和外面的走廊里挂满了大小两种盘香。庙里的人讲,大盘香要烧一个月,小盘香至少也要烧十五天。不能断香火,主人时刻都要打电话来询问。在香上挂有一小牌,上

---

① 李媛:《明代国家祭祀体系中的"天":一种政治文化视角的分析》,《古代文明》2010 年第 2 期。
② [美] 余英时:《现代儒学论》,上海人民出版社 2010 年版,第 131—135 页。

写主人的地址和姓名。民众十分看重向"天"进献的盘香。[①]堂屋由于空间的限制,不能安放庞大的盘香。李亦园在中国台湾发现,民间祭祀天公、神灵、祖先和鬼的祭品有等级上的差异。通常祭祀天公和神灵的纸钱为金纸,祭祀祖先和鬼的纸钱为银纸;祭祀天公的牺牲(一般为猪)为完整的生的;祭祀神灵的牺牲是大块半生的;祭祀祖先和鬼的牺牲为小块煮熟的;祭祀天公的香火是盘香;祭祀神灵的香火是三枝;祭祀祖先和鬼的分别是二枝和一枝。[②] 鲍屯乃至黔中民间祭天仪式没有李亦园记录得这么复杂,只有向天敬献盘香是两地的共同文化特征。无论如何,"天"在中国民间信仰体系中无疑处于最高的权威地位,且是一个无形的存在。

对于"天"或"天道"在本体论意义上的虚空性,儒道两家皆有论述。老子《道德经》多处运用不同的表述方式反复论及此问题。如"道,可道也,非恒道也。名,可名也,非恒名也。无,名天地之始;有,名万物之母。故,常无,欲以观其妙;常有,欲以观其徼"[③];"道冲,而用之或不盈。渊兮,似万物之宗"[④];"绳绳兮不可名,复归于物。是谓无状之状,无物之象,是谓惚恍。迎之不见其首,随之不见其后"[⑤];"天下万物生于有,有生于无"[⑥];"道隐无名。

[①] 参见石峰《香的阶序性:今日民间宗教的实地观察》,载《中国俗文化研究》第5辑,巴蜀书社2008年版。
[②] 李亦园:《人类的视野》,上海文艺出版社1996年版,第292页。
[③] (三国)王弼注:《老子道德经注校释》上篇,楼宇烈校释,中华书局2008年版,第1页。
[④] (三国)王弼注:《老子道德经注校释》上篇,楼宇烈校释,中华书局2008年版,第10页。
[⑤] (三国)王弼注:《老子道德经注校释》上篇,楼宇烈校释,中华书局2008年版,第31—32页。
[⑥] (三国)王弼注:《老子道德经注校释》上篇,楼宇烈校释,中华书局2008年版,第110页。

夫唯道，善贷且成"①，等等。老子《道德经》喜欢以海、水、谷、一等来比喻道，它们的共同特点就是"空无"。庄子对道的虚空性同样有不同表述，如《庄子·大宗师》："芒然彷徨乎尘垢之外，逍遥乎无为之业"②，《庄子·应帝王》："乘夫莽眇之鸟，以出六极之外，而游无何有之乡，以处圹琅之野"③ 等，都是以"无"作为最基本的特征。道在知觉情感上的虚空性，被《太上老君说常清静经》进一步阐述为"大道无形，生育天地；大道无情，运行日月；大道无名，长养万物"④。陈鼓应认为，道是一种真实的存在，但又无确切形体，无法触知。道教经籍之一的《道德真经指归》（卷八）同样指出："万物之生也，皆元于虚，始于无"⑤"故虚之虚者，生虚虚者，无之无者，生无无者。无者，生有形者。故诸有形之徒，皆属于物类。物有所宗，类有所祖，天地物之大者，人次之矣。夫天地人之生也，形因于气，气固于和，和因于神明，神明因于道德，道德因于自然，万物以存。"⑥ 总之，道家对道的虚空性的认识正如冯友兰所言："道即天地万物所以生之总原理……道非事物，故可称之为'无'。"⑦

---

① （三国）王弼注：《老子道德经注校释》上篇，楼宇烈校释，中华书局2008年版，第113页。
② 陈鼓应注释：《庄子今注今释》内篇，中华书局1983年版，第193页。
③ 陈鼓应注释：《庄子今注今释》内篇，中华书局1983年版，第215页。
④ （唐）杜光庭，（唐）吕纯阳等注：《清静经集释》，中央编译出版社2015年版，第1页。
⑤ （东汉）严遵：《老子指归》卷之二《道生一篇》，王德有点校，中华书局1994年版，第18页。
⑥ （东汉）严遵：《老子指归》卷之二《道生一篇》，王德有点校，中华书局1994年版，第17页。
⑦ 冯友兰：《中国哲学史》（上），生活·读书·新知三联书店2008年版，第119页。

儒家群经之首《周易》所提及的太极以及后来学者的诠释集中反映了儒家对"天"的虚空性的认识。通常认为，太极概念的产生是儒道合流的结果。但太极的内涵究竟是什么，历来有不同的看法和理解。现代学者大多倾向于认为《易传》中的"太极"即为阴阳不分的混沌"元气"，这个观点也被古代为数众多的易学家所认同。① 在儒家经典中，"元"一词则至关重要，含义众多，有"首""长""大""天""君""始""微""本""善""吉"诸义。② "元"宇宙观意义上的概念始出自儒家。有学者认为，从"元"之"首""长""大""天"诸义出发，它与"天"关系密切。③ 在这里，"元"和"天"犹如道家所理解的具有虚空性的"道"。犹如冯友兰所言："有一点是明确的，在董仲舒的体系中，'元'不可能是一种物质性的实体。即使把'元'解释成'元气'，而这个'元气'也一定是具有意识和道德性质的东西。"④ 冯友兰偏向于认为"元"是一种精神性存在，或是神格化的"天"，或是"天道"。而"天道"在董仲舒看来就是无形之"一"，他这样说道："天之常道，相反之物也，不得两起，故谓之一；一而不二者，天之行也。阴与阳，相反之物也，故或出或入，或右或左，春俱南，秋俱北，夏交于前，冬交于后，并行而不同路，交会而各代理，此其文与天之道，有一出一入，一休一伏，其度一也，然而

---

① 程强：《"太极"概念内涵的流衍变化》，博士学位论文，上海师范大学，2012年。
② 程强：《"太极"概念内涵的流衍变化》，博士学位论文，上海师范大学，2012年。
③ 程强：《"太极"概念内涵的流衍变化》，博士学位论文，上海师范大学，2012年。
④ 冯友兰：《中国哲学史新编》（中），人民出版社1998年版，第75页。

不同意。"① 董仲舒和道家都用"一"来比喻"天"和"道"。对此，周桂钿评论道："董仲舒用之作为宇宙本原的'元'就是开始的意思，它只是纯时间的概念，不包含任何物质性的内容，似乎也不包括人的意识，只是纯粹的概念……因此，董仲舒的宇宙本原论，可以称为'元一元论'。"② 换而言之，对于儒家对"天"的认识逻辑可作这样的总结：太极等于元气，元气等于虚空，元气也等于天，因此，天等于太极也等于虚空。

"天"和"道"的虚空性赋予了它们强大的创造力，即万物皆生于"无"。这种创造力使之在中国文化的价值系统中位于最高地位，并被视为万物的主宰。在宇宙观层面，也是诸神之首。在神权政治时代，政治首领被赋予了神性，即将自己视为天之子，其政治合法性也来自至高无上的"天道"。政治首领的权威性或权力的展示常常通过现象学意义上的虚空性表示出来。基于这个原理，我们可以对历史和当代的一些政治和社会现象进行重新解读。试举二例：

案例一：武则天的无字碑

陕西乾县西北五华里梁山上唐高宗李治和武则天合葬的乾陵，有一座形体高大的无字碑，高7.53米、宽1.86米、厚1.3米，螭首方座，两侧刻有云龙纹，底座刻狮马纹，线条流畅，雕工精美，是一件极其珍贵的盛唐时期石刻。③ 此碑原来未刻一字，学界通常认为此碑为武则天自己所立。如何解释武则天为自己立一无字碑？根据王翰章的梳理，主要有以下几种说法：1. 大多数人根据史书记载，说是"于阗

---

① （西汉）董仲舒：《春秋繁露》第十二卷《天道无二》，上海古籍出版社1989年版，第72页。
② 周桂钿：《董学探微》，北京师范大学出版社1989年版，第38页。
③ 张永祥：《乾陵无字碑》，《文博》1988年第1期。

国所进",不刻文字取自《论语·泰伯篇》:"民无得而称焉"的意思。言皇帝至尊,德高功大,非一般人用文字所能写尽的。事实上谁也不敢写,所以,以无字碑表示之;2.武则天为自己立无字碑。目的是是非功过让后人评说;3.认为此碑是武则天给自己立的"功德碑",它并非无字,而是"唐中宗弃文不刻";4.认为"无字碑"与"述圣记"不是碑,而是按照唐长安城的建制,无字碑乃是内城的宗庙,述圣记则是内城的社稷,即右社、左祖;5.认为无字碑是陵墓装饰之物。① 以上诸种解释皆有一定的道理,但并没有看到问题的实质。本章结合前人的相关研究,运用神圣权威的虚空性原理对之作出别样的解释。

上元元年(674)武则天进号"天后",不久又与唐高宗并称"二圣"。天授元年(690)废睿宗李旦,自称"圣神皇帝",改国号为周,建元天授。神龙元年(705)中宗复位,又上武氏尊号为"则天大圣皇帝",是年冬武则天病死,遗制说:"去帝号,称则天大圣皇后",② 死后谥为则天顺圣皇后。"则天"意为以天为则。林集友因此认为,这块无字碑是向人们暗示:武则天的丰功盛德同唐尧一样"荡荡乎,民无能名焉!"另外,从她的名曌(照)来看,曌意指日月凌空,普照大地。③ 魏明孔认为,无字碑即象征着曌。显然,武则天将自己等同于至高无上的"天"了。④ 林集友与魏明孔虽然都将无字碑和"天"联系起来,但他们并没有进一步追问,为什么"天"一定会导致无字之碑。本章在此基础上

---

① 王翰章:《关于乾陵无字碑等问题的商榷》,《文博》2001年第2期。
② (五代)刘昫等:《旧唐书》卷六《则天皇后本纪》,中华书局1975年版,第132页。
③ 林集友:《武则天陵前的无字碑试析》,《四川文物》1997年第2期。
④ 魏明孔:《无字碑何以无字》,《丝绸之路》1994年第4期。

作更进一步的延伸，认为空白的无字碑正是"天"的虚空性的具体体现，武则天以碑的虚空性来表达"天"的虚空性，正是这种虚空性展示了她无上的政治权威。

案例二：中国汽车玻璃贴膜

人类学家翁乃群在北京发现了一个在中国人看来似乎很平常之事，即小轿车和面包车的两侧和后玻璃窗贴上了深色的膜。在许多大街小巷还可以看到门口摆有或挂有"贴膜"招揽牌子的汽车装修小店铺。他通过进一步的调查和自己的生活经历发现，德国、法国、英国、意大利、日本、新加坡、澳大利亚、巴西等国汽车玻璃都无贴膜的习惯，因而认定，这是中国独有的一种现象。为何中国轿车的玻璃会贴膜呢？翁乃群认为，这并非实用的考虑，而是中国古已有之并流传至今的一种文化。①

中国的小汽车又名小轿车，显然这是对古代交通工具轿子的延伸。古代达官贵人乘坐的轿子通常三面或四面皆挂有帘子，整个轿子形成了一个封闭空间。民国时期，政府官员和大资本家的小轿车车窗上都挂有窗帘。同样，新中国成立后，国家高级领导人所乘的小轿车也挂有窗帘。"于是不论解放前或解放后窗上挂帘子的小轿车和古时的官轿子一样都具有权力和威严的象征"②；"正是由于上述挂帘子所表现的象征意义，使人们通常会对有帘子的小轿车有意识或无意识地产生一种敬畏和神秘的感觉"③。改革开放后，由于小轿车的普及，加上对高等级文化的模仿，以凸显自己的身份地位，于是众多普通人的小轿车也纷纷挂上了窗帘。贴膜技术出现之后，传统的窗帘被贴膜所取代，但象征意义并无改

---

① 翁乃群：《在汽车玻璃贴膜背后》，《读书》1999年第10期。
② 翁乃群：《在汽车玻璃贴膜背后》，《读书》1999年第10期。
③ 翁乃群：《在汽车玻璃贴膜背后》，《读书》1999年第10期。

变。翁乃群从这一日常现象中洞察到了背后深刻的文化意涵，无疑具有极大的启发意义。但他并未深究其中最底色的文化逻辑。显然，这里仍有进一步阐释的空间。那就是封闭的官轿和封闭的轿车使乘坐之人不能外化，对外面的人而言，既不能视之也不能闻之，乘坐之人实际上便成了一个虚空的存在，而虚空性正是最高权威和权力的展示机制。翁乃群的例子，让我们联想到大贯惠美子所描写的封闭在銮舆中的日本天皇，两者共享一套文化逻辑。

四　小结

　　本章以林玮嫔的物质性研究和大贯惠美子的虚空性研究作为并置而非分离的视角，对笔者的田野经验进行了完整的观察，在此基础上，作了适当的延伸性讨论。笔者通过观察发现，民间宗教中能被物质化的祭拜对象在信仰等级体系中通常都处于较低的地位，这也意味着它们与村民们的生活最为接近，情感上与村民们最为亲近，地方色彩最为强烈。反之，不能物质化的祭拜对象在信仰等级体系中通常都处于较高的地位，具有超越性和包容性，犹如一种无形的超越地方的力量弥漫在广阔的天空，与村民们的日常生活相对较为遥远，但其神圣力量远远大于那些能被物质化的祭拜对象。

　　尽管本章将两种研究取向同时作为观察的视角，但有一个值得反思的问题，即当今人类学界对物质性的热烈讨论遮蔽了颇为重要的虚空性研究。遍观中外学界，对于物质性研究的文献汗牛充栋，文献数量和研究成果极其可观。其实物质性和虚空性是不可分离的一体两面，两者相互界定，相互衬托，犹如《道德经》所言："三十辐共一毂，当其无，有车之用。埏埴以为器，当其无，有器之用。凿户牖以为室，当其无,有室之用。故有之以为利,无之以为用。"① 车轮、器皿和房屋正因其内含的虚空性才成为有用之物。大贯惠美子在讨论日本"零"能指时作了广泛的跨文化比较,发现许多社会皆有"零"能指的存在。如,莫斯讨论的"玛纳"(mana),列维-斯特劳斯将之解释为一个空洞的漂浮的能指。道家的"道"也是一个强有力的"零"能指。在犹太教中,圣物的历史就是一部"缺失"(absence)的历史。在许多犹太教圣地,矗立着巨大的空白的石头。更重要的是,禁止说耶和华这个音。总之,上帝是一个在言语、空间和时间上缺失的存在。在阿伊努人中,禁止说出两个最强大的海神和德高望重的老人的名字,禁止雕刻他们的最高神熊的神像,等等。②

人类学对虚空性的研究虽然尚未得到足够的重视,但已逐渐引起学界的关注。在一部名为《缺失的人类学》(An Anthropology of Absence)论文集中,学者们广泛讨论了不同文化中的虚空现象,其中涉及宗教领域以及其他日常生活领域中的虚空性。文集的主旨是探讨物质性的缺失如何强烈地影响着人们对物质世界的体验。文集认为,呈现与缺失的关系相当复杂,并非是两个词义相反的范畴这么简单。因此,需要探讨缺失如何以特别的方式对人们的社交、情感和物质生活产生重要的影响。故此,文集从以下几个大的方面对日常生活中的虚空性进行了有益的讨论:(1)体现缺失;(2)缺失的暂时性;(3)物化记忆;(4)模糊的物质性。文集认为,人们与世界的互动,不仅仅在于演绎出人、地和

---

① (三国)王弼注:《老子道德经注校释》上篇,楼宇烈校释,中华书局2008年版,第26—27页。

② Emiko Ohnuki-Tierney, "The Power of Absence: Zero Signifiers and Their Transsgressions", L'Homme 130, avr. - juin 1994, XXXIV (2), pp. 59-76.

物的意义或其表征之中，而且还在于物质的缺失之中。缺失或非物质现象在人们的情感和经验方面非常之重要。① 总之，该文集对虚空性的深入讨论，让我们对物质性和虚空性的认识有了更深刻的理解。首先对物质性研究发出了强有力的挑战，也即物质性并不能完整理解我们的生活世界，因为许多生活意义是通过虚空性来表达的。其次，物质性和虚空性在日常生活中并不能完全分离，两者相互缠绕，对其研究不可偏废。最后，虽然两者同等重要，但在物质性研究已相当成熟的情形之下，作为薄弱环节的虚空性研究无疑是今后值得特别关注的一个重要方向。

另外，法国哲学家巴塔耶在论述宗教献祭时，也讨论了实物化为虚无的"耗费"问题。② 在他看来，献祭纯粹就是耗费。巴塔耶研究专家汪民安认为："献祭将产品无目的地破坏掉，动物或谷物作为祭品，丧失了它的有用性。这样，献祭同功利性世俗世界的占有和获得法则刚好相对，它成为放弃、缺失、纯粹的耗费、无保留地掏空。"③ 献祭中的物质性祭品，其存在的意义即为"放弃""缺失""耗费"和

---

① Mikkel Bille，"Frida Hastrup and Tim FlohrSφrensen"，In *An Anthropology of Absence*: *Materializations of Transcendence and Loss*，New York: Springer Science + Business Media, LLC, 2010.

② 杨美惠曾经运用巴塔耶的理论分析温州的"礼仪经济"。她认为，经济学家在讨论"温州模式"时，没有注意到温州的礼仪经济的复兴和扩张，如神灵崇拜、修建庙宇、生命周期家庭仪式、传统农历节日、社区宗教游行活动、佛教道教仪式、基督教教会、祖先祭奠、由宗教激发的为社区项目和慈善事业筹款活动、占卜和风水等。她进而认为，这些仪式花费在抗衡温州经济造成的个人财富积累，促进财富再分配和社区建设上起到了至关重要的作用。而且，温州的仪式经济体现了巴塔耶所谓的追求"自主存在"的自由和权利，也就是通过直接接近神圣的世界，来超越人世的羁绊。见杨美惠《"温州模式"中的礼仪经济》，《学海》2009年第3期。

③ 汪民安：《巴塔耶的神圣世界》，载《色情、耗费与普遍经济：巴塔耶文选》，吉林人民出版社2003年版，第17页。

"掏空"。祭品的宗教意义和神圣价值就在于它们被虚无化。原因就是巴塔耶"将献祭解释为对世俗的物化世界的否定"。① 世俗世界是以物品的功能性得以界定自身。而在超越的神圣世界，必须将物品的功能性进行否定，而否定的途径便是将之毁灭。在巴塔耶看来，物品在世俗世界的功能性，不是物品应有的属性和状态，而是一种"异化"。因此，通过耗费和毁灭的方式否定其功能性，正是为了让物品回归其正常的状态，而这个正常状态的实现只能在神圣世界才能完成。下一章，我们将讨论鲍氏族人祭祖时奉献的祭品。

---

① 汪民安：《巴塔耶的神圣世界》，载《色情、耗费与普遍经济：巴塔耶文选》，吉林人民出版社2003年版，第17页。

第八章 祭品的"经权"逻辑

向神或祖先敬献祭品是人类社会一个普遍的文化现象，故而献祭（sacrifice）成为人类学宗教仪式研究的经典论题。在一部关于献祭的比较研究文集中，编者凯瑟琳·麦克林蒙德（Kathryn McClymond）梳理出了六个较有影响的理论模式：（一）作为戏剧化神话的献祭。献祭经常被理解为各种创世神话的重现，其把每一个个体的牺牲行为与原初的行为联系起来，使人类在一般或特定的群体中形成；（二）作为交换的献祭。献祭被定性为物质上的交换，其把人与人、社区与社区或仪式参与者与神联系在一起；（三）作为美食的祭品。指人与人、人与神之间共享仪式性祭品，特别是被屠宰的动物，通过这种"共餐"行为，强化了社区团结；（四）结构主义取向。关注仪式行为要素之间的对立关系，而非在无数的行为中寻找意义；（五）女权主义取向。传统观点认为在献祭中，男性起着支配作用，但女权主义者认为其也是女性角色形成和发挥作用的关键舞台；（六）作为暴力的献祭。献祭通常与死亡、暴力和流血联系在一起，故而形成了"神圣性暴力"。[①]

[①] Kathryn McClymond, "Introduction", in Kathryn McClymonded., *Beyond Sacred Violence: A Comparative Study of Sacrifice*, Baltimore: The Johns Hopkins University Press, 2008.

汉人的献祭同样受到人类学家的关注。汉人的祭品主要包括"香蜡纸烛和食物",其中"香蜡纸烛"被认为是将世俗时空转换为神圣时空的物品。香的结构性对立更是关注的焦点。武雅士根据实地观察得出了一个广为人知的结论:"神与鬼和祖先对立;鬼与神和祖先对立;祖先与神和鬼对立。例如,献给神的食物祭品是生的(或整的)。献给鬼和祖先的食物祭品是熟的;对鬼的祭拜在家和庙的外面,神和祖先在里面;给祖先进香是偶数,鬼和神是奇数。"[①] 中国台湾人类学家李亦园也得出了相似的结论。他在讨论"祭品的逻辑"时指出:献给"天"的是"盘香","神明"为"三枝";"祖先"为"二枝","小鬼"为"一枝"。[②] 但笔者在黔中乡村地区进行调研时,并没发现香的数量在结构上的对立,而香的阶序性,即大香、中香和小香的区别却异常突出。[③]

在人类学家看来,汉人的食物祭品与香共享着同样的结构主义逻辑,如武雅士认为"献给神的食物祭品是生的(或整的)。献给鬼和祖先的食物祭品是熟的"。不过,笔者在黔中乡村的另一个田野点则发现了食物祭品的非结构主义逻辑,即在献祭实践中,因外部原因的制约和限制,食物祭品不能满足正统的礼仪规定,仪式参与者只能通过替代物品或象征性的转换以达到仪式的目的。这样的仪式行为并没有造成仪式的失败或公众的非议。本章拟援引本土儒家的"经

---

① Arthur P. Wolf., "Gods, Ghosts, and Ancestors", in Arthur P. Wolf, ed., *Studies in Chinese Society*, Palo Alto: Stanford University Press, 1978.
② 李亦园:《人类的视野》,上海文艺出版社1996年版,第290页。
③ 石峰:《香的阶序性:今日民间仪式的实地观察》,载《中国俗文化研究》(第五辑),成都:巴蜀书社2008年版。

权"思想对此文化现象进行解释,① 在此基础上,再扩展讨论社会科学中"实践"与"意识模型"的相关问题。

---

① 在中国社会科学本土化的呼声中,许多人类学家尝试运用本土概念来解释中国社会,如"关系""人情""面子"等。近来,也有人挖掘"江湖"概念的本土意涵,试图用其替代西方的"社会"概念。对"江湖"的理解因人而异。我曾经写道:有人认为,society 译为"江湖"也许更恰当。所言极是。在中国人看来,"江湖"位于家和官府之间的中间地带。其大体有以下两个基本特征,一是流动性。为什么把这个中间地带命名为"江湖"?因为这两个字跟水有关,而水的基本属性就是流动性。流动性是与固定性相对而言的。固定性体现在哪里?家以及家的延伸体。这是中国定居农业文化所界定出的空间。也即是说,从事农业生产之人居住在固定的空间,而在所谓的"江湖",则是非农职业之人的活动空间。古代官府是农人的代表,虽是管理者,但其根本上还是农人。所以官府也是一个固定空间。今天的中国人还认为,为政府服务的工作是铁饭碗。东方农业国家大体具有相似的文化,如日本把类似中国的"江湖"称为"浮世",意为浮动的世界,并产生了日本特有的绘画风格"浮世绘"。"江湖"世界也是一个男人的世界,故描写男人世界的《水浒传》,就发生在"水边"。女人在其中微不足道,即使仅有的几个女人也男性化了,如母夜叉孙二娘等。女人的世界在家里,故描写女人世界的《红楼梦》,就发生在"楼"里,男人在其中微不足道,贾宝玉虽是主角,但已女性化了,这也符合中国"男在外,女在内"的文化模式。二是危险性。农业文化认为,从事非农职业是不务正业。农业在价值上具有优等和中心地位。反之,其他职业则处于边缘。"江湖"的危险性来自它的流动性和边缘性。官府视"江湖"为"乱"的根源,对其监控是官府的主要职责。家也认定"江湖"是个是非之地。今天,家长仍然教育孩子"不要和陌生人说话"。这个危险性主要体现为"武"的文化。儒家是瞧不起"武"的,"文"才是最高价值。所以《水浒传》描写的是一群武汉子。符合文化规范的中国人是不会文身的,只有江湖中人才这样做。金庸的武打小说只会发生在江湖。人类学对中国"江湖"世界的研究是个弱项,可喜的是已引起学者的注意。这就是 A. Boretz 的 *Gods, Ghosts, and Gangsters: Ritual Violence, Martial Arts, and Masculinity on the Margins of Chinese Society* (2011)。此书描写了台湾台东和大陆西南边缘地区的一群边缘人群。其中一章专门讨论了"江湖"世界。但在笔者看来,此书具有开创之功,有的关键问题仍需深化。另外,张静红(Jinghong Zhang)的 *Puer Tea: Ancient Caravans and Urban Chic* (2014)也论及了"江湖"的社会意义。普洱茶在市场和消费过程中,鱼龙混杂,真假难辨。作者的出发点是探讨普洱茶的"真实性",结果她认为"真实性"并不重要。重要的是如何理解关于普洱茶的"多重声音"。为了解释这些声音,她引入了"江湖"概念。也即是说,在中国的江湖世界,必然会导致多重声音的出现。正如她在结论中的一句话:在"江湖"这个竞技场,众多行动者在不同语境下相互争论,互动和解决问题。在这个场域,普洱茶的"真实性"不可能被标准化。

一　献给祖先的猪：白转黑

屯堡乡村以仪式众多而闻名，鲍屯也不例外。就目前而言，鲍屯的仪式主要分为两大系统，一是以宗族/家族为中心的祭祖活动，二是以全村为中心的祭祀地方神灵的各种"会口"。其中祭祖活动以主导姓氏鲍氏宗族最为隆重，本章正是将其作为讨论的对象。

鲍氏祖坟地位于村庄北面的一个小山坡上，现在滇黔铁路将这块组坟地和村庄一分为二。历史上村庄从北至南的中轴线上依次修建了鲍氏祖坟、汪公殿、关圣殿和鲍氏祠堂。1949年后这四个神圣之地被拆除，改革开放后仅有鲍氏祖坟和汪公殿得以重建。故目前祭祖主要以墓祭为主。每年清明节是祭祖活动最为隆重的时刻，祭祖时间一般会持续半个月左右，原因是要按照祖先的不同世系来祭祀。清明前一周祭拜的是"腰带始祖"鲍大千，清明当天全体族人祭拜入黔始祖鲍福宝，第二天按房祭祖，第三天按支祭祖，第四天以后则按小家祭祖。

鲍氏祖坟地以入黔始祖鲍福宝之墓为中心，周边杂处各代各房祖先之墓。鲍福宝墓在诸祖先之墓中最为宏大豪华，显然是近年来修缮装饰的结果。根据2018年清明节笔者在现场的观察，鲍氏族人祭祖仪式中使用的祭品，除香蜡纸烛之外，动物祭品主要有猪和鸡，祭祀完毕后猪和鸡照例屠宰做成食物供前来祭祖的族人"共餐"。此外，祭品中还有非动物的豆腐。以上这一类祭品是祭祀完毕后可食用的，即祭品可转换为人的食品。但另有一类祭品，虽然也是动物，但不可转换为人的食品，因为这些祭品并非真正的动物，而是模拟的动物。对于这类祭品留待下文探讨。

第八章 祭品的"经权"逻辑

向始祖鲍福宝敬献祭品依次进行,首先通过点燃香蜡纸烛以营造一个神圣空间和时间;其次,一头屠宰后去毛的大猪纵向置放在鲍福宝墓前,猪头朝向坟墓。在猪脖子两边分别插上两支红蜡烛,目的是将世俗之猪转换为神圣之猪,以此表示这是献给始祖的祭品。通常这头猪由族中富有之人捐献,但代表着全体族人共同向祖先的敬献,因而具有集体性;再次,前来祭祖的族人陆续到达,其中大部分族人都会带着一只公鸡献给祖先。这些鸡以家中的喜事来命名,如子孙鸡、状元鸡等等。前者表示家中新添了男丁,后者表示家中有人考上了大学。族人认为这都是祖先福佑的结果,为表达感谢,故以公鸡作为回礼。族人先抱着公鸡在祖坟前磕三个头,然后将鸡冠掐出血沾在墓碑上。这些公鸡并不放在祖坟前,而是集中放在另一个地方。公鸡祭品代表了各个家庭,因而具有个体性。最后,到了十点左右,祭祖仪式正式开始。那头大猪被撤下,换上两张桌子,然后摆上上面提及的模拟动物祭品,以及一只煮熟的整鸡、一个煮熟的猪头、一块煮熟的刀头肉和一块豆腐。接下来就是司仪唱礼,族人代表依次磕头祭拜。

在众多祭品中,本章讨论的焦点首先是那头献给祖先的猪。从跨文化比较的视野来看,以猪作为祭品是一个较为普遍的现象。中国之外的经典研究无疑是拉帕波特(Roy A. Rappaport)的《献给祖先的猪》(*Pigs for the Ancestors: Ritual in the Ecology of a New Guinea People*)。该书认为在新几内亚策姆巴加人(Tsembaga)中,杀猪祭祖仪式的调节功能主要有:调节人、猪和园艺之间的关系;调节猪的屠宰、分配和消费,强化猪在饮食结构中的价值;有袋类动物被保留;实现了群体内部土地的再分配;调节了战争频率;缓和了群体之间战争的残酷度;促进了群体之间的货物与人

脖子上插着红蜡烛的猪

际交换,等等。① 而对中国人献猪仪式的研究则以芮马丁的论文《刣猪公节》(*The Thai Ti Kong Festival*)为代表。移民至中国台湾的闽南人为了保持家乡认同,每年都要举行祭祀祖先"祖师公"的仪式。其中主要祭品便是猪。祭祀采取每"股"轮值制,其中作为祭品的猪由每"股"的家庭提前喂养。猪在汉人的观念中本是贪婪、好色和懒惰的象征,在家

---

① Roy A. Rappaport, *Pigs for the Ancestors: Ritual in the Ecology of a New Guinea People*, New Haven: Yale University Press, 1968.

养的动物中名声一直不好。但通过特别的喂养，可以使一头普通的猪转换成类似人的"猪公"（Honorable Pig），这个过程因而是猪的"人化"和神圣化过程。①

鲍屯地方文化与中国台湾闽南文化显然存在巨大差异。就目前来看，鲍屯献给祖先的猪并不是村民自己喂养的，而是从市场购买而来，因而不存在将猪"人化"的过程。鲍屯村民尽管没有特别喂养作为祭品的猪，但并没有影响猪的神圣品质。在芮马丁研究的案例中，还有一个显著的现象。除了通过特别的喂养将猪"人化"外，另一个"人化"的方式是用花、彩色绶带、灯笼将猪装饰起来。猪被屠宰后，全身的毛被刮净，只在头上留下一块黑毛斑，即猪头的一小块黑毛留着不刮。芮马丁对此装饰的解释是，村民借此将猪美化，从而使丑陋的猪转换为如同人一样美丽。鲍屯同样没有将猪作这样美化的仪式环节。如果勉强说得上是美化的仪式行为，那就是在猪脖子两边分别插上的红蜡烛。两相比较，中国台湾闽南人的献猪仪式繁复得多。尽管两地的地方文化具有如此大的差异，但也有相似之处，即都存在将猪毛刮净并在猪头上留下一块黑毛斑。中国台湾闽南人将猪神圣化（或"人化"）的方式主要有三种：一是特别的喂养，二是对猪的身体进行装饰，三是刮净猪毛并在猪头上留下一块黑毛斑。鲍屯祭祖因为仪式相对简单，因而将猪神圣化的方式只有在猪脖子两边分别插上一支红蜡烛和在猪头上留下一块黑毛斑。芮马丁在论文中花了大量笔墨详细描述和讨论了特别的喂养和对猪的身体进行装饰这两种方式，而对刮净猪毛并在猪头上留下一块黑毛斑仅仅一笔带过。因此，对她而

---

① Emily Ahern, "The Thai Ti Kong Festiva", in Emily Ahern and Hill Gates, ed., *The Anthropology of Taiwanese Society*, Palo Alto: Standford University Press, 1981.

言,第三种方式在中国台湾闽南人的献猪仪式中并不重要。相反,鲍屯献猪仪式却强调刮净猪毛、插红蜡烛并在猪头上留下一块黑毛斑的神圣意义。特别是在猪头上留下一块黑毛斑尤为重要。有趣的是,鲍屯这头猪的黑毛斑并非真正的黑毛,而是一位老人用毛笔蘸上墨汁涂上去的。老人涂毕,我问:"为什么要在猪头上涂上黑色?"老人答:"祭祖的猪一般要黑猪,但现在黑猪很难找到,现在白猪多,所以就用墨汁将其涂黑。"原来老人是通过这种方式将白猪转换为黑猪。

涂在猪脖子上的墨汁

由于在猪头上留下一块黑毛斑在中国台湾闽南人的献猪

仪式中并不重要，故而芮马丁在论文中并没有讨论猪的颜色问题。猪作为祭品可追至古代"太牢"和"少牢"的祭祀规定。太牢，即牛、羊、猪三牲齐备，次一级的少牢仅用羊、猪。无论是太牢还是少牢，猪都是必需的祭品。在汉人及部分少数民族文化中，"猪是仅次于牛的牺牲，在祭祖等重要的宗教祭祀活动中被人们广泛用于献祭"①；"猪在民间祭祀活动中用于献祭的频率远远高于牛羊二牲。至于人们用猪肉制作的祭品则更是种类繁多，仅是清代坤宁宫食肉大典中用猪肉做成的祭品就有背灯肉、背灯肉片汤、煮白肉、猪肉片、白肉片、攒盘肉等六七种。另外，满族民间比较著名的猪肉祭品还有烤小油猪、燎毛猪、白肉血肠、全猪席等等。由此可以看出猪是绝大部分农耕民族献祭神灵的最重要的牺牲之一"②。此外，猪的仪式价值还体现在猪的毛色上面。中国古代的颜色观，有"正色"与"间色"之区别。正色包括青赤黄白黑，即后来的五色；间色包括绿红碧紫骝黄。这些不同的色彩不单纯是物理学意义上的色彩，而是具有强烈的社会文化意蕴，"正色的象征通常是正面、积极、向上的；间色的象征是负面、消极、低下的"③，故而在庄严的祭祀场合，服装及祭品的色彩必须采用正统的正色。作为正色的黑色，在"金木水火土"五行中与水对应，而其对应的动物正是猪。④ 因此，作为祭品的猪必须使用黑猪，如元

---

① 瞿明安：《中国古代宗教祭祀饮食文化略论》，《中国史研究》1998年第3期。

② 瞿明安：《中国古代宗教祭祀饮食文化略论》，《中国史研究》1998年第3期。

③ 李晓华等：《中国古代的颜色文化》，《井冈山师范学院学报》2004年第6期。

④ ［美］爱伯哈德：《中国文化象征词典》，陈建宪译，湖南文艺出版社1990年版，第29页。

代祭祀时敬献的动物祭品为"马一,用色纯者;牛一,其色赤;羊,其色白;豕(猪),其色黑"①。

二 面团与泥团

2018年清明节鲍氏祭祖的前一天,鲍氏族人就开始做准备工作了。我的报道人带着我前往一位专做"素碗"的老师傅家。我们到后,他正在给这些祭品上色。"素碗"包含的祭品主要有:龟、螃蟹、青蛙、鱼、螺蛳、泥鳅和虾等水生动物。与作为祭品的黑猪相比,这些素碗祭品的颜色皆为本色,如青蛙就上绿色,没有强调特殊的颜色,而且不是真正的水生动物,是师傅用其他材料塑造而成的。

所有的祭品皆有自己的仪式名。在正式举行祭祖仪式时,仪式主持人通过唱念祭品的仪式名以敬献给祖先。猪的仪式名曰"刚鬣"、鸡曰"翰音"、鸭曰"加福"、猪心曰"灵心"、猪肚曰"意象"、龟曰"金龟"、鱼曰"鲜鱼"、肥肉曰"刀头"、素碗曰"海鲜"。显然,这些祭品的仪式名出自《礼记》。《礼记·曲礼》规定:"凡祭宗庙之礼,牛曰一元大武,豕曰刚鬣,豚曰腯肥,羊曰柔毛,鸡曰翰音,犬曰羹献,雉曰疏趾,兔曰明视,脯曰尹祭,槁鱼曰商祭,鲜鱼曰脡祭,水曰清涤,酒曰清酌,黍曰芗合,粱曰芗萁,稷曰明粢,稻曰嘉蔬,韭曰丰本,盐曰咸鹾,玉曰嘉玉,币曰量币。"《礼记》中所罗列的祭品与当代鲍屯的实践有所差异,如鲍屯有螃蟹,但《礼记》中没有,《礼记》中有兔和羊,但鲍屯却没有,等等。总体而言,当代鲍屯的祭品种类与古礼相比要简单得多。

---

① (明)宋濂等:《元史》卷七四《祭祀志》,中华书局1976年版。

"素碗"祭品

　　人类学家景军对祭品的仪式名做了开创性研究。在甘肃大川和小川两个孔氏村庄各自修建了一座孔庙,两座孔庙形成了竞争关系。大川孔庙以正统自居,而小川孔庙则被村民打造为旅游景点,因而人气远远高于大川孔庙。尽管如此,大川村民还是从文化意义上贬低小川孔庙。当一位小川村民前往大川请教相关礼仪知识时,大川的庙管写了四个词,问小川来的年轻人是否知道其意,小川村民表示不解,"他们就向他解释,这些词是用于庙宇典礼的四种献祭动物的仪式名称:'刚鬣'是指猪;'柔毛'是指羊;'翰音'是指公鸡;'明视'则是指兔"①。景军的研究指出,这些古典的礼

---

① 景军:《知识、组织与象征资本》,载杨念群主编:《空间·记忆·社会转型》,上海人民出版社 2001 年版。

仪知识被大川村民作为"象征资本",在两村的竞争中以之来获取支配地位。但在他的民族志作品中,并没有讨论祭品的材质问题。而在鲍屯,祭品的材质却是村民们的话题焦点,犹如上文讨论的猪的颜色问题。

我和我的报道人在观看师傅制作素碗时,旁边也有几位村民在观看。大家对师傅的手艺赞赏有加,并从各方面对师傅的手艺和已成型的祭品进行评论。其中一位年轻人问师傅,这些素碗祭品是用什么材质做成的,师傅答曰:"用面团。"从尚未上色的祭品来看,确实是白色的麦面团。一位老人说:"如果找不到麦面,用泥巴也可以",大家闻之笑了起来,师傅也笑而不语,显然他默认了此种说法。我问那个老人,为什么用泥巴也可以,他说:"这些供品,主要是意思意思,用什么都可以,老祖宗也不会责怪。"

与猪的仪式价值体现在毛色上不同,素碗的仪式价值主要体现在外形上。素碗的动物祭品并非真实的动物,即使是使用面团也是对真实动物的模仿。地方民众根据过去传下来的规矩,将面团作为塑造祭品的材质已形成了一种文化规则。但在特殊境况下,泥团替代面团也是在规则的许可范围内。其原因大体上是这些素碗祭品在祭祀完毕后,并没有被村民作为共享的食物,即使面团塑造的祭品也如此。而其他作为共享食物的祭品通常都不是模仿物,而是真实的动物,比如猪和鸡。因此,素碗祭品只强调外形的相似性,其材质则允许一定范围的变动。

三 经与权:反经学的经学

以上两个案例皆关涉鲍屯祭品的物质性。作为祭品的猪可以通过象征手法从白猪转换为黑猪,而素碗祭品却可以将材质完全替换，其仪式价值体现在祭品的外形上。这些仪式实践并没有完全遵守礼仪的正统规定，因应外在条件的变化而作出了变通处理。鲍屯村民这样的处理方式，也许在西方"仪式失败"理论看来一定会导致仪式的最终失败。谢菲林（E. L. Schieffelin）总结出"仪式失败"研究的两个取向，一是"程序取向"（procedure oriented），二是"结果取向"（outcome oriented）。[①] 从客位视角来看，白猪替代黑猪，泥团替代面团，无疑违背了礼仪的正统规定，即程序发生了错误，但从村民的主位视角来看，这样的替代却是可以接受的。从结果来看，这样的替代并没有影响到族人对祖先的孝敬行为，祖先也没有因此而恼怒，从而加祸于子孙，仪式参与者也没有因此产生非议。如何解释鲍屯祭祖仪式中正统规定与实践变通之间并非悖论的现象呢？本章试图以本土儒家"经权"思想来解答这个问题。

儒家"经权"思想主要是解决道德两难问题，孔孟首倡其义，后历代儒者皆有阐发。何谓"经权"？学者有说法不同但大体相似的定义，如朱熹认为："经，常也，万世不易之常道也；权，秤锤也，所以称物而知轻重者也。"[②] 冯友兰认为："董仲舒说：'反经而合乎道曰权。'道是原则性；权是灵活性。灵活性，在表面上看，似乎是违反原则性，但实质上正是与原则性相合。"[③] 蒋庆认为："经权说是主张既守经志道，又根据具体情况变通行权的学说。"[④] 杨国荣认为：

[①] Edward L. Schieffelin, "Introduction", in Ute Hüsken, ed., *When Rituals go Wrong: Mistakes, Failure, and the Dynamics of Ritual*, Leiden: Koninklijke Brill NV, 2007.

[②] （南宋）朱熹：《四书章句集注》，中华书局1983年版，第376、357页。

[③] 冯友兰：《中国哲学史新编》（第1册），人民出版社1982年版，第144页。

[④] 蒋庆：《公羊学引论》，辽宁教育出版社1997年版，第232页。

"所谓经,着重的便是义的至上性与绝对性,……所谓权,便是指道德原则在具体情景中可以作合理的变通。"① 王剑认为:"经是指儒家推崇的一切道德原则及其正常的运用,权是指在具体情境中应用道德原则时,经过综合考虑各种因素、各方条件而得出的行动或处理方案。"②

孔子首先在《论语·子罕》中提出了"经权"思想:"可与共学,未可与适道;可与适道,未可与立;可与立,未可与权。"其意为:可以和他共同学习的人,不一定可以和他一样有所成;可以和他一样有所成的人,不一定可以和他一样诸事都依礼而行;可以和他诸事都依礼而行的人,不一定可以和他一样通权达变。基于此,孔子将这样的"经权"思想扩展到了社会生活的其他方面,如在礼仪生活中,他也坚持通权达变的具体情境要求。《论语·子罕》表达了礼仪中的权变思想:"麻冕,礼也;今也纯,俭。吾从众。"按照正统的礼制规定,制作冠的材质应是麻,但当时人们从节省的角度考虑,已开始以丝来制作。对此已变化了的现象,孔子并未严守正统原则,而是采取了从众的灵活态度。从孔子发端的"经权"思想影响深远,历代儒者受其启发从各方面对其作了延伸。延伸的范围涉及道德哲学、政治哲学、价值哲学和历史哲学。③

孟子同样注意到了道德实践中权变的必要性和重要性。《孟子·尽心上》中指出:"杨子取为我,拔一毛而利天下,不为也。墨子兼爱,摩顶放踵利天下,为之。子莫执中,执

---

① 杨国荣:《儒家的经权学说及其内蕴》,《社会科学》1991年第12期。
② 王剑:《论先秦儒家解决道德两难问题的经权智慧》,《孔子研究》2013年第3期。
③ 岳天雷:《儒家"权说"研究述评——以孔孟为中心》,《哲学分析》2014年第3期。

中为近之,执中无权,犹执一也。所恶执一者,为其贼道也,举一而为百也。"孟子认为,"执一"就是拘泥于规范不知变通,"执一而无权"必然使规范趋于僵化,并使规范难以适应变化不居和具体而微的社会生活("举一废百"),进而限制了规范本身的作用("贼道")。为了进一步阐明这个道理,孟子举了一个广为人知的例子:"男女授受不亲,礼也;嫂溺援之以手者,权也"(《孟子·离娄上》)。礼的原则性规定男女之间应保持一定的距离,但在特殊情境下,这个原则性规定可以随机而变,如嫂子落水时必须伸手相助,而不能墨守成规见其溺水而亡。

经,可以理解为一种普遍主义;权,则可以理解为一种特殊主义。但两者的关系并非西方截然对立的二元论,而是一种综合统一关系。正如林端所说:"儒家总是尝试要将普遍主义与特殊主义加以统一起来,然后作一个综合性的考虑。而这种综合的结果,是一种特别的普遍主义。这种普遍主义立基在脉络化、个人关系化的仁爱的基础之上,与基督新教伦理(清教伦理)的'去脉络化的普遍主义'相对比,我们可以称儒家伦理的这种特性为'脉络化的普遍主义'。"[1] 儒家普遍主义与特殊主义的有机结合,显然是中国文化的一个整体特色,其与西方笛卡尔开创的非此即彼的二元论形成了鲜明的对比。看似吊诡的表述,实则是中国人正常的思维逻辑。林端的表述恰切地指出了中国文化的特征,受此启发,本章也可将儒家"经权"思想概括为"反经学的经学"。《春秋公羊传·桓公十一年》有言:"权者反于经,然后有善者也。权之所设,舍死亡无所设。行权有道,自贬

---

[1] 林端:《儒家伦理的"脉络化的普遍主义"——以"仁"为例作说明》,《江南大学学报》(人文社会科学版)2009年第4期。

损以行权，不害人以行权。杀人以自生，亡人以自存，君子不为也。"此句大意为：权是经的违背，但权变的结果必须是善（道）。因此，"反经合道"是经权思想上的主流观点。"反经学"这个判断和表述来自《春秋公羊传》的"权者反于经"和董仲舒的"反经而合乎道曰权"。在"反经学的经学"概念中，第一个经学本章名之为"小经学"。第二个经学则名之为"大经学"。"大经学"包含了经（小经学）和权，也即是说，尽管权是"反经学"，但总体上仍然属于经学。其包含关系可图示如下：

```
                    经（小经学）
        大经学
                    权
```

鲍屯当代祭祖仪式中族人对祭品的实践性运用，无疑体现了儒家的权变思想。因客观现实原因，这些祭品不能达到礼仪的原则性规定，但在清明节必须要举行祭祖仪式，族人不得不采取变通的方法，要么通过象征性的手法将白猪转换为黑猪，要么完全采用另一种材质来塑造素碗祭品。这些变通行为在"仪式失败"理论看来，显然违背了"程序原则"。但在鲍屯村民看来，这并没有从根本上违反礼仪的规定，而且仪式的最终结果也达到了祭祖的目的。儒家"经权"思想非常完美地解释了鲍屯祭祖仪式的实践行为。在鲍屯，"经权"思想还体现在另一个文化现象上面。我第一次到鲍屯调研时，首先就去了鲍氏的祖坟地。坟山的正前方是一块洼地，长满了杂草，清明祭祖时就作为停车场。在洼地靠着坟山的石坎正中立有一石碑，但字迹已漫漶不可识，几乎看不出碑文的大体含义。回村后，我就这块碑询问了几位老人。他们说这碑好像立于清朝，碑文讲的是鲍氏宗族关于过继的规定，意思是不能过继族外之人。随后几位老人就此事发表了议论。他们说这么严格的规定根本做不到，并说鲍氏族人某家过继的就是外人。条件允许之时过继族人，条件不允许之时过继外人，这当然不局限于鲍屯。在不同地域的汉人社会这两种情形皆可发现，同时也说明了儒家"经权"思想至少在汉文化圈具有普遍性。

四 经学能解释汉人社会吗？

经学是否可以有效解释汉人社会，目前人类学家对此存有争论。林耀华在《义序的宗族研究》中以注释的形式对儒家经学和历史典籍旁征博引，以之作为对正文中所援引的西方结构功能主义的补充或隐含的批评。林先生所引的儒家经学典籍主要有：《书仪》（司马光）、《朱子家礼》（朱熹）、《四礼疑》（吕坤）、《四礼翼》（吕坤）、《宗约歌》（吕坤）、《四礼约言》（吕维祺）、《四礼初稿》（宋纁）、《四礼从宜》（林鼎莼）、《读礼通考》（徐乾学）、《婚礼通考》（曹庭栋）、《订礼俗》（章太炎）、《二程全书》（程颢、程颐）、《礼记正义》（郑玄注、孔颖达疏）、《仪礼》（郑玄注）、《大清通礼》（穆克登额）、《风俗通义》（应劭）、《颜氏家训》（颜之推），等等。①

费孝通在《乡土中国》中讲到"差序格局"时，特别引用了儒家经学对汉人人伦的解释："伦重在分别，在《礼记》祭统里所讲的十伦：鬼神、君臣、父子、贵贱、亲疏、爵赏、夫妇、政事、长幼、上下，都是指差等。'不失其伦'是在别父子、远近、亲疏。伦是有差等的次序。在我们现在

---

① 林耀华：《义序的宗族研究》，生活·读书·新知三联书店2000年版。

读来，鬼神、君臣、父子、夫妇等具体的社会关系，怎能和贵贱、亲疏、远近、上下等抽象的相对地位相提并论？其实在我们传统的社会结构里最基本的概念，这个人和人往来所构成的网络中的纲纪，就是一个差序，也就是伦。《礼记》大传里说：'亲亲也，尊尊也，长长也，男女有别，此其不可得与民变革者也。'意思是这个社会结构的架格是不能变的，变的只是利用这架格所做的事。"① 又如："我常常觉得：'中国传统社会里一个人为了自己可以牺牲家，为了家可以牺牲党，为了党可以牺牲国，为了国可以牺牲天下。'这和《大学》的：古之欲明明德于天下者，先治其国，欲治其国者，先齐其家，欲齐其家者，先修其身……身修而后家齐，家齐而后国治，国治而后天下平。在条理上是相通的。"② 在《乡土中国》这部篇幅不大的著作中，粗略统计费先生引用了《论语》《孟子》《大学》《礼记》等儒家经典。

庄孔韶秉持了儒家经学在人类学汉人社会研究中具有重要地位的学术主张。在一篇重要文献《早期儒学过程检视：古今跨学科诸问题之人类学研讨》中，他从汉人社会的不同侧面反复强调了儒家经学的普遍主义特质。其主要观点有：（一）反对建构论，主张原生论。他认为汉人的祭祖与孝悌的文化观念需要从人类延伸到动物界共有的生物性本源上去探讨。他进而以乌鸦报本为例，提出人类亲属制度之亲近文化内涵——由生物性之"比德"，延伸到包括汉人亲属关系文化的特征中，即世界各地各种人伦之礼均包含了人类学意义上的生物—文化整体性的混生和整合性的思路；（二）强

---

① 费孝通：《乡土中国》，生活·读书·新知三联书店1985年版，第25页。
② 费孝通：《乡土中国》，生活·读书·新知三联书店1985年版，第27页。

调"先在理念"的社会动力学意义。他说社会生物学的血缘网络选择力量和亲子关系友好的基因禀赋，以及人类拜祖的动机、意义与伦理文化之规定，均不支持人类亲属系统慎终追远的功利主义优先意义；（三）强调圣人"过化"的文化涵化意义。他说中国传统文化的高层文化从上而下输导的脉络十分清晰。先贤发明儒家理念、政治家强化、教育家和乡土文人传播，并最终由农人所实践。在这一过程中，精深的儒学理念与制度得以通俗化，成为民众内化儒学思想的有力手段。因而，"过化"的过程和结果如同墨渍在宣纸上洇开似的弥散开来。①

历史以来，经过哲学家、政治家、地方文人的努力宣导，儒家高层文化落地后乡民将之"合模"地化为一种日常生活方式，在人类学的田野调查中可以看到其显然是一个不争的事实。不过，乡民"合模"式的生活方式是具有绝对的普遍性，抑或仅是乡民日常生活方式的一个面向？随着田野点的扩大，有学者提出了另一种非"合模"的汉人乡村社会生活的样态。

赵轶峰（Yifeng Zhao）在阿尔贝塔大学的博士论文 *Non-Confucian Society in North China during the Seventeenth Century*（1997）中，为我们展示了晚期中华帝国乡村社会的另类图景。在华北乡村，儒家思想和国家意识形态并不占支配地位，民间信仰呈现多样化的态势。儒家家庭伦理和制度也被忽视。明政府对士绅和平民家庭的管理采取双重标准。由于儒家价值弱化，商业行为盛行，各种边缘群体成为社会的主流。这些群体包括大量的男女信徒、女性商人、流氓无赖、

---

① 庄孔韶：《早期儒学过程检视：古今跨学科诸问题之人类学研讨》，载庄孔韶主编：《人类学研究》（第一卷），知识产权出版社2012年版。

悍妇、悍妻，等等。晚明"非儒"社会的出现，是导致晚期帝国道德与秩序最后崩溃的重要诱因。[①] 赵轶峰所研究的晚明"非儒"社会无疑是一种非常极端的社会现象，社会的价值规范已荡然无存，且无替代性方案用以维持社会的正常运转，无怪乎赵轶峰将之作为帝国最后崩溃的前兆。

针对地方社会的文化多样性，有学者使用布迪厄的"实践"概念作为理论资源来加以解释。如张小军在探讨历史上福建宗族形成过程中所出现的寺与祠之争所表达的实践能动性时，首先对"实践"理论作了简要的介绍："在人类学中，实践理论（practice theory）的形成主要来自对结构主义等理论的批评性反思，人类学结构主义的优点是探求人类行为深层的心智规则，但是疏于历史维度和人的能动（agency）建构，亦没有探寻'结构'来自何处，即'结构'后面的发生学的动因是什么？因此，实践理论一方面希望考虑人的能动建构，另一方面探求结构后面的深层机制。"[②] 随后他以泉州寺与祠之争来加以说明。南宋以后特别是明代中期前后开始，华南基层社会有一个大规模的宗族文化创造过程。他认为，正是南宋以降在当时理学中心地区（闽、浙、赣等）发生的早期"宗族士大夫化"和"宗法伦理的庶民化"，为明代中期华南大规模的"宗族庶民化"铺垫了历史基础。所谓"宗族士大夫化"，是指在华南基层社会，"宗族"这一形式在南宋至明前期首先被一些乡村士大夫接受和创造的过程，它先于明代中期以后比较普遍的宗族庶民化的创造。泉州开元寺作为功德寺院，在明代发生了建寺祖先的后人试图改寺

[①] Yifeng Zhao, "Non-Confucian Society in North China during the Seventeenth Century", PHD Dissertation, University of Alberta, 1997.
[②] 张小军：《让历史有"实践"——历史人类学思想之旅》，清华大学出版社2019年版，前言。

院为宗祠的演变,提供了一个南宋以来宗族产生和佛教国家化的难得个案,同时,它有助于理解南宋以后华南基层社会之建构,思考在南宋以降儒家渐兴和佛教渐衰的表象下面,佛教和儒家是怎样融合生长的;"国家"又是怎样在其中扮演角色并被百姓再创造的。① 在这个案例中,张小军认为华南的宗族是地方民众的创造发明,并且在宗族的创造过程中,佛教因素至关重要,因而当地民众出于自身的利益盘算而建构了宗族。

张小军的思路显然来自"华南学派"的学术主张。萧凤霞在回顾她的学思历程时说道:"不论是施坚雅、弗理德曼还是武雅士,都把我们从过去只着重探讨官僚体制如何从上而下地对地方发挥影响的问题困局中释放出来。"② 由此看出,萧凤霞并不认为中国文化是政治家和圣人从上而下对地方施加影响的结果,她更多强调的是地方的"实践",特别是权力关系在其中的极大作用。对此她进一步申论:"我们对历史、文化和权力这三个观念和它们之间的关系都有了更深刻的理解和掌握,这在我们合作的成果之中都得到充分的体现。"③ 故此,张小军将萧凤霞与本章主旨相关的学术思想归结为五点:(1)结构化过程;(2)个体能动者;(3)社会实践与人的能动性;(4)解构历史;(5)文化和权力的语言。④ 萧凤霞的学术思想与前面提及的主张"合模"的思想相较,既是一种理论视角的转换,也是对乡村生活的写

---

① 张小军:《让历史有"实践"——历史人类学思想之旅》,清华大学出版社 2019 年版,第 56—67 页。
② 萧凤霞:《廿载华南研究之旅》,《清华社会学评论》2001 年第 1 期。
③ 萧凤霞:《廿载华南研究之旅》,《清华社会学评论》2001 年第 1 期。
④ 张小军:《当历史走进人类学家——评萧凤霞〈踏迹寻中:四十年华南田野之旅〉》,《清华大学学报》(哲学社会科学版)2018 年第 1 期。

照。换言之，两种情形在汉人社会皆能发现。观察汉人社会的两种理论视角的不同之处显而易见，但也有相同点，即都强调过程。"合模"论者认为儒家思想从上到下的输导，是在历史长河中，经过历代圣人长期"过化"，进而形成的文化意义上的中国性。而"实践"论者则认为在地方民众的实践中，个体能动性扮演着积极的角色，整体"结构"在历史过程中不断发生改变和重组，因而"结构"不是一成不变的凝固体。两者对"过程"的强调，使之不约而同地诉诸"历史"的视角，即通过历史人类学来论证自己的观点。

但这个相同点掩盖不了两者的差异性。这种差异性进而引发了近年来对儒家经学是否能有效解释汉人社会的争论。根据他们的学术主张，"合模"论者当然持正面的肯定态度，而"实践"论者则持反面的否定态度。这样一种争论无疑是由"结构—实践"二元论所造成的。如果我们转而运用儒家"经权"思想或本章所说的"反经学的经学"来观照"合模"与"实践"的汉人社会，则会发现两者的争论只不过是本章所说的"小经学"与"权"之间的争论，即"常"与"变"之间的争论。根据境况的具体情形所采取的权变行为是得到儒家承认的，如果儒家不承认具体实践中的权变便不能疏解道德两难问题。因此，从整体来看，儒家思想同时包含了"经与权"两个看似矛盾的方面。而这个具有包容性的儒家思想即本章所说的"大经学"。从"大经学"的视角来看，本章认为儒家经学完全可以有效解释汉人社会的两个方面。

五　小结

在结论部分，本章拟对儒家"经权"思想与"实践"及

第八章 祭品的"经权"逻辑

"意识模型"进行比较。这是基于以上观点的扩展讨论。比较的目的是凸显"经权"思想在解释汉人社会时的优势。

尽管"实践"论者主张"结构过程",但在具体的研究中多强调的仍然是"实践"的多重内涵和环节。何谓"结构过程"也没有清晰的界定和具体的阐述。按照"实践"论者的运思逻辑,首先应是就某一个个案进行"实践"意义的分析,接下来就要讨论"结构过程"如何从这个个案中体现出来。最终落脚点和指向无疑是讨论地方民众的"实践"如何形成一个"结构",这个"结构"是如何被架构起来的?结构的各方处在什么位置?这个"结构"是否具有普遍性?这个"结构"是否可以模型化?等等。但在其著述中我们看不到这样的讨论,我们看到的主要还是地方民众的"实践"行为。因此,"实践"论者在处理"结构—实践"这对关系时,偏重的还是"实践",而"结构"却被其轻视或忽略。从"结构"的普遍性和"实践"的特殊性来看,"实践"论者更多具有特殊主义的品质。

相反,华德英(Barbara E. Ward)提出的"意识模型"却趋向于普遍主义。为了解答中国文化的一致性和差异性,华德英以华南渔民(蜑家)为例,提出了三种"意识模型"。其意涵如她所说:"在村民的意识中,有三种针对中国社会秩序而产生的模型。第一,对他们自己的社会及文化制度有一种构想……称为'目前模型'。第二,他们对传统文人制度也有自己的构想……称为'意识形态模型'。意识形态模型为他们提供了评估何谓正宗中国方式的标准,只要有任何相干的地方,他们会用来修改目前模型,以至实际的行为。第三,针对其他中国社群的社会文化秩序,他们又建立了若干模型,我们称之为'局内观察者模型'。这类模型和观察者模型不同,后者是局外人所为,包括社会科学家在内；建立前者的人，是相信自己和被观察者属于同一大社会。"①

虽然华德英提出这三个模型是为了解答中国文化的一致性和差异性问题，但正如刘永华所言，她却是在反复论证华南渔民如何"同化"或何谓"正宗中国人"的问题。② 她研究的渔村虽然地处华南，但并非像其他华南村庄一样是一个典型的宗族村落，而是一个杂姓村。没有文人，村民在水上生活，没有祠堂，没有系谱和集体祖先崇拜等儒家的理想因素。这样的社会环境导致他们产生"非正宗中国人"的焦虑感，因而竭力与正统的"意识形态模型"看齐，但这样的看齐并没有完全实现，尽管如此，他们努力使自己成为"正宗中国人"。华南其他地方民族在评判他们是否为"非正宗中国人"时，他们也在评判这些民族是否为"正宗中国人"。在华德英看来，他们评判的标准就是自己的"局内观察者模型"。这个模型的内涵具体是什么，华德英并没有给出一个清晰的界定，在我看来，应该是理想的"意识形态模型"和渔民实际生活的"目前模型"的混杂。问题是难道只有符合"意识形态模型"的民族才是正宗中国人？那些与"意识形态模型"稍有偏差的民族就不是正宗中国人了？即使华南的陆地居民也不完全符合理想的标准，在实际生活和民族交往中，有外地人和本地人之分，但正宗中国人和非正宗中国人之分并没有华德英认为的那么严重。因此，在华德英的构想中，她并没有给地方文化的多样性留出适当的位置。华德英

---

① ［英］华德英：《从人类学看香港社会》，冯承聪编译，香港大学出版社1985年版，第52页。
② 刘永华：《"民间"何在？——从弗里德曼谈到中国宗教研究的一个方法论问题》，载复旦大学文史研究院编：《民间何在，谁之"信仰"？》，中华书局2009年。

的偏颇之处，正如刘永华的评论："由于一个社群主要是通过局内观察者模型来认识'正宗'中国人的行事方式，而与意识形态模型不同的是，这种模型显然存在相当大的区域和民族差异，结果，不同地区、不同民族的'正宗'的行事方式很可能差别甚大，大到甚至连'中国文化''中国宗教'这类概念可能都不再具有使用价值。"① 而造成华德英偏颇之处的原因是"从其思路看，这很容易理解，毕竟，她要讨论的是同化问题"②。

由此观之，"实践"论偏执特殊主义，"意识模型"偏执普遍主义，两者皆不能有效解释中国文化统一性与多样性这种辩证关系的实际情形。在某种程度上，正是二元式思维造成了这样的误判。相比之下，儒家"经权"思想则兼顾了两者同等的重要性，既肯定和坚持"经"的普遍价值，又承认"权"的正当性。但"经权"思想不是二元论，而是一种相互融合统一的整体观，也即林端所说的"脉络化的普遍主义"，或本章所说的"反经学的经学"。儒家的整体观构想包含了两层含义：一是"经"（普遍主义）和"权"（特殊主义）具有普遍性，是现实生活的一种常态，在这个意义上，"权"也是一种普遍主义；二是"反经合道"之意，即权变必须符合道义，否则就不被允许发生，因为这样的权变发生必然会导致价值规范的缺失和社会的最后崩溃，犹如赵轶峰所研究的晚明华北的"非儒"社会。在这个意义上，

---

① 刘永华：《"民间"何在？——从弗里德曼谈到中国宗教研究的一个方法论问题》，载复旦大学文史研究院编《民间何在，谁之"信仰"？》，中华书局2009年版。

② 刘永华：《"民间"何在？——从弗里德曼谈到中国宗教研究的一个方法论问题》，载复旦大学文史研究院编《民间何在，谁之"信仰"？》，中华书局2009年版。

"经权"思想的落脚点和指向是儒家推崇的具有普遍意义的道义要求。这正契合了本章的主旨,即儒家经学能够有效解释复杂的汉人社会。

第九章　灌溉与地方支配模式
——鲍屯与关中之比较

1987年8月，一群历史学家、人类学家和政治学家聚集在加拿大班芙（Banff），他们以"中国地方精英与支配模式"为主题展开了热烈的讨论。会议的成果便是周锡瑞（Joseph W. Esherick）和冉玫铄（Mary Backus Rankin）主编的论文集《中国地方精英与支配模式》（以下简称《模式》）。[①] 该书甫出，便好评如潮，国内学界也作出了积极回应。[②] 其在西方中国研究领域的学术价值自不待言。本章拟在《模式》的理论框架下，以中国南北两个"水利社区"为例作延伸性的讨论，[③] 并试图在前人基础上获得新的认知。

[①] Esherick, Joseph and Mary Backus Rankin, eds, *Chinese Local Elites and Patterns of Dominance*, Berkeley: University of California Press, 1990.

[②] 如李猛较早的一篇广为流传的书评对该书作了独到的评论。参见李猛《从士绅到地方精英》，《中国书评》1995年总第5期。

[③] 关于"水利社区"概念，笔者作了初步界定。参见石峰《关中"水利社区"与北方乡村的社会组织》，《中国农业大学学报》（社会科学版）2009年第1期。相关争鸣见张俊峰：《明清中国水利社会史研究的理论视野》，《史学理论研究》2012年第2期；张俊峰、张瑜：《清以来山西水利社会中的宗族势力》，载《人类学研究》（第三辑），浙江大学出版社2013年。人类学对水利社会的研究最早可追溯到斯图尔德主编的论文集 *Irrigation Civilizations: A Comparative Study*（1955）。此书贯穿了斯氏的文化生态学和进化论的思想，（转下页）

一 从"精英一元论"到"精英多元论":简要回顾

《模式》讨论的靶标是韦伯以来西方学者早期对中国社会的认识。早期的西方学者对中国古代帝国性质的整体判断便是著名的"东方专制主义"学说。在这个理论看来,帝国压倒性的权力和统治的维持必须依赖那些通过科举考试的文人——官员(scholar-official)的支持和忠诚。这些受过儒家教育通过科考的文人——官员"向上流动"的决定性因素并不是财富和血统。韦伯对古代中国社会的认知就是建基于这个判断之上的。比如他这样断言:"两千多年来,士人无疑是中国的统治阶层,至今仍然如此。虽然他们的支配地位曾经中断,也常常受到挑战,但总是能复苏,并且更加扩张。"[①]19世纪英国的外交官和传教士把这个社会群体称为"中国绅士"(the Chinese gentry)。

近代以来在西方留学的中国学者受这个知识背景的影响,

(接上页)涉及的古文明有中国、美索不达米亚、中美洲。其中有魏特夫一篇文章,早于他那部富有争议的巨著。斯氏的研究利用了文献和考古资料。真正的田野调查可能始于 R. Gray 的 *The Sonjo of Tanganyika*(1963)。此书研究的人群并不是农业民族,而是所谓的部落。这点尤其有价值。有意思的是,指导这项研究的是农民社会大家雷德菲尔德。最后不得不提蓝新(J. S. Lansing)的 *Perfect Order*(2006)。自从格尔兹对巴厘水利社会与摩洛哥进行比较研究以来,此地名声大噪。蓝新还有一本研究巴厘水利的著作叫《祭司与规划师》,这本不出名。看完《完美的秩序》后,我不太喜欢。为了说服政府和NGO放弃在这里推行现代技术,作者和大数据专家合作,把田野调查和计算机模拟出的效果进行比照,发现两者高度一致。简直太"完美"了!完全忽视了不可预估的意外和变量。

① [德]韦伯:《中国的宗教》,康乐等译,广西师范大学出版社2004年版,第164页。

也持同样的观点。比如人类学家费孝通对"中国绅士"就抱有持久的热情,这体现在他的两部著作中,即《皇权与绅权》(与吴晗合著)和《中国绅士》(China's Gentry,1953)。史学家张仲礼更是以"中国绅士"研究而闻名学界。

总之,20世纪前西方对中国社会的总体判断是,中国是个由通过科考获得功名的士人组成的"绅士社会",他们构成了中国社会的主要支配力量,可名之为"精英一元论"。周锡瑞和冉玫铄总结了这个时期西方汉学界的几个基本共识:一是中国具有一个在文化上同质性十分高的精英集团,一般由获取功名的人(有时还要加上其家庭成员)组成,他们通常被称为士人、文人——官员或绅士;二是中国的精英,即绅士与帝国紧密相连,帝国通过考试制度授予精英以地位,而精英则承担帝国与社会的中介性角色,维系着帝国的统一;三是精英的生活方式、思维方式都受儒家价值观影响,因而趋向于保守主义,是经济发展和现代化的重要障碍。[1]

然而,韦伯开启的"精英一元论"招致了《模式》作者的强烈挑战。随着中国地方史研究取得长足进展,学者们发现中国地方精英远比早期"绅士社会"所认为的精英更具多样性、弹性和可变性,决定这些特征的因素是历史的变迁和地域空间的多样性。为此,他们扩大了"精英"概念的内涵,除了获得功名的传统"绅士"外,还包括商人、军人和社区领导人。这些精英可以是个体也可以是家庭。我们可以把这个思想概括为"精英多元论"。更重要的是,精英为了维持自己的支配力,必须控制某种资源,如物质资源(土地、商业财富、军权)、社会资源(社交网络、亲属群体、

---

[1] Esherick, Joseph and Mary Backus Rankin, eds., "Introduction", in *Chinese Local Elites and Patterns of Dominance*, Berkeley: University of California Press, 1990.

协会)、个人资源(技术专长、领导能力、宗教或法力)和象征资源(地位、荣誉、特殊的生活方式及所有布迪厄所谓的"象征资本")。

《模式》把具有多样性的地方精英的活动场所称为"舞台"(arenas)。在他们看来,正是"舞台"造就了地方精英的多样性,而"舞台"是被时空二维定义的。先就时间维度来说,《模式》的文章排列是按时间次第来架构的,其历史时段是从十四世纪帝国晚期的明清到二十世纪的民国。第一部分三篇文章讨论的是帝国晚期的地方精英;第二部分三篇文章讨论的是转型时期的地方精英;第三部分一篇文章讨论的是民国时期的地方精英与政治权力;第四部分三篇文章讨论的是民国时期的村庄精英与革命。随着历史背景的变迁,地方精英的类型和角色也发生了巨大的变化,其中包括传统"绅士"时代的转型和新兴精英的出现。再就空间维度来说,地域多样性同样是个决定性的因素。《模式》涉及的地域主要有长江三角洲、东南沿海、华北、长江中上游、边缘地带和边疆地区,其对应的地方精英分别是绅士/商人、宗族、里正/乡保、商人、地主、强人/军人。

"精英多元论"无疑扩展了我们对中国社会的深度认识,过去单一的解说模式难以解释中国复杂的历史与地理情景。尽管如此,《模式》一书并非没有留下商榷的余地,正如李猛所言:

> 至少在以下三个问题上倡导地方精英理论的学者还未能给我们以令人满意的答案。首先,精英和民众的区别究竟是什么,现有的地方精英理论是否忽视了民众对精英活动的某种限制,而不仅仅是精英对民众的庇护。也就是说,地方精英理论只强调吉登斯"控制辩证法"

(Dialectic of control) 自上而下的一面,而忽视了自下而上的一面。其次,应用特纳的区别,地方精英有过于偏重地方(权力斗争的)舞台,而忽视了纵向的国际——国家——地方的制度场域的倾向……;第三个问题,即理论的整合问题。①

虽然李猛的评论颇有见地,但本章并不打算沿着他的思路前行,即对他留下的问题不作回应。本章拟把中国南北两个"水利社区"作为地方精英表演的"舞台",探讨水利精英的生成、类型、差异,以及施加影响的自然和社会生态因素等问题。

二 关中"渠绅":暴力、强人与象征资本

当地一位曾经从事水利管理的老人向我这样介绍过关中水利的情形:

> 清峪河有两千多年,民间各渠道有自发组织、委员会,管事的叫渠长,以下有斗长、组长。垒石组埝引水。按土地多少分配水,以烧香为证。权力集中在用水大户。泾邦(?)埝管一万多亩地,源澄渠管一万四千多亩地。伍渠埝、八复渠供皇陵用水,制度很严,一万六千多亩地。初一到初八是八复渠用水,以后供伍渠、猛涨渠,没有固定水程,一万六千亩地。国民党统治时有两个委员会,偷水时被打死不偿命,"龙口夺食",打

---

① 李猛:《从士绅到地方精英》,《中国书评》1995 年第 5 期。

架夺水,每年都有死人。委员会只能调解,没什么权威,说不上什么话。新中国成立后,水利建设都是群众自筹(民办公助),管理局(清惠渠局)的工资都是收水费来支付。泾惠渠在新中国成立前和现在是国营,政府投资,水费上缴,清惠渠是民营的。委员会有三人,会长、会计、收钱的。下面渠长是委员,渠长由热爱水利,有威望者,或副保长担任,是由群众选的,比保长威信高。

显然,在老人的记忆里,给其留下深刻印记的是因灌溉而引发的暴力行为和纠纷,以及为解决纠纷而成立的管理组织和个体权威。

作为"官渠"的泾惠渠,其基层管理也依赖了民间组织的力量,并于1935年3月成立了"水老会",总会长由石川河水利协会会长胡必如兼任。"水老"按规定必须是年高有德者、完全不嗜烟赌者以及未受刑事处分者。"水老"下面的每斗还设"斗夫"一名,每村设"渠保"一名。水老的职权主要有:(1)造具该斗内注册的地亩清册二分;(2)出席水老会议;(3)监督该斗斗夫、渠保履行职务;(4)调解该斗内的用水纠纷;(5)查报该斗内灌溉地亩注册,及用水权转移事宜;(6)催纳该斗内的水捐。斗夫的任务,主要是保护及开闭斗门。渠保的任务是,随时补修被冲坏的渠堤渠身,挑挖渠内的淤泥,如遇工程浩大,村民不能胜任的,要立即报告斗夫和水老,监督村民按章轮流用水。水老、斗夫和渠保每年的津贴,由该斗内受益地亩均摊供给。①

---

① 《陕西水利月报》1935年第3卷第5期。

第九章　灌溉与地方支配模式

这些水老、会长、斗夫和渠保的具体身份已不可考，他们被公举出来，除了章程中所规定的任职资格外，我想还另有一些个人魅力所在。从清浊河协会会长王虚白的身上，我们不难体会到这些"渠绅"们在没有多大利益的吸引下，能够站出来热心参与水利公务，是其公益心使然。不独如此，他们应该还有勇猛顽强的坚毅性格，就像王虚白一样。而这一点，可能是他们被推举出来的一个很重要的因素。

我在进行田野调查时，造访了不少熟知过去水利情形的耆老，在他们的回忆中总是有一个人被反复提到。被他们提到的人就是王虚白，说他在任"清浊河水利协会"会长时如何如何铁面无私、敢作敢为、不畏强人。关于王虚白的生平，老人们大概因时间的久远而没有提供更多的细节。我查阅了一些文献资料，发现了不多的简要记载。在《三原水利志》中有关于王虚白的一小段介绍和他的一幅正面照：

> 王虚白，字镇，号铁面，生于清同治七年（1868），三原大程乡荆中村人。民国二十年移居鲁桥镇，二十五年移居三原城内山西街。
>
> 王虚白青年时期在淳化为警，四十岁左右，由于反对满清帝制向往共和，毅然在富平致力于国民教育十多年。任教期间热情支持学生运动，深受学生拥护。
>
> 先生秉性刚直，无私无畏，善为公益，热爱水利事业。民国二十二年（1933），被地方群众推为"三原清浊河水利协会"会长至解放。执水期间，尽职尽责，曾修订《陕西省清浊河水利章程》，制定水规；主持改善八复水灌区；三筑楼底围堤。因水涉讼曾遭暗杀，后经解救，头部带刀伤而归，仍坚持水利工作。年近八旬时，仍扶杖去鲁桥办理水事，他生前整理的大量治水资

料，可惜在"文革"中付之一炬。在职期间备受当时陕西省水利局局长李仪祉的支持和爱护。1953年逝世于三原。①

另有文献透露他"少年膂力过人，习武艺……"②。在一次水利纠纷案中，也提到了王虚白，当时他还是八复渠的渠长。面对地方上的强人截水霸水，王虚白表现出来的刚毅应该是不虚的事实。在他留下的照片上，我们也可以看出其干练无畏的神态。王虚白这类民间水利头领一般被称作"渠绅"。关中的民间水利事业主要就是由这些渠绅们组织和领导的。

郝瑞（Stevan Harrell）在讨论中国社会中"反文化"的暴力行为时，③分辨了两种类型的暴力行为，一是"垂直型"的暴力，这类暴力主要表现为一个支配性的群体通过暴力来制止一个下级群体试图改变这种等级格局，或者一个下级群体通过暴力来改变这种等级格局；二是"水平型"的暴力，这类暴力主要表现为两个群体之间为了经济资源或政治权力的平等而导致的暴力冲突。④关中水利社会中发生的用水暴力更多的是"水平型"的。除了个人之间的冲突外，一般多发生在村与村、上游与下游、渠与渠之间。谢继昌在中国台湾的水利社会中还发现，为了应对经常性的用水纠纷，在蓝城村很早就出现了"武馆"。但当轮灌制度被严格执行

---

① 《三原县水利志》（内刊），1997年，第181页。
② 白尔恒等：《沟洫佚闻杂录》，中华书局2003年版，第142页。
③ 这里的"反文化"指的是反正统的追求和谐的儒家文化。
④ Lipman, Jonathan N. & Steven Harrell. eds., *Violence in China: Essays in Culture and Counterculture*, Albany: State University of New York Press, 1990, pp. 1–24.

后，武馆也慢慢地衰微了。① 而沈艾娣（Henrietta Harrison）通过对山西水利系统的研究发现，宗教仪式和民间传说对在用水纠纷中所使用的暴力行为往往推崇备至，在地方水利社会中这被视为理所当然的道德行为。②

在关中水利社会，由于存在潜在的或显现出来暴力因素，"渠绅"们可能会因此遭遇到意想不到的个人伤害。比如，王虚白在办理渠务时，因得罪了地方豪强势力，曾两次遭暗算。1940年于楼底村附近遭枪击；1943年于鲁桥镇突然被数十名持枪歹徒绑架，幸有人报警，方被解救。③ 在追求平等公正原则的水利社会中，武力也是一种被赞扬的德行。

关中水利社区灌溉纠纷和暴力行为频发的原因与自然生态环境密切相关。水资源短缺直接导致灌溉用水紧张。据统计，关中地区的年均降水量为500—700mm。④ 暴力频仍的山西水利社区也同样如此，其年均降水量为508.8mm。⑤ 该区域干旱的生态环境与下文讨论的黔中地区形成了鲜明的对比。另外，关中平原宗族势力弱小，这为跨村落的"水利组织"提供了生成的空间，因此，其支配精英也不是代表一家一族的利益。⑥

暴力行为在中国文化中是否具有正当性，一直是个存在

---

① 谢继昌：《水利和社会文化之适应：蓝城村的例子》，《民族学研究所集刊》1973年第36期。
② ［英］沈艾娣：《道德、权力与晋水水利系统》，陈永升译，程美宝校，《历史人类学学刊》2003年第1期。
③ 白尔恒等：《沟洫佚闻杂录》，中华书局2003年版，第142页。
④ 刘俊民等：《关中平原降水特征分析》，《人民黄河》2008年第5期。
⑤ 杨霞：《山西省年降水量规律初探》，《水资源与水工程学报》2007年第6期。
⑥ 石峰：《非宗族乡村：关中"水利社会"的人类学考察》，中国社会科学出版社2009年版。

争论的议题。罗威廉对中国历史上"暴力文化"的研究较为详细地梳理了不同的观点。在他看来,至少有三种看法,其一,认为"中国文化对暴力的谴责和憎恶达到了异乎寻常的程度";其二,"将暴力视为中国男性特质的一个特定组成部分",就如罗威廉引用他人的观点所认为的,"将文与武比照为理想化的中国男性的选择性模式……文包容武,就像阳包容着其对立面阴";其三,"坦率地承认中国文化内部其实为'被许可的暴力'提供了充裕的空间","暴力作为一种控制和征服他人的手段仍得到了文化上的充分认可"①。主张在中国文化中暴力是一种正当行为的学者还认为,暴力实际上在中国社会文化中随处可见。比如,儿童在社会化过程中常常目睹杀鸡宰鱼等血腥行为,听到和看到含有暴力内容的民间传说、故事和戏剧。因此,成年以后的男性往往会在暴力行为中展示自己的威力,以图在当地获得威信;村庄为了自卫也会组织和训练军事力量,等等。中国社会虽然为暴力行为提供了深厚的文化土壤,但其正当性的根据却是"以暴制暴",是为了社会秩序的重建。换言之,当暴力成为社会秩序的威胁时,就不具有正当性,而为了恢复社会秩序,使用暴力平息混乱是受到鼓励的,这也就解释了沈艾娣在山西水利社区中发现的农民的价值观和道德感的复杂性。

从后人对地方"强人"王虚白的传记描述来看,他无疑具有两个主要特征,一是军警出身;二是膂力过人,习武艺。这两个特征既是他的实际情形,同时也是他的象征资本。

孔飞力较早探讨了清末至民国初年军人在地方社会中的

---

① [美]罗威廉:《红雨:一个中国县域七个世纪的暴力史》,李里峰等译,中国人民大学出版社2014年版,第1—7页。

支配作用。① 麦考德（Edward A. McCord）以边疆省份贵州兴义县地方军阀刘显世家族为个案，阐述了19世纪中叶乡村地主向军阀的转型，以及其权力从兴义县扩张至全省的历史过程。麦氏还发现，地方精英的刘家支配力的维持并不单是依赖了军事力量，此外，兴学、建立社会网络和引进近代西方文明等措施也成为维持刘家精英地位的重要策略。因此，麦氏认为刘家精英地位的获得和维持，原因在于能够积极顺应历史时代的变化。② 庄孔韶也详细讨论了此时期福建军人集团在地方社会的支配作用。在他看来，这个主题是过去人类学、社会学中国研究的一个薄弱环节。他所谓的军人集团包括了地方民团、自治军人、大小军阀以及正规军。最后，他把含有军人集团在内的地方社会形象地比作"汉堡包"结构，并富有创见性地指出："毫无疑问，军人集团一直是本章说明的那个时代极为重要的社会力量，现在我们可以认识到只观察中国地方社会的文人机构、制度与角色之不足了。"③ 当然，王虚白在出任渠绅时已非军人，这个身份应是他当选渠绅的一个条件和象征资本，其象征的是一种以武力为基础的强大力量。与此相关的是他健壮的身体特征和出众的武艺才能。

以王虚白为代表的关中水利社区"渠绅"的强力健壮身体及其所具备的武艺也是他们当选地方精英的重要象征资本。对中国"男性气质"的研究表明，正统的儒家思想并不

---

① ［美］孔飞力：《中华帝国晚期的叛乱及其敌人：1796—1864年的军事化与社会结构》，谢亮生等译，中国社会科学出版社1990年版。

② McCord, Edward A., "Local Military Power and Elite Formation: The Liu Family of Xingyi County, Guizhou", in Joseph Esherick, and Mary Backus Rankin, eds., *Chinese Local Elites and Patterns of Dominance*, Berkeley: University of California Press, 1990.

③ 庄孔韶：《银翅》，生活·读书·新知三联书店2000年版，第40—73页。

强调男性肌肉的发达。王向贤在梳理中国人的"身体观"时敏锐地发现："与当代要求男性强壮女性苗条的性别二分要求相比，中国儒家传统中理想的男性形象较接近雌雄同体，优秀的君子气质应是彬彬有礼的谦谦君子，如果只是一味地以体力为解决问题方式，是被贬为一介武夫。相应地，在外貌形体上也不强调健硕。但在鸦片战争之后列强横行的百余年间，不但国家、民族、国民经历着现代建构，而且男性气质也经历着西方为样板的构建。与'东亚病夫'这一标签相反，时人开始体育强国。"① 以这种观点审视，王虚白的身体特征和象征意义无疑远离了儒家推崇的君子形象，符合郝瑞所说的"反文化"，他的身体形貌是儒家拒斥的代表了暴力的非正统的边缘化的身体。

不过，王向贤认为的中国男人"身体健硕"是近代以来以西方为样板构建的观点，显然有些偏颇，他没有看到中国历史文化中"文"与"武"的复杂关系。就如前述，在"以暴制暴"情形下，暴力在中国社会中也是一种正当行为，其相应的"身体观"就是崇尚健硕的身体，而中国传统武术正是塑造这种身体形态的主要技术手段。因此，在描述王虚白"膂力过人"时一定要说他"习武艺"，这是一个内在的逻辑关系。武术的兴起与社会失序密切相关，如谢继昌在中国台湾蓝城村的发现，罗威廉研究的湖北麻城也同样如此，"武术在麻城异乎寻常的发达，其制度形式是为数众多的拳会，教授形形色色的当地拳术"②。

失序的关中水利社区需要像王虚白这样的"强人"，只

---

① 王向贤：《重构"共和国的工业长子"的男性气质》，载《2011年中国社会学年会"性别研究方法论探析"论坛论文集》，2011年。
② ［美］罗威廉：《红雨：一个中国县域七个世纪的暴力史》，李里峰等译，中国人民大学出版社2014年版。

有这样的强人才能担当起维护秩序的重要职责，文弱的文人士绅显然不太适合这个严酷的环境。尽管如此，后人所写的传记并没有把他描述为一个单纯的武人。从事过国民教育的经历，以及"秉性刚直，无私无畏，善为公益，热爱水利事业"等因素也是他树立权威的重要资本。

三 鲍屯"汪公会"：无灌溉纠纷、轮值与集体权威

鲍屯的水利工程主要用于灌溉鲍屯村口的稻田，据统计，目前灌溉面积为2000余亩。在夏季水稻生长的季节，用水量激增。除了温度原因外，跟当地的土壤性质也有极大的关系——土质为渗水性极强的泥炭土，当地俗称马粪土。村民们说8月份田里的水三天左右就干涸了，因此需要不断灌溉。村民们的灌溉井然有序，没有迹象表明存在争水的暴力行为。"真的没有争水纠纷吗？"，我带着这个问题反复询问村民们特别是老人，他们一致给出了否定的答案。

有两次历史上发生的纠纷被村民们反复提及。一是清末民初的"十八场风波"。"抬汪公"仪式是屯堡地区较为普遍的重要文化活动。早年，鲍屯与邻村鸡场屯（现名吉昌）、狗场屯在每年的正月十八日轮流抬一个汪公塑像。现坐落于马场的老猪场（又称为"十八场"）过去是三村的共有产业，也是三村公祭汪公的场所。后因发生矛盾，导致三村发生集体斗殴，继而抢夺宗教财产，鲍屯抢得汪公塑像，鸡场屯抢得旗锣轿伞，狗场屯则抢得大铁炮。从此，三村在宗教活动上的联盟正式决裂。目前，"抬汪公"仪式的时间分别为狗场屯正月十六日，鲍屯正月十七日，鸡场屯正月十八日。另一起是土地纠纷。据说过去鲍氏族人

在现狗场屯、三铺和王家堰辖区内有一处阴地，后来三村不承认这块土地是鲍家的。于是鲍氏族人拿出地契跟他们打官司。第十世祖鲍璋是跑马帮的商人，据说还是吴三桂的干儿子，他负责出钱打这场官司。传说为了打赢官司，他还使用了一个策略，在马驮着的箱子里装满石头，沿途故意掉落一些银子。仇家见到鲍家如此富裕，就主动放弃了官司。最后鲍璋为鲍氏族人争得了该阴地。鲍璋虽然无后，但族人为了感念他每年清明都去为他扫墓。

在村民们的言谈中丝毫没有提到灌溉纠纷，原因主要有：

一是水源充足：鲍屯所在的大西桥镇，雨量充沛。据统计，该地区的年均降水量在1280—1350mm之间。一般6月下旬到8月下旬间，气温较高，最高可达33°C，且降水量集中，平均年降水量为676mm，占全年降水量的50.4%。[①] 这与北方水利纠纷频仍地区的降水量形成鲜明对比。丰沛的降水量形成了丰富的地表水和地下水。境内有1条主河流邢江河，9条支流河，属长江上游的乌江水系。受喀斯特地质构造的影响，还形成了丰富的地下水资源。

二是工程设计合理：鲍屯的灌溉技术可用当地的一句话来概括："一道坝、一条沟、一片田"，意为构筑水坝，开挖沟渠，然后灌溉农田。拦河筑坝目的是提高水位。整个工程根据地势高低共筑有9道坝，人工河道有水仓坝、小坝、马鞍桥坝、横坝、顺坝、门前坝和回龙坝，自然河道有大青山坝和小青山坝。为了更好地利用水资源和泄洪，在第一道坝水仓坝处开挖了一条新河，全长1300米。因此，整个水利

[①] 大西桥镇志编撰委员会：《大西桥镇志》，贵州人民出版社2006年版，第31页。

体系包含了自然河道和人工河道。两条河最终在末端回龙坝处汇合。但两条河流的堤坝各有特点,自然河道的坝断面很长,是为了排渣,人工河道的坝断面很窄,是为了排水。原因是人工河道要通过村前,需满足生产和生活用水,所以不需要排渣。工程起点水仓坝的作用是把水储藏起来,故名"水仓",主要特点是建成鱼嘴形,成为两条河流的分流处,因此,又名"鱼嘴分流"。工程的终点回龙坝断面被拉长成S形,在转弯点缓解了两股水的直冲力,保证了坝的坚实稳固。同时,用石块垒坝的技术是立垒而不是平垒,更强化了坝的坚固性。

每道坝都设计有排水口,当地俗称"龙口",有高低"龙口"之分。高"龙口"的作用是调节水位,水量小时就关上闸门提高水位,水量大时就打开闸门降低水位,在枯水期能够满足上下游用水需求。低"龙口"的作用是排淤。过去每年都要"岁修",当地俗称"打坝",主要任务是清理河道、修补渠坝。"打坝"时需要排干河水,低"龙口"就是发挥这个作用的。

两条河道共计7条支渠,分布在不同的高程,后经改造,部分支渠合并,排水沟分为干沟、支沟和毛沟三级。干沟主要用于排泄坡面洪水;干沟之间由纵向的支沟连接;毛沟兼有灌排双重功能。排水沟汇集的雨水或灌溉余水通过人工河道最后流入自然河道。工程的设计布局使得水资源能够惠及不同地段的农田,从而杜绝了灌溉纷争。

三是族人、村民的和睦相处:鲍屯现有人口约2000余人,其中90%为鲍姓族人,其他杂姓有汪、吴、潘、徐、陈等,是一个杂姓村。据《鲍氏宗谱》记载,在明代"调北征南"背景下,始祖鲍福宝带兵入黔,随同而来的还有汪、吕二姓,驻扎在现居地。鲍、汪、吕三家是姻亲。后来,鲍姓人口激

鲍屯水利工程

增,而汪、吕二姓因种种原因人口锐减,鲍姓逐渐成了村庄的支配力量。该村最早名为"杨柳湾",后名"永安屯",至清代因鲍姓人口增多,外人改称为"鲍屯"。

从人类学对"宗族"的界定来看,鲍氏确实是个宗族,因为具备了宗族的四个基本条件,即共祖、祠堂、公产和族谱。不过生活中村民们对"宗族""家族"和"本家"三个概念并没有明确的区别,在他们看来,三者是一回事。有意思的是，村庄的自愿组织"会"也特别发达。目前存在的"会"计有"汪公会""老人会""佛头会"和"钱会"。历史上曾经有"五会"。"会"在某种程度上比宗族还重要，因为它可以吸纳非鲍姓村民，使村庄更具团结力。

四是灌溉范围狭小：鲍屯水利工程仅局限在一个村庄范围内，并不是一个跨界的中型或大型工程。上游的水仓坝与邻村黄家庄和三铺接壤，而下游的回龙坝则与西拢村交界。综观水利纠纷频繁的地区，大都发生在村与村或县与县之间。不同的利益共同体共享一种稀缺资源，纠纷当然是不可避免的。即使在丰水地区，如果涉及不同的利益共同体，也同样会出现暴力行为，如李嘎研究的清代山东小清河的纠纷案，虽然是"避水案"，但因跨界而造成县际争斗。[①]

五是无水权观念：鲍屯仅有地权而无水权。亦即水在当地没有私有化，而是一种公共资源。存在水纠纷的地区，一般都伴随水权问题，甚至会出现像山西水权与地权分离的情况，有水的人无地，无地的人有水。

在鲍屯"无纠纷之水利社会"[②]，并没有产生专门的水利组织。水利组织的产生一般是为了协调劳作和解决纠纷，当工程浩大或出现纠纷时，确实会产生专门的水利组织。比如在关中水利社区就出现了大大小小的"水利协会"，格尔茨所研究的印尼巴厘岛的灌溉制度，其依靠的组织就是"水利协会"*Subak*——一个完全独立自治的合作团体。[③] 鲍屯水利

[①] 李嘎：《"罔恤邻封"：北方丰水区的水利纠纷与地域社会——以清前期中期山东小清河中游沿线为例》，《中国社会经济史研究》2011年第4期。

[②] 石峰：《无纠纷之水利社会——黔中鲍屯的案例》，《思想战线》2013年第1期。

[③] Geertz, C., "The Wet and the Dry: Traditional Irrigation in Bali and Morocco", *Human Ecology*, Vol. 1, No. 1, 1972, pp. 23–39.

社区由于灌溉面积狭小，又无灌溉纠纷，其运转是由已存在的宗教组织"五会"来牵引的。如已发现的咸丰年间所立禁碑，落款即"五会"。"五会"为汪家会、江家会、吕家会、上街会和下街会，历史上村里的"抬汪公"由"五会"轮值。值得注意的是，在鲍屯水利社区并没有产生个体精英，所以这里的权威是以集体形式出现的。

黔中地区的"抬汪公"习俗目前主要集中在鲍屯、鸡场屯（吉昌）和狗场屯三村，是该地区最隆重的民间宗教活动。鲍屯的空间布局是以中轴线为中心来规划的。在中轴线上布置的是祖坟、汪公殿、关圣殿和鲍氏祠堂。这是一条物理线路，更是一条宗教神圣线路，其中汪公殿、关圣殿和鲍氏祠堂占据了上街的绝大部分空间。在2000年左右三大殿被拆除，目前恢复的仅有汪公殿。每年正月十七日是鲍屯"抬汪公"的日子，村民们抬着汪公像巡游全村，晚上则举行歌舞表演。历史上鲍屯村民的居住格局是以姓氏为单位的，即某姓集中居住在一个街区，上文提及的上街和下街没有冠以姓氏，实则是鲍氏族人的居住地。因人口流动等诸多因素，现在这个格局已不复存在。当前"抬汪公"仍然是轮值，只不过轮值的单位成了村民小组。

轮值是中国社会文化中一个重要制度。庄孔韶在讨论福建汉人家族形态时，发现当地"轮值家族"十分流行。该制度最早可以追溯到汉代。所谓"轮值家族"即年老的丧失劳力的父母到诸子家轮吃、轮住，如此是为了"维护未分大家族关系整合十分耗费精力的缘由"[①]。当然，背后的平均主义思想也是一个重要原因。轮值制度的执行不限于家族内，还扩展到了其他集体性的社会场域，如宗教祭祀活动。桑高仁

[①] 庄孔韶：《银翅》，生活·读书·新知三联书店2000年版，第324页。

发现，中国台湾主持地界崇拜"拜拜"的"炉主"也是由社区内各家户的男性户主轮流担任，只不过"炉主"的人选是通过占卜来决定的。实践上，所有户主都有机会担任"炉主"这一要职。①

鲍屯的"抬汪公"仪式采取的是按顺序轮流主持的方式，不管是过去的"五会"，还是今天的村民小组，莫不如此。鲍氏宗族虽然在村里一姓独大，但并没有把持全村的所有公共活动。涉及全村的事务，实际上发挥作用的是各种形式的"会"。因为只有跨姓氏的"会"才能把全体村民团结起来。而这些"会"中最重要的就是"汪公会"。"汪公会"的根本职责是祭祀神灵，但随着时间的推移，其职能也延伸到其他村庄事务，如同北方的"青苗会"。② 所以，咸丰年间所立灌溉禁碑上，落款即是"五会"，说明"汪公会"的职责已延伸到了鲍屯的灌溉事务。

四 小结

学界对历史上中国地方支配模式的曲折认识，使我们意识到中国政治、经济、历史、社会、文化及地理环境等诸多限制性因素的复杂性。这个复杂性直接导致了地方支配模式的复杂性和多样性，单一的解释模式难以上升为一个总体的决定性及根本性的最后解释框架。《模式》为我们开启了新的思路和新的运思方向。李猛将这个认识过程概括为"从士绅到地方精英"，衷海燕也有类似的概括，即"士绅、乡绅

---

① Sangren, Steven, *History and Magical Power in a Chinese Community*, Palo Alto: Stanford University Press, 1987, pp. 55–57.

② Gamble, Sidney D., *North China Villages: Social, Political, and Economic Activities before 1933*, Berkeley: University of California Press, 1963.

与地方精英"。[①]这样的概括和总结并没有洞察到问题的实质，因为无论是"士绅"，还是"乡绅"都是精英的一种，他们与后来认识到的地方商人、军人、强人等同是地方的支配力量。因此，把早期以"士绅"作为考察中心的解释模式概括为"精英一元论"，把后期以包括"士绅"在内的多样性的地方精英作为考察中心的解释模式概括为"精英多元论"，更能精确总结这个研究历程的转折和问题所在。

《模式》的理论基础之一是施坚雅的区域体系。施氏的体系当然具有强大的解释力。本章的两个个案也考虑到了地理区域的差异性，即一个位于北方干旱的平原，一个位于西南湿润的山区。前者是跨村落的纠纷频仍的水利社区，后者是村落内部无纠纷的水利社区；前者涌现了大量的"水利组织"和管理强人，后者则未出现职业的"水利组织"和个体精英，其管理职责由其他社会组织替代，轮值制度则强调了组织的集体权威，而不是某个人的个体权威。同样是水利灌溉"舞台"，因区域的差异，其支配力量和形式也大相径庭。

《模式》提到的"精英"包括了个体和组织，但对于组织该书仅局限于精英所属的家族或宗族，而之外的社会组织却不在他们的视野范围内。本章的案例表明，类似于"水利协会"和"汪公会"这样的跨姓氏组织同样是一股强大的地方支配力量。这些组织有的特别强调组织领导人的主导作用，而有的则强调组织的集体力量。《模式》还讨论了一个相关的重要问题，即这些地方精英是通过何种策略来维持自己的权威地位。在他们看来，土地占有、生活方式、象征资本等因素在这个过程中扮演了极其重要的角色。本章的第二

[①] 衷海燕：《士绅、乡绅与地方精英》，《华南农业大学学报》（社会科学版）2005年第2期。

个案例则说明，具有平均主义色彩的轮值制度也是建立集体权威和组织存续的策略方式，这种权力运作方式使全体村民都有机会参与到村庄公共事务中去，避免了某几个人因能力不足或腐败等原因而造成的权威失落及组织解体等不良后果，从而使这个组织能够长期存续下去。

施坚雅的区域体系虽然具有强大的解释力，但很容易落入"区域决定论"或"地理决定论"的陷阱中。这是一个特别值得注意的问题。就如《模式》所言，长江三角洲、东南沿海、华北、长江中上游、边缘地带和边疆地区，其对应的地方精英分别是绅士/商人、宗族、里正/乡保、商人、地主、强人/军人。换言之，在这个观点看来，在某个区域就只能有一种类型的精英，其他类型的精英则看不到他们的身影。本章的个案虽然不能强有力地驳斥这个观点，但不是没有相反的情形，这里引用福建的例子以作延伸性讨论。

福建属于东南沿海地区，按《模式》的观点，其对应的精英是宗族及其精英人物。而庄孔韶发现该地区（以黄村为例）却是多种精英类型共存。在这里，地方社会权力结构的基础是宗族会议、族长、新旧绅士（新旧学衔者、新旧官员、商人）、地主以及保长等支配力量。但军人出现以后，很大程度上就控制了地方社会。他们凌驾于既有权力精英之上，成为一支超级控制力量。[1] 因此，19世纪中叶至民国初期的闽东基层社会，各种势力交织在一起，他们在这个舞台上上演着波澜起伏的明争暗斗的精彩好戏。由此看来，《模式》的观点仅具有"方法论"的意义，其具体的解释力仍然存有疑问。

---

[1] 庄孔韶：《银翅》，生活·读书·新知三联书店2000年版，第40—69页。

结　　论

在结论部分拟扩展讨论两个较为重要的问题，虽是扩展性讨论，但与本研究的主题密切相关。一是在正文的基础上，进一步论述与总结杂姓村和单姓村在社会结构、文化景观等方面的差异性，特别是反思人类学"亲属中心主义"的命题，指出这个命题在杂姓村并不能成立。与此同时，指出非亲属组织会社在超村落层面的强大组织能力。二是以民国学者对边地汉人的观感为出发点，进一步阐述边地汉人或边汉社会多重的历史、政治、社会、文化位置与角色，这个讨论可以让我们深化对边地汉人或边汉社会复杂性的认识。

一

反观中国人类学民族学史，民国时期这门西洋的学问传入中国以后，大体分为南北两派，即北方燕京大学吴文藻及其弟子开创的社区研究法，以及南方中研院开创的历史研究法。从研究的对象来看，北派以汉人为主体，南派以非汉族为主体。在汉人社会论域之中，北派传人虽然各有侧重，但家族主义是一个共同关心的问题。而对家族组织之上更大的亲属组织宗族（继嗣群）的研究，通常认为林耀华的研究具有代表性。海外人类学汉人社会研究的代表人物之一弗里德曼在林耀华、葛学溥等人的研究基础上，同样将宗族组织作为汉人社会的核心论题。不过他们研究的地域主要集中在福建和广东的"宗族乡村"，即以单姓村作为汉人的代表性村落。在这样的村落里，单一的宗族将整个村落组织起来，换言之，村落与宗族相互重叠，村落即宗族，宗族即村落。对于单姓村和杂姓村的关系，弗里德曼基于单姓村的经验，预测杂姓村一定会演变为单姓村。他之所以作出这个判断，是因为杂姓村所包含的不同宗族之间的竞争最终会导致村落的分裂，最后强大的宗族独占村落，弱小的宗族离开村落远走他乡，村落被单一的宗族整合起来。但是，黔中鲍屯的经验显示，作为一个杂姓村，它并没有如弗里德曼所预期的那样发生分裂，原因在于各种跨界的会社将全体村民团结起来，使之成为一个联合的共同体。在这个意义上，宗族与会社形成结构性的对立，即宗族使村落产生分裂的趋向，而会社使村落产生整合的趋向。弗里德曼担心的村落分裂，至少在鲍屯被会社化解了。

有趣的是，会社并不仅仅存在于杂姓村，单姓村也存在各种会社，林耀华、葛学溥和弗里德曼等人皆论及了单姓村各种形式的会社。值得探讨的是，单姓村和杂姓村的会社有何区别。总而言之，在单姓村，各种会社主要发挥其基本的职能，比如宗教组织主要为村民（族人）提供心灵秩序的归属，钱会主要为村民提供经济上的互助，而这些会社的社会整合意义被宗族取代了。会社的成员就是一个单一宗族的族人，没有出现跨姓氏的情形，宗族成员与会社成员基本重叠。故此，在单姓村，就社会整合意义而言，宗族与会社的关系，是前者吸纳了后者。而在杂姓村，会社不仅为村民提供基本的职能，而且还有社会整合的意义，宗族失去了整合全村的能力，这个任务留给了跨界的会社。会社的成员与宗族的成员不相重叠，导致会社成为跨界的组织。故此，在杂姓村，就社会整合意义而言，宗族与会社的关系，是后者吸纳了前者。宗族与会社皆是一种合作群体（corporation group），但两者的构建原则却不一致。前者的构建原则是继嗣和继承，即这个群体拥有一个共同的祖先，通过纵向的系谱关系将相关的人群联结起来；后者的构建原则不是通过继嗣和继承的系谱关系，而是通过横向的地域关系将相关的人联结起来，形成一个群体。两者作为合作群体，共同之处是拥有共同的财产（土地、现金等）。前者是纵向时间意义上的团体，后者则是横向空间意义上的团体。

尽管会社在部落社会与农民社会皆存在，但人类学将之边缘化了，亲属组织一直处于人类学的中心位置，从而导致了人类学"亲属中心主义"的取向。许多杰出的人类学家对此深信不疑，如利奇所言："与烹饪、音乐和奇异的命名体系相比，亲属研究枯燥无味，探索过程举步维艰，但对于一个人类学家而言，亲属关系是研究的核心内容。"[1] 亲属制度在人类学中的中心位置，最为人知的话语便是福克斯（Fox）那句著名的表达："提及人类学便想到亲属，提及艺术便想到裸体，提及哲学便想到逻辑。"[2] "亲属中心主义"几乎导致了人类学等同于亲属制度研究，埃里克森这样说道："亲属制度的研究一直以来都是人类学的一个核心话题。接近1940年代末，特别是在英国的社会人类学，亲属制度如此热门以致绝望的门外汉和学生嘲讽地把这门学科叫做'亲属制度学（Kinshipology）'。许多非人类学家不理解在这个专业里

---

[1] ［美］迈克尔·G. 佩勒兹：《20世纪晚期人类学的亲属研究》，王天玉、周云水译，《广西民族大学学报》2010年第1期。

[2] R. Fox, *Kinship and Marriage*: *An Anthropolonical Perspective*, London: Harmondsworth: Penguin Books, 1967, p. 10.

对亲属制度的极大兴趣为什么仍在流行。"① 人类学亲属研究的开创者毫无疑问是摩尔根,"从19世纪中晚期开始,摩尔根和他的同事们通过将人类行为的某些方面划分出来以供研究,并证实它们可以构成一个学科且具有连贯性,开创了亲属研究这一领域,从那时起,人类学和亲属研究之间既浪漫又极为模棱两可的关系就一直存在着"②。但是,摩尔根对印第安人的亲属制度特别是继嗣群的关注却是一个偶然的事件,绝大多数人类学学术史的研究忽视了对这个源头的考索,而且相关的发现也未得到后人的重视。这个发现便是由罗维最早揭示的,他说:

斯瑭顿确凿地指明,实际上所有较简陋的印第安部族全没有氏族组织(罗维所说的氏族即继嗣群);③ 氏族制出现于具有较丰富的经济的、工业的、宗教的和政治的设备的诸部族。如加尼福利亚州北部、俄勒冈州、华盛顿州、爱达荷州、内华达州,以及除沿海的一狭条及与之紧接的内陆之外的全部西北加拿大,这个广大的无氏族组织的区域也就代表着北美洲中最简陋的人类生活……也许有人要问,为什么这么大一片地方的完全缺乏氏族组织这件事实会这么久都没有人注意,而且至今

---

① [挪威]埃里克森:《小地方,大论题》,董薇译,商务印书馆2008年版,第124页。
② [美]迈克尔·G. 佩勒兹:《20世纪晚期人类学的亲属研究》,王天玉、周云水译,《广西民族大学学报》2010年第1期。
③ 罗维将氏族定义为,"氏族的最简短的定义是单方的亲属群(unilateral kinship group)。家族是双方的:说某人属于某一家族,意思是说他承认一个男子是他的父亲,一个女子是他的母亲,两人全和他有亲属关系。氏族则不然,它的计算亲属是依母亲或父亲而完全蔑视其他一亲的。"从这个定义来看,罗维所说的氏族就是后来命名的继嗣群(宗族)。见罗维《初民社会》,吕叔湘译,江苏教育出版社2006年版,第67页。

仍不为摩根（摩尔根）的门徒们所知。理由很简单，简单到出人意外。摩根是纽约人，因此在易洛魁人中开始他的研究，然后一路向西去，所经过的正是氏族组织最盛的一个地带。在摩根当时，远西的印第安人以民族志的标准而论可算是完全不为人所知，所以他的北美部族全有氏族制这个结论是可以原谅的。倘若他开始工作是在俄勒冈或爱达荷，或许他的整个的体系都要两样了。可是在1877年可以邀宽恕的事情到了四十年后的今日便不然了；由于知识不周的过早结论，只是祖师声望上的微瑕，而时至今日仍刚愎地坚持此论，这就成了门徒们的科学名誉的大累了。①

罗维对摩尔根早期学术研究经历的考索，包含了三层意思，一是北美印第安人部落并非都存在氏族制，二是摩尔根所研究的地带恰好是氏族制发达的部落，三是基于此研究经历，摩尔根将氏族制泛化，此观点被其门徒继承并延续至今。摩尔根开创的亲属研究，直接造就了亲属制度在人类学中的中心地位。当然，这并非说亲属制度在人类社会生活中不重要，从基础性的社会制度来看，亲属制度确实扮演了较为重要的角色。正如埃里克森所言："是什么使得亲属制度如此重要？简单的回答是，正是在许多社会中，亲属制度是单个的最重要的社会制度。在许多例子中，家族照顾了人的生计、职业、婚姻、防护和社会身份。"② 罗维也承认家族是最基本的社会制度，他说："总而言之，狭义的家族范围是

---

① ［美］罗维：《初民社会》，吕叔湘译，江苏教育出版社2006年版，第90页。
② ［挪威］埃里克森：《小地方，大论题》，董薇译，商务印书馆2008年版，第124—125页。

和别的区域所得结果一致的。在澳洲也和在他处一样,家族是基本的和原始的,氏族是比较次要的和后起的发展。"① 换言之,家族制度具有普遍性,而作为比家族更高级别的氏族组织却无如此普遍的分布。

"亲属中心主义"作为一种意识形态在摩尔根以后成为整个人类学的至高理念,不论研究的是民族还是地区。就汉人社会而言同样如此,桑高仁在讨论汉人的合作群体时指出,人类学家主要关注的是家族、继嗣群体,而忽视了非亲属的合作群体,② 但他没有追踪这个取向的源头,其根源实际上就是罗维指出的摩尔根的研究经历所造成的偏差。

既然氏族组织即使在部落社会也不具有普遍性,那么这个事实说明还有比氏族组织更重要的社会组织在社会生活中发挥作用。罗维认为这样的社会组织就是会社。他说道:"假如摩根是对的,那么低等文化中个人和个人之区别只在隶属氏族之歧异而已。我们前已说明这样的方案是错误的,因为它忽视了双方性的家族,但还有一大错误,它未曾计及全与亲属——不论是单方的抑或是双方的——无关的分类原则。初民部族也有依据年龄之高下,男女的性别,及婚媾的地位而排定的层次的,同一个这样产生的社群所生的联系之影响于个人生活也许要比个人的氏族隶属关系大得多。"③ 罗维虽然认为摩尔根的氏族理论忽视了涉及双边亲属的家族,但他更强调的是氏族理论的根本错误在于忽视了非亲属的社会联

---

① [美]罗维:《初民社会》,吕叔湘译,江苏教育出版社2006年版,第93页。
② P. S. Sangren, "Traditional Chinese Corporations: Beyond Kinship", *Journal of Asian Studies*, Vol. 43, No. 3, 1984.
③ [美]罗维:《初民社会》,吕叔湘译,江苏教育出版社2006年版,第153页。

结，而这样的一些社会联结也许比个人的氏族身份更重要。具体而言，在部落社会中，会社的形式多种多样。如在安达曼人中，没有氏族组织，仅有会社，这些会社包含已婚群体、未婚群体、性别群体和年龄群体。在澳洲，则是会社与氏族并存，会社中的性别群体最为重要。在马赛人中，会社虽然与氏族并存，但前者比后者重要，会社有年龄群体、未婚群体。在班克斯群岛，同样是会社与氏族并存，但前者比后者重要，性别群体尤为突出。在朴卜印第安人中，宗教会社是他们的主要社会组织。在克洛人中，烟草会、舞会、军事会社是他们的主要社会组织。在希达查人中，军事会社、年龄群体、宗教会社是他们的主要社会组织。罗维最后总结道："上面的叙述虽然简短，但足以显示在没有氏族的社会和有氏族的社会中会社性组织之重要和繁杂。两性的对分部族，基于婚姻地位的区分，社交的公会，秘密的兄弟会，一一地横跨于家族与氏族之上，造成了许多新的单位，对于一个人的社会生存都具有非常的重要性。这样看来，许尔兹的初民社会观完全证实了，而摩根这一派的说明只能认为不合实际。"①

罗维对部落社会氏族与会社的研究的可贵之处在于，指出了在人们的社会生活中，会社在某种程度上比氏族更重要，这个观点颠覆了人类学家的一般看法。在人类学界有一个流行的认识，即血缘关系比非血缘关系更基础更原始。进入现代社会后，前者被后者所取代，现代社会的人们不再被血缘关系捆绑。或者说，血缘关系是传统社会的标识，而各种非血缘关系则是现代社会的标识。殊不知，在部落社会中，非血缘关系就已比血缘关系重要了。

---

① ［美］罗维：《初民社会》，吕叔湘译，江苏教育出版社2006年版，第176页。

在汉人社会论域中，仅就村落这个单位而言，相关的人类学家通常都会论及宗族与会社这两个主要的社会组织，就如林耀华、葛学溥和弗里德曼所指出的那样。但是，他们只是将两者作为并列的不同的社会组织类型，并没有具体且详细讨论两者的关系。也许他们并不认为这是一个值得讨论的问题。原因可能在于他们研究的都是单姓村，单姓村强大而单一的宗族将会社的社会价值埋没了，因而他们认为会社不过是一个附带的社会现象。上文我们已讨论了单姓村宗族与会社的关系，在单姓村中前者将后者吸纳了，会社只是为村民们提供基本服务，而其延伸的社会整合意义并没有发挥出来。在单姓村，"亲属中心主义"这个命题可以成立，宗族作为一个超越家族层次上的整合力量是一个至高无上的存在。我们反复强调，单姓村发展出来的理论不能解释多样化的村落。在杂姓村，不同姓氏的宗族对于村落而言反而成了一个分裂的力量，故而弗里德曼基于单姓村的经验，预期杂姓村最终要发展为一个单姓村，但事实并非如此。杂姓村的存在具有一定稳固性，其稳固的机制就是各种会社将不同姓氏的村民团结起来了。杂姓村的会社与单姓村的会社的区别在于前者是跨界的组织，后者是封闭的组织。会社既可表现为开放的系统，也可表现为封闭的系统。而宗族则自始至终是一个封闭的系统，其基本原则就是不允许外姓进入本宗族。会社的基本属性就是开放性，只不过在单姓村没有这个机会展示自己的开放品质，因为整个村落都是一个宗族的族人。而在杂姓村，其开放性自然而然就表现出来了。就组织能力而言，在杂姓村中，"亲属中心主义"这个命题不能成立，会社的组织能力显然超过了宗族的组织能力。

以上的结论来自以单个村落为单位的经验，如果我们跨越单个村落在更大范围内讨论社会组织，会社的组织能力将会充分显现出来。以下试举几个具有代表性的案例进行说明。

（一）信仰组织。尽管中国台湾的信仰圈概念难以全面解释中国各地的特殊情形，但其跨村落的组织特点却是一个毋庸置疑的问题。中国台湾的两种信仰组织祭祀圈和信仰圈在所涉及的社会空间上有所差别，即前者的活动范围仅仅局限在社区范围，而后者的活动范围却超越了社区层次，上升和扩展到更大范围的区域性空间。具体而言，林美容将区域性空间划定在跨乡镇及以上的范围。① 比如，彰化妈祖信仰圈是中国台湾最大的区域性信仰组织，是以彰化南瑶宫妈祖及其分身之信仰为中心，中部四县市的信徒将近四万人参加南瑶宫十个妈祖会的组织。会员分布于大甲溪以南、浊水溪以北的地区，约有三百五十个左右的村庄加入，这些村庄大部分居住的是漳州籍的居民与福佬客。② 就涵括区域范围而言，可分为跨乡镇与跨县市两个层次。跨乡镇的信仰组织最多，有 46 个，跨县市的组织最少，只有 12 个；就区域范围的重叠性而言，不同的区域性信仰组织之间有互不统属、部分重叠、完全重叠三种情形；就所涵括的村庄之集中程度而言，一类是集中式，一类是分散式；就地缘的纯粹性而言，一类是纯地缘性的信仰组织，一类是具有宗族性特征的血缘性信仰组织。第二类的组织因同姓共祖的关系，祖籍来源一致，民族的属性更为清楚，但是其涵括的地区就不可能太大，包含的村庄也不可能太多，随着血缘性逐渐淡薄，组织也随之消失；就区域性信仰之组织方式而言，主要有：角头轮流、字姓轮流、村庄轮流、分区轮流、分股再分堡、神明

---

① 林美容：《妈祖信仰与汉人社会》，黑龙江人民出版社 2003 年版，第 122 页。
② 林美容：《妈祖信仰与汉人社会》，黑龙江人民出版社 2003 年版，第 123 页。

会方式；就与庙宇之相关性而言，一类是主祀神有庙的，一类是无庙的。①

中国台湾的妈祖信仰及其组织，其牵涉和覆盖的社会空间已不局限在林美容所划定的彰化地区。桑高仁认为，中国台湾的妈祖崇拜其实也是整个中国台湾人的文化身份标志。他说："与其他宗教符号相较，妈祖已成为基于中国台湾居民共同的历史经验的文化认同的符号。这些共同的历史经验将中国台湾不同的民族和地方统一起来。"② 妈祖的最高朝圣中心当然不在中国台湾，而是在大陆湄洲岛。因此，中国台湾的香客前往湄洲岛朝拜妈祖，妈祖信仰的社会空间无疑从中国台湾延伸到了大陆东南沿海地区。2000年，中国台湾最重要的妈祖庙镇澜宫组织了一次规模庞大的前往湄洲岛妈祖祖庙的朝圣活动。在这次活动中，商业电视台也积极参与其中，全程进行了报道。在某种程度上说，是民间宗教与商业媒体共同促成了这次活动。杨美惠对几种社会力量的合作作了深刻的观察，她说："在这个通过卫星电视传播的宗教朝圣中，我们看到了妈祖朝圣的仪式领地，和媒体空间的跨国扩张之间的奇怪融合。两者都受到跨越现有政治界限的内在冲动的推动。妈祖崇拜试图超越地域，融合更大的崇拜者社区，恢复与祖庙的亲属关系，并与遥远土地上的庙宇建立母系和姐妹关系。"③ 海峡两岸虽然因政治原因而产生隔阂，但

---

① 林美容：《妈祖信仰与汉人社会》，黑龙江人民出版社2003年版，第125—136页。

② P. S. Sangren, *History and Magical Power in a Chinese Community*, Palo Alto: Standford University Press, 1987, p. 91.

③ Mayfair Mei-hui Yang, "Goddess across the Taiwan Strait: Matrifocal Ritual Space, Nation-State, and Satellite Television Footprints", in edited by Mayfair Mei-hui Yang, *Chinese Religiosities: Afflictions of Modernity and State Formation*, Berkeley: University of California Press, 2008, pp. 323–348.

民间文化却将两地连通起来。从中国台湾到大陆的妈祖朝圣，使妈祖不再仅仅是作为中国台湾人的身份标志，而是扩大到作为中国人的身份标志。故此，以妈祖为中心的信仰圈和祭祀中心已不限于中国台湾地区，其根源和最高的圣地仍然在大陆，妈祖信仰的社会和仪式空间涵括了大陆和中国台湾。

不过，民间信仰并不是都能如妈祖信仰一般产生强大的组织力量和社会整合力。如庄孔韶在福建发现，陈靖姑信仰虽然分布于广大的地区，跨乡镇、跨县市，甚至跨省份，但尚未形成一个社会整合力量。其分布的范围，庄孔韶通过文献资料与田野调查发现："福建省玉田县临水宫至福州下渡陈太后庙一线为中心的陈靖姑信仰圈（中心圈），大体北至寿宁县、福鼎县、建阳县，南至闽江南的沙县和永泰县。在浙江南部丽水、青田、温州、瑞安、平阳等县，还有一个陈靖姑信仰的次级信仰圈，在闽南和中国台湾多类地方志中、宫庙藏书和民间抄本中，描述了陈靖姑信仰传播的事实……可见在玉田县为中心的陈靖姑信仰已跨方言片播化至闽南、台湾，构成又一个松散的信仰圈。"[1] 尽管陈靖姑信仰远播省内外，但信仰陈靖姑的村民没有形成一个信仰组织，仅仅是以个人为单位的民间宗教行为。地方女神陈靖姑在信仰圈内，主要是对人们的人生过程产生重要影响，如女子不孕就向陈靖姑"请花"祈子，分娩时要请陈靖姑，孩子生下三日时要供奉陈靖姑，婴儿满月要供奉陈靖姑，给孩子做"过关"时要请陈靖姑，给孩子"收惊"时要请陈靖姑，正月初一至十五"添灯"时要请陈靖姑，等等。[2] 福建乃至外省的

---

[1] 庄孔韶：《银翅》，生活·读书·新知三联书店2000年版，第357页。
[2] 庄孔韶：《银翅》，生活·读书·新知三联书店2000年版，第369—370页。

陈靖姑信仰之所以没有形成一个强大的组织力量，庄孔韶认为原因在于："中国乡村多神信仰、多类别、多需求信仰，对不同宗教信仰的容忍与受容性，以及家族中心主义一并削弱了社区层次的良性整合。那种仅表现于社区对比之时的认同力量并没有坚实的社区信仰与行动整合的基础，虽然对他社区具有强烈的外表认同性，却在本社区内部表现为一种结构性的涣散性……由信仰圈表现的民间信仰提供地方农人对人生与世界的解释系统，从而达成思想上的寄托（如陈靖姑法力的保佑），却不能对整个社区及其民众提供一个有力而持久的社会组织系统。"① 显然，福建信仰陈靖姑的民众未能围绕女神形成一个有形的类似于"会社"的实体组织，如同"神明会""汪公会"和"香头会"等。祭拜陈靖姑时没有相关的会社组织来牵头动员，而是以个体为单位从事祭拜活动。假以时日，在陈靖姑的传说圈和信仰圈，如果内外因素齐备，推动相关组织的建立，那么陈靖姑信仰就能够被组织化，发挥社区与区域的社会整合作用。

（二）洮州青苗会。在甘肃洮州的历史进程中，冰雹之灾给地方社会带来了持久的焦虑。在洮州山地农耕区形成了一个冰雹带，几乎所有的汉、藏、回村落都处于冰雹的打击范围内。在此恶劣的生态环境和多民族共居环境下，便形成了联村联族青苗会。其是一个政治、经济、文化的基层社会组织，就它采取行动的范围来说，远远大于利益取向的小集团，也就是说青苗会的行动意义投射到社会联合的高级层面。共同仪式建构了村落和超村落、汉人和非汉人的社会凝聚力以及地方认同感。因此仪式是社会组织的孵化器。洮州社会的主要组织形式是青苗会，这是一种以汉人为主且跨越

---

① 庄孔韶：《银翅》，生活·读书·新知三联书店2000年版，第377—378页。

民族的地域组织。然而东部林区的青苗会则出现了将宗族融为一体的类型，但这些有宗族的村落不同于华北、华南的宗族社会。此类宗族型青苗会的组织体系超越了宗族、村落和民族；所祀龙神也超越祖先神的范围而成为地方神，这完全是开放型的信仰体系或异族崇拜，各个姓氏的人们不分民族、不分村内村外皆可祭祀。范长风最后得出结论，生态危机意识深深地嵌入地方文化中，仪式禳解便是人们解决生态危机的手段之一，而冰雹带上的社会联合与互助行动直接塑造了青苗会组织的形貌和特征。①

甘肃洮州多民族地区的民众为了抗击恶劣的生态环境，不分彼此，超民族边界，共同组织起来，在青苗会的组织系统下一同渡过难关，其组织人类学的意义非同一般。正如庄孔韶的高度评价："洮州青苗会在结构上所呈现的文化的兼收并蓄，表明维持边界的文化特征也是可以改变的，因而成员的身份也随之变化，边界的移动成为可能。范长风的研究说明，民族作为归属性和排他性群体的人类学表述不一定是通则。洮州青苗会如何被文化地生成，为生态所形塑，它又是如何反过来以组织行为去影响文化和生态，实在耐人寻味。在持久的生态压力之下，在不同文化互动的地方，人们希望减少这些差异，互动要求生产出符号和价值的一致性，于是获得了建立跨民族组织的根本缘由。其中，由地方龙神信仰涵盖并生成的跨民族认同感，加上生态互助的紧迫感，于是产生了维系洮州'冰雹带'人们共同体的动力。显然，他为我们提供了一个不可多得的、人类学研究大型生态—社

---

① 范长风：《冰雹带上的社会联合：汉藏交接地区的青苗会组织研究》，载庄孔韶等《离别东南》，中国社会科学出版社2019年版。

会组织的中国经验。"①

（三）水利组织。笔者曾对关中平原大型水利工程和水利社会作过详细考察，发现关中的"水利社区"并不局限在单个村落内，而是跨村落的以灌溉为中心的共同体。其中，将这个共同体组织起来的同样是跨村落的"水利协会"。作为平原地区，这里的水利社区在规模上有大有小。有的小社区局限在一两个村落范围内，而大社区则是跨两个以上的村落，甚至是跨县的。因历史和自然的原因，从理论上来说，社区的自然边界会出现伸缩变化。之所以以水利社区作为考察对象，实是考虑到地方民众以"水"为中心的社会活动并不局限在一个村落的范围内，单以水利纠纷为例来说，其发生的范围有的就已超出了村的边界。在关中的水利网络中，有的已运行了上百年的时间。小范围的灌溉渠道通过民间的习惯法和面对面关系的协调，秩序井然，毫不紊乱。但一些跨村跨县的渠道由于涉及的范围广，协调的难度大，面对面的关系就难以发挥作用。同时由于战乱和灾害造成的社会影响，有的民间组织力量已瘫痪，失去了影响力，水利纠纷层出不穷。民国年间，已有人察觉到这些弊病，因此，力陈建立一个统合的水利组织来保障河渠灌溉的正常运行，如1935年前后由省水利局指导下成立的民间水利组织。根据当时的统计全省共有25个这样的"水利协会"。②

（四）市场组织。市场组织的跨界整合作用，当然是施坚雅的著名研究方向。施坚雅把中国的村落分为两种类型，一是分散型村落，二是聚居型村落。但他认为，不论是哪种

---

① 庄孔韶：《过化、权力、采借与情感——中国汉人社会多点研究归纳》，《中南民族大学学报》2020年第3期。
② 石峰：《关中水利社区与北方乡村的社会组织》，《中国农业大学学报》2009年第1期。

类型的村落,普通农民和地方绅士活动的中心皆不在村落,而是在市场。其中,普通农民的活动范围主要集中在基层市场,而绅士的活动范围主要集中在中间和中心市场。一个基层市场包含了大约6—12个村落。也即是说,至少12个村落的村民的经济与社会文化生活是在基层市场完成的。不同类型和大小的市场最基本的职能当然是进行经济交易,从基层市场开始,整个中国被逐渐扩大的市场层级整合起来。在市场这个空间单位中,除了经济职能外,更重要的是作为社会体系的市场圈。施坚雅通过实地调查和文献资料发现,人们的基本社会交往和社会关系也是发生在市场所涉及的社会范围和空间内。他说道:"各种各样的自发组成的团体和其他正式组织——复合宗族、秘密会社分会、庙会的董事会、宗教祈祷会社——都把基层市场社区作为组织单位。"[①] 我们可以将施坚雅这段话的意思理解为,复合宗族和各种非亲属的会社与基层市场相互重叠,相互等同,两者看似是不同的组织实体,但形异实同。唯一的区别是,因经济职能而形成的市场,为各种社会组织提供了一个活动空间和场所。

  以上以几个常见的非亲属组织为例,讨论了在跨村落层面的社会空间,非亲属组织在其中所发挥的组织作用。显然,在这个更大的空间内,亲属组织无力将更多异质性的姓氏和不同身份的人群组织起来。而会社的跨界性却能在不同层次的空间内包容各种异质性因素。在单姓村的宗族乡村,同一姓氏的宗族可以将整个村落整合起来,而在杂姓村,会社替代了宗族的整合职能。会社的强大组织能力继续延伸到跨村落跨地域的更大社会空间。但是,宗族也试图发挥跨地

[①] [美]施坚雅:《中国农村的市场和社会结构》,史建云等译,中国社会科学出版社1998年版,第49页。

域的社会联合作用，即所谓的"联宗"现象。这不也说明亲属组织也可以实现会社的超强组织能力吗？这个问题值得作深入的探讨。钱杭的研究表明，中国历史以来的联宗分为同姓联宗和异姓联宗两种类型。其中，同姓联宗又分为三种类型，一是宗族世系关系（主要指直系关系）明确或比较明确的若干和同姓宗族之间的联宗；二是宗族世系关系不很明确的若干和同姓宗族之间的联宗；三是宗族世系关系无从谈起且远远超出所有参与其事的同姓宗族实际生活范围之外的联宗。① 不过，钱杭还认为，探讨历史上的联宗现象决不能以以上的静态类型作为唯一的研究对象，而应将之与联宗的动态过程结合起来进行考察。通过静态与动态相结合的考察，会发现联宗不同的功能目标决定了大小不一的涉及范围；一个最后完成了的联宗，在其实现过程中，其参与主体往往表现出一定程度的流动性；一些宗族加入了，一些宗族退出了。联宗的静态类型可以被看作是联宗过程的若干个阶段；既可先后出现，也可交叉存在，它们共同构成了联宗过程的整体。② 从联宗的功能目标来看，其主要关乎两个目标，一是以重建本宗族历史为目标的联宗，二是以宗族合作为目标的联宗。③ 对同姓联宗的类型和过程进行详尽探讨后，钱杭对之进行了反思和评论。首先，他认为："对于构成这一宗族联合体的绝大部分成员来说，他们之间共同的世系关系——包括直系和旁系两个系列，在很大程度上是'拟制

---

① 钱杭：《血缘与地缘之间：中国历史上的联宗与联宗组织》，上海社会科学院出版社 2001 年版，第 280 页。
② 钱杭：《血缘与地缘之间：中国历史上的联宗与联宗组织》，上海社会科学院出版社 2001 年版，第 280 页。
③ 钱杭：《血缘与地缘之间：中国历史上的联宗与联宗组织》，上海社会科学院出版社 2001 年版，第 281—326 页。

的',即包含着非常明显的人为构造的成分。因而,联宗所结成的,实际上就不能视为一个真实的宗族实体,而只是一个同姓地缘联盟。"① 可以这样来理解这段话,即联宗组织并不是一个真正的亲属组织,他们只不过是打着亲属的旗号而形成的一个地缘组织,即人类学所谓的"姓氏群体",其实质仍然是或类似一个地缘性的会社。其次,"联宗组织不能视为独立的亲族组织,更不是体现了父系单系世系原则的宗族组织。不仅在理论上如此,就是在实际生活中,同姓人们一般也不把联宗组织看作是与本人所在之实体性宗族同样性质的亲族组织。实体性宗族既是同姓人们的祭祀共同体,同时也是与严格的地域范围相连接的须臾不可分离的生活共同体,这是只有真正的亲族组织才有可能具备的功能。在中国大部分农村地区,这类亲族组织就表现为村级宗族实体"②。这段话是在反复强调联宗组织并非真正的宗族实体,其对同姓之人的凝聚力并没有得到人们广泛的认可,真正把族人团结起来的仍是村级的宗族实体。此外,就跨地域的空间范围而言,联宗组织尽管是基于亲属的一个超越村落的联合组织,但其涉及的人群仍然局限于姓氏这个身份范围,与会社的跨界性(跨姓氏、跨性别、跨年龄等)和包容性相比,其容纳的人群范围和数量相对较为稀少。联宗的组织范围是沿着姓氏这个线性的单位展开的,而会社的组织范围则是以平面为单位展开的。上文还谈到,钱杭认为存在同姓联宗的同时也有异姓联宗,不过,异姓联宗"一般都要小于同姓联宗

---

① 钱杭:《血缘与地缘之间:中国历史上的联宗与联宗组织》,上海社会科学院出版社2001年版,第340页。
② 钱杭:《血缘与地缘之间:中国历史上的联宗与联宗组织》,上海社会科学院出版社2001年版,第341页。

的规模和范围"①。尽管异姓联宗是跨姓氏的组织，但其涉及的姓氏仅仅是少数，并非如会社那样能将某地所有姓氏皆纳入其中。据钱杭的统计，异姓联宗主要涉及"水、曾两姓联宗""赖、罗、傅三姓联宗""翁、洪、江、方、龚、汪六姓联宗""王、郁、李三姓联宗""曾、丘（邱）两姓联宗""朱、庄、严三姓联宗"，②总共仅有 19 个姓氏，与庞大的"百家姓"相比数量微乎其微。故此，在异质性的杂姓村，会社的组织能力超越了宗族的组织能力，在跨村落的层面，其社会异质性更为突出，会社继续发挥其超强的组织能力，将超村落的地域整合起来。虽然姓氏组织也可以跨村落进行社会联结，但其组织能力仍无法与会社相提并论。

二

对于本研究的田野点黔中屯堡汉人乡村社会，在导论中已将其村民及其组成的社会界定为一个"边汉社会"。尽管中外学界对中国边疆地区研究主要探讨的人群是非汉民族，但对处于该区域的汉人群体，民国以来学者们多有注意。在历史的早期，仅有少量的内地汉人进入边疆地区，彼时的民族分布格局是"夷多汉少"；明清以后，大量的内地汉人来到边疆地区，汉人的人口数逐渐超越了非汉民族。当然汉人中有一部分是非汉民族转变自己的身份认同，放弃了原先的民族身份，而将自己认同为汉人。边疆地区的安全和稳定，离不开非汉民族对于中华的认同和坚守，同时也与从内地移

---

① 钱杭：《血缘与地缘之间：中国历史上的联宗与联宗组织》，上海社会科学院出版社 2001 年版，第 358 页。
② 钱杭：《血缘与地缘之间：中国历史上的联宗与联宗组织》，上海社会科学院出版社 2001 年版，第 358—382 页。

民而来的汉人群体对该区域的开发和管理有莫大关系。对于边地汉人的历史作用与其在民族关系中所扮演的角色,民国时期已有学者对此作了初步的观察和思考。冯建勇最近的一篇论文较为详细地梳理与总结了民国学者的相关看法。从他们对边地汉人的印象来看,基本上可以说明边地汉人的大体情形。但如果放大眼界,特别是将历史上溯到更早期,而不是仅仅局限在民国时期的边地汉人,可以更加深刻地、广泛地理解该区域的汉人群体。

冯建勇认为,民国以后的学者对历史时期特别是民国边地汉人的追溯性研究,不及时人对边地汉人的即时观察,因此,对后者的相关观点进行梳理尤为必要。对此,他说道:"基于学术史的视角,我们有必要对时人的讨论进行梳理和分析,这一方面有助于更好地理解民国时期边地汉人在近代中国边疆统合中的位置与角色;另一方面,也可以通过比较今人与时人之观念的异同,理解这一差异性背后的政治、文化隐喻。"① 具体而言,冯建勇提炼出两个民国学者所建构的边地汉人的正反形象:"本文拟考察民国时期(主要集中于20世纪三四十年代)社会知识精英对边地汉人形象的构建过程。彼时,一些具有西方人类学、民族学、社会学等学术训练背景的研究者较早地将源自西方的边缘人概念作为一个重要的理论范式引入中国田野,并运用它分析边地汉人,进而塑造了一个'枢纽人'群体像。大约同一时期,亦有一群研究者基于边地日常生活的观察,为边地汉人构建了一种'限界群'形象。从研究结果来看,与今人学者多倾向于阐发一个偏于一律、正面积极的边地汉人形象不同,民国时期

---

① 冯建勇:《在"枢纽"与"限界"之间的边缘人:民国时期边地汉人形象构建论说》,《社会》2020年第1期。

社会知识精英笔下的边地汉人形象呈现出二元形态。"①

持"枢纽人"观点的代表人物主要有拉铁摩尔、吴文藻、陶云逵、任乃强、方国瑜、朱章、蒋君章等。冯建勇综合各家之说,认为边地汉人作为"枢纽人"的核心要义为:"汉人忠于中国的政治与文化,故边地汉人实系中原文化在边疆地区的延伸,其在边疆地区的规模性流动与定居可视为边疆治理'国家化'的代表,乃因边疆少数民族对国家的认知与接纳,多数时候是通过汉人与汉人文化来感知的。"②

而持"限界群"观点的代表人物主要有李安宅、范长江、陈碧笙、岑家梧、唐兆民、梁钊韬、费孝通等。冯建勇综合各家之说,认为边地汉人作为"限界群"的核心要义为:"如果说'限界群'的表述从心理意识层面揭示了边地汉人阻隔内地、边疆文化交流与国族统合的状况,那么,'寄生虫'的比喻则在日常社会层面构建了一个附着边疆的食利者形象。显而易见,无论是'限界者'的形象描述,还是'寄生虫'的形象构建,实际上均将边地汉人视为一个'问题'。"③

民国学者对边地汉人的观察和形象建构,既有正面的"枢纽人"形象,也有负面的"限界群"形象,为我们描绘了较为完整的一幅边地汉人图像。在冯建勇看来,在边地汉人的两种异质形象中,"枢纽人"形象并不值得作过多的强调,因为这种形象一直以来是国家和知识精英论证汉人移民边疆正当性的主调,包括民国以后对历史上汉人移民的评价,莫不如

---

① 冯建勇:《在"枢纽"与"限界"之间的边缘人:民国时期边地汉人形象构建论说》,《社会》2020年第1期。
② 冯建勇:《在"枢纽"与"限界"之间的边缘人:民国时期边地汉人形象构建论说》,《社会》2020年第1期。
③ 冯建勇:《在"枢纽"与"限界"之间的边缘人:民国时期边地汉人形象构建论说》,《社会》2020年第1期。

此。因此，从学理的角度来看，"枢纽人"形象的建构并无多大新意。冯建勇更强调的是边地汉人"限界群"形象，因为这个观察和建构相对较为少见，也为学界和社会提供了一个另类的负面的边地汉人形象，这个形象打破了边地汉人单一的位置和角色，使我们能够多元化地、深刻全面地认识边地汉人的复杂性。不过，如果我们放宽眼界，将时间和空间延伸出去，边地汉人的非正面形象可能会比"限界群"形象更为复杂。试举两例以说明之。

冯建勇认为后世学者对历史时期民族关系的研究与时人的亲身体验大为不同，他说道："与今人学者多倾向于阐发一个偏于一律、正面积极的边地汉人形象不同，民国时期社会知识精英笔下的边地汉人形象呈现出二元形态。"[1] 但是，冯建勇的判断有些绝对，历史学家对历史上民族关系的研究，在涉及边地汉人时并非都是正面的评价。清代中国台湾的"番汉"关系，以及朝廷看待中国台湾汉人的态度，与我们熟知的汉人是中原文化在边疆地区的延伸的印象大相径庭。相关的代表性研究便是柯志明在《番头家：清代台湾民族政治与熟番地权》一书中对边地汉人消极形象的讨论。更重要的是，这个消极形象与民国学者所说的"限界群"形象并不是一个类型，两者的内涵也不尽相同。

柯志明首先指出"文化主义"在阐释边疆非汉民族地区时的局限性。通常认为以儒家思想为核心的文化主义是理解中国古代"天下观"的主导标准，古人不在意种族和民族的区别，只要接受了儒家文化，任何民族便可被视为中国人。儒家的文化主义具有强烈的包容性，也即是说，在总体上接

---

[1] 冯建勇：《在"枢纽"与"限界"之间的边缘人：民国时期边地汉人形象构建论说》，《社会》2020年第1期。

受和支持儒家文化的同时，可以容纳版图内各个非汉民族各自的社群认同。柯志明将儒家的文化主义特质表述为："中国的文化主义立基于儒家文化优越性不可动摇的信心。因为深信儒家思想是一种近悦远来的文明，中国服膺的自然是普同主义的原则。以文化价值作为纳入中国这个政治共同体的判准使得国界的延伸可以无远弗届，包括那些不识不知、无缘接触中华文化的'蛮夷'，但看他们是否诚心向化。教化的可能性在文化主义的理想里，是判定是否可以纳入政治共同体的主要判准。"[1] 当然，古代中国的文化主义是一种抽象的思想，需要社会行动者在具体的实践中将之落实和实施。理想上说，移民至边疆的边地汉人既是中原儒家文化的承载者，也是传布儒家文化的实践者，通过他们的示范作用，边疆地区的非汉民族才能知晓儒家文化内涵及其表征究竟是什么。如果边地汉人执行或完成了这个文化使命，那他们所扮演的就是沟通不同民族不同文化的"枢纽人"角色。在中国这个多民族国家的形成过程中，儒家的文化主义正是背后的思想资源和政治理念。

不过，历史的复杂性导致在某个特定的时空范围内，儒家的文化主义难以对之进行有效的解释。清代中国台湾的边地汉人正是一个特殊的个案。清代中国台湾的特殊性在于当时政治、军事与经济力量的重要性远远大于儒家的文化主义。另外，更重要的是，中国台湾作为一个战略上具有特殊地位的边疆地区，一旦汉人据之叛乱，不仅难以平叛，而且将对内地满族统治的合法性构成严重威胁。文化主义的理想期待的是大量非汉民族归化朝廷，将之居住的地域纳入到王

---

[1] 柯志明：《番头家：清代台湾族群政治与熟番地权》，台北："中研院"社会学研究所2001年版，第36页。

朝的版图之内，这个过程也即是"王化"或"内地化"的过程。但是，基于中国台湾的独特位置，清政府却另有打算。对于非汉民族的归化问题，朝廷并不是那么热心，其目的是保留所谓"生番"的地界，以之隔离朝廷担心时刻造反的汉人。"因此，无需劝诱'生番'归化，纳入版图统治，而应采取羁縻政策，并严格执行划界隔离，连原准的番汉贸易都得禁绝：'勒石立界，一切采捕、交易之人不许逾越行走，违者严以处分，复于出入要口设汛安防以资备御'。朱批是：'此论深得治台之根本，深合朕意，欣悦览焉，勉之勉之'"①。显然，文化主义在此时的中国台湾向具体的治理考量妥协了，朝廷有意图地不让"生番"转化为"熟番"，而是采取非汉民族具有一定自主权的羁縻政策，以隔离可疑的汉人。随后，大小官员继续完善该项治台政策。尽管"番汉"之间划了界，但许多汉人仍然居住在"生番"境内，并与当地妇女通婚。更为严重的是，官员在非汉民族中发现了大量从内地输送过去的杀伤力极强的武器。为了防止"番汉合一"，两者联合起来造反滋事，清廷进一步规定，除了禁止他们交易之外，连居中的"通事"都不准设置，尽可能地堵住一切的漏洞。"番汉"关系有时处于敌对与紧张状态，非汉民族常常劫杀当地汉人，但朝廷的态度是"更重要的是，……真正要防范的对象是在台的汉人，生番的劫杀不过是'小事'。自此以后，官方对于生番攻击汉人只能被动防御，不得动用武力报复，从事惩罚性的防御"②。"番汉"的紧张关系与冲突无疑造成了诸多令地方官员头痛的治安问题，

---

① 柯志明：《番头家：清代台湾族群政治与熟番地权》，台北："中研院"社会学研究所2001年版，第47页。
② 柯志明：《番头家：清代台湾族群政治与熟番地权》，台北："中研院"社会学研究所2001年版，第49页。

但放弃对非汉民族的严厉惩罚是朝廷对台的主导政策。地方官员虽然不得不面对自己辖区的流血杀人事件，而且部分地方官员认为自己在边疆地区执政，抱持着强烈的儒家文化主义的理想，力图化"生番"为"熟番"，化"熟番"为"汉人"，但最后也不得不恪守朝廷的大政方针。清廷的对台政策有一个逐渐发展的过程，到了雍正时期基本成型，"当总督以下的地方官员们还汲汲落实文化主义理想时，世宗隔离主义的轮廓已经悄然成形。文化主义在中国台湾是不是有可行性，甚至是不是一个值得实行的理想，已被世宗从根本上质疑而终至推翻。世宗重新确认，真正（或主要）要防范的对象是在台的汉人。世宗不仅彻底放弃原先以文化主义理想为出发点的生番归化政策，并明确标明清廷治台首要防范的对象：汉人，也清楚表达出他偏好的方法：民族隔离"[①]。

虽然清廷确立了在中国台湾主要防范的对象是汉人，而且也采取了相应的防范措施，但这个隔离主义还是一种比较消极的方法。鉴于消极的隔离措施还不能完全堵塞一切漏洞，且"熟番"在协助政府镇压汉人和"生番"造反的同时，也屡次叛变滋事。清廷开始从消极的隔离转向与"熟番"结盟的积极主动策略。乾隆年间，地方官员提出了建构一个三层制民族分布地带的构想，即"生番在内，汉民在外，熟番间隔于其中"，同时提议调用"熟番"的人力协助军方守边。乾隆帝对此奏折批准实施。为了达到与"熟番"结盟的目的，政府在土地的划拨方面尽量偏向"熟番"，"此次官制与法规大变革下所确立的熟番地权制度，与前此最大的不同处在于，政府终于真正面对熟番与

[①] 柯志明：《番头家：清代台湾族群政治与熟番地权》，台北："中研院"社会学研究所2001年版，第51页。

汉人间一向存在——而且难以防制——的土地利用关系。在这个认识下，政府刻意违反民间习惯，不仅在土地的归属及租佃条件上偏袒熟番，并且进一步贯彻熟番地权的保护：重新规范番汉间的租佃安排，以法令的强制力确保及创造出熟番地额外的收益，并完全堵塞熟番地转让过户为民业的途径"①。至此，利用"熟番"防守边界隔离"生番"和汉人，并与扶弱抑强的土地政策相结合，使清廷与"熟番"结盟共同防范汉人的对台政策得到最后完善和确立。具体而言，柯志明将这个不断完善的过程形象地表述为："清廷在台的民族政策从康熙末年以来以文化主义为理想的同心圆式中心边陲差序，演变为雍正中期隔离但等距离对待的原则，到乾隆中期以后终于确立以熟番为内层结盟的民族政策。"② 总之，清廷的对台政策概括地说就是"以番制汉，以熟制生"（柯志明语）。

　　清代中国台湾的民族关系与清政府根据实际情形所采取的治台方略，显然在中国广大的边疆地区是一个特殊的个案。清政府在其他边疆地区的治边策略与中国台湾相较，无疑具有极大的差异性和区别性。正如柯志明所言："雍正时期，清廷大规模地将中国西南原属羁縻关系的土著地区，不分生、熟，一律纳入直接统治、设官建制——改土归流。此举明显与同时期处理中国台湾生、熟番的政策形成强烈对照。在中国台湾，清廷用心防范的，并不是如华南地区少数民族动乱的问题，而是汉人变生肘腋的问题。除了短暂、戏剧性的生番归化现象外，清廷在台的边境与少数民族政策，

---

　　① 柯志明：《番头家：清代台湾族群政治与熟番地权》，台北："中研院"社会学研究所2001年版，第57—58页。
　　② 柯志明：《番头家：清代台湾族群政治与熟番地权》，台北："中研院"社会学研究所2001年版，第59页。

不在于汉人配合，从文化上和制度上逐步汉化少数民族，并将其纳入直接控制，反而是利用少数民族来防制汉人。"① 无论清代中国台湾的案例如何特殊，在整个中国如何少见，但它为我们思考边地汉人或边汉社会的历史和社会文化角色提供了一个另类的极佳例子。首先，彼时中国台湾的汉人至少在朝廷和地方官员的眼里是一个消极负面的形象，清政府也没有打算通过他们来实现文化主义的宏大理想。由于中国台湾所处的特殊地理位置，在交通不便的历史时期，极有可能成为一个动乱的策源地，从而威胁和挑战中央王朝至高无上的权威。因此，从清政府的视角来看，中国台湾的汉人成了一个危险之源。其次，与民国边地汉人"限界群"形象相较，有几点不同之处：一是前者因为自身的堕落，从而无力担当起文化主义的重任，后者却是政府不需要他们来担当此任；二是前者因为自身的堕落，从而在汉族与非汉族之间隔断了交流的渠道，后者却是政府利用非汉来阻断他们与中心的联系；三是前者尽管未能执行文化主义的理想，但不是一个极端危险的政治势力，后者在政府看来却是一个威胁和挑战中央权威的潜在的值得防范的政治势力。故此，清代中国台湾的边地汉人是另一种消极负面的群体形象。

无论是民国时期政治和知识精英看待边地汉人的两种截然不同的形象，抑或是清代朝廷眼中的中国台湾边地汉人，无疑皆是来自中心的视角。如果我们换个角度，从边疆非汉民族的视角来看待移民到该区域的汉人群体，可能会得出不同于中心视角的结论。上面所讨论的边地汉人的两种负面形象，一个是阻碍了内地与边疆沟通的渠道，一个是中原朝廷

---

① 柯志明：《番头家：清代台湾族群政治与熟番地权》，台北："中研院"社会学研究所2001年版，第59页。

所防范的对象，但两者都没有造成汉族与非汉族之间的严重冲突。而现在准备讨论的非汉民族眼中的边地汉人，却导致了非汉民族的大规模反抗和起义。

非汉民族反抗和起义的直接原因便是边地汉人对非汉民族土地的侵占，从而造成后者流离失所，最后在不得已的情形之下揭竿而起。雍正初年，清政府开始加强对西南苗族地区的统治，逐步推行"蛮悉改流，苗亦归化"的政策。所谓"蛮"，指的是由土司管理的"熟苗"地区，"蛮悉改流"指的是废除土司统治，改由流官统治，亦即"改土归流"。所谓"苗"，指的是既无土司统治，也无流官统治的"生苗""生界"地区。在清政府对苗疆地区实施以上政策的过程中，种种原因导致了苗民的激烈反抗。据统计，此时期有雍正五年湘黔交界地带"花衣苗"的反抗，雍正六年清平、丹江苗民的反抗，雍正七年古州苗民的反抗，雍正九年铜仁府苗民的反抗，雍正十年台拱苗民的反抗。到了乾嘉时期，西南苗疆地区的苗民反抗仍未停息。① 苗民反抗的原因主要有：（1）清政府设官建制后，劳力苦力之事皆由苗民承担；（2）汉人侵占苗民的土地；（3）汛兵、差役勒索苗民；（4）汉人商人盘剥苗民。② 清朝官员邹一桂在反思苗民反抗的因由时，从苗民的视角指出了其中的原委：苗民"方其受欺之时，则隐忍而不言，或言之而莫理。积之日久，乃一发胸中之毒"③。以上苗民反抗的原因虽然是从清朝前期总结出来

---

① 中国第一历史档案馆、中国人民大学清史研究所、贵州省档案馆：《清代前期苗民起义档案史料汇编》（上册），光明日报出版社1987年版，第2—3页。
② 中国第一历史档案馆、中国人民大学清史研究所、贵州省档案馆：《清代前期苗民起义档案史料汇编》（上册），光明日报出版社1987年版，第3—4页。
③ 转引自中国第一历史档案馆、中国人民大学清史研究所、贵州省档案馆：《清代前期苗民起义档案史料汇编》（上册），光明日报出版社1987年版，第4页。

的，但"也是清代苗民进行反抗斗争的普遍原因"①。不过，在诸多原因之中，边地汉人侵占苗民的土地尤为突出，或者说，这是主要原因。

边地汉人侵占苗民的土地，史称"赶苗拓业"。根据东人达教授的考察，"'赶苗拓业'不见于封建正史之中，却大量存在于武陵山及周边民族地区的方志、碑刻、族谱与民间口传史料里，又被称为'赶苗夺业''赶苗图业''赶苗夺籍''赶蛮夺业'等。这是一场发生于渝、鄂、湘、黔、川、滇、桂广大地域，萌芽于元代，贯穿明朝，延及清初的重大历史事件"②。其具体含义为："在整个明朝及清朝前期统治的3个多世纪里，在渝东南、黔东北、鄂西、湘西毗邻的武陵山与云贵高原东部的广大区域内，发生过多次规模大小不等的针对苗、土家、布依、仡佬、侗、水、彝等少数民族的'赶苗拓业'行动。剿杀、驱赶原住民，由屯住的官兵、土司、移民重新开拓家业。"③ 由此观之，"赶苗拓业"政策的制定者是中央王朝，具体执行者是来自中原地区的屯兵与普通移民，兼及部分土司，驱赶的对象是边疆非汉民族，目的是侵占他们的土地，重新开拓屯兵、移民与土司的家业。而这个行动最终"给被剿杀、驱赶的相关民族带来巨大灾难，造成新的民族互动与聚居状态。其中导致了苗族大规模的西向迁徙，并最终形成了今天的分布格局"④。

---

① 中国第一历史档案馆、中国人民大学清史研究所、贵州省档案馆：《清代前期苗民起义档案史料汇编》（上册），光明日报出版社1987年版，第4页。
② 东人达：《明清"赶苗拓业"事件探究》，《贵州民族研究》2006年第6期。
③ 东人达：《明清"赶苗拓业"事件探究》，《贵州民族研究》2006年第6期。
④ 东人达：《明清"赶苗拓业"事件探究》，《贵州民族研究》2006年第6期。

其他学者的相关研究也得出了与东人达相似的结论。比如，曾超认为：赶苗拓业"即原为蛮地的少数民族地方，随着中原势力的深入，汉族官兵的入居，少数民族被赶往更偏僻的地区，原来蛮地为汉族势力所占据"[1]。李良品认为："元明时期，有许多汉族迁入重庆苗族分布区，出现赶苗夺业现象。川黔湘鄂交界武陵地区古代苗族早已在此乐业，此时客民涌入苗地，以致产生土地争夺问题，外来势力强盛之时，则强行夺取苗民土地产业，并驱赶苗民离开家园。"[2]

明初朱元璋为了夺取元朝治下的西南边疆地区，派遣了大量军队来到此地，平定云南之后，为了保证中原至云南的交通顺畅，防止沿线土司及非汉民族阻断交通，更是派遣大量军队来此驻防。这些军人一边驻防一边屯田，因此被称为屯兵。在"赶苗拓业"行动中，许多便是屯兵所为。例如，"明朝建立不久，就派兵到西南各民族地区，强令土官归顺，人民纳款。被派来戍守苗区的文武官员，又与土官沆瀣一气，虐人肥己，致令诸夷苗民困窘怨怒；屯军霸占田地，骚扰人民；驿站经常派夫派马，勒索钱财。因而苗族人民反苛派，反卫所屯田，反官吏、土司的斗争，也就不断发生"[3]。

今天的黔中安顺屯堡汉人地区，在明代时期，主要属于普定卫（今安顺）、平坝卫（今平坝）和安庄卫（今镇宁）的管辖范围。这三个卫在当时的屯田数目有详细的历史记载。嘉靖《贵州通志》卷三载："普定卫，水陆田地七万六千七百二十四亩。水田三万四千亩；陆地四万二千七百二十四亩。"普定卫一带的非汉民族有苗族、仲家（布依族）和

---

[1] 曾超：《黔江移民姓族孙氏略考》，《三峡大学学报》2012年第3期。
[2] 李良品：《重庆世居少数民族研究》（苗族卷），重庆出版社2011年版，第97页。
[3] 《苗族简史》编写组：《苗族简史》，民族出版社2008年版，第95页。

仡佬等。又载:"平坝卫,水陆田地三万六千一百一十二亩四分。水田一万八千九亩二分二厘六毫;陆地一万八千一百三亩一分七厘四毫。科田二千五百七十三亩七分。"平坝卫一带的非汉民族有苗族、仲家(布依族)和仡佬等。又载:"安庄卫,水陆田地七万二千一百九十三亩五厘。水田三万一千三百一式五亩;陆地四万八百七十八亩五厘。"安庄卫一带的非汉民族有仲家、罗罗(彝族)、苗族、仡佬等。①上文谈到官方正史中并没有将"赶苗拓业"记载下来,而主要存在于民间碑刻、族谱与口传史料里。嘉靖《贵州通志》没有说明贵州屯军的屯田是否来自赶苗拓业所获取的土地。但尤中先生在书写这段历史时,特别将各个卫所附近的非汉民族一并带上,极有可能是为了说明这些土地的来源情况。

前面的章节提到了一个相关的个案。鲍屯附近有一个苗族村寨,名为黄家庄。当我问到他们的历史时,黄家庄的村民说,以前汉人来时,大户人家都离开村庄逃往越南了,只留下了老弱病残。黄家庄苗族村民的这段记忆,没有明确提及汉人侵占他们土地的问题,但他们说的大户人家应该就是拥有土地之人,他们为了逃避战火离开家乡,那么留下的土地应该是被汉人占有了。后来黄家庄留下的村民成为鲍屯的佃户,这从一个侧面说明他们已丧失了自己的土地,只能租种汉人的土地来维持生计。

从边疆非汉民族的视角来看,移民至边疆的汉人是外来的"客民"。这个外来的人群,在各个王朝特别是明清政府的支持下,为了在当地立足生根,不得不侵占非汉民族已开垦的土地,后者被迫反抗。反抗失败后,有的沦为汉人的佃户,有的则远走他乡。这些痛苦的经历长久以来一直留存在

---

① 尤中:《中国西南民族史》,云南人民出版社1985年版,第436页。

人们的记忆之中。比如，民国时期日人鸟居龙藏访问一位苗族妇女，问其衣服上的绣花是何意时，老妇答道："那是水田，因为我们苗家从前有许多水田，后来水田给汉人占了，我们只好在褶裙上绘着水田的花纹，纪念这些事情。"① 历史上，边地汉人直接触动了非汉民族的利益，加上其他方面对其的不尊重，造成了这些原本就居住在边疆地区的非汉民族对汉人的负面印象。这个负面印象显然与边地汉人"限界群"形象、被朝廷防范的对象有所不同。不同之处主要有：（一）它是边缘的视角，而非中心的视角；（二）它是温情脉脉的文化主义下的较为残酷的行为；（三）它导致了非汉民族的抵制和反抗。

我们以冯建勇对民国时期边地汉人负面形象的讨论为引子，进一步探讨了明清以来边地汉人的其他负面形象。在"限界群"形象之外，至少还有其他两种负面形象。另外，王明珂在讨论与少数民族杂居的汉人时，也提到了汉人被当地非汉民族称为"烂汉人"，他们认为汉人既聪明又狡猾，本地人总是受他们的骗。② 不过，从总体上和长时段来看，中原王朝或国家对边地的经营和开拓，其主旋律仍是"大一统"的政治和文化理念，边地汉人也主要是"枢纽人"的积极形象，史家称之为"王化"或"内地化"的过程。正如张新民在论及西南彝族与国家的关系时所言："道路的开道，无论在国在民，在汉在彝，虽谋划的出发点可能不同，但从历史发展的大格局看，仍可说双方都是实际的受益者。无论或快或缓，是长是短，道路交通线的开发及其延长，都必然

---

① 转引自岑家梧《岑家梧民族研究文集》，民族出版社 1992 年版，第13—14 页。
② 王明珂：《蛮子、汉人与羌族》，台北：三民书局 2003 年版，第 84—87页。

有利于'通其财利，同其数器，壹其度量，除其怨恶，同其好善'，不仅方便了地缘社会空间的互通有无，增加了社会生存不可或缺的活力，同时也打破了交往世界的缝隙或隔阂，发挥了难以想象的整合功能。更重要的是，交往与互助空间的扩大，必然也意味着民族之间经济文化差异的逐渐消除，边地社会大一统秩序格局的重新建构，说明边缘与中心固然可以是冲突的或竞争的，但未必就不能是互助的或合作的，道路既然能够连接边缘与中心，当然就意味着能够整合差距与分殊。"[1] 当然，"内地化"过程对边疆非汉民族而言，造成了许多流血和暴力事件，也给他们的后裔留下了痛苦的创伤记忆。但不可否认的是，经过历代王朝和近代国家的不断反思，特别是当代中国切合民族利益各项政策的日渐成熟，边疆非汉民族的国家认同也日渐强化。

我的房东一家四口，女儿已出嫁，儿子在云南当兵，所以平时只有老两口在家。外孙女假期有时会来陪伴他们。我最后一次住在他家时，儿子已从云南带着全家回来。儿子退伍后，就在云南搞运输从事边贸工作，这次回来后就不再回云南了。儿子有一个女儿，媳妇是缅甸人。随着全球化浪潮的兴起，跨国婚姻不再是一件新鲜之事，特别是西南边疆地区与邻近的东南亚国家的通婚较为常见。不过，在黔中屯堡地区，这样的跨国婚姻并不多见。房东儿子娶了外籍妻子，无疑与他在云南从事边贸有关。屯堡乡村历来不是一个封闭的空间。照雷德菲尔德的说法，农民社会是一个"不完全的社会"，也即跟部落社会相比，是一个半开放半封闭的社会。

---

[1] 张新民：《"彝制"与"汉制"：水西彝族地方政权的内地化发展》，《贵州民族研究》2019年第10期。

历史上，屯堡人从商者较多，地方志对此多有记载。与外界更大世界的接触，商人群体是主体。不过这样的交往，过去多局限在省内或国内。另外，宗亲会或联宗也是一个与外界交往的机制。房东儿子跨国婚姻组成的家庭，无疑表明，全球化的浪潮已波及黔中山区。不同于历史上人口的流动，今日全球化所造成的"液态社会"已在屯堡乡村初见端倪。尽管这样的流动不及沿海和比邻国境线上的地区那么强烈，但展望未来，屯堡人将是全球化过程中主动或被动的参与者。

最后一次调研期间，我对房东说打算搜集一些屯堡山歌。他说大西桥镇赶场天就有人卖山歌光碟，我说到时去买些回来作为资料备用，以便在后续研究中探讨屯堡村民的诗性生活。到了下次赶场天，我因事未去。房东去赶场顺便帮我买回来了，我心存感激。与其他地方的山歌一样，屯堡山歌也是即兴创作，没有固定的歌词。光碟中的山歌种类繁多，下面录其一首，并以之结束本研究：

> 东风吹过屯堡城，回忆往事回忆人。
> 六百年前硝烟起，调北填南大战争。
> 元璋调兵三十万，友德领兵进了屯。
> 平息硝烟停战火，平定西南保太平。
> 为保江山留万代，就地屯田扎下根。
> 留下九屯十八堡，开枝散叶到如今。

参考文献

（东汉）严遵：《老子指归》，王德有点校，中华书局1994年版。

（明）宋濂等：《元史》，中华书局1976年版。

（南宋）朱熹：《四书章句集注》，中华书局1983年版。

（南宋）朱熹：《朱子家礼》，王燕均、王光照点校，上海古籍出版社2002年版。

（清）常恩修，邹汉勋、吴寅邦纂：《安顺府志·祭礼》，咸丰元年刻本。

（三国）王弼注：《老子道德经注校释》上篇，楼宇烈校释，中华书局2008年版。

（唐）杜光庭，（唐）吕纯阳等注：《清静经集释》，中央编译出版社2015年版。

（五代）刘昫等：《旧唐书》，中华书局1975年版。

（西汉）董仲舒：《春秋繁露》，上海古籍出版社1989年版。

白尔恒等：《沟洫佚闻杂录》，中华书局2003年版。

曹婕、梁胜初：《非宗族传统资源的现代利用——以安顺市鲍屯村为例》，《安顺学院学报》2011年第4期。

岑家吾：《岑家吾民族研究文集》，民族出版社1992年版。

常建华：《宋元时期徽州祠庙祭祖的形式及其变化》，《徽学》2000年卷，安徽大学出版社2001年版。

晁天义：《古典进化论与"地域组织标志说"的终结》，《清华大学学报》（哲学社会科学版）2017年第5期。

陈宝良：《中国的社与会》，浙江人民出版社1996年版。

陈斌：《"抬汪公"活动与屯堡社区稳定性思考》，《安顺学院学报》2009年第6期。

陈鼓应注释：《庄子今注今释》内篇，中华书局1983年版。

陈进国：《扶箕降笔的盛行与风水信仰的人文化》，《世界宗教研究》2004年第4期。

陈林：《明清时期徽州祖容像产生的背景及其艺术特色》，《装饰》2004年第7期。

陈其南：《房与传统中国家族制度——兼论西方人类学的中国家族研究》，《汉学研究》1985年第1期。

陈其南：《汉人宗族制度的研究：弗里曼宗族理论的批判》，《考古人类学刊》1991年第47期。

陈文德：《衣饰与民族认同：以南王卑南人的织与绣为例》，载黄应贵主编《物与物质文化》，台北："中研院"民族学研究所，2004年。

陈祥水：《"公妈牌"的祭祀：承继财产与祖先地位之确定》，《民族学研究所集刊》1973年第36期。

陈寅恪：《寒柳堂集》，生活·读书·新知三联书店2015年版。

程强：《"太极"概念内涵的流衍变化》，博士学位论文，上海师范大学，2012年。

大西桥镇志编撰委员会：《大西桥镇志》，贵州人民出版社2006年版。

戴明贤：《安顺旧事：一种城记》，人民文学出版社2011年版。

丁琴：《徽州祖容像的文化内涵与艺术特征》，《宿州学院学报》2017年第10期。

东人达:《明清"赶苗拓业"事件探究》,《贵州民族研究》2006年第6期。

杜成材:《论贵州安顺屯堡的饮食文化与旅游开发》,《南宁职业技术学院学报》2012年第3期。

杜靖:《九族与乡土》,知识产权出版社2012年版。

杜薇:《百苗图汇考》,贵州民族出版社2002年版。

范长风:《冰雹带上的社会联合:汉藏交接地区的青苗会组织研究》,载庄孔韶等《离别东南》,中国社会科学出版社2019年版。

费孝通:《乡土中国》,生活·读书·新知三联书店1985年版。

冯建勇:《在"枢纽"与"限界"之间的边缘人:民国时期边地汉人形象构建论说》,《社会》2020年第1期。

冯友兰:《中国哲学史》(上),生活·读书·新知三联书店2008年版。

冯友兰:《中国哲学史新编》(第1册),人民出版社1982年版。

冯友兰:《中国哲学史新编》(中),人民出版社1998年版。

高秉江:《现象学视野下的视觉中心主义》,《哲学动态》2012年第7期。

高燕:《论海德格尔对视觉中心主义的消解》,《上海大学学报》2010年第4期。

高燕:《视觉隐喻与空间转向》,博士学位论文,复旦大学,2004年。

高铁旸:《纸上祠堂:祖先祭祀的民间传统》,《文汇报》2017年12月22日第W16版。

葛荣玲:《祖说与族说:边陲汉人亚群体集团的身份界说与

认同形塑》,《中央民族大学学报》2014年第4期。

宫哲兵:《野蛮"弃老"俗的见证——武当山寄死窑》,《中南民族大学学报》2007年第2期。

郭军:《明清以来的祖容像面貌》,《艺海》2009年第3期。

何广平:《民国时期川西北羌地汉人与羌地经济》,《中华文化论坛》2014年第3期。

何广平:《羌地汉人社会历史研究述评》,《乐山师范学院学报》2014年第7期。

何蕾:《宋代"箕仙"诗考论》,《宗教学研究》2017年第2期。

何小英:《安顺屯堡村寨"抬汪公"的传统哲学寓意探究》,《湖北社会科学》2012年第6期。

贺雪峰:《关中农村调查随笔》,《天涯》2006年第4期。

胡家瑜:《赛夏仪式食物与Tatinii(先灵)记忆:从文化意象和感官经验的关联谈起》,载黄应贵主编《物与物质文化》,台北:"中研院"民族学研究所,2004年。

黄才贵:《影印在老照片上的文化:鸟居龙藏博士的贵州人类学研究》,贵州民族出版社2000年版。

黄达远:《清代新疆北部汉人移民社区的民间信仰考察》,《宗教学研究》2009年第2期。

黄应贵:《物与物质文化》,台北:"中研院"民族学研究所,2004年。

蒋立松:《从汪公等民间信仰看屯堡人的主体来源》,《贵州民族研究》2004年第1期。

蒋庆:《公羊学引论》,辽宁教育出版社1997年版。

景军:《神堂记忆:一个中国乡村的历史、权力与道德》,吴飞译,福建教育出版社2013年版。

景军:《知识、组织与象征资本》,载杨念群主编《空间·记忆·社会转型》，上海人民出版社2001年版。

瞿明安：《中国古代宗教祭祀饮食文化略论》，《中国史研究》1998年第3期。

柯志明：《番头家：清代台湾族群政治与熟番地权》，台北："中研院"社会学研究所，2001年。

兰林友：《莲花落：华北满铁调查村落的人类学再研究》，社会科学文献出版社2012年版。

蓝美华：《汉人在边疆》，台北：政大出版社2014年版。

李道和：《弃老型故事的类别和文化内涵》，《民族文学研究》2007年第2期。

李飞、庄孔韶：《"作为文化的组织"的人类学研究实践——中国三个地区女性性服务者群体特征之比较及艾滋病/性病预防干预建》，《广西民族大学学报》2010年第3期。

李嘎：《"罔恤邻封"：北方丰水区的水利纷争与地域社会——以清前期中期山东小清河中游沿线为例》，《中国社会经济史研究》2011年第4期。

李光伟：《民国道院扶乩活动辨正》，《安徽史学》2009年第4期。

李良品：《重庆世居少数民族研究》（苗族卷），重庆出版社2011年版。

李猛：《从士绅到地方精英》，《中国书评》1995年第5期。

李晓华等：《中国古代的颜色文化》，《井冈山师范学院学报》2004年第6期。

李亦园：《中国家族与其仪式：若干观念的检讨》，载杨国枢主编：《中国人的心理》，江苏教育出版社2006年版。

李亦园：《人类的视野》，上海文艺出版社1996年版。

李媛：《明代国家祭祀体系中的"天"：一种政治文化视角的分析》，《古代文明》2010年第2期。

林端：《儒家伦理的"脉络化的普遍主义"——以"仁"为例作说明》，《江南大学学报》（人文社会科学版）2009年第4期。

林集友：《武则天陵前的无字碑试析》，《四川文物》1997年第2期。

林美容：《妈祖信仰与汉人社会》，黑龙江人民出版社2003年版。

林耀华：《义序的宗族研究》，生活·读书·新知三联书店2000年版。

刘俊民等：《关中平原降水特征分析》，《人民黄河》2008年第5期。

刘永华：《"民间"何在？——从弗里德曼谈到中国宗教研究的一个方法论问题》，载复旦大学文史研究院编：《民间何在，谁之"信仰"？》，中华书局2009年版。

《苗族简史》编写组：《苗族简史》，民族出版社2008年版。

潘守永：《重返中国人类学的"古典时代"——重访台头》，《中央民族大学学报》2000年第2期。

彭瑛、张白平：《神灵·祖先·土地：一个屯堡村落的信仰秩序》，《贵州民族研究》2011年第3期。

钱杭：《血缘与地缘之间：中国历史上的联宗与联宗组织》，上海社会科学院出版社2001年版。

钱燕娜：《"弃老俗"的道德考察》，《法治与社会》2010年第10期。

渠敬东：《探寻中国人的社会生命——以〈金翼〉的社会学研究为例》，《中国社会科学》2019年第4期。

任可澄：《续修安顺府志辑稿》，贵州人民出版社2012年版。

《三原县水利志》（内刊），1997年。

《陕西水利月报》1935年第3卷第5期。

沈福馨:《"汪公"、"五显"崇拜及安顺地戏的两大流派——兼论西路地戏和西部傩坛戏的关系》,《贵州民族学院学报》1992年第2期。

石峰:《"边汉社会"及其基本轮廓——以黔中屯堡乡村社会为例》,《安顺学院学报》2018年第1期。

石峰:《非宗族乡村:关中"水利社会"的人类学考察》,中国社会科学出版社2009年版。

石峰:《关中"水利社区"与北方乡村的社会组织》,《中国农业大学学报》(社会科学版) 2009年第1期。

石峰:《无纠纷之水利社会——黔中鲍屯的案例》,《思想战线》2013年第1期。

石峰:《物、祖先及其社会意蕴——一个边汉社会的民族志》,《思想战线》2019年第1期。

石峰:《西方人类学汉人民间神灵的解释模式评论——兼对涂尔干宗教社会学理论的再思考》,《世界民族》2010年第3期。

石峰:《西方人类学汉人社会研究的基本脉络与新动向》,《中国社会科学报》2009年7月16日第7版。

石峰:《香的阶序性:今日民间宗教的实地观察》,载《中国俗文化研究》第5辑,巴蜀书社2008年版。

石峰:《组织参与的置换逻辑——关中"水利社会"的组织形态》,载庄孔韶等著《离别东南——个汉人社会的人类学组合与分解研究》,中国社会科学出版社2019年版。

石林元:《吉昌屯杂记》,安顺文明网,http://gzas.wenming.cn/jj/201704/t20170419_ 3235694.html,2017年4月19日。

史利平:《安顺屯堡社会组织的教育价值研究》,博士学位论文,西南大学,2012年。

宋雷鸣、汪宁:《"作为文化的组织"的人类学研究实践——Y市低价格女性性工作者和老年男客的组织文化解读》,《思想战线》2012年第4期。

宋旭红:《视觉中心主义何以可能?——论西方视觉中心主义在中世纪的确立》,《中外文论》2016年第2期。

孙兆霞等:《屯堡乡民社会》,社会科学文献出版社2005年版。

覃琮:《边疆"汉人社会"视域中"合成文化"生成的人类学解读——以广西宾阳为个案》,《广西师范大学学报》2011年第1期。

谭昌国:《祖灵屋与头目家阶层地位:以东排湾土坂村Patjalinuk家为例》,载黄应贵主编《物与物质文化》,台北:"中研院"民族学研究所,2004年。

陶锋:《反视觉中心主义:后现代主义视阈中的培根艺术》,《南京艺术学院学报》2015年第6期。

陶建文:《从现象学的角度看中医的"望闻问切"》,《南京中医药大学学报》2009年第1期。

陶云逵:《论边地汉人及其与边疆建设之关系》,《边政公论》1943年第2卷第1、2期。

万明:《明代徽州汪公入黔考——兼论贵州屯堡移民社会的建构》,《中国史研究》2005年第1期。

汪洪亮、何广平:《民国时期川西北羌地汉人的经济生活》,《中国边疆史地研究》2017年第3期。

汪洪亮:《民国时期川西北羌地汉人的文化生活与精神世界》,《西南民族大学学报》2017年第2期。

汪民安:《巴塔耶的神圣世界》,载《色情、耗费与普遍经济:巴塔耶文选》,吉林人民出版社2003年版。

汪青梅、刘铁梁:《集体仪式传承和变迁的多重动力——当代黔中屯堡地区"抬汪公"活动的田野考察》,《西南民族大学学报》2011年第3期。

汪文学:《"汪公"考商补》,《西南民族学院学报》1994年第3期。

王川:《民国时期"康西"边缘的"汉人社会"》,《西南民族大学学报》2011年第1期。

王翰章:《关于乾陵无字碑等问题的商榷》,《文博》2001年第2期。

王鹤鸣、王澄:《中国祠堂通论》,上海古籍出版社2013年版。

王剑:《论先秦儒家解决道德两难问题的经权智慧》,《孔子研究》2013年第3期。

王明珂:《蛮子、汉人与羌族》,台北:三民书局2003年版。

王崧兴:《龟山岛——汉人渔村社会之研究》,台北:"中研院"民族学研究所,1967年。

王崧兴:《汉人的家族制——试论"有关系,无组织"的社会》,载《第二届国际汉学会议论文集》(民俗与文化组),台北:"中研院"1986年版。

王田:《近代藏彝走廊东缘的汉人社会与市镇发育——以川边薛城为中心的讨论》,《贵州民族研究》2013年第1期。

王向贤:《重构"共和国的工业长子"的男性气质》,载《2011年中国社会学年会"性别研究方法论探析"论坛论文集》,2011年。

魏明孔:《无字碑何以无字》,《丝绸之路》1994年第4期。

翁乃群:《在汽车玻璃贴膜背后》,《读书》1999年第10期。

吴斌、李建军:《在众神的目光下:浅论屯堡地区的宗教信仰》,《贵州民族学院学报》2011年第4期。

吴才茂:《明代卫所制度与贵州地域社会形成研究》,博士学位论文，西南大学，2017年。
吴琼：《视觉文化研究：谱系、对象与议题》，《文艺理论研究》2015年第4期。
萧凤霞：《廿载华南研究之旅》，《清华社会学评论》2001年第1期。
肖伟胜：《作为求真意志与旁观者姿态的视觉》，《学术论坛》2010年第12期。
谢继昌：《轮伙头制度初探》，《"中央研究院"民族研究所集刊》1985年第59期。
谢继昌：《水利和社会文化之适应：蓝城村的例子》，《民族学研究所集刊》1973年第36期。
许地山：《扶箕迷信的研究》，商务印书馆1999年版。
杨凤岗：《皈信·同化·叠合身份认同：北美华人基督徒研究》，民族出版社2008年版。
杨国荣：《儒家的经权学说及其内蕴》，《社会科学》1991年第12期。
杨斯静：《芳香之旅中的人性追逐：评德国小说〈香水〉》，《山西农业大学学报》（社会科学版）2013年第2期。
杨霞：《山西年降水量规律初探》，《水资源与水工程学报》2007年第6期。
杨友维等：《鲍家屯》，巴蜀书社2008年版。
杨志刚：《中国礼仪制度研究》，华东师范大学出版社2001年版。
姚立江、潘春兰：《人文动物：动物符号与中国文化》，黑龙江人民出版社2002年版。
尤中：《中国西南民族史》，云南人民出版社1985年版。
岳天雷：《儒家"权说"研究述评——以孔孟为中心》，《哲学分析》2014年第3期。

曾超：《黔江移民姓族孙氏略考》，《三峡大学学报》2012年第3期。

张聪：《走出视觉霸权，洗耳恭听世界》，《现代哲学》2017年第6期。

张定贵：《祖地之神、乡民之饭——从"汪公"信仰观屯堡人的民族认同及文化逻辑》，《民族迁徙与文化认同》（人类学高级论坛2011卷），2011年。

张帆：《苏秉琦的手感》，《读书》2018年第9期。

张俊峰：《北方宗族的世系创修与合族历程——基于山西阳城白巷李氏的考察》，《南京社会科学》2017年第4期。

张俊峰：《明清中国水利社会史研究的理论视野》，《史学理论研究》2012年第2期。

张俊峰、张瑜：《清以来山西水利社会中的宗族势力》，载《人类学研究》（第三辑），浙江大学出版社2013年版。

张秋根：《中国古代合伙制初探》，人民出版社2007年版。

张小军：《当历史走进人类学家——评萧凤霞〈踏迹寻中：四十年华南田野之旅〉》，《清华大学学报》（哲学社会科学版）2018年第1期。

张小军：《让历史有"实践"——历史人类学思想之旅》，清华大学出版社2019年版。

张新民：《"彝制"与"汉制"：水西彝族地方政权的内地化发展》，《贵州民族研究》2019年第10期。

张永祥：《乾陵无字碑》，《文博》1988年第1期。

张咏：《认同与发展：一个新疆汉人移民社区的文化研究》，博士学位论文，中央民族大学，2004年。

张原：《黔中屯堡村寨的抬舆仪式与社会统合》，《西南民族大学学报》2009年第9期。

郑起东：《转型期的华北农村社会》，上海书店出版社2004

年版。

中国第一历史档案馆、中国人民大学清史研究所、贵州省档案馆：《清代前期苗民起义档案史料汇编》（上册），光明日报出版社1987年版。

衷海燕：《士绅、乡绅与地方精英》，《华南农业大学学报》（社会科学版）2005年第2期。

周桂钿：《董学探微》，北京师范大学出版社1989年版。

周泓：《晚近新疆汉人社会的生成——以迪化为中心》，《学术月刊》2014年第5期。

庄孔韶、方静文：《从组织文化到作为文化的组织——一支人类学研究团队的学理线索》，《浙江大学学报》2012年第5期。

庄孔韶、方静文：《作为文化的组织：人类学组织研究反思》，《思想战线》2012年第4期。

庄孔韶：《过化、权力、采借与情感——中国汉人社会多点研究归纳》，《中南民族大学学报》2020年第3期。

庄孔韶：《林耀华早期学术作品之思路转换》，载林耀华《义序的宗族研究（附记）》，生活·读书·新知三联书店2000年版。

庄孔韶：《人类学概论》，中国人民大学出版社2006年版。

庄孔韶：《银翅》，生活·读书·新知三联书店2000年版。

庄孔韶：《早期儒学过程检视：古今跨学科诸问题之人类学研讨》，载庄孔韶主编《人类学研究》（第一卷），知识产权出版社2012年版。

庄孔韶、赵世玲：《性服务者流动的跨国比较研究与防病干预实践》，《中国农业大学学报》2009年第1期。

［德］埃利亚斯：《文明的进程：文明的社会起源和心理起源的研究》，王佩莉等译，上海译文出版社2008年版。

[德] 鲍吾刚：《中国人的幸福观》，严蓓雯等译，江苏人民出版社 2004 年版。

[德] 帕特里克·聚斯金德：《香水：一个谋杀者的故事》，李清华译，上海译文出版社 2005 年版。

[德] 韦伯：《中国的宗教》，康乐等译，广西师范大学出版社 2004 年版。

[法] 埃马纽埃尔·勒华拉杜里：《蒙塔尤》，许明龙、马胜利译，商务印书馆 1997 年版。

[法] 列维-斯特劳斯：《神话学：餐桌礼仪的起源》，周昌忠译，中国人民大学出版社 2007 年版。

[法] 耶律亚德：《宇宙与历史：永恒回归的神话》，杨儒宾译，台北：联经出版社 2000 年版。

[马来西亚] 陈志明《共餐、组织与社会关系》，马建福、马豪译，《西北民族研究》2018 年第 4 期。

[美] C. 恩伯、M. 恩伯：《文化的变异》，杜杉杉译，辽宁人民出版社 1988 年版。

[美] 爱伯哈德：《中国文化象征词典》，陈建宪译，湖南文艺出版社 1990 年版。

[美] 大贯惠美子：《神风特攻队、樱花与民族主义》，石峰译，商务印书馆 2016 年版。

[美] 大贯惠美子：《作为自我的稻米》，石峰译，浙江大学出版社 2015 年版。

[美] 高彦颐：《缠足："金莲崇拜"盛极而衰的演变》，苗延威译，江苏人民出版社出版 2009 年版。

[美] 戈夫曼：《污名》，宋立宏译，商务印书馆 2009 年版。

[美] 葛学溥：《华南的乡村生活》，周大鸣译，知识产权出版社 2011 年版。

[美] 韩明士：《道与庶道：宋代以来的道教、民间信仰和神

灵模式》，皮庆生译，江苏人民出版社 2007 年版。

[美] 华琛:《族人与外人：一个中国宗族的收养》，秦兆雄译，《广西民族学院学报》2004 年第 1 期。

[美] 焦大卫、欧大年:《飞鸾：中国民间教派面面观》，周育民译，香港中文大学出版社 2005 年版。

[美] 焦大卫:《神·鬼·祖先：一个台湾乡村的民间信仰》，丁仁杰译，台北：联经出版事业股份有限公司 2012 年版。

[美] 康笑菲:《说狐》，姚政志译，浙江大学出版社 2011 年版。

[美] 孔飞力:《中华帝国晚期的叛乱及其敌人：1796—1864 年的军事化与社会结构》，谢亮生等译，中国社会科学出版社 1990 年版。

[美] 罗伯特·芮德菲尔德:《农民社会与文化》，王莹译，中国社会科学出版社 2013 年版。

[美] 罗威廉:《红雨：一个中国县域七个世纪的暴力史》，李里峰等译，中国人民大学出版社 2014 年版。

[美] 罗维:《初民社会》，吕叔湘译，江苏教育出版社 2006 年版。

[美] 迈克尔·G. 佩勒兹:《20 世纪晚期人类学的亲属研究》，王天玉、周云水译，《广西民族大学学报》2010 年第 1 期。

[美] 乔金森:《参与观察法》，龙筱红、张小山译，重庆大学出版社 2009 年版。

[美] 桑高仁:《汉人的社会逻辑》，丁仁杰译，台北："中研院"民族学研究所，2012 年。

[美] 施坚雅:《中国农村的市场和社会结构》，史建云等译，中国社会科学出版社 1998 年版。

［美］沃尔夫：《乡民社会》，张恭启译，台北：巨流图书公司 1983 年版。

［美］武雅士：《神、鬼与祖先》，张珣译，《思与言》1997 年第 3 期。

［美］许烺光：《祖荫下》，王芃、徐隆德译，台北：南天书局 2001 年版。

［美］杨美惠：《"温州模式"中的礼仪经济》，《学海》2009 年第 3 期。

［美］杨庆堃：《中国社会中的宗教》，范丽珠等译，上海人民出版社 2007 年版。

［美］余英时：《现代儒学论》，上海人民出版社 2010 年版。

［挪威］埃里克森：《小地方，大论题》，董薇译，商务印书馆 2008 年版。

［日］鸟居龙藏：《苗族调查报告》，贵州大学出版社 2009 年版。

［日］石毛直道：《东亚的家族与饭桌文化》，*Journal of Chinese Dietary Culture*, Vol. 2, No. 2, 2006.

［日］吾妻重二：《朱熹〈家礼〉实证研究》，吴震译，华东师范大学出版社 2012 年版。

［英］埃文斯－普理查德：《努尔人》，褚建芳、阎书昌、赵旭东译，华夏出版社 2002 年版。

［英］奥斯汀：《如何以言行事》，杨玉成等译，商务印书馆 2013 年版。

［英］弗里德曼：《中国东南的宗族组织》，刘晓春译，上海人民出版社 2000 年版。

［英］胡司德：《早期中国的食物、祭祀和圣贤》，刘丰译，浙江大学出版社 2018 年版。

［英］华德英：《从人类学看香港社会》，冯承聪编译，香港

大学出版社1985年版。

〔英〕杰克·古迪:《烹饪、菜肴与阶级》,王荣欣、沈南山译,浙江大学出版社2010年版。

〔英〕里弗斯:《社会的组织》,胡贻毂译,商务印书馆1940年版。

〔英〕利奇:《从概念及社会的发展看人的仪式化》,载史宗主编《20世纪西方宗教人类学文选》,金泽等译,上海三联书店1995年版。

〔英〕沈艾娣:《道德、权力与晋水水利系统》,陈永升译,程美宝校,《历史人类学学刊》2003年第1期。

Adam Yuet Chou, "The Sensorial Production of the Social", *Ethnos*, Vol. 73, No. 4, 2008.

A. Kuper, *The Invention of Primitive Society*, London and New York: Routledge, 1988.

Alf Hiltebeiteland Barbara d. Miller, *Hair: Its Power and Meaning in Asian Cultures*, State University of New York Press, 1998.

Allen Chun, "The Lineage-Village Complex in Southeastern China", *Current Anthropology*, Vol. 37, No. 3, 1996.

Allen Feldman, *Formations of Violence: The Narrative of the Body and Political Terror in Northern Ireland*, Chicago: University of Chicago Press, 1991.

Anthony Seeger, *Nature and Society in Central Brazil: The Suya Indians of Mato Grosso*, Boston: Harvard University Press, 1981.

Anthony Synnott, *The Body Social: Symbolism, Self and Society*, London and New York: Routledge, 1993.

C. Chang ed., *Food in Chinese Culture: Antropological and Historical Perspectives*, New Haven: Yale University Press, 1977.

C. Classen, *Inca Cosmology and the Human Body*, Salt Lake City:

University of Utah Press, 1993.

Charlotte Seymour-Smith, *Macmillan Dictionary of Anthropology*, London: Macmillan Press Ltd, 1986.

Classen, C, *Worlds of Sense: Exploring the Senses in History and Across Cultures*, London and New York: Routledge, 1993.

Clifford Geertz, *The Interpretation of Cultures*, New York: Basic Books, 1973.

C. Nadia Seremetakis, *The Last Word: Women, Death and Divination in Inner Mani*, Chicago: University of Chicago Press, 1991.

Constance Classen, David Howes and Anthony Synnott, *Aroma: The Cultural History of Smell*, London and New York: Routledge, 1994.

David Howes (ed.), *The Varieties of Sensory Experience: A Sourcebook in the Anthropology of the Senses*, Toronto: University of Toronto Press, 1991.

David Y. H. Wu, "To Kill Three Birds with One Stone: The Rotating Credit Associations of the Papua New Guinea China", *American Ethnologist*, 1974, 1.

D. Howes and M. Lalonde, "The History of Sensibilities: Of the Standard of Taste in Mid-Eighteenth Century England and the Circulation of Smells in Post-Revolutionary France", *Dialectical Anthropology*, Vol. 16, 1992.

Edward L. Schieffelin, "Introduction", in Ute Hüsken, ed., *When Rituals go Wrong: Mistakes, Failure, and the Dynamics of Ritual*, Leiden: Koninklijke Brill NV, 2007.

Elisabeth Hsu, "Acute Pain Infliction as Therapy", *Etnofoor*, Vol. 18, No. 1, 2005.

Emiko Ohnuki-Tierney, *Flowers That Kill: Communicative Opacity in Political Spaces*, Palo Alto: Stanford University Press, 2015.

Emiko Ohnuki-Tierney, *The Monkey as Mirror*, Princeton: Princeton University Press, 1989.

Emiko Ohnuki-Tierney, "The Power of Absence: Zero Signifiers and Their Transsgressions", *L'Homme*130, avr. – juin 1994, XXXIV (2).

Emily M. Ahern, *The Cult of the Dead in a Chinese Village*, Palo Alto: Stanford University Press, 1973.

Emily M. Ahern, *The Meaning of Money in China and the Uniited States*, HAU Press: Chicago, haubooks. oreg/, 2015.

Emily M. Ahern, "The Problem of Efficacy: Strong and Weak Illocutionary Acts", *Man*, New Series, Vol. 14, No. 1, 1979.

Emily M. Ahern, "The Thai Ti Kong Festiva", in Emily Ahern and Hill Gates, ed., *The Anthropology of Taiwanese Society*, Palo Alto: Standford University Press, 1981.

Esherick, Joseph and Mary Backus Rankin, eds., *Chinese Local Elites and Patterns of Dominance*, Berkeley: University of California Press, 1990.

Friedrich Schiller, *On the Aesthetics and Education of Man*, ed. and trans. E. M. Wilkinson and L. A. Willoughby, Oxford: Clarendon, 1982.

Gamble, Sidney D., *North China Villages: Social, Political, and Economic Activities before* 1933, Berkeley: University of California Press, 1963.

G. D. Santos, "On 'same-year siblings' in Rural South China", *Journal of the Royal Anthropological Institute*, (N. S.) 14, 2008.

Geertz, C., "The Wet and the Dry: Traditional Irrigation in Bali and Morocco", *Human Ecology*, Vol. 1, No. 1, 1972.

G. Obeyesekere, *Medusa's Hair: An Essay on Personal Symbols and Religious Experience*, University of Chicago Press, 1981.

G. W. Skinner, "Chinese Peasants and the Closed Community: An Open and Shut Case", *Comparative Studies in Society and History*, Vol. 13, No. 3, 1971.

Hill Gates, *China's Moto*, Ithaca: Cornell University Press, 1986.

Hill Gates, "中国与西北欧的女性工作", in Chuang Ying-chang, Theo Engelen, and Arthur Wolf, eds., *Beyond The Hajnal Hypothesis*, Amsterdam: Aksant, 2005.

James L. Watson, "*Standardizng the Gods: The Promotion of T'i en- hou ('Empress of Heaven') along the South China Coast, 960—1960*", in *Popular Culture in Late Imperial China*, Berkeley: University of California Press, 1985.

James P. Spradley, *Participant Observation*, New York: Harcourt Brace Jovanovich College Publishers, 1980.

Jane Schneider, "The Anthropology of Cloth", *Annual Review of Anthropology*, Vol. 169, 1987.

Judith Strauch, "Community and kinship in Southeastern China: The View from the Multilineage Villages of Hong Kong", *The Journal of Asian Studies*, Vol. 43, No. 1, 1983.

J. Watson, "From the Common Pot: Feasting with Equals in Chinese Society", in J. Watson and R. Watson, *Village Life in Hong Kong*, Hong Kong: The Chinese University Press, 2004.

Kathryn McClymond, "Introduction", in Kathryn McClymond-ed., *Beyond Sacred Violence A Comparative Study of Sacrifice*, Baltimore: The Johns Hopkins University Press, 2008.

Laura Rival, *The Social Life of Trees*, Oxford: Berg, 1998.

Lin Wei-Ping, *Materializing Magic Power: Chinese Popular Reli-*

gion in Villages and Cities, Boston: Harvard University Asia Center, 2015.

Lipman, Jonathan N. & Steven Harrell. eds., *Violence in China: Essays in Culture and Counterculture*, Albany: State University of New York Press, 1990.

Louis Dumont, *An Introduction to Two Theories of Social Anthropology: Descent Groups and Marriage Alliance*, New York: Berghahn Books, 2006.

Margery Wolf, *Women and the Family in Rural Taiwan*, Palo Alto: Stanford University Press, 1972.

Marshall McLuhan, *The Gutenberg Galaxy*, Toronto: University of Toronto Press, 1962.

Mayfair Mei-hui Yang, "Goddess across the Taiwan Strait: Matrifocal Ritual Space, Nation-State, and Satellite Television Footprints", in edited by Mayfair Mei-hui Yang, *Chinese Religiosities: Afflictions of Modernity and State Formation*, Berkeley: University of California Press, 2008.

M. Bloch, *From Blessing to Violence: History and Ideology in the Circumcision Ritual of the Merina*, Cambridge: Cambridge University Press, 1986.

McCord, Edward A., "Local Military Power and Elite Formation: The Liu Family of Xingyi County, Guizhou", in Joseph Esherick, and Mary Backus Rankin, eds., *Chinese Local Elites and Patterns of Dominance*, Berkeley: University of California Press, 1990.

M. Freedman, *Chinese Lineage and Society: Fukien and Kwangtung*, London: Athlone, 1966.

Michael Angrosino, *Doing Ethnographic and Observational Research, London: SAGE Publications Ltd, 2007.

Michael Taussig, *Mimesis and Alterity: A Particular History of the Senses*, London and New York: Routledge, 1993.

Mike Morris, *Concise Dictionary of Social and Cultural Anthropology*, Oxford: Blackwell Publishing, 2012.

Mikkel Bille, "Frida Hastrup and Tim Flohr Sϕrensen", In *An Anthropology of Absence: Materializations of Transcendence and Loss*, New York: Springer Science + Business Media, LLC, 2010.

Myron L. Cohen, House United, House Divided, *The Chinese Family in Taiwan*, New York: Columbia University Press, 1976.

Paul Stoller, *The Taste of Ethnographic Things: The Senses in Anthropology*, Philadelphia: University of Pennsylvania, 1989.

Philip C. Baity, "The Ranking of Gods in Chinese Folk Religion", *Asian Folklore Studies*, Vol. 36, No. 2, 1977.

P. S. Sangren, "Female Gender In Chinese Religious Symbols: Kuan Yin, Ma Tsu, and the Eternal Mother", *Signs: Journal of Women in Culture and Society*, Vol. 9, No. 1, 1983.

P. S. Sangren, *History and Magical Power in a Chinese Community*, Palo Alto: Standford University Press, 1987.

P. S. Sangren, "Traditional Chinese Corporations: Beyond Kinship", *Journal of Asian Studies*, Vol. 43, No. 3, 1984.

Pui-Lam Law, "The Revival of Folk Religion and Gender Relationships in Rural China", *Asian Folklore Studies*, Vol. 64, 2005.

Rane Willerslev, *Soul Hunter: Hunting, Animism, and Personhood Among The Siberian Yukaghirs*, Berkeley: University of California Press, 2007.

R. Desjarlais, *Body and Emotion: The Aesthetics of Illness and Healing in the Nepal Himalayas*, Philadelphia: University of

Pennsylvania Press, 1992.

R. Fox, *Kinship and Marriage: An Anthropolonical Perspective*, London: Harmondsw orth: Penguin Books, 1967.

Ritchie, I, "*Fusion of the Faculties: A Study of the Language of the Senses in Hausaland*", In D. Howes (ed.), *The Varieties of Sensory Experience: A Sourcebook in the Anthropology of the Senses*, Toronto: University of Toronto Press, 1991.

Roy A. Rappaport, *Pigs for the Ancestors: Ritual in the Ecology of a New Guinea People*, New Haven: Yale University Press, 1968.

Sander Gilman, *Goethe's Touch: Touching, Seeing, and Sexuality*, Tulane: Graduate School of Tulane University, 1988.

Sangren, Steven, *History and Magical Power in a Chinese Community*, Palo Alto: Stanford University Press, 1987.

Sara L. Friedman, *Intimate and Politics: Marriage, the Market, and State Power in Southeastern China*, Harvard University Press, 2006.

S. Gamble, *North China Villages: Social, Political, and Economic Activities before* 1933, Berkeley: University of California Press, 1963.

Shahar, M. & R. Weller ed. , *Unruly Gods: Divinity and Chinese Society*, Honolulu: University of Hawai'I Press, 1996.

S. J. Could, *The Flamingo's Smile: Rejections in Natural History*, New York: W. W. Norto, 1985.

S. J. Tambiah, *Culture, Thought, and Social Action: An Anthropological Perspective*, Boston: Harvard University Press, 1985.

Steven Feld, *Sound and Sentiment: Birds, Weeping, Poetics and Song in Kaluli Expression*, Philadelphia: University of

Pennsylvania Press, 1982.

Susanne Kerner and Cynthia Chou, "Introduction", in eds., Susanne Kerner, Cynthia Chou and Morten Warmind, *Commensality: From Everyday Food to Feast*, London: Bloomsbury Academic, 2015.

Susan Wright, *Anthropology of Organizations*, London: Routledge, 1994.

S. W. Mintz and C. M. Du Bois, "The Anthropology of Food and Eating", *Annu. Rev. Anthropol*, Vol. 31, 2002.

T. Engen, *Odor Sensation and Memory*, New York: Praeger, 1991.

Timothy Willem Jones and Lucinda Matthews-Jones, *Material Religion in Modern Britain: The Spirit of Things*, New York: Palgrave Macmillan US, 2015.

Walter Ong, *The Presence of the Word*, New Haven: Yale University Press, 1967.

Wang Sung-hsing, "On the Household and Family in Chinese Society", in Edited by Hsieh Jih-chang and Chuang Ying-chang, *The Chinese Family and Its Ritual Behavior*, Taibei: Institute of Ethnology, Academia Sinica, 1985.

W. H. Newell, "Perface", in Edited by W. H. Newell, *Ancestors*, The Hague: Mouton Publishers, 1976.

William S. Sax, Johannes Quack, Jan Weinhold, *The Problem of Ritual Efficacy*, Oxford: Oxford University Press, 2010.

Wolf, A., "*Gods, Ghosts, and Ancestors*", in A. Wolf eds., *Studies in Chinese Society*, Palo Alto: Stanford University Press, 1978.

Yifeng Zhao, "Non-Confucian Society in North China during the

Seventeenth Century", PHD Dissertation, University of Alberta, 1997.

Yi-Fu Tuan, *Passing Strange and Wonderful: Aesthetics, Nature and Culture*, Tokyo and New York: Kodansha International, 1995.

后　　记

　　感谢学界帮助过我的师友。感谢鲍屯全体村民，特别是我的关键报道人和热情的房东。感谢国家社科基金的资助。感谢匿名评审人的意见。其中，富有价值且值得进一步思考的意见，我已以脚注的形式在书中作了说明和回应。

　　对中国本土人类学而言，汉人社会是一个令人着迷的论域。其迷人之处在于，需要在熟悉的文化中去发现不一般。其实，这也只是表层的熟悉，其底层的文化逻辑尚有无数的未解之谜。从事这项研究工作，是一个充满无穷乐趣的发现之旅。

石峰

2020 年 12 月 3 日于贵阳照壁山